雲五文庫
漢譯叢書

聖多瑪斯・阿奎納

論奧理

王雲五◎主編
王學哲◎重編
呂穆迪◎譯述
高凌霞◎審校

臺灣商務印書館

重印好書，知識共享　「雲五文庫」出版源起

商務印書館創立一百多年，臺灣商務印書館在台成立也有六十多年，出版無數的好書，相信許多讀者朋友都是與臺灣商務印書館一起長大的。

由於我們不斷地推出知識性、學術性、文學性、生活性的新書，以致許多絕版好書沒有機會再與讀者見面，我們對需要這些好書的讀者深感愧歉。

近年來出版市場雖然競爭日益劇烈，閱讀的人口日漸減少，但是，臺灣商務基於「出版好書、匡輔教育」的傳統理念，我們從二〇〇八年起推動臺灣商務的文化復興運動，重新整理絕版的好書，要作好服務讀者的工作。

二〇〇八年首先重印「文淵閣本四庫全書」，獲得社會熱烈的響應。我們決定有計畫的將絕版好書重新整理，以目前流行的二十五開本，採取事前預約，用隨需印刷方式推出「雲五文庫」，讓一小部分有需求的讀者，也能得到他們詢問已久的絕版好書。

臺灣商務印書館過去在創館元老王雲五先生的主持下，主編了許多大部頭的叢書，包括「萬有文庫」、「四部叢刊」、「基本國學叢書」、「漢譯世界名著」、「罕傳善本叢書」、「人人文庫」等，還有許多

沒有列入叢書的好書。今後這些好書，將逐一編選納入「雲五文庫」，再冠上原有叢書的名稱，例如「雲五文庫萬有叢書」、「雲五文庫國學叢書」等。

過去流行三十二開本、或是四十開本的口袋書，今後只要稍加放大，就可成為二十五開本的叢書，字體放大也比較符合視力保健的要求。原來出版的十六開本，仍將予以保留，以維持版面的美觀。

二〇〇九年八月十四日是王雲五先生以九十二歲高齡逝世三十週年紀念日。為了紀念王雲五先生主持商務印書館、推動文化與教育的貢獻，這套重編的叢書，訂名為「雲五文庫」，即日起陸續推出。如果您曾經等待商務曾經出版過的某一本書，現在卻買不到了，請您告訴我們，臺灣商務不惜工本要為您量身訂作。這樣的作法，為的是要感謝您的支援，讓您可以買到絕版多年的好書。讓我們為重讀好書一起來努力吧。

臺灣商務印書館董事長王學哲
總編輯方鵬程謹序
二〇〇八年十二月十二日

目錄

序論

第一章 知識的境界、途徑和段落

卷首題辭

《若伯傳》，（章二十六，節十四）：「請看，上述不過是天主蹊徑交織的一片面。我們僅僅聽到了祂言語滄海之一滴。輕微如此，尚感宏深。今乃面對祂雷電大作，誰堪仰目直視」?!（「蹊徑交織」，平鋪地上，象徵人智的哲理；有眼俱見，惟患視而不察。「雷電大作」，閃爍天際，象徵天主奧理；人智微弱，何堪仰視？故應敬承摯信，竭智存養以求神光慈照。前三卷是哲理。末第四本卷是奧理。思路段落，前後相彷）。

本章正文

人的智力，依本性，知識得自形物的知覺，單靠己力，不足以上達以直見天主本體。天主的本體，不但超越形界，而且超越其他各類實有物，高得不成比例。然而人生的至善，是在某些方式和限度內，認識天主：以此為本有的目的；如果不能達到，等於枉受天主造生，似非合理：於是，天主賜人以知識的途徑，人遵循上達，庶能認識天主。步驟如下：

物類的萬善，既然按一定秩序，來自至上的極峰，天主；由而逐級下降，（分賦於各級萬物）：是以人類知力，由下而上，逐級上升，追本溯源，固能進步而認識天主：比如形體移動，高升下降，方向相反，而路線唯一、分別之理，惟在始終兩點。

萬善降自天主，觀點有二、概況如下：（回閱卷一，章八十六至八十七）一在萬物之元始，天主上智，為能成全萬物的美善，按一定秩序，造生了萬物；品級羅列，秩序森然，由最高以至最低，萬善咸備，成全宇宙總體的完美。一在萬物方面：原因尊貴，優於效果。天主是第一原因，美善崇高，超越所造生的各級效果。第一效果，品位雖高，美善減於天主，逐級遞減，至於最低事物而後止。

比較統一與分散的形勢，天主至善，至為精一；其下諸物，距離天主越遠，物類越加分殊；依反比例，事物品級越崇高，德能越高強，距離天主越近，則越單純而統一。是以萬物生生，源頭裡，以天主為原始，在天主以內，萬善合聚於至一；賦在萬物，達到最低品級，乃分散為萬殊。

照此形勢，可見萬善流行，路途萬殊，始於元一，終於萬類。吾人智力，遵循這些萬殊的路途，溯本追源，上達以認識天主，非不可能：惜因智力薄弱，連這些路途，都不完全認識。（不知路途，故難達到目的）。原因易見：一因吾人知識，從器官的知覺開始，器官的知識，盤環在事物表面的附性情況：這些情況是器官知識，本體固有的對象：例如目視顏色，鼻辨香臭，和其他類此的一切。只憑這些外表的情況，吾人智力難能認清事物內中的本體。下級事物，外表易見，本體難明，尚是如此；何況高級事物？它們外表的附性情況，吾人器官所能知覺者，稀少而浮淺；用這樣的憑藉，進而認識其事物的本性，更難成功。再進一層，那些更高的神類，它們的附性情況，吾人器官完全無力捉摸，縱然它們有些效果，是吾人之所親見，但其美善程度，和它們的本體，全不相稱；吾人欲知本體，以此為憑，則較前類事物為尤難。

二因天主上智的設計，吾人所能知者，微乎其微。即使物類本性是吾人之所已知，它們彼此間的關係和秩序，仍非吾人所能明悉：萬物彼此間的關係和秩序，由天主上智按排，聽天主上智指引，追求生存的目的。天主上智奧妙：非吾人智力所能蠡測。

如此比較，可知：路途萬殊，既非吾人所明知，怎能由而上達，全知它們共有的元始。元始至高，超越所有路途和方法。高下懸殊，不成比例。路途且不全曉，元始豈能盡知。

天主仁善，浩蕩無涯，補助吾人智力之所不足，啟示若干真理，堅強人類對於天主可有的知識。啟示訓誨，迎合人類心理，遵守由近及遠的步驟，依照其他物體移動的常例。淺近者，近於耳目。高遠者，真理高深。故此，天主首先啟示若干信條，不是供人明瞭，只是供人聽聞以置信：因為人依現世的處境，糾結於器官知覺的事物，完全無力上達，以領會超越器官知覺的真理。其後，待到人的智力解脫了器官知覺的糾纏，將來受到（天主的）提拔，始能直見天主啟示的真理，（朗然洞曉）。

如此計算，關於天主的真理，人有三種知識：第一、用理智本性的光明，下學而上達，經由天主所造諸物，上進以認識天主，（建立所謂本性的神學）。第二、超越人類智力的真理，仰賴天主啟示，降到於吾人間，非為指明供人明瞭，但為告知，令人聽信。第三、人的心智受到（天主的）提拔，上進而直見天主啟示的事物（之真相）。

卷首題詞，若伯的遺言，暗示這三種知識：所謂「天主的蹊徑交織」，喻指吾人智力，以天主所造諸物為道路，下學上達，而得的（本性神學）知識。這樣的知識，淺近而不完善，故此，接著又說：「……

一片面」，猶如大宗徒，《致格林德人第一書》，章十三，節九說：「吾人所知，不過是一星半點」。

至於說：「祂的言語……滄海一滴」，喻指天主用人間的言語，啟示吾人的知識：令人聽信：按大宗徒《致羅馬教眾書》，章十，節一七曾說：「心信生於耳聽。耳聽卻有賴於天主的言語」。《若望福音》，章十七，節十七說：「（吾主在最後晚餐，為眾信徒，祈求天主聖父說）：求祢因真理而成全他們的聖潔：祢的言語乃是真理」。天主啟示的真理，提供吾人聽信，非供吾人親見：故說：「吾人聆聽了祂的言語……」。（這一種是所謂的「信德知識」）。

然而上述的這種知識，淺近而不完善，乃是完善知識的末流別脈。完善的知識，由天主經過眾位天神的傳達而啟示於吾人。眾位天神面瞻天主聖父的榮顏，（參閱《瑪竇福音》章十八，節一〇）：理應比作「一滴」。岳厄爾《先知》，章三，節十八預言說：「將來那一天，羣山滴流甘甜（的津液）」。（「群山」象徵眾天神和眾聖師。「甜液」象徵「信德知識」）。

但是眾位天神和聖人，在真福的境界，面見天主，仍不全知天主至高真理合蘊的一切奧妙；蓋其所見而啟示於吾人者，確是微乎其微，故此（若伯古聖）特別指出：「滄海一滴。輕微如此」！《德訓篇》，章四十三，節三五——三六說：「祂元始之初的偉大光榮，稱揚者，誰能盡述?!更大者，隱密而眾多：祂的工程造化，吾人所見，限於微乎其微」。《若望福音》，章十六，節一二，記載吾主（耶穌）向眾徒說：「我還有許多事，給你們說；但是你們現時尚無力承當」。

進而言之，天主給吾人啟示的這些真理，不但微乎其微，而且多用寓言、比喻，和隱晦的語法：無拘怎樣，只有好學勤習者，捉摸鑽究，始能領悟些許。別的人，信仰者欽敬其隱密；不信者，攻擊破壞，打不中要害。是以大宗徒《致格林德人第一書》，章十三，節一二說：「我們如今觀望，是用鏡面，探視煙霧裡」。是以（若伯古聖）明言註明「深」字，指出奧理深邃，人智不易懂曉。

最後說到第三種知識，若伯說：「祂雷電大作……，誰堪仰視」：喻指「直見第一真理的知識」。按《若望書信第一封》，章三，節二說：「（我們要）依照祂生存的現實，看見祂」。這不只是說捉摸到天主奧理的一星半點，而是說眼見天主威嚴光榮的本體。是以梅瑟（《出谷紀》，章三十三，節一九記載天主給他許約說）：「我要給你顯示一切美善」。是以若伯恰好說：「大作直視」。

加言之，（將來在真福之境），天主給人顯示真理，不是遮掩在一些帳幔之後，而是完全明顯。是以，《若望福音》，章十六，節二五，記載吾主（耶穌）給眾門徒說：「時刻到來以後，我將不再給你們說寓言，而要說明白話，給你們宣報天主大父的真理」。所以，若伯確鑿的說：「祂的雷電」：暗示真理的明顯。（這一種是「真福妙境的知識」，非人現世所能得。參閱章九十七）。

上文的引據，適合本題。前（三卷）已論者，屬於本性理智，經由天主所造的宇宙萬物，下學上達，而得的神學知識；竭盡人類智力之所能及，但不完善；適如若伯所說：「請看，上述不過是天主蹊徑交織的一片面」。

現於本卷，尚應討論者，卻是（神學知識的第二種），就是研究超越人智、天主啟示而宜聽信的若干奧理。進行研究時應遵循的方法，他依照上文引據的（古聖）遺訓。方才我們聽到了《聖經》明告這樣的真理，降到人間的耳腔，微如滄海一滴；又無人能在此生境況中，仰視而直見那雷霆的偉大；本此經訓，吾人即應採取《聖經》傳授的言論，奉為原理和原則。（原理是至高公理，由而推演出定理和結論。原則是由公理到結論推演時應遵守的基本法則）。目的有三：一是知理：研習《聖經》傳授的言論，鑽究其中隱微的實理；在某些方式和限度中，將其意義，領悟在心。二是駁異：保衛真理，抵抗無信德者的攻擊。三是防傲：用《聖經》的權威，證明《聖經》的實義，服從《聖經》的訓示，不依恃人本性自然的理智：免陷於「懂明奧理」的奢望。（奢望生於傲心：是智人不應有的「求知態度」。既是「奧理」，便不可「懂明」。企圖「懂明不可懂明的理」，豈非不合於邏輯）。

然而，仍需證明《聖經》奧理，超越人的理智，不是違反人的理智：足以抵抗無信德者的攻擊。（無信德的人，沒有忠信，不依仰天主《聖經》的訓示，常用人性的理智，誣告「《聖經》的言論」違反人性的理智。有信德的人，卻應信仰《聖經》，同時依賴人性的理智，證明對方的誣告是不合於理智的。這是本卷第二目的「駁異」工作裡，應遵循的一條副則）。這條規則，在本書第一卷，第九章，已經預先訂立為本書的特有規則之一（「無信德者」，泛指本書「駁異」的「異」字，籠統指示的「任何人」：不專指「某個」，或「某些」歷史上實有的具體人群。本卷內容，明證大多數「無信德者」是「用人性理智，誣解《聖經》的某些基督信徒和神學家，以及所謂「異端教派」的領導者」。回閱卷一，讀前的準備，及同卷章一及章六之評註）。

比較起來，人本性理智，下學而上達，由下方的宇宙萬物上進而得天主至高無上的某些知識。信德的知識，卻適得其反，是「上學而下達」的：先上學於天主《聖經》的啟示，然後那些與天主及萬物有關的奧理之知識，乃從天主降到吾人心智以內。知識的歷程，交通天人，是相同的；然其（動向相反。一是由下而上，一是由上而下。歷程既然相同，則段落之劃分）不得不也相同，是以本卷和以前三卷的整體同樣，共分三大段落：

第一段：論天主：專討論超越人性理智而人應聽信的奧理：就是公教信仰所宣揚的「天主三位一體」的奧理。

第二段：論天主所作成的、超越人理智的事蹟，例如「天主聖子，降生成人」，及與此隨之而俱來的一些（《聖經》記載的）事實，（二七及其下諸章：論七件聖事）。

第三段：論人生最後目的：也是專論與此有關的，超越人性理智的一些奧理，例如：人死後，（在世界末日）自死中復活，並受光榮；人靈（升天堂）享永福，和其他與此相關連的許多問題。（七十九及其下諸章）。

三位一體

第二章 天主父生天主子

轉進，觀察天主聖三的奧理，開始討論「天主父生天主子」。這是天主本體內部生活的秘密。分三部進行：第一，首先提出《聖經》明訓，作為論說的根據；第二，列舉不信者攻擊真理而設出的理由；（章十）。第三，解答了他們的那些理由，（章十一至十四）；乃可謂達到了研究的目的。

古新《聖經》載有「天主父」，「天主子」的名稱；並且有「天主父生天主子」的言辭。《新經》裡「天主子」這樣的名稱，是極多見的。引證如下：《瑪竇福音》，章十一。節二七記載（耶穌）說：「認識天主子者，除天主父以外，沒有任何人；並且除天主子以外，也無誰認識天主父」。《瑪爾谷福音》開始便這樣說：「天主子、耶穌基督的福音，（在下句）開始云云」。《若望福音》也屢次明證說：「天主父、親愛天主子，並將所有一切，交付於祂手中」；又說：「天主父激發死者復甦，重得生活；同樣，天主子也隨意施給生命」。

大宗徒聖保祿也屢次說這樣的話；用了同樣的名稱：《致羅馬教友書》，章一，節一至三，聖人自稱「蒙天主選拔，傳播天主父借眾聖《先知》，在《聖經》諸書中，關於自己的聖子，預先許諾了的福音」。《致希伯來教眾書》，開始也說：「昔者，天主許多次用許多方式，向眾祖輩，發表言語，是因眾位《先知》作代言人；最近，在這些時期裡卻是因其聖子（降生人間）而將言語表達於吾人了」。

《古經》也有同樣的傳授，次數卻較為稀少。《箴言》，章三十，節四、「祂的名字叫什麼？祂的聖子名叫什麼？你知道嗎」？《聖詠》（章二，節七），也說：「主向我說：汝乃我子」；（章八十八，節二七）又說：「祂呼號說：汝乃我父」。

有人曲解經言，認為上面是達味和撒羅滿二人父子間的對話。殊不知不可斷章取義。全章上下文連合一貫，則不合於達味與撒羅滿；例如說：「我今日生了你」，……不會適合於達味。「我將萬民傳給你，作為你的後嗣；也將四方的土地封作你的產業」。這些話也不適合於達味：因為《古經》《列王紀》明載達味國土沒有擴展到四方。四方指示普天之下。此外又說：「我奠定他的王位，垂於萬世；他的寶座，將與天日同久」；這樣的話，也不合於撒羅滿。

從此可見，上述《聖經》的全文中，有些話可能合於達味和撒羅滿；另有些話卻完全不相合；所以全文的本旨，依照《聖經》的慣例，是用象徵的筆法，喻指全文應驗、完全適合的另某一位。（這另某一位，既非達味，又非撒羅滿，或任何另外一人，而只得是「天主第二位」：就是「天主子」：降生成人的耶穌基督）。

天主既有「父子」的名稱，必有「父子」的關係：建立於「父生子」的事實。所以《聖經》也不是沒有「天主父生天主子」的記載。方才引據的《聖詠》就說：「我今天生了你」。《箴言》，章八，節二四至二五也說：「淵壑未成以前，我已降孕；山陵未形成以前，我就誕生了」；《聖經》本節另有異文如下：「山陵未形成以前，上主就生了我」。

《依撒意亞先知》，末章稱述天主說：「我造萬物，使父母生子，我豈不生子？我給萬物間的父母，賦與了生子的能力，我豈無力生子？這是大主天主的話」。

有人能說：上面的話指示伊撒爾人民，被俘擄、獲釋歸國以後，子孫繁殖；因為同章上文裡，標明瞭是「西雍（山上的京城），分娩，而生育了自己的民族：宗友眾多…」。這樣的解釋，並不妨害《聖經》的本旨。無論怎樣解釋，都不能削弱天主親口聲明的理證之確實和穩定：天主既賞別人生子，自己就不是沒有生子的能力。

如說「生」字，對於別人，指實義；對於天主，卻指喻義；這是不適宜的：一因「生」字在上下文，應保持上下一貫的意義：都指相同的實義；二因天主是萬物間父母生養子女的原因；原因的能力，強於效果。詳證於章一。

《若望福音》，（《新經》）也說：「我們瞻仰祂，天主獨子的光榮」；又記載說：「天主大父懷中的惟一聖子，祂親口傳述了……」。聖保祿《致希伯來教眾書》，章一，節六也說：「在又將長子引入地球上來時，祂說：天主的眾位天神，都欽崇朝拜祂」。

第三章　天主子是天主

但應注意《聖經》有時也用上述的名稱，形容萬物的造生。例如《若伯傳》，章三十八，節二八至二九說：「誰是雨露的大父？誰生了露珠？從誰的母胎中，生出了水凌？誰從天上生下了霜雪」？這些話中的「生」子，指示造化變生。

為避免意義的混淆，《聖經》尚有明論，指出天主的聖子也是天主，不同於受造而生的萬物。足證「天主父，天主子，天主父生天主子」，等等這樣的話，在《聖經》裡，不只是象徵的語法，喻指天主造生的能力；而且更加深一層，指示「天主父生天主子」的實義。天主子，不是天主達生的某物，而是天主。是以《若望福音》，章一，節一說：「太初有言，言在天主，言是天主」。為標明「言」子指示「天主子」，同章下文又說：「天主之言，降生成人，居吾人間，吾人乃得目睹祂的光榮，瞻仰祂、天主父惟一聖子的光榮」。

聖保祿《致弟鐸書》，章三，節四也說：「我們的救世者、天主，發顯了良善和慈仁」。（以上是《新經》）。

《古經》裡也不是全無說明。《聖詠》（章四十四，節七—八）說：「天主，祢的座位，永垂萬世」。

祢的權杖是正直的。祢嗜愛公義，而嫉恨罪惡」。這些話是對耶穌基督說的，可證於下文：「為此，祢的天主，清油祝聖祢，用喜樂的油，指定祢的位置，列於祢同族的前面」。《依撒意亞先知》，章九，節六，於是乃說：「在吾人間，聖童誕生了。聖子降生了，是天主的恩賜，元首的重任，負在祂的肩上，祂的名稱叫做：奇妙者，良謀者，強健的天主，未來世界的大父，和平的元首」。

從此可見，《聖經》明示吾人：天主聖子，生於天主，並是天主。宗徒長、聖伯多祿宣證信仰，聲明：耶穌基督是天主的真子。（《瑪竇福音》，章一六，節一六記載聖伯多祿向耶穌說：「你是基利斯督，活天主之子」。所以，祂是天主的惟一聖子，又是天主。

第四章　天主的真子和義子

有些人，神智錯亂，自恃聰明，思構繁多的妄見，誤解《聖經》的真義。他們當中，主要分三派：

第一派認為《聖經》習慣用「天主子」、或「天主的子女」一類的名辭，稱呼（信奉天主並因）天主恩寵義德恢復了的人群：按《若望福音》首章所說：「祂賞賜依信祂名號的眾人有能力成為天主的子女」。聖保祿《致羅馬教友書》，章八，節十六也說：「天主的聖神，給我們神靈作證：我們是天主的子女」。《若望書信》，第一封，章三，節一說：「天主父賞賜吾人銜戴天主子的名稱，並作天主的子女」。

《聖經》有時也未嘗不說天主的子女是「由天主生出來的」；例如雅閣伯書信，第一章，節十八說：「天主情願用真理之言，生育了我們」。《若望書信》，第一封，章三，節九也說：「凡生於天主的人，都不犯罪作惡，因為他的心中，包藏著天主的種籽」。

更可驚奇者，《聖經》上還將「天主」的名稱，加在那些人們的頭上。例如（《出谷紀》，章七，節一記載）天主向梅瑟說：「我建立你作法郎的天主」。（法郎是埃及古代的皇帝）。《聖詠》，（章八一，節六）說：「我說了：你們是天主，你們大眾，個個都是至高（天主）的子孫」。又《若望福音》，章十，節三五，記載吾主（耶穌）曾說「《古經》稱呼天主向他們發表言語的那些人們，都叫作天主」。

（那些人們，聆聽天主的言語，給天主作代言人，向人民傳達天主的言語，被人稱呼為「天主」或「神師」，也通稱「先知」）。

照此想來，第一派的人們，認為耶穌基督，純是一個人，生於童貞女瑪利亞；行為聖善，功德出眾，被人尊稱為「天主」，（敬若神明），敬仰他超越眾人；於是也認為他和眾人一樣，仰藉聖神的寵佑，作天主的義子，故被人叫做「天主子」；乃是仰藉天主寵愛，受生於天主；並因肖似天主乃被《聖經》尊稱為「天主」；不是由於本性，而是由於分享天主仁善的恩賦：猶如聖伯多祿，論眾聖人說：「你們逃避世俗場中私慾的腐敗，努力成全自己（的聖德），以分享天主的神性（恩賦）」。（聖伯多祿書信，第二封，章一，節四）。

為確證這樣的意見，他們進一步，費心力從《聖經》裡，搜採一些理由如下：

一證：《瑪竇福音》末章，記載吾主（耶穌）說：「天上地下的一切權力都（由天主父）交給了我」。既然天主父的生存，早有於宇宙生存時期的以前，所以（吾主耶穌如果是真天主子，也應早有於宇宙未生以前，也）就不在宇宙既生以後的某某時期內，領受一切權力了。（然而吾主耶穌方才說了，他是在某某時期內領受了天主授與的權力，足證他不是真天主子，也不是天主）。

再證：大宗徒（聖保祿）《致羅馬教眾書》，章一，節三－四，論天主子（耶穌）說：「天主聖子，在（人性）肉身方面，降生了，是生於達味（聖王）的後裔。（並是生於達味的血統）」；又說「他受天主預先簡選，命訂因天主的能力而享有天主子的尊貴身分」。既說「由血統降生了」，又說「受了簡選和命訂」；足見明似指示他不是永遠已有，無始無終的天主真子。

又證：大宗徒，《致裴利伯人書》，章二，節八說：「（吾主耶穌），自願謙遜自己，作事服從聖父，聽命至死，而且是被釘於十字架上死：就是為了這個功勞，天主提拔了他，（抬舉了他），賞賜他一個崇高的名義，超越諸般的一切名義之上」。分析起來，足見《聖經》的話明明指示（吾主耶穌）是為了聽命和受難而有的功勞，才領受了天主賞報的光榮：並且榮位崇高，超越一切，也是受了天主的舉揚，（足證他不是天主）。

復證：宗徒長，聖伯多祿，曾說：「依撒爾民族的家家戶戶，都要確實認明：你們在十字架上釘殺了的這個耶穌，天主卻命他作了（我們人類的）主宰和救世的君王：基利斯督：（頭上傅油受天主祝聖而作救世的默西亞或元首，希臘文譯名：基利斯督）」。從此可見（吾主耶穌）是在某某時期內，受了委命，而作了「天主」，（好似被封而成了神一樣），不是，斷斷不是在宇宙未生以前、永遠常生的天主真子。

旁證：他們為旁證己見，還援引《聖經》表面似是記載了耶穌本體有些弱點，和天主的本性全不相合：例如：降孕到女人的胎胞裡，出生後隨年齡而長大，發育進步；不吃東西便受飢餓；工作起來，還覺疲乏不能支持，並且受了傷亡；此外，更甚焉者，知識也曾需要發展：先愚後智；自己承認不知世界末日天主審判人類什麼時期到來；遇到了性命的危險，便惶恐害怕，以至於全身震驚，（流出血汗）；還有其他類此的形蹟，不合於天主的本性本體。

根據上述的這些理由，他們結論認為吾主耶穌，是因德行的功勞，蒙受了天主的寵愛，得到了「天主」的光榮名稱；在吾人間，享有崇高的神號），但在實體的本性上，不真是天主。

史證：聖教歷史，記載古代有柴林德和艾必雍諸人首創了以上這樣的異端；其後有桑保祿，（第三世紀後半期，敘利亞神學士，桑茂撒德城人，安第約閣城主教），曾再度申張這樣的意見；然後又有傳提諾派的神學家們，（自第四世紀）傳提諾重申舊說以來，附合提倡，（傳流不斷，以至近今）。

答駁

審察《聖經》原話，可以明見所含真義，確與上述謬見不合。許多章節，明證吾主耶穌是天主真子，並是永遠常生的天主：

一證：《箴言》，（章八，節四）：「淵壑未成以前，我已降孕。山陵未形成以前，上主就生了我」。智王撒羅滿的這些話，相當明白，指示「天主子的生成」，是早於宇宙萬物未生以前。足證聖子生於天主，不是由降孕於瑪利亞之母胎而始有本體的生存。

無奈上述諸人，昧於私見，曲解《聖經》的明訓，詭稱智王及《聖經》他處的話，不是說天主子生於宇宙尚未建立以前，而不過是說天主子生於童貞瑪利亞、這件事，是天主在未造世以前已有的計劃；故此《聖經》的意義，仍是專指「天主預先固有的簡選和命訂」。今為說服對方，並確實證明在童貞瑪利亞未生以前，天主聖子已有本體生存，不但只存在於天主預先固有的計劃中，而且存在於實有界，茲於下文，繼續引據《聖經》證明這個結論：

續證：《箴言》同章，（節二九－三〇）記載智王撒羅滿接續上面的話，聲明說：「當著天主張設大地之根基的時候，我（天主子）就在那裡，和天主一齊組織一切」。假設依對方的解釋，天主子只生存於天主豫定的計劃，而不存在於實有界，祂就不能有任何（組織、等等）的行動。

又證：《若望福音》首章第一節說：「太初有言，言在天主，言是天主」。這裡的「言」字，指示「天主的聖言」，就是「天主的聖子」，前章已有說明。「太初已有」，是實有生存，不是只受到了天主的計劃思想；因為下文接著又說：「萬物被造而有生存，是以天主的聖言為憑藉；沒有任何物的生存、不是仰賴天主聖言而被造生的」。天主聖言在世界未有以前，如果不真生存於實有界，也就不能真實充任萬物被造時必先有的憑藉。

復證：《若望福音》，章三，節十三又記載天主聖子，（吾主耶穌）自己說：「非自天降下者，不上升於天。人子生存於天上，（故能降下而又上升）」。章六，節三八又說：「我從天上降下，來到人間，不是為實行我的意志，而是奉天主派遣，承行天主的意志」。足證祂在未自天降以前，已有了生存。

加證：上述對方的意見主張人因德行的功勞，高升於天主的尊位；和大宗徒聖保祿的明訓，適相背道而馳。致裴利伯教眾書，章二，節六，聖保祿明說：「祂依本性固有的實理，享有天主的生存，不自恃和天主平等，但願謙虛自抑，採取了勞役者的本性實理，降生成人，依人性的共同似點，並依生存和行動的方式，呈現人類的實體）。可見大聖宗徒說的是「天主下降而生於人間」，不是「某人高升而取得天主的神位」：和上述諸人的意見，恰巧相反。

還證：厚得天主寵愛者，人類當中，《古經》時代，沒有超過梅瑟先知的。出穀紀記載「他曾承蒙上主賜以對面交談，和人間朋友交談一般。假設耶穌基督被人尊稱為「天主子」的理由，是和其他眾位聖人一樣、受了天主寵愛而作了天主的義子；那麼，依同一的理由，梅瑟先知，雖然受的寵愛不似吾主耶穌那樣豐厚，仍然應當被《聖經》尊稱為「天主子」，並且也應當叫作「基利斯督」（天主傅油祝聖的救世君王）。眾位聖人，滿被天主寵愛，不論厚薄，都一律叫作「天主子」：理由相同。對方意見，確係如此。

然而《聖經》的明言，並不如此：因為「梅瑟叫作天主子」和「基督也叫作天主子」，稱號雖同，實義有別，理由也不相同。請聽大聖宗徒保祿，《致希伯來人書》，章三，節五說：「梅瑟忠信，首出於天主的全堂之中，貴如忠僕，證實先知預言實現。然而基利斯督，（耶穌），受天主全堂的尊崇，卻實如天主的聖子」。這些話明明指出了：《聖經》稱呼基督是天主子，和稱呼其他眾聖也是天主子，根據的意義，全不相同：一指天主寵愛建立的義子，一指天主本性生成的真子。基督是天主的真子。眾聖卻是義子。

同理可證自《聖經》許多處、用「天主子」的名號，稱呼基督，比較稱呼其他眾位聖人或信友時，指示惟一崇高的意義。例如：

一、有時「子」字單用，稱指耶穌，而不稱指旁人：見於《瑪竇福音》，章三，節十七、「這是我心悅的愛子」：這是耶穌受洗時，天主聖父，（雲中天門大開，聲如雷霆），發出的呼聲。

二、有時稱呼耶穌是天主聖父的「惟一聖子」：「獨生子」：見於《若望福音》，章一節十四、「我們親眼看見了祂呈現著「天主聖父惟一聖子」的榮顏」。同章節十八又說：「祂親口傳述於吾人。祂是天主聖父懷抱中的惟一聖子」。假設「天主子」，用普通意義，泛指眾人都是「神胄貴祖」或「天主聖父的兒女、子民等等」；《聖經》便無理由特別稱呼「耶穌是天主父的惟一聖子」。足證「耶穌是天主子」，指示與眾不同的意義。

三、有時也稱呼「耶穌是天主聖父的第一聖子」：「頭生子」：指示祂是「天主和信從耶穌的人類」，父子關係建立和蔓延的泉源：見於《羅馬書》，章八，節二九、「祂用豫知未來的知識，和豫定未來的計劃，註定了我眾教友，化成祂聖子的肖像，祂的聖子在許多弟兄當中，享有祂第一聖子的身分」；又見於《迦拉達書》，章四，節四、「天主派遣祂的聖子，（降世救人），為賞賜吾人領受救世鴻恩，以被天主建立為義子……」。明證眾人因肖似吾主耶穌，而被稱為「天主的子女」，和「耶穌是天主子」的理由，不是相同的：在耶穌，指「天主子」的實義；在旁人，指示近似的關係：猶如「過繼為嗣」的義子一般。

加證：《聖經》裡、記載著許多事蹟，依事體固有特點，只有天主的能力才能作到，不可歸功於任何其他實體或人物：例如將聖德的鴻恩賞給人的靈魂，又例如赦免人的罪債，洗除人的罪汙。《肋未紀》，章二〇，節八說：「我是聖化你們的主宰」。《依撒意亞先知》，章四十三，節二五：「我為達成我的意願，而消除你們的罪惡；只是我，才這樣作」。《希伯來書》，章二，節一一：「耶穌聖化眾人，眾人受到聖化，一施一受，同出一源」。同書末章，節十二又說：「為用自己的血，聖化（天主的）人民，耶穌在（日路撒淩聖京的）城門以外，受了（被釘於刑架而死）的苦難」。從此可見，《古經》指天主，《新經》指耶穌，同時聖化人民，除免人類罪汙的能力。

吾主耶穌也曾親口宣言，並發顯聖蹟以證實自己確有赦罪的能力，見於《瑪竇福音》，章九，節六。並且同一福音，章一，節二一記載天神預報耶穌降誕，也聲明「祂要救活自己的人民，除免他們的罪惡」。比較起來，基督聖化世人，除免人罪，是以《聖經》稱祂是「天主」，指示特殊的意義；和眾人受到聖化，也被《聖經》稱為「眾位天主」時，指的意義不同。稱耶穌是「天主」，是說祂有天主的神性和神力。（說眾人是「天主」，卻是說眾人分享耶穌救世的鴻恩，受到了聖化，並因肖似耶穌，而肖似天主：人人好像是一個「小天主」：沾享天主的神性：和耶穌實有天主的神性不同）。

破疑：對方的人，從《聖經》裡，找出來的那些證據，沒有實效：不足以證明對方的主張：就是不能證明基督，根據本性不是天主；（僅能恰巧證明基督實有人類的本性，這並不相反我們的信仰：因為）我們大眾宣稱公認天主聖子、基利斯督，在降生成人的奧蹟完成以後，實有兩個本性，一個是天主的本性：本性是人的本性；本性就是實體的真性，也叫作性體。（天主的實體具有天主的性體，簡稱「天主性」，也可以叫作「神性」。人的實體，具有人類的性體，簡稱「人性」）。兩個性體，一神一人，耶穌一身兼備。

為此理由，天主本性固有的一切，耶穌都有，都能在語言裡，作耶穌的賓辭，稱指耶穌神性的美善：因為耶穌實有天主的性體。然而同時耶穌也實有人類的性體，故此人性固有的一切，連一些缺點包含在內，也是耶穌所能有，在什麼條件不能有，下文（章九及章二十七）將另有詳論。

刻下，為研究「天主父生天主子」的問題，證明瞭《聖經》稱呼基利斯督是天主子，不只是說耶穌和純人一樣，因受天主寵愛而作天主的義子，而且也是說：耶穌、因有天主性的實體，是真天主，生於天主父，故是天主子。證明瞭這一點，就滿足了刻下問題研究的需要。

第五章　天主子不是天主父

神學識見正確者，無不確認天主獨一無二，定見不移；為此理由，有些人根據《聖經》，既認為基督本性真是天主，又是天主子，乃宣稱一個天主兼是天主父又是基督而是天主子；同時卻主張一個天主，被稱為天主子，不是根據天主的本性，也不是永古如此，而是取名於生自童貞瑪利亞之時；降生成人、奧蹟告成了，遂因之而得「聖子」的名稱：（天主投胎於人母，生為人子：乃合稱「天主子」：猶言天主大父，屈尊降凡而化成人類之子）。

本著這樣一貫的想法，那些人便將基督人性肉軀所曾忍受的一切，都一一歸屬於天主父：例如他們主張「天主父是童貞瑪利亞的兒子，降孕在她的母胎，由她分娩而生，受苦受難，死後復活；等等」。總而言之，凡《聖經》所載基督人性肉軀所有一切言行和遭遇，都可以說是天主父的言行和遭遇：（不是天主三位中的第二位降生救世，而是第一位降生救世；而且三位間的分別，不是神性單位的分別，而是外間遭遇不同而有的附性及名稱的分別）。

他們也費盡心力，援引《聖經》多處，企圖證實上述這樣的主張，（參閱下面章九，暫將所引經證，略舉如下）：

《古經》、《創世紀》，章二十，節二—三，（《申命紀》，章六，節四）說：「伊撒爾人民！聽清！你的上主，天主，是獨一無二的一個天主」。又《申命紀》，章三十二，節三九：「你們要看清：我是獨一無二的（天主），除我以外，沒有別的（真天主）」。（還有許多這樣的話，證明《古經》的一神論）。

《新經》、《若望福音》，章五，節十九，（章十四，節十）記載吾主耶穌親自說：「父（天主）寓居在我體內，祂親身完成（我所完成的）事功」；又說：「誰看見了我，也就看見了天主父」；又說：「我在父內，父在我內」：（互是一體）。

根據這些經證，他們乃認為天主父本身，由於降生成人，生自童貞母，始被稱為「聖子」。

史證：聖奧斯定，異端叢論，章四十一記載古代有人抱持這樣的意見，叫作撒伯略派，又叫作「聖父受難派」：宣稱天主聖父受苦受難，（流血捐軀，救贖人類）；肯定天主父本身、乃是救世主基督。（他們是撒伯略的生徒。撒伯略是第三世紀的異端首領，講學於北菲（裡必亞）及西歐（羅馬）等地，生徒甚眾，影響徧及於東西各方教會，是「天主一位論」，「三位三態論」，「聖父受難論」，「聖子位低論」等等異端的創始人之一）。

撒伯略派和前章所述傅提諾派、有所異，亦有所同。傅派否認基督有天主的實體和本性，撒派卻承認祂依實體和本性，真足天主：這是兩家之所異。然而兩派論到「天主父生天主子」的問題，卻有共同的主張：一則主張基督因為生於童貞瑪利亞而後始被稱為「聖子」；二則因而主張「父生子」而建立的父子關係，不歸屬於天主的本性，而只得歸屬於人類本性：基督的人性，因有肉軀而被生於童貞母：天主父和天主子的父子關係，是在降生於世以後，才建立起來的。

撒派的另一特點，主張「天主子」的名稱，不指示任何生存的單位，而僅僅指示天主生存的單位上，後加的一些附性情況：因為他們認為（天主生存的單位，不是一體三位，而是一體一位：就是只有天主大父一位。故此主張）天主大父本身，由於降生成人，生於童貞母，採取了人性的骨肉，才被人稱為「聖子」：所以他們認為「天主聖子」和「天主聖父」，名稱不同，而實際指示的生存單位，卻是一位，不是兩位：（天主父子的分別，不是天主有兩位，而是天主一位有兩態。「態」指附性情況。天主一體三位，只是天主一位三態而已）。

答駁

然而上述意見的錯誤，顯然證自《聖經》的名論：

一證：《聖經》多處，不但說基督是童貞聖母的兒子，而且肯定祂是天主的真子。詳見於上文章二。

理證：據理而論：自同的一個單位，自己是自己的兒子，是不可能的：因為父親生兒子，是將生存授與兒子。施者受者，不能是相同的一個單位：好似因果相混，是完全不可能的。所以，天主大父本身，不自己又是自己的兒子：既然有父子關係，便有生存單位的分別，父是父，子是子，不得混而為一。

又證：《若望福音》，章六，節三八，章十七，節五有以下這樣的一些話：吾主耶穌說：「我從天上降下，來到人間，不是為實行我的意志，而是奉天主派遣，承行天主的意志」；又一處說：「父！我求祢在祢面前，顯揚我的光榮」。從這些類似的許多話裡，明明可以確證：天主聖子和天主聖父，不是一位。

對方如說：基督，按人性方面說，叫作天主子：因為天主父（降生成人），採取了人性，並在以前，造生了人性，也聖化了人性。如此，一個天主父因其天主的本性，是自己人性方面實有的父親；依同理，無妨一個天主，既按人性方面、是自己人性之所是；又按天主本性方面，仍是自己天主性，固是之所是，而有別於自己人性之所是。（一體既有兩性，故有兩是：自己此性之所是，不是自己彼性之所是：一個生存的單位，因為兩個不同的本性，而有互不相同的生存狀態：自己和自己不相同）。

這樣的意見必生的後果，等於說：基督和別的眾人一樣，由於被天主造生，並蒙受天主的聖化，而被人尊稱為「天主的聖子」（猶如聰明的人叫作神童）。前者已經證明瞭「天主聖子」的名號，稱指基利斯督，和稱指旁人時，指示的意義，互不相同。所以上面對方的說法，不能講通怎樣天主聖父一個兼是基督，又是自己的兒子。

另證：那裡有一個生存的單位，那裡便不容許多數賓辭之稱謂。然而《若望福音》，章十，節三〇，記載吾主耶穌基利斯督，用多數賓辭的稱謂方法，訴說自己和聖父是合一的：「我和天主聖父，合起來，共是一個」。既然說合起來，共是一個，便是說，分開來，父是父，子是子，兩個不是一個。（原文直譯：「我和天主聖父，我們兩個是一個」。既然說「我們兩個是一個」便不是說「我單獨一個是一個」。可見父子有別）。

還證：假設父子之別，只是由於降生成人的奧蹟，那麼降生以前，則應全無分別。《聖經》裡卻有明言，證明在降生以前，天生父子，已有分別：

《若望福音》，首章，既說：「太初有言，言在天主，天主是言，云云」；便明指「言」和「天主」

不是沒有任何分別。言語的習慣，既說「某物在某物」，便指示兩物不同。同樣《聖經》也說「天主子生於天主父」：依照言語的習慣，也是明指父子之間不是互無分別。《聖經》別處還說：天主聖子，在《箴言》，章八，節三〇，自述說：「當著天主張設大地之根基的時候，我（天主子）就在那是，和天主一齊組織一切」；指示協同共事，明指彼此之間，實有一些分別：協同共事，是行動的許多單位，聯合起來；彼此之間，怎能全無分別呢？

《歐瑟亞先知》，章一，節七，也說：「我憐憫如達的家族，並要因其上主天主的能力，保救他們的性命」。第一個「我」字指示「天主父」；其後「上主天主」指「救世者天主聖子」：前後兩位，明明互有分別，並且第二位也有崇高的身分，被天主父稱呼以「上主天主」的名號。

《創世紀》，章一，節二六，又說：「我們要按我們的真相和類型造人」：明顯指出有許多不同的行動單位，協同造人，同時須知《聖經》垂訓吾人：人之受造而生，只能受造於獨一無二的天主。如此想來，可知天主一體，又有父子二位的眾多及分別：並且在降生成人以前，就是如此。足證不是由於降生成人而天主聖父竟得自稱天主聖子。

加證：兒子的身分，真實說來，屬於名叫兒子的某某實體的生存單位：只是這個單位，可以叫作「兒子」。人的手足，是人的肢體，是人實體的某些部分，不是以是生存自立的單位，故不和任何人發生父子關係：手足生在某人身上，不可說是他的兒子。然而長著手腳的人，是一個生存的單位，故能是另某一人的兒子。父子關係，是兩個生存單位不同的實體，彼此之間的關係：以彼此生存單位互有分別為成立時必備的要素。所以，根據名理的真義，「兒子」這個名辭，稱指和父親不相同的一個生存的單位。然而基利斯督，真是天主的兒子；因為《若望書信》，第一封，章五，節二〇說：「為使吾人，仰賴天主的真子耶穌基督，而實有生存」。足證基督、在生存的單位上，和天主聖父不是沒有分別：這就是說：天主父的本身，不能又是天主子。（父子兩個身分不同，不能是一個單位）。

加證：天主降生成人以後，（取名耶穌，在受洗之時），天主聖父宣言證明耶穌是天主聖子，說：「這是我心悅的愛子」，（《瑪竇福音》，章三，節七）。這樣的宣證，是指示著生存的某某單位，說出來，才有意義。所以，按生存單位方面說來，基利斯督和天主聖父，是互不相同的兩個單位。

撒伯略舉出的那些經文，不足以證明他的主張，下面（章九）另有詳論；原來《聖經》所說：天主獨一無二，天主父在天主子以內，天主子也在天主父以內，（天主父和天主子是一個等等），這些話的本義，不是說：父位、子位、共是一個生存的單位。理由在於生存單位不同的兩個身分，仍然無妨有一個實體和一個本性。（天主有獨一無二的實體及本性，同時也有三個不同的生存單位和身分。詳見章九）。

第六章　天主子不是受造物

傳、撒兩派，一說「天主聖子」始生於瑪利亞，一說「天主聖子」是永遠長生的天主聖父，但因採取人性的骨肉而始改稱為「天主聖子」：兩說都與《聖經》不合。前者（章四、章五）業已備述。

但在這兩派以外，古代尚有別的一些人，討論《聖經》傳授「天主父生天主子」的問題，雖然承認天主聖子生於天主聖父，生在降生成人以前，並且生在天主造世以前；但因天主聖子既然有別於天主聖父，於是乃認為天主聖子和天主聖父，互有不同的性體：因為他們本能懂到，也不願意相信，兩個生存的單位、互不相同，竟又能共有一個本性和實體。（生存的單位，既然兩不相同；實體必定也是兩不相同；本性呢？當然也是兩不相同了）。

更進一步，他們相信、根據公教信仰的道理，只有天主聖父的性體是永遠的，（無始無終的），於是乃信以為天主聖子的性體，不是永遠已有的；雖然可以說天主聖子的出生、早於其他萬物未出生以前。又因物非永有，出生則是自無而有；既不自作而生，必受作成而出生：此乃受造於天主而出生之所謂。他們是以乃倡言天主聖子是一個「受造物」，是天主從無中造生的。

另一方面，《聖經》屢次稱呼「天主聖子」，權威名論，不容否認；他們迫不得已，也承認「天主聖子和天主聖父是一個」；然而他們卻說「兩者是一個」不指示「兩者共有一個性體和實體」；而不過是說「兩者有一種心意相同的契合」，並且天主聖子因為得天獨厚，擁有神類的似點，比較其他受造物，更近似天主：所以天主父子共有互相類似的一個最高程度的共同點。由此想去，他們認為我們日常所說的「天神」、（天使），是崇高至極的受造物，《聖經》，為了同一理由，也用「天主聖子」，（神族，神類的子孫），等等類似的名號，稱呼他們。例如《若伯傳》，章三十八，節七、「曉星朵朵，歌唱；天主的眾子，歡呼；都在讚頌我的時候，你卻是佔在什麼地方」？《聖詠》，章八十一，節一，也說：「天主站在眾位天主的經堂中」：（猶言「大神站在眾神的會堂中」。「經堂」是猶太古教經師，聚眾講讀《聖經》，會議討論團體生活問題的會堂。「神」字指示「領導者」：「至高領導者，站在眾位各級領導者的會堂中」。凡是地位尊高的負責者，都被敬若神明，而叫作「神」或「天主」……）。

照這樣的想法，他們認為「天主聖子」，既然在一切受造物中，地位尊高無比，故此理應頂載「天主聖子」和「天主」的名號：因為天主父是運用天主子的能力造生了宇宙萬物。

為證實以上這樣的主張，他們也從《聖經》裡，搜羅了以下這樣的一些證明：

一、《若望福音》，章十七，節三、天主聖子自天主聖父祈禱說：「求祢賞賜他們認識祢、獨一無二的真天主：這就是他們的長生」。所以，只有天主聖父是獨一無二的真天主，聖子既然不是聖父，故此不能是真天主。

二、大宗徒，（聖保祿），《致弟茂德第一書》，章六，節十四、「你要遵守這個聖善無瑕的誡命，恆心一志，以至到吾主耶穌基利斯督（將來第二次）降來之時，他在那時要受到天主的顯揚。天主是獨一無二的萬王之王，萬主之主，住在高不可即的光明之域，惟獨祂有權能，並有長生不死的生命和真福」。這些話明指天主父和基督互不相同：有如「顯揚者」和「受顯揚者」、「一施一受」之不可相混。既說天主父是獨一無二的真天主，必不可否認天主聖子是受了天主的造生：故此他不是天主。

三、另證：《若望福音》，章十四，節二八；記載吾主（耶穌）親口說：「天主聖父大於我」。大宗徒（聖保祿），《致格林德書》，第一封，章十五，節二八說聖子服從聖父，（身分卑下，隸屬於聖父）：「萬物伏首服從聖父，聖子於是也要服從聖父」。這裡明示聖子是聖父壓制的萬物中的一分子。但如假設父子共有一個性體，則應有一個偉大尊嚴的共同地位，不可說父大子小，也不可說聖子受聖父的壓制或制服。然而《聖經》卻說正是如此，足證聖父聖子不是共有相同的一個性體；也證「父子同性」的信念是不對的。

四、加證：天主聖父，本性不受貧乏的苦惱。天主聖子卻有時受貧窮：因為《聖經》明載聖子領受了聖父的施給。領受施給，是貧窮的明證。《瑪竇福音》，章十一，節二七說：「我的聖父，將一切的一切，都交付了給我」。《若望福音》，章三，三五節也說：「聖父親愛聖子，並將一切的一切，都交付給他手中」。（由於施受互異），可見聖父聖子不是同性。

五、加證：受教、受助，都是貧窘的明證。然則聖子嘗受教於聖父，並受其扶助。《若望福音》，章五，節十九、「聖子除非眼見聖父實作某事而奉行，只由自己、任何什麼事，都不能作」；下文，節二〇又說：「聖父親愛聖子，並指示他所作的一切」；章十五，節十五也記載吾主向眾門徒說：「凡我從聖父方面聽到了的一切，我都曉示給你們了」。（由於師生間施受不同），可見聖父聖子，本性不互相同。

六、另證：接受命令、聽從命令、祈禱、呼求、受派遣，顯示都是地位卑下的事。《聖經》卻記載這些都是聖子作過的事。《若望福音》，章十四，節三一記載聖子親口說：「聖父出命，我便奉行」。《裴理伯書》，章二，節八，（聖保祿稱讚吾主）說：「他作事服從聖父，聽命至死」。《若望福音》章十四，節十六也記載吾主說：「我要祈求聖父，祂就要給你們賞賜另一位護慰者（聖神）」。《迦拉達書》章四，節四，大宗徒、（聖保祿）也說：「期限既滿，天主乃派遣了自己的聖子，（降生救世）」。足證聖子小於聖父，並是聖父的屬下。

七、又證：聖子受聖父的顯揚。《若望福音》、章十二，節二八記載他親自說：「聖父，我求祢顯揚祢的聖名」……下文接著記載：「聲從天來：我過去顯揚了，將來還要顯揚（你）」。大宗徒（聖保祿）《羅馬書》，章八，節十一還說：天主（聖父）從死者之中，復活了耶穌基督。（宗徒長）聖伯多祿，按《宗徒大事錄》，章二，節三三的記載，也說聖子受了天主聖父右臂的舉揚。這些記載顯似足以證明聖父尊大，而聖子卑小。

八、另證：天主聖父，本性全善，一無所缺。天主聖子卻有權能的缺乏。《瑪竇福音》，章二十，節二三記載吾主說：「坐在聖父的左邊或右邊，我沒有權能班賜給你們，但能班賜給我父預備提升的人」。聖子的知識也有缺點。《瑪而谷福音》，章十三，節三二記載他親口說：「關於那個日期和時辰，無人知道，天上的眾位天神不知道，聖子也不知道，只有聖父知道」。並且聖子的心情也缺乏安定：因為《聖經》記述他既有憂愁、懊怒，又有類此的其他若干情慾。（依歷代神學和哲學界的公論，情慾的動蕩，不合天主的體統）。足證聖子的本性，不同於聖父。

九、加證：《聖經》有時明說天主聖子是一「受造物」。例如《德訓篇》，章二十四，節一二記載（聖子）自述說：「造生宇宙萬物的天主，造生了我，並以我的帳棚作安息的宮殿」。（節十四）又說：「我的出生，是在太始之初，受造於萬世之前」。所以聖子是一個「受造物」。

十、另證：《德訓篇》，同章節五，記載天主的上智親口說：「我是天主的長子，出自至上（天主）的口中，生在一切受造物以前」。大宗徒（聖保祿），《格羅森書》，章一，節一五說天主的聖子是受造物當中最先出生者。從此可見，聖子屬於受造物的類系，並在系統中，佔領最先的第一級：列在萬物的總數以內：都是天主造生的。

十一、加證：《若望福音》，章十六，節二二記載聖子為眾門徒向聖父祈禱說：「我將祢施給我的光榮，施給了他們，為使他們同是一體，如同我們同是一體」。如此，他的意思是說天主聖子和聖父的「同是一體」，不過是眾位宗徒的「團結一體」一般；不是說「他們在本性上共是一個實體。所以，（依同比例），天主聖子和聖父「同是一體」，也不是在本性實質上，共是一個實體。依同理，聖子，（既是實體有別於天主聖父，故此）是一個「受造物」，（受造生於聖父），並服從聖父的主宰。

史證：聖奧斯定、《異端論叢》，章四十九，節四五記載亞留和歐諾謨曾抱持以上這樣的主張。（亞留〔Arius〕，埃及人，亞歷山〔海港〕教區神父，生於第三世紀後期，學說倡行後，風行小亞，受東羅馬帝國數代皇朝袒護，流派蔓延，至今不斷。歐諾謨是亞留的高足弟子和秘書，陞主教，反對尼柴大公會議，辭去教職，著《申辯書》，又著《申辯書之再申辯書》，和聖巴西略〔Basil〕往反辯難，堅持純亞留學說。哲學態度，多以柏拉圖為靠山）。

柏拉圖學派主張：天主惟一，至上至大，造生萬物，是宇宙萬父之大父，先生一物，首出萬物之上，名叫「父智」，猶言宇宙公父的心智，內含宇宙萬物的性理，是「大道眾理之府庫」；既生以後，（反觀己性），而孳生「宇宙及其靈魂」；（靈魂像父智的神明。宇宙形質，像神明之對待及離異）；然後其他眾物，相隨而生，（猶如數目，一生二，二生三，三生萬物）。

亞留派，援引柏拉圖派的思想，附會《聖經》的文字，（強辭奪義），認為「天主之子」，指示「父智」：尤其因為《聖經》也用「天主上智」和「天主之言」等等名稱，指示「天主的聖子」。

加之，阿拉伯大哲亞維新（《形上學》卷九，章四）也有同樣的主張：天主至高無上，次為「第一神智」，三為「第一層高天」；然後有天生的萬物。（也是緣循「一生二，二生三，三生萬物」的數理次序）。

如此，亞留派的人臆想「天主聖子」指示超越宇宙萬物的一個受造物。天主聖父既生聖子，乃用聖子作「中間連索」的因素，造生了所造的宇宙一切：特應注意某些哲士，主張萬物一元，出生之時，遵守一定的秩序：就是萬物受造，（不都是直接受造於天主），而是（間接的，低級經由中級，上下萬級），經由第一級的受造物，而受造生於天主。如此想來，他們乃誤認，聖子雖高於萬物，仍甚低於天主，並是一個「受造物」，不堪為「造物者、天主」。（這類的錯誤，駁見下章）。

第七章 天主獨子

審察《聖經》所載，得見亞留派的主張顯然不合經義。

一證：《聖經》裡，「天主之子」是一個多義名辭：一指「受造物」；例如天主所造的眾天神，有時叫作「天主的眾子」；一指「天主真子、基利斯督」。兩個指義，互不相同。是以大宗徒，（聖保祿），《希伯來書》，首章，節五說：「爾乃我子，我今日生爾」，天主父曾向那位天神說過這樣的話呢？那兩句話是專指基利斯督而說的。亞留派卻主張「天主之子」是一單義名辭，不過是某些受造物，本性崇高，而有的尊稱：是故基利斯督和眾位天神，都以相同的指義，有時被《聖經》尊稱為「天主之子」；極言其本性天生，有特殊優厚的稟賦而已。

只說基利斯督，本性崇高，超越各級天神，仍不足以保全聖保祿指出的分別：因為按上面（卷三，章八十）的證明，天神眾多，分高下不同的許多品級，被尊稱為「天主眾子」時，共有相同的一個指義，不堪和「天主子、基利斯督」相比。足證《聖經》用「天主子」稱呼基利斯督時，指示另一個意義，和亞留派的主張，確不相合。

再證：《聖經》用「天主眾子」，猶言「神族」，稱呼許多受造物：有時指示眾位天神，有時也指示眾位聖人。假設稱呼基督時，用「天主子」也指示相同的意義，縱令因其性分優越，尚能喚作「天主的長子」，卻無理由叫作「天主的獨子」。然而《聖經》卻肯定基督是惟一的天主聖子。例如《若望福音》，首章，節十四、「我們親眼看見了祂呈現著天主惟一聖子的榮顏」。足見「基督叫作天主子」不只有「受造物」的意思。

加證：「子」字的本義和實義，指示有生命的物體，生於另一生物的實體，父子兩體，共有相同的本性；否則、實義不全，僅能有近似的喻意，例如師生關係，近似父子關係，於是以「父子」相稱；又例如官吏照顧人民，近似父母照顧子女，（愛民如子），於是也稱人民為「一家」，或「子弟」：都是用了「子」字的喻義，和實義不同。今如假設，基督叫作「天主子」，也是用「子」字的喻義，指示他是天主造成的「受造物」，既屬受造，故乃生於虛無，不是生於天主的實體，則不用「子」字的實義，指示天主的真子。這又是違反《聖經》了：因為《聖經》是用「子」字的實義，稱呼基督是「天主的真子」。例如《若望第一書》，（末章，節二〇）說：「為使吾人，生存於天主的真子、耶穌、基督」。所以，尊稱「基督是天主子」，不是用喻意，指示祂受造於天主而有本性的優越；卻是用實義，指示祂生於天主父的實體。

另證：假設「基督聖子」，只是「某某受造物」的尊稱，那麼基督便不得是「真天主」。受造物被人尊稱為「天主」，（猶言「神明」），無一是「天主」二字實義所指的真天主，（或「真神」）；僅能指示其喻義，極言其近似天主的神聖。然而基督本身卻真是天主。《若望第一書》，既說祂是天主的真子，同章下文又說：「祂是真天主，並是永遠的生命」。足證「基督被《聖經》稱為天主之子」不指示「受造物」的意思。

加證：大宗徒（聖保祿）《羅馬書》，章九，節五說：「萬世真福，超越宇宙萬物的天主，基利斯督，其所有的肉軀，生於這些人間的祖先」。《狄茂德第二書》，節十三說：「期待著真福的希望之實現，偉大天主，及吾人的救世主、耶穌基利斯督、光榮的降臨」。《耶肋米亞先知》，章二十三，節五至六也說：「我要給達味的王室，震起義德的苗裔，將來的人要用「我們正義的主宰」這個名字，稱呼祂。那個名字，在希伯來文，叫作「耶和偉義」」；希臘文諱言聖名，譯作「四字聖名」：確指「獨一無二的真天主」，無可疑議。從此可見，耶穌基督，天主之子，是真天主。（「耶和偉儀」，譯音另名「耶和華」或「雅偉」）。

另證：既然基督是天主的真子，必然也隨之而是真天主。因為真子不生於異種，不但應生於父親之實體，而且應屬於父親的同種：猶如人的真子，必定是人。依同比例，基督既是天主的真子，必定也是真天主：故非受造物。

又證：按前在卷首的證明，天主的美善，分賦於受造物中，等級不齊，逐級降低：故此、受造物中，無一能獲得天主美善的全體。然而《聖經》卻說基利斯督，在自己本體以內，具備天主美善的全體。例如大宗徒，（聖保祿），《格羅森書》，章二，節九說：「在祂自身以內，寓有天主神性的全體圓滿」。所以基督不是受造物。

加證：天神的神智，優越，勝於吾人，但低於天主。然而基督的神智，卻不低於天主，大宗徒，《格羅森書》，章二，節九說：「基督神智，是一切知識的寶庫，蘊藏著所有一切上智和知識」。足證基督不是受造物。

加證：卷一（二一及以下諸章）證明瞭，天主本體所有的一切，件件是祂的本體。然而天主聖父之所

有一切，卻是天主聖子之所都有。《若望福音》，章十六，節一五，記載吾主耶穌、天主之聖子、親口說：「凡天主聖父所有一切，也都是我之所有」；又在章十七，節十向聖父祈禱時，肯定說：「我的一切，都是祢的。祢的一切也都是我的」。足證，聖父聖子，本體相同，本性也相同。所以「聖子」不指「受造物」。

另證：大宗徒（聖保祿）《裴理伯書》，章二，節六說：「祂以本性固有的實理，享有天主的生存」。這裡所說的「本性實理」，意指天主的本性；一如下文所說「勞役者的本性實理」，意指人類的本性。足證聖子有天主的本性及其生存；所以祂是天主，而不是受造物。（回閱章四）。聖子在尚未謙虛自抑、採取勞役者的本性實理以前，原來就有天主本性固有的實理及生存：所以祂是天主。

又證：受造物，不能和天主平等。聖子和聖父卻是平等的。《若望福音》，章五，節十八記載：「猶太人謀殺耶穌，控告祂不但有搗毀安息日聖律的罪名，而且怪罪祂宣稱自己的父親是天主，自居和天主平等」。《若望福音》的記載是真實可靠的證據。（參考《若望福音》章十九，節三五；章二十一，節二四）。這些章節，明證基督自己肯定自己是天主之子，和天主平等；並為此而受猶太人迫害。凡是基督的信徒，無不確信基督口訓的真實，請看大宗徒（聖保祿）《裴理伯書》，章二，節六也說：「祂不自恃和天主平等」；明指祂依固有的本性，原來和天主是平等的，但不自恃自傲，（反而甘心謙虛自抑，採取勞役者的性理，降生救世）。可見天主聖子和聖父是平等的：所以祂不是受造物。

添證：《聖詠》，（章八十八，節七），否認任何天神相似天主：「天主眾子當中，有誰相似天

主」。這裡、「天主眾子」，（猶言「天主的家族」，或「神族」），是「眾位天神」的尊稱。另一處，（章八二，節一）又說：「天主！誰能相似祢？（誰能和祢相比）？」回閱卷一（章二十九）已有的討論，得見「近似」指示「完善的肖似」：是天神之所無，而是基督之所獨有。基利斯督，在生活的實際上，明明表現相似天主聖父，相似到至極完善的高度。《若望福音》，章五，節二六形容說：「一如聖父自己擁有生活，是在自己本體以內；同樣，祂賞賜聖子也在自己本體以內，享有生活」。如此比較，可知基利斯督，不應列入天主所造的眾位天神數中。

還證：受造實體，無一能表現天主實體美善的全部：因為凡受造物美善之所表現，都減於天主實體之所是。是以只憑受造者之表現，無以認識天主（本體）是什麼。天主聖子卻表現了天主聖父（實體美善的全部）：例如大宗徒（聖保祿）《格羅森書》，章一，節十五，證明天主聖子，是無形天主的真相。並且真相完善，全無缺點，代表天主本體，吾人因之能認識天主（本體）是什麼：不似《格林德書第一封》，章十一，節七所說的「男人（亞當，受造於天主）是天主的肖像」。（肖像，肖似切近而不呈現實體）。聖子是「真相」，卻呈現天主的實體之本然。為杜絕疑議，大宗徒（聖保祿），《希伯來書》，章一，節三說：「聖子乃是天主實體的圖形，並是天主光榮的輝煌」。圖形真實，不可和「肖像近似」相混。受造物是「肖像」，不是「真相」；聖子是「真相」，不是「肖像」。所以聖子、天主真子，不是受造物。

另證：任何類群，其中的單位，無一能是全類每個單位出生的原因。例如人類中，眾人出生的大公原因，不是任何某某人一個，而是超越人類群體以外的太陽，和超越太陽（及其上各級原因）的天主。（按傳統悠久的學說，人的出生，不只是生於人性的父母，而是生於「天主，其下各級原因，太陽和父母，種種因素」的聯合）。依同理，任何某某受造物一個，也都不會是宇宙萬物出生的大公原因。然而天主聖子卻是宇宙萬物出生的大公原因。（明證於古、新《聖經》）：《若望福音》，章一，節三說：「宇宙萬物（凡天主所造一切），都是因天主的聖言而出生」。（這裡的「聖言」，是「天子的真子」）。《古經》裡、《箴言》，章八，節三〇：記載「上智生於天主，自述說：我當時同祂一齊，組織一切」。大宗徒，《格羅森書》，章一，節一六也說：「天上地下所有一切，都是因聖子而受建立（於聖父）」。聖子是「一切受造物類群」的大公原（類群的大公原因，不得是「屬於類群之內的一個單位」）。因；所以，祂不是屬於受造物類群之內的一個單位；等於說：祂不是一個受造物。

復證：按卷二（章九十八）的證明，吾人所謂「眾位天神」，是一些「無形的實體」，非受造於天主，無以出生；同卷（章二一）又證明瞭：天主以外，無任何實體有造物的能力。然而，天主聖子，耶穌基利斯督，卻是造生眾位天神的原因：將天神，從無生存之境界，引入有生存的境界。證於大宗徒（聖保祿），《格羅森書》，章一，節十六「所有諸品天神，或法座，或主治，或元首，或能力，（連同其他萬物），凡實有一切，都是天主造成的：用了祂（基利斯督的智能）；並根據了祂，（以祂作萬物生存的基礎）……」。回閱卷三，章八十。從此可見，天主的聖子，不是受造物。

另證：物體本有的動作，隨從自己的本性。物無其本性，則不能有其本有的動作。物無人種固有的本性，則無以發出人性本有的動作。然則天主聖子有天主本性固有的動作：例如造生物體；範圍萬物的生存，維持其存在；洗滌人心的罪汙：按上面（卷三，章六十五，一五七）的證明，這一些都是天主本有的動作。《格羅森書》，章一，節十七，聲明「宇宙萬物的生存，都以祂為底柱」。《希伯來書》，章一，節三也說：祂用自己德能的言語，洗滌萬罪，肩負一切（扶持萬物）」。可見天主聖子有天主的本性，而不是受造物。

亞留派能說：聖子作這些動作，不是主動，而是充任工具，被動於主動者；故非由己力，但只是全憑主動者的運用。這樣說是不對的。《若望福音》，章五，節十九記載吾主親自說：「凡聖父無拘作什麼，聖子也同樣去作。」聖父動作，是自己運用自己的能力，所以，同樣，聖子作那些動作，也是自己運用自己的能力。

從此看來，尚可斷言：聖子聖父，德能相同，能力相同，權力也相同；因為《聖經》不但說聖子和聖父用同樣的方式動作，而且說：用同樣的方式作同樣的動作。須知兩個作者，作成同一工作，或用同樣的方式，或用不同樣的方式。如果一作主動者，一作其工具，乃是用不同樣的方式。否則，如用相同的方式，必須兩者合成一個能力。合力動作，又分兩種：或如許多人同拉一隻船：大眾用同樣的方式，各盡全力，一人不足，眾人聯合乃足以拉動船隻：這是許多不同的作者，竭盡各自不同的力量，聯合作成一件工作。它們每個力量，單獨比較，都是不充足的。天主聖父和聖子，卻說不得是用這種方式，合力工作：因為按卷一（章四十三）的證明：天主聖父的能力不是不充足的。而是無限強大的。所以天主聖父和聖子的「合成一力」，不是「合成許多能力的聯結」，而是「共有數目單位自同的一個能力」：這是「合力動作」的第二種。從此直進推想：既有什麼能力，便隨之而有什麼本性：由前可以知後。那麼，聖父聖子共有數目惟一的本性和本體，乃是結論必然的。

同一結論，也可證自前面方有的各條證明：既知聖子有天主的本性，又知按卷一（章四十二）的證明，天主的本性不能分成許多；必然隨之而得到這個結論：就是聖子和聖父共有數目相同的惟一本性和本體。（父子兩位，共是一性一體一個天主）。

又證：我們人生的最後真福，是實現於獨一無二的天主以內。惟獨天主是人生希望之寄託。惟獨天主應受人欽崇的敬禮。證於卷三，（章三十七、五十二、一二〇）。然則，我們人生的最後真福，卻是實現於天主的聖子以內。從此可以顯然明見：天主聖子是真天主。（天主聖子是人生真福的寄託。這個寄託是真天主。所以天主聖子是真天主）。《若望福音》，章十七，節三，記載吾主為眾門徒祈禱說：「求祢賞賜他們認識祢，並認識祢所派遣的耶穌基利斯督，這就是他們的長生」。《若望書信》，第一封，末章，（節二〇）也說聖子是真天主，並是永遠的長生」。《聖經》裡，「長生」指示最後的真福。這是確然無疑的。

大宗徒（聖保祿）《羅馬書》，（章十五，節十二）稱引《依撒意亞先知》，（章十一，節十）說：「耶塞的根苗，將要生起，治理萬民，是萬民希望的寄託」。《聖詠》（章七二，節十一）也說：「萬王欽崇祂。萬民侍奉祂」。《若望福音》章五，節二三又說：「眾人都光榮聖父，同樣也光榮聖子」。並且《聖詠》（章九十六，節七）還說：「祂的眾天神，都欽崇朝拜祂」。大宗徒（聖保祿）《希伯來書》，章一，節六稱引這句《聖詠》，用「祂」字指出「天主聖子」。

綜合上述經證和理證，可以明見：天主聖子是真天主。

添證：上面（章四）反駁傳提諾派（Faustinus）而舉出那些理由，也可添在這裡，足證同一結論：基利斯督是真天主，不是受造物。

根據上述及類似的《聖經》明訓，公教一致承認基利斯督是天主本性親生的真子，和聖父平等，是永遠的真天主，和聖父共有相同的一個本體和本性，生於聖父，不是受造於聖父，也不是受作成而始出生的。（受造是從無中被天主造生出來。受作成是效果被原因製作出來。互有因果關係。效果低於原因。不是互相平等的。聖子生於聖父，卻是父子間，天主真性的生存之溝通：兩位一體，不互生因果關係）。

比較以上數章，可以明見：惟獨公教信仰，一致承認天主父真生天主子。天主父生天主子的確義，專指聖子從聖父領取天主的本性。別的各家異端，卻都說聖子生於聖父是從聖父領取某一異性：和天主父的本性相異而相外。

傳提諾和撒伯略兩派主張聖子領取了人性。亞留派主張聖子領取的不是天主性也不是人性，而受造物中最崇高的一個受造物之本性。亞留說聖子生於造世以前。撒伯略和傳提諾卻說聖子始生於童貞的母胎。撒伯略承認基督是真天主。傳提諾和亞留卻不承認。傳氏說耶穌純粹是人而已。亞留卻說耶穌是受造物崇高神性和人性的混合體。傳、亞兩派承認父子兩位不同。傳派卻說父子共是一位。

公教信仰，採取中間道路。承認父子兩位不同：合於傳、亞，而異於撒氏；同樣也承認，聖父全不受生，而生聖子。但又承認基督是本性真實的天主，和天主聖父不是同位而是同性，則合於撒氏，而異於傳、亞兩家。

旁證：從中間立場，可以取出一個徵驗：旁證公教信仰的正確。錯誤的理論，不但不合於真理，而且彼此也不相合。是以按大哲（亞理斯多德）的名言：錯誤的理論（自相攻訐），足證真理的真實。（參考《分析學前編》，卷二，章二；歐德慕版《道德論》，另題《倫理學》，卷一，章六）。

第八章　天主父子兩位而一體

真理和真理，不能互相衝突。前章根據《聖經》證明瞭的真理是：天主聖父和聖子共有數目單位自同的一個本體和一個本性。所以，亞留引據《聖經》，為證明其主張，顯然是不濟事的。

天主聖父和聖子，共有一性一體；故此兩位都得說是真天主；但父子兩位不是兩個天主，而是一個天主。這是必然的。假設祂們不是一個天主，而是許多，遂應各自互有數目單位不相同的本體：兩個本體，分在兩位：如同兩個人，各有各自的人性本體：種同而數不同。這在天主，是不可能的。主要理由，是因為按上面（卷一，章二一及其下諸章）的證明，天主的實體，（是獨一無二的；並且）天主的本性，不二於天主的實體自身。為此，父子既然共有一個本性，必定隨之而共是一個天主。是故、吾人固然承認聖父是天主，聖子也是天主；但不因此而背棄卷一（章四十二）用理證和經證證實了的「天主獨一無二」的定理。所以，真天主是獨一無二的，然而同時吾人承認「真天主、獨一無二的真天主」、是聖父的賓辭，也是聖子的賓辭。（聖父是真天主；聖子也是真天主：共是獨一無二的真天主）。

茲將《聖經》各節原文，解釋如下：

一、（回閱章六）：吾主為諸門徒向聖父祈禱說：「求祢賞賜他們認識祢，獨一無二的真天主」。請看，原文沒有說「求……他們認識獨一無二的真天主」；卻指點清楚的說：「求……他們認識祢、（是）獨一無二的真天主」：實義明證天主聖父固然是獨一無二的真天主，但沒有暗示天主聖子不是獨一無二的真天主。肯定「獨一無二的天主性」屬於天主聖父，不是否認「獨一無二的天主性」也屬於天主聖子。惟因父子必是同性，原文暗含的意思，與其說「獨一無二的天主性」因屬於聖父而不屬於聖子，無寧說「天主聖父所有的獨一無二的天主性」，因屬於聖父，必定也應屬於聖子所共有。

是以《若望書信》，律定本，第一封，章五，節十，恰好是解釋上面這些經言，既說：「求主賞賜吾人認識真天主」，又說：「也求主賞賜吾人生存於祂的真子（寵佑）以內。祂的真子是真天主，也是永遠的長生」；將「真天主」和「長生」，兩個賓辭，用來，既稱指「聖父」，又稱指「聖子」：給兩者作共有的賓辭：（聖父是真天主和長生、聖子也是真天主和長生）。

縱令聖子公認惟獨聖父是真天主，吾人也不應因此而想聖子言外自認不是真天主：因為既然按（前章章）方有的證明，聖父聖子同是獨一無二的真天主，凡聖父因是天主而有的賓辭，同樣也都是聖子的賓辭，反轉去說，亦然。（聖父因是天主之所是，聖子無不是之，反說亦然：聖子因是天主之所是，聖父也無不是之）。又如《瑪竇福音》，章九，節二七記載吾主說：「非聖父，無誰認識聖子，非聖子，也沒有誰認識聖父」；顯然這些話的實義，不是否認聖父自己認識自己，也不是否認聖子自己認識自己。（「認識聖父」是聖子的賓辭，故此也是聖父的賓辭：「聖父認識聖父」。同樣，「認識聖子」既是聖父的賓辭：「聖父認識聖子」，故此也是聖子的賓辭：「聖子認識聖子」。足證依同理，凡聖父因天主性而有的任何賓辭，也都是聖子的賓辭。所以：既知聖父是獨一無二的天主，便應承認聖子也是獨一無二的真天主，既知惟獨聖子認識聖父，必應也說「聖父認識聖父自己」；依同理，既承認「惟獨聖父是真天主」，必應也承認「聖子是真天主」）。

二、根據上面同樣的原則，可以明見、大宗徒的那些話：「他在那時要受到天主的顯揚。天主是獨一無二的萬王之王，萬主之主」，也不是否認聖子是天主。那些話裡，提出的名辭，不是「聖父」，而是「聖父和聖子」共有的稱呼。啟示錄，章二十，節十三，明明讚揚聖子也是「萬王之王」和「萬主之主」：「祂身穿血染的紅袍，祂的名字叫作「天主聖言」……祂的長袍和腿股前，書寫著「萬王之王，萬主之主」的字號」。

大宗徒下文所說「惟獨天主有不死的長生」，也無意否認聖子聖子的長生不死：因為聖子也給信從自己的人們賞賜長生不死的真福，是以《若望福音》，章十一，節二六記載吾主說：「信從我的人，永遠不死」。其後，大宗徒說：「沒有任何人看見過天主，而且無人有能力看見天主」；（這些話等於說：「天主是人看不見的」）。這樣的賓辭，定然也是「聖子」所能有的：因為《瑪竇福音》，章十一，節二七記載吾主自己說：「非聖父，無誰認識聖子」。意思是說「聖子，（在未降生成人以前），也是人看不見的；在降生成人以後，祂的人身是可見的，祂的「神性」仍是人看不見的。是以，大宗徒在同一書信裡，（《狄茂德第一書》，章三，節十六）說：「在人性肉軀內發顯了的，是宏偉的慈孝之蹟」，猶言「事蹟神秘」，（是人心之可信，非人眼之可見）。

至於「顯揚」和「受顯揚」的分別，也不足以確證惟獨聖父顯揚聖子；因為聖子也顯揚自己：《若望福音》，章十四，節二一，記載吾主親自說：「親愛我者，受我父之親愛；我也親愛他，並將我自己（的神奧）顯示給他」。是以吾人祈禱也向吾主說：「求你顯示祢的容顏，我們就能得救」，（《聖詠》七九，節四）。

三、論到吾主說的「聖父大於我」，大宗徒（聖保祿）曾訓示那句話的意義。須知「大、小」是相對而言的：應根據同一觀點去作比較。在某某觀點上，父大於子，子小於父。大宗徒明示聖子，根據（降生成人）採取了勞役者的性理之觀點，的確是變得卑微了；相反的，根據固有的神性而論，聖子和聖父，是平等的。《裴理伯書》，章二，節十六說的明白：「祂依本性固有的實理，享有天主的生存，和天主平等而不自恃，但願謙虛自抑，採取了勞役者的本性實理」。從這個觀點看去，說「聖子小於聖父」，是不足奇怪的；何況大宗徒更進一步，還說祂小於天神：《希伯來書》，章二，節九說：「祂在短暫之間，身分降至卑小，低於眾位天神。我們看見了祂是因受死刑而得榮冠的救世主耶穌」。

依同理，在人性方面，無妨說「聖子隸屬於聖父的管制」。（聖父統轄萬物，故也統轄耶穌的人性）。《聖經》的上下文，明指是聖子的人性隸屬於聖父的管轄。上文說：「因一人（有原罪）而眾人死亡，又因一人（有救世之功）而死者復活」；下文緊接著說：「眾人死後，各按次序，復活起來，第一是基利斯督，隨後是基督的信徒」；此後又說：「至到最後，聖子乃將萬王之王的統制，交付給天主聖父」；然後指明了「統制」的意義是「統制宇宙間所有一切萬物」；結論乃說：「萬既物都隸屬於聖父的管制，於是聖子自己也就隸屬於自力統制萬物的聖父，（服從祂）……」。

這裡，《聖經》的上下文，明示「耶穌，基督，聖子」等等字樣，專指基督的人性：祂是人，有人性的身體和靈魂，所以才死去了而又復活起來；不專指祂的神性方面。若就神性而論，祂是天主，按（前章）已證的結論，祂作聖父所作的一切動作，故也自力平治宇宙萬物，是以大宗徒、《裴理伯書》，章三，節二〇說：「吾人期待救世者、吾主耶穌基利斯督。祂要重新形成吾人卑微的軀體，使我們呈現祂自己身體的形狀和光榮。祂這樣作，是運用祂自己尅服萬物、（統制萬物）的能力」。

四、《聖經》說的「父施、子受」，不足以證明聖子貧乏，只須肯定聖子既是兒子，則是生於聖父，從生自己的父親，領取自己的本體和性命。父子關係的「施受」，不是「富以濟貧」的「施受」：而是「父子同性本體生存之施受」。所施與所受的恩惠，也旁證「父生子出」；不是「富者濟貧」。《若望福音》，章十，節二九，記載吾主親自說：「聖父施給我的恩惠是至大無比的」。這樣的恩惠是「天主的本性本體」，聖父聖子是平等的。上文和下文，連貫起來，意思更顯明白：上文（節二八），吾主說：無任何誰能從祂手中掠奪祂的群羊。祂提出的理由是：聖父施給祂的恩惠至大無比。既得之於聖父之手，故說無人能掠奪而去；於是隨之又說：也無人能從聖子手中奪走。聖父和聖子掌握力是平等的。至大無比的恩惠，指示父子同等的神性，此外不能有恰當的解釋。是以下文，吾主更明白的講解說：「我和聖父是一個」。

同樣，大宗徒（聖保祿），《裴理伯書》，章二，節九、「就是為了這個功勞……天主賞賜祂一個崇高的名義，超越諸名之上；天上，地上，地下，三界的神人萬物，對著耶穌聖名，都屈膝致敬」。然則這樣崇高的名義，既受宇宙萬物的敬禮，只得是天主本性本體固有的名義。這個鴻恩的施給，指示聖父將天主性施給聖子：就是天主聖父生天主聖子的意思。

吾主說的「聖父將一切的一切，都交付了給我」，也指的是「聖父生聖子」的意思。「一切的一切」，只得指示「天主性的圓滿真全」。《格羅森書》，章二，節九，聖保祿所說的，就是這個「天主性的圓滿真全」是天主父子所共有的。如此、吾主既說自己領受了聖父施給的那些恩惠，便是自己公認是天主父親生的真子；可見撒伯略派的錯誤。（回閱章五）。既說父恩那樣宏大，乃是公認自己和聖父平等；足證亞留派的荒謬。父子間這樣的施受，顯然不指示子方的貧乏。父施於子，乃是子生於父；父未施給以前，子尚未生，（故無貧乏之可言）。恩惠既是「圓滿無缺」的至善，自不容許受恩者有貧乏之時。

無妨《聖經》有時說聖父在某某時期施給聖子恩惠。例如《瑪竇福音》，章二十八，節一八，記載吾主復活後給眾門徒說：「天上地下的一切權力都（由聖父）交給了我」。大宗徒，《裴理伯書》，章二，節八至九，也說：「就是為了這個功勞，天主提拔了他，賞賜他一個崇高的名義，超越諸般的一切名義之上」，理由和時期是因為他「自願作事服從聖父，聽命至死」，表面好似說這個名義，不是他永遠常有的。內中的實義，依照《聖經》語法的習慣，動辭的時間，不指動作成行的時期，而指動作效用發顯於外的時期；故不與「永遠」相衝突。聖子永遠已有的名義和權力，在祂的人性身體死而復活以後，才因眾門徒的宣佈，而發顯於普世。

這樣的解釋正確，可證於吾主的口訓。《若望福音》，章十七，節五，記載吾主親口（祈禱聖父）說：「父！我求祢在祢面前，顯揚我在世界未有以前已有的光榮」。這是他祈求聖父將他永遠已從聖父領受了的光榮，在祂降生成人以後，宣佈出來。

五、從此尚可明見，何以聖子受教於聖父而不是先缺乏知識。卷一（章四五）證明瞭天主以內，神智的知識和神性本體的生存，是一回事。是以天主性體的傳播，等於知識的傳播。神智知識的傳播是理智的證明，或言語的談論，或道理的講訓。聖子生於聖父，既是從聖父領取天主的神性本體及其生存，則可說是「聖子聆聽聖父的教訓」，反之，「聖父生聖子」，就也可以說是「聖父給聖子證明真理」。《聖經》裡，同類言辭，都可作這樣解釋：沒有聖子缺乏知識而必須待教於聖父的含義。大宗徒（聖保祿）《《致格林德第一書》》，章一，節二四公認基督是天主的能力，也是天主的上智。是上智又是無智，是能力而又是軟弱無能，是不可能的。

依同理，《聖經》說「聖子只由自己任何什麼事都不能作」，也不是聖子軟弱、無動作能力的證明；不過是說：聖子所有一切動作，不能是由於自己，而全是由於聖父；一如聖子的生存，也不能是由於自己，而只是由於聖父。假設生存由於自己，便不是子生於父了。聖子不能不是聖子，就是為此，聖子也同樣必不能由於自己而動作。按上面卷一章四五證明瞭的定理，天主的動作，不異於天主的生存，也不異於其性體。是以，聖子生於聖父，既然領取了和聖父相同的本性，因而也就領取了相同的能力。雖然聖子的生存和動作，不是由於自己，但仍非不是依靠自己：一如祂依靠由聖父領取來的本性而生存，同樣祂也依靠由聖父領取來的本性（和能力）而動作。是以吾主前句說：只由自己，聖子什麼也不能作；後句接著乃說：「凡聖父無拘作什麼，聖子也同樣去作」；儼然有意指明自己動作，固然不是由於自己，但仍非不是依靠自己。（依靠自己，是運用自己的能力。當然，自己的能力是由聖父施給的）。

六、從上面提出各條解釋，也可看到「聖父命聖子」，「聖子聽從聖父的命」，「祈求聖父」，或「受聖父派遣」，等等這樣的話，都有意義。這樣的一切，都是基督人性之所為。按已有的說明，聖子降生成人，採取了人性，從人性方面立論，祂隸屬於聖父管轄。所以聖父給聖子出命，和向人出命一般。吾主親口也曾明示如此：因為吾主前句既說：「為使世界知道我親愛聖父；並且父賜我命，我乃奉行」，後句指明父命如何，乃說：「你們起來，我們迎上前去」。祂說這話，是說「前去受難」，明證聖父的命，也是命祂忍受苦難。聖子受難是因人性而受難，所以聖子聽命也是因人性而聽從主命。

同樣，《若望福音》，章十五，節一〇記載吾主說：「你們若遵守了我的誡命，你們就生存於我的親愛中，一如我遵守了我聖父的誡命，也就生存於祂的親愛中」。這些話裡，也是說聖子的人性，受聖父的親愛，遵行聖父命令，一如自己親愛聽從己命的眾門徒：都是天主對於人表示的親愛。大宗徒，（聖保祿），《裴理伯書》，章二，節八所說的「自願服從聖父，聽命至死，」明示這裡聽命者，是捨身致命的人性，耶穌降生，採取了人性，乃因人性而聽命忍受苦難，（或榮受顯揚）。

聖子祈禱，沒不適宜，是因人性而祈禱，也證自大宗徒，《希伯來書》，章五，節七、祂的肉體生存期間，祂以強大的呼聲和流汪汪的眼淚，舉獻許多祈求和哀禱，舉向能救他不死的天主。祂的祈禱為了誠敬而受到了聽允」。

聖子受聖父派遣，有何所因，也可證自大宗徒，《迦拉達書》，章四，節四、「天主派遣了自己由女人胎中生成的聖子」。由女人胎中生成的兒子，受了聖父的派遣：是因所採取的人性骨肉而受派遣。既生於人性的母胎，必有人性的骨肉，因而受天主的派遣，沒有不適宜者。

綜合上述一切，可見（對方引據的《聖經》），別無用途，只可證明聖子受聖父的管束，不是因為聖子有天主性，而是因祂降生成人乃有的人性。

須知聖子因是天主，用無形的方式，也可以說受聖父的派遣，而無傷於父子間天主的平等：下面（章二三）討論聖神受派遣時，另有詳解。

七、《聖經》所說的「聖子受聖父顯揚」，或「受振起」，或「受舉揚」，等等，同樣也顯然不能證明聖子（因有天主性）而小於聖父，僅能證明祂所有的人性小於聖父。聖子需要受顯揚，不是新領受前所未有的光榮，而是需要因萬民的信仰，藉祂發顯的聖蹟，並藉祂肉身（復活）的光榮，將肉身傷殘所遮掩的神性光榮，揭曉而顯現出來。祂自己宣證在宇宙未有以前，祂就已有那神性的光榮。是以《古經》，《依撒意亞先知》，章五十三，節三，曾提到祂光榮的隱藏：「祂的容顏真是隱藏不見了，是以吾人也理睬不到祂」。

耶穌「受振起」，是說祂受難受死而後復活起來，是指祂的肉身而說的。宗徒長，聖《伯多祿書信》，第一封，章四，節一，嘗說：「基督在肉體內受了苦難。你們也應用同樣的思想，裝備自己」，（武裝自己，勇敢分受耶穌的苦難）。「受舉揚」和「受壓抑」，是相對的，故以肉體為相同的主體。大宗徒，《裴理伯書》，章二，節八，足證此點；他說：「耶穌自謙自抑，自願聽命至死；為此，天主舉揚了祂」，（明指是祂的肉體謙抑聽命至死，是以受了天主的舉揚）。

上述一切，適足證明，聖子、論人性，小於聖父；論天主性，父子卻是平等的，共有相同的能力和動作。是以聖子也自力舉揚自己。證自《聖詠》，章二十，節十四，（《先知》因天主聖神的啟廸，讚頌祈禱）說：「主！（故世者），求祢施展祢的能力，舉揚起祢自己來」！《若望福音》，章十，節一八也記載吾主自己說過：自己振起自己來：「我有權力棄置我的靈魂，也有權力再把靈魂取納起來」。（「振起」是「復甦」或「睡而復醒，振作起來」的意思：猶如「驚蟄」期間，春雷復震，草木復甦一般）。

不但如此，而且《聖經》也說聖子也有時顯揚聖父：例如《若望福音》，章十七，節一說：「求祢顯揚祢的聖子，為使祢的聖子也要顯揚祢」。聖父的光榮隱藏，不是受了肉體的遮掩，而是因為神性無形，故不可見。父子的神性光榮，同是無形的。是以《古經》、《依撒意亞《先知》》，章四五，節十五，合論天主聖父和聖子說：「祢真是隱藏的天主，伊撒爾人民的至聖，救世者！」。聖子顯揚聖父，不是將聖父沒有的光榮，施給聖父；而是將聖父原有的光榮，顯揚給人世；因祂親口說：「我將祢的聖名，顯揚給眾人了」。（聖子顯揚聖父，或聖父顯揚聖子，都沒有誰大誰小的含意，故無益於對方的主張）。

八、莫想天主聖子，權力有缺。瑪竇（福音，章二十八，節十八說：「天上在下的一切權力，（聖父）都交給了我」。是以祂所說的「坐在我右邊，或左邊，不是我所能賞給你們的，但能賞給有我聖父預備了的人們」，這些話，不是說聖子沒有權力分配天上的座位；而只能是根據話的上文，耶穌有權力不將榮位留給骨肉私情所偏向的人，因為骨肉私情的偏向不是分配榮位的標準；所以這不是否認祂有分配的全權。

賞賜天上座位，是賞人領享長生的意思，屬於聖子權力的範圍以內。《若望福音》，章十，節二七，記載吾主說：「我的群羊，聽從我的聲音，我也認識他們，他們也隨從我，我也就賞賜他們得享永遠的長生」。若望（福音，章五，節二二）又說：「聖父將審判權，全交給了聖子」。審判的任務，是按人的功勞，決定人在天上應佔領的榮位。是以《瑪竇福音》，章二五，節三三也說：「聖子要把綿羊安置在右方，山羊列在左方」。（列在右方者，受賞，左方者受罰）：足證聖子有賞罰的審判權。

然而，聖子審判，不徇骨肉的私情。上文（《瑪竇福音》，章二十，節二〇—二二）記載：宰伯德

（兩個）兒子的母親，前來請求耶穌賞賜她兩個兒子、一個坐在祂右邊，一個坐在祂左邊。她提出這樣請求的動機，依情況看去，大概是仗恃她家和基利斯督的人性方面，有骨肉的親屬關係。吾主否定的答覆，不是說自己沒有權力賞賜，而是說有權力不賞賜只因骨肉私情而要求的恩惠。何況原話沒有說：「我不能賞給任何人」；（卻是說：「不是我所能賞給你們的」；含意能是：因為你們不應只因骨肉的私情而貪圖高位，是以下文所說，不是否認自己有權力，而是）堅強的肯定自己「有權力」，故「能賞給有我聖父預備了的人們」。（聖父預備了光榮的位置，為賞給有功德的人們）。

賞善罰惡的權力，屬於耶穌，不根據祂人性方面是童貞母的兒子，而是根據祂在神性方面是天主的聖子。祂以這樣的權力，不得將恩典賞給骨肉的親屬，但應賞給神性的親屬：人成為耶穌神性的親屬，（以耶穌為長兄，以天主聖父為眾弟兄的公父）；天上的榮位和恩典，是天主聖父，用永遠預定的計劃，預備賞賜給他們的。（他們因遵守聖父誡命，信從耶穌，乃成為耶穌神性的親屬，被耶穌喚作自己的父母兄弟姊妹。這樣的人是有信、望、愛諸德的人。天主聖父，依照永遠的計劃，給他們預備了天上的榮位）。

上文所說「天上榮位」的預備，（既是依照天主上智永遠的豫定計劃，可見）也屬於聖子的權力範圍以內：（天主的聖子，乃是聖父的上智）；是《若望福音》，章十四，節二，記載吾主親口宣證說：「在聖父的家宅，有許多寓所。如無許多，我必早已相告：因為現在我去給你們預備住處」。所說的「許多寓所」，象徵分享真福不同的許多品位：是天主，依照永遠豫定的計劃，預先準備的。吾主又說「如無許多」，指示如果寓所不夠多，祂乃為引領眾人升入天國，在下文接著聲明說：「因為現在我去給你們預備住處」：明示自己也有預備寓所和住處的權力。（這裡所說的「現在去準備」，也是聖父永遠預定的計劃之二）。

聖子說不知自己（第二次）降來（世界終窮）的日期，也不能有「缺乏知識」的含義；不過只是表示，聖子，置身於人間，言談行動，採取了人無知識的形態：未將知識啟示給眾門徒。《聖經》習慣的語法，用「知識」當作一個「他動」的動詞，指「告知」的意思。例如《創世紀》，章二十二，節一二（天神向亞巴郎說）：「現今我知道了，你是敬畏天主的人」：意思是說：「現今我告知（天主了，你是敬畏祂的人」，所以，為證明你不是不敬畏天主，已不需要犧牲你親生的獨子依撒格了」……）。如此，反過去說：「耶穌不知」，意思乃是說：「耶穌不告知吾人祂所知的事」。大宗徒《哥羅森書》，章二，節三，肯定「耶穌心智內蘊藏著一切上智和知識的寶庫」；足證耶穌說「不知」，不能有缺乏知識的意思；不過是說祂知道祂（第二次）降來的時期，但不肯告知世人而已。

論到「憂愁，恐懼」等等此類的情慾動蕩，顯然屬於基督的人性方面，故不足以證明聖子缺少天主的神性。

九、至於《聖經》所說：「上智是受造（而生）的」，能有兩種意義：一指天主賦與受造物的上智：（是物各有理的上智之理）；例如《德訓篇》，章十一，節九說：「祂用聖神造生了上智，並將它傾流徧賦到所造的萬物上」。這樣受造物秉賦而有的上智，不是天主聖子所是的上智。

二指「上智的出生」，既有受造於天主的某一特點，又有受生於天主的某一特點，兩個特點，連合起來，說「聖子是受造的也是受生的」，庶能指出聖父生聖子的方式美善奧妙，非普通「受造」或「受生」所可比擬。人間的父親生兒子，父親方面常受身體（及心靈方面）的變化，（代表父方的損失），是一種美善的缺欠；兒子出生，領受了父親的（人類）性體，是兒子方面一種美善的實得。至於物體受造於天主，天主方面，固然不因造物而受變化，但受造物出生所領受的不是造物者（天主）的性體。聖子生於聖父，方式完全美善，既說「受造」以指父方未受變化，又說「受生」以指父子性體惟一而自同。按聖溪樂流（三五八——三五九年，著公會議述要，刊訂為《聖三論》的第十三卷，共有九十一章，前半卷記述歷史，後半卷擇論教理，章十七—十八）記載：（三一四年，古加拉齊亞國）安其辣公會議，論到本處的《聖經》，曾供給了這樣的解釋。（安其辣，即是現今土而其，國都安加辣城）。

十、至於說「聖子是受造物的長者」，不足以證明聖子是受造物中的第一個；但其意義，是說：聖子生於聖父，也從聖父領取了性體，受造物的生存和性體，也是從聖父領取而來：聖子領取的性體，和聖父的相同。受造物所領取的卻不相同。是以《聖經》不但說「聖子是長子」，而且（《若望福音》，章一，節十八）說「聖子是獨子」，由於聖子生於聖父的方式，特例獨出，不同於其他萬物。

十一、用吾主為眾門徒向聖父（祈禱時）說的：「為使他們同是一體，如同我們也同是一體」，固然可以證明聖父聖子同是一體，方式相同於眾門徒（互相團結）應是的一體：就是愛情的團結；然而這個團結的方式，不排除性體的同一，反而更能表示彼此實有性體的同一、因為《若望福音》，章三，節三五說：「聖父親愛聖子，也將一切交付給祂手中了」；這樣的話按上面（第四號）的說明，足證聖子有天主神性的圓滿和真全。（性體，就是本性本體及其實有的一切美善）。

總結本章全論，得以明見：亞留派援引的經證，實不違反公教信仰宣認的真理。

第九章 《聖經》論聖子的天主性

轉進觀察，尚得明見，傅提諾和撒伯略兩家（在章五），為證明已見，援引的《聖經》各節，也無實效：

一因瑪竇末章，吾主復活後所說的「天上地下的一切權力都交給了我」不指新權力的授給和領受，但指聖子從聖父永遠已領受而來的權力，在聖子降生成人以後，發顯於人間，由於吾主死而復活戰勝了死亡。（這樣的勝利證明聖子實有天主真子的一切權力）。

二因大宗徒《羅馬書》，章一稱述聖子生於達味後裔，顯然指示聖子人性骨肉的來源，不是專指聖子的天主性；故此標明瞭「在人性肉身方面」猶如若望（章一，節十四）也說：「天主的聖言（化身降世，而）成了（人性的）血肉之體」。是以「永命簡定為天主之子，有大能力」，等語，也屬於聖子的人性。人性合於天主之子，所以那個人就能說是「天主之子」，不是由於人方面的功勞，而是由於天主永命簡定的恩寵。

三因大宗徒《致裴利伯書》所說：「基督受難有功，因而受到了天主的舉揚；」也是指的人性方面，謙卑受難。是以《聖經》下文接著說：「天主賞賜他一個崇高的名義，超越諸名以上」，無非指示聖子永遠生於聖父而有的名義，應受到顯揚，並受到萬民的信仰。

四因宗徒長聖伯多祿說天主委命聖子作（我們人類的）主宰和救世的君王，基利斯督」，也是專指耶穌的人性方面。耶穌降生成人，乃將因天主性而永有的權位，開始也享有於生在人間的時期以內。

論到撒伯略為證明天主獨一無二而舉出的《聖經》兩節，一說：「伊撒爾人民，聽清，你的上主，天主，是獨一無二的一個天主」；一說：「你們要看清，我是獨一無二的（天主），除我以下，沒有別的（真天主）」。這樣的話並不相反公教信仰的道理：因為公教承認聖父和聖子，不是兩個天主，而是一個天主，詳見於前面（章八）。

同樣，若望所說：「父在我內，親自完成諸事」，又說：「我在父內，父在我內」；這些話所能證明的，也不是撒伯略所主張的「父子一位」論，而是亞留所否認的「父子一體」論。假設聖父和聖子共是一位，再說父在子內，子在父內，便意思不合；因為恰當說去，某一單位不自己在自己以內；但能說自己的各部分是在自己以內：由於各部分都是在於整體以內，所以部分之所能有一切，也習慣歸屬於整體之所有：以「部分在於整體」的這番意思，有時可以說「某物整體是自己在自己以內」。然而這個說法，不適於討論天主以內的事理：因為、按卷一（章二十）已證的定理，天主本體單純，不包含任何部分的組合。從此可見，既肯定「父在子內，子在父內」，就得承認這個結論，就是：「父子不是一位」。

然而，同上的前提，足以證明「父子共是一體」。因為，既說「父在子內，子在父內」，顯然可見，前後兩個「在」字，指示相同的事件，意義及方式：父怎樣在子內，子也就同樣在父內。（這裡的在字，顯然是生存的意思）。然而，天主聖父的生存，乃是祂的性體；所以那裡有聖父的生存，那裡便有聖父的性體。（聖子以內，既有聖父的生存，所以聖子以內，就有聖父的性體）。同理，天主聖父以內，既有聖子的生存，也便有聖子的性體。

聖父和聖子共有一個性體，所以聖父的性體是在聖子以內，聖子的性體也是在聖父以內。（物之性體，是其本性本體：並是其本性本體之所是）。聖父之性體，不是別的，（乃是聖父之所是）：故是聖父自己。聖子之性體，亦然。這樣推論，必得的結論，顯然是（父子兩位，共是一性一體）：父在在子內，子在父內。用這一個定理，既在一方面證實了公教信仰的真理，又在另兩方面，說破了亞留和撒伯略兩家的謬論。

第十章 父子兩位一體的難題

仔細研究了上述《聖經》各節，得以明見：關於天主聖父生聖子的神奧，人人應信的命題是：聖父聖子，分別判然，共是兩位；然而，本性，即是本體，兩位卻合有一個：共是一個天主。人的理智，對著這樣的命題，感到許多困難。

人理智的知識，是以受造的（有形）萬物的特性為出發點。（特性是本性流露於外的常性：猶言特徵）。兩個不同的生存單位，分別判然，同時兩者共有一個性體：這樣的命題，和受造（有形）萬物的自然、本性、及其現象，相差遠甚：理由如下：

一因自然界的實體出生，和死亡相對，依吾人所知，是變化的一種，（自然界，有形萬物的變化，分六種：一生，二滅，三增，四減，五變，（變質），六移：詳見於大哲《範疇集》，商務漢譯初版，頁六六）。天主卻是不受任何變化的，不受敗亡，而是無始無終，永遠常新的。詳證於卷一（章十三及十五）。所以主張天主的實體以內，也發生「父生子」的事實，理由怎講，是困難的！

加之：出生既然是變化，凡是新生的物體，也必定個個應是可受變化的。物受變化，是從潛能過度到現實，由虧虛進步到盈極。物體變動，是潛能物體，尚在潛能中的生存之現實：即是虧虛物體，尚在虧虛中生存階段的現實：（有轉移進展的情狀。回閱卷一，章十三，頁五一；大哲《物理學》，卷三，章一）。

那麼，假設天主聖子是聖父生出來的，可見他既不得是永遠（無始無終）的，又不得是真天主：因為祂應是由潛能過渡到現實，由虧虛進步到盈極，不是純現實，純盈極；但有某些潛能性和虧虛性：不合於天主的本性。（按卷一，章十三，十五，及十六證實了的定理：天主是純現實，純盈極，永遠如斯，無始無終，不受變化的）。

再者：被生者從施生者，領取本性。今如聖子生於聖父，乃應從聖父那裡，領取自己現有的本性。然而，前在卷一章四十二及本卷前章證明瞭天主的本性，（即是天主的本體，等於祂的實體），在數目上，不能是許多，而是獨一無二的。所以，聖子從聖父那裡，領取而來的本性，和聖父的本性，在數目上，也不是兩個，而是一個：有違於自然界物體新生的公律，例如：人生人，火生火，新舊兩體，共有一個本性，不是數目自同的單一，而是數異種同的互同。（互同性是抽象的。數目單一而自同，卻是具體的一個。在萬物，多體數異而種同：共屬一種，則共有互同的本性。具體上：每個人有自己的本性：許多人，故有許多本性。在天主，無拘抽象具體，實體惟一，本性惟一）。聖子和聖父，應有數目惟一的一個本性。但仍有似難勝過的困難：

聖子領取聖父所有的那一個本性，或只領取一部分，或領取整體：如果能領取一部分，那個性體便分裂成兩部分；如果領取整體，則整體由聖父灌輸到聖子以內：聖父的本體，因生聖子，或部分受破裂，或整體喪失：都等於聖父敗亡。（這都是不可能的）。

今如假設天主的本性，因盈溢而從聖父流注到聖子以內，如同泉水流入江河，河充滿而泉不空虛：

（猶如河水漲滿：由少增多）：這也是不可能的：因為天主的本性不會有增減的變化。（以上各種假設：都是同種相生）。

只剩最後這個假設：就是聖子傾取的本性和聖父原有的本性，既不同數，又不同種；而完全異類：父子不同種，例如太陽能從物質的腐化，生育出某些（低級）動物，和太陽種類不同。這也是不可能的：因為聖子如此，既非父種，又無父之本性；故此既非真子，又非真天主。

可見從各種假設想去，聖子生於聖父，都好似是不可能的。

復次：子取父性，取者、聖子，被取者、本性，兩者必不相同：無物能領取自己。所以聖子不是自己的本性，也不是自己的本體，（因為本性就是本性本體），所以也就不是真天主了。

此外：假設天主的聖子，無異於天主的性體，既然按（卷一，章二十二）已證的定理，天主的性體有實體自立的生存；又知聖父乃是天主的性體自身；如此看去，最後的結論，應是聖父聖子並有於一個生存自立的物體以內。然而在有智力的性體及種類以內，自立生存的物體，乃是「一位」的定様。換言譯之：有自立生存的智性實體，叫作「某某一位」。由於父子共是一個性體，父子隨之也合是一位。（不復是兩位：這是錯誤的）。但如假設子性不同於父性，則聖子不復是真天主。如果聖子不是自己的天主之性體，祂怎能還是真天主呢？天主是自己的性體，證於卷一，章十二。如此看來，好似必說：聖子不是真天主：這是亞留的謬說；或者說：子位和父位無別，這乃是撒伯略的主張：（也是錯誤的）。

加之：每物個體化的因素，不能在於單位不同的另一物內：多物共有的因素，是互同因素，不是互異的個體化因素。然則，天主的性體自身，乃是天主個體化的因素：因為祂不是物質以內的性理，不得以物質作個體化的因素；所以除性體以外，天主沒有別的因素，藉以完成自己的個體化。是以，天主的性體不會存在於和天主單位不同的另某物體以內：那麼：或不在聖子以內，則聖子不得是真天主；同意於亞留；或父子一位，單位自同；依從撒伯略。

加之：假設父子兩位有別：不同是一個單位，但共有一個性體，兩者除共有的性體以外，必需另有分異因素：藉以兩相分別。公有的性體，是兩者所共有，則無以相異。那麼，父子兩位，各自是單位以內有性體及分異因素的組合：既非單純，故均非真天主。（荒謬至甚）。

另一方面，或者假設父子間的分異因素，只是關係不同而已：關係之範疇以內的各類賓辭，不稱指其主體以外的某物，但只稱指主體，對於外物，有某關係：故不指示主體內應有任何兩因素的組合。這樣的假設也不似足以逃脫困難：

關係之所指，都是相對的，沒有絕對者（作主體），不會存在。（關係之範疇，是十範疇之一，詳見於大哲《範疇集》，商務漢譯初版，頁二七）。任何關係之範疇的賓辭，在定義裡，兼含相關的兩方主體，主體是絕對的，在某某關係上，發生相對的稱謂：例如兩個人，在服務上，發生主和奴的相對關係。主人和奴僕，是相關的兩個名辭：相對的關係，以絕對自立的人物作主體。天主父子間的關係，也應在絕對自立的主體上，建立起來。這樣的主體，或只是一個，或有兩個。如果只有一個，僅可建立單位自同的關係，不足以是兩位間的分異因素；故也不足以建立兩位間的相對關係：例如說：某物自己和自己相同。但如確有兩個主體，各是絕對自立的單位，既說兩個絕對自立，則不能不兼含兩者彼此各有的分異。（豈不等於說：有單位絕對自立的兩個天主）？從此看來，主張父子間只用關係作分異的因素，也逃脫不開多神論的困難。

此外，父子間的分異因素，如果只是父子間的關係，這個關係，或是心外實有的某物，或只是心內的觀念。如果是心外的某物，則顯然似乎不是天主性體之所是：因為天主的性體是父子共有的：所以子方有某物有別於天主的性體：已非真天主。卷一證明瞭：天主以內沒有不是其性體的任何物。

然而，假設那個關係，只是心內的觀念，不是心外實有的事物，則無以充任父子兩位間的分異因素：位與位之間的分異，是心外實有物的分異，不能只以心內的觀念作分異的因素。（分異只在心內的觀念，則父子兩位實無相異）。

復次：相關者，相依。依賴外物者，不是真天主。父子兩位實有相關以互異，則互相依賴：都不是真天主。

再者：既說：「聖父是天主，聖子也是天主」，這個名辭「天主」，應是父子共有的「實體賓辭」：因為不能是祂們的「附性賓辭」。（卷一，章二十三證明瞭）：天主的性體不是附性。實體賓辭，稱指其主體之所真是。例如說：「人是動物」：指示「人之所真是者，動物是也」。同樣例如說：「蘇克是人」：等於說：「蘇克之所真是者，人是也」。（文言「人是也」彷彿等於白話「那就是人了」）。

從此看來，主體方面，不能有許多，如果實體賓辭方面只有一個。故不可以說：蘇克和柏拉圖兩位先生是一個人。也不可以說：人和驢兩種是一個動物：但僅可以說：蘇、柏兩位先生共有相同的人性。也可以說：人和驢兩種有同類的動物性。依同理，如果父子是兩位，便顯似不能是一個天主：（猶如蘇柏兩位也不是一個人）。

加之：相反的賓辭，指示主辭方面有許多主體。聖子和聖父，有許多相反的賓辭：父施，子受；父不受生而施生。子不施生而受生。足見父子（是許多主體），不是一個天主了。

總結本章，不難見得，為什麼有某些人，專靠私智，測量天主奧理，亟力反對「天主生子」之說。但因真理堅強，牢不可破。故應進步證明信德的真理非理智辯論之所能攻破。這是以下討論的宗旨

第十一章 父子關係

本此（前章末尾聲明的）宗旨，進行研討，應採取以下這個大原則作出發點和前提：物類傳生，子生於父，乙生於甲，因性體不同，而有不同方式。父子關係的切近，和性體品級的高度，成正比例：品級越高，則父子關係越密切：子則越切近於其父。

偏觀各級物類，可以明證此點：

一、物類中，無生物、位置最低；（依古代《物理學》，不外於水、氣、火、土、四原素，及其混合物）。它們每類中，甲生乙，只用甲乙兩物相攻相尅的動作。例如由火生火，是某形體發火，燒毀另一形體，使之也燃起火來，而有火的品質及性情。甲乙兩個冒火的形體是相外的。

二、有生物中，植物比無生物，僅高一級：甲生乙，是乙從甲內部生發出來：甲某的生命液，從甲的內部分泌出來，變化成種籽，落到地中，又發芽長大而成為乙某新的植物。這裡的現像是生命的第一級。生物的活動，都是自動發出的動作：（始於內，終於內：是「內成動作」：回閱卷一，章九十七－一〇〇）。不能自動，而只能變動外物的物體，是沒有生命的，故叫「無生物」：（它們的動作，是被動於外物丙，而動及於另一外物乙：這樣：甲被動於丙、火，而發生出火焰，遂燒著乙，引起乙的火來：乃是

「外成動作」：甲乙丙三體相外：甲被動於丙而動及乙）。

植物有生活，其徵驗可見之於其自動之生長：用某一內在因素，自發動力，而得到某種生物之性理與形式，（因而或生成新物，或發育成熟）。然而植物的生活形式，尚不完善：因為新物出生，例如乙生於甲，雖然是從甲的內部出發，但漸漸由內向外，最後乃完全和甲脫離：試觀樹木：乙樹生於甲樹：是樹的生命液，先從甲的內部出發到外部，開成花朵，結成菓實，未熟之時，菓實包在皮殼內，已和甲體隔離，尚未分開，仍繫於甲體；及至成熟以後，乃完全和甲體分開，落到地下，並在那裡，仰藉種籽遺傳下來的生育能力，才發芽生根，長成另一棵樹：乙。

仔細觀察，可見植物的生發，最初也是從外間開始；樹的生命液是用樹根從土壤裡吸取，伏拾土壤的營養。（植物生活的內在因素，叫作「生魂」：猶言植物的靈魂）。

三、動物比植物更高一級。它們有知覺，以「覺魂」為內在的因素。知覺是器官的知識。其發生，雖然由外物開始，卻終止於內心。知覺越進步，越深入內心。知覺的外物，將自己的性理（及其刺激），投入知覺的外部器官，由而進入覺像能力（的意識範圍以內），更深一步，入於記含的倉庫，而終止。在這樣的歷程裡，始終兩點，屬於不同的主體：（互有主客之分：主體認識客體，以客體為對象）：器官的知覺能力，無一能自已知覺自已，（故此）沒有回射能力。（回閱卷一，章六十五；卷二，章五十九；章八十九—九十）。（足見）動物因覺魂而有的覺性生活，高於植物，而低於人類。

動物高於植物，故其生活的動作，包含在內心，也更深於植物的生活；但其生活（品級）仍非至善，因其出生常是由一物開始，而終止於另一物。（如此比較，可知動物的知覺，低於人類的理智）。

四、人類的理智，是靈智類中的第一級，高於器官的知覺，因有「回射能力」：能以自己知曉自己。但其「光明自照」的能力，仍非至高，尚需由外物開始：因為理智非由覺像《先知》形物，無以曉悟性理，詳論於前面（卷二，章六十）。是以人類理智，雖然高於動物，仍甚低於天神。

五、天神之類的智力，是靈智類中的第二級：高於人類，為自己知曉自己，不以任何外物為出發點，但用自身本體（光明）以認識自己。（回閱卷二，章九十六—一〇〇）。然而，尚非至善。知識對象完全內在，知識動作仍非其本體生存。詳證於卷二，章五十二。（所以，天神的知識、即其生活，品級高於人類，而低於天主）。

六、生活的至善，（品級至高無上），屬於天主。按先前（卷一，章四十五）已證的定理，天主的知識，不異於其生存。祂知識的對象，是祂自己的本體。

知識的對象，在意識範圍以內，是「意象」。我說的「意象」，專指靈智在自己意識以內由懂曉事物而孕生的思想。（思想，是心田以內生出來的心相。相是印像和真面目）。我們人類智力所知的意象，（既是心智以內的思想，故此）既不同於所知的事物，又不同於智力的本體；而是「一種印像」，在心智以內，映照心外的事物，（及其性理），並可用外間的語言，（發出聲音），指示出來。是以如叫語言為舌聲，則依人間的習慣，得以將「意象」，叫作「心聲」。舌聲是發於口外的語言。心聲是成於心內的語言。舌聲說出的語言，指示心內的思想：傳達心內的語言。

吾人智力在心智以內形成的意象，不是智力因而知曉的事物，可證於以下這個（心理明顯的）事實：吾人智力有回射能力，用以回想自己的思想：明證知曉事物，和知曉意象，是不同的兩回事。是以：知事物的知識，（屬於物理之類）；知意象的知識，（屬於心理之類），是門類不同的知識。轉進觀察：意象之實有生存，惟在於刻下被知的現實，不常在於吾人智力實有生存之時。吾人智力之實有生存，也不只在於意象刻下現實被知之時。吾人智性的生存，不是智力的動作。從此可見，吾人智力所知的意象，不是吾人智力（的本體）。（人常有智力，而不常用智力）。

天主與吾人不同。祂的生存和祂智力的動作相同。所以，祂的智力所知的意象，就是祂智力的本體：（是天主的實體自身）。祂的靈智（本體），是祂智力所知的事物。祂因認識自己，而認識萬物，詳證於卷一（章四九）。綜合上述一切，可知天主智力自知，（猶如光明自照），智力，意象，及所知的事物：三者共是一體。

看到以上種種，乃能設想「天主生子」應有什麼取意。顯然，天子生子，不是如同「無生物、甲生乙」一樣：一個物體，將自己的種性，強壓到另某物的質料之中。天主生的真子，應有天主的神性，並不是真天主，真神。依此信仰作根據，不能想天主生子，是用物質的出生方式。卷一，（章十七及二十七）證明瞭：天主的生存，不是由於物質，天主的神性，不是依附物質的性理。（天主的實體，不是性理與物質之合）。

天主生子，也不得用植物和動物甲生乙的方式。動物和植物有同類的營養和生殖的能力：甲以同種而生乙，乙常生於甲外。甲乙是相分離的。天主實體單純，不受分裂，故不能有某物體從天主實體內分離出來。又按上面（章九）《聖經》的證明，聖子生於天主，不生存於天主以外，而生存於天主聖父以內。

天主生子，也不得採取「覺魂生覺識」的方式。覺魂的種種動作，無形體器官及工具，無以完成。天主顯然不是形體。天主卻是第一發動者，無所取於外在的任何原因？以將生命注入於另某一物。最後可見，只剩「智力生意象」的方式，是「天主生子」可取的方式。詳細說明如下：

按卷一（章四十七）的討論，得以明證：天主有自己知曉自己的智力。凡智力之所知，就其被知的現實而言，必須實有生存於智者以內。「智力知識」四字，指示智者用智力把握住所知的事物。是以吾人智力，自己知曉自己，也是自己在自己以內，不但本體自同，而且自己是自己智力所把握住的對象而呈現於自己（意識）以內。所以，天主也如同在智者（意識範圍）以內，自己作自知識之所知。然則智者（意識內）之所知乃是智者心內所知的意象和言語。所以，在天主智力（意識）以內，神性自知的天主，是被知的天主自己，作天主自己的言語；猶如依同比例，在（吾人）心智內，被知的石頭，是（吾人心內）石頭的（意像和）言語。是以《若望福音》，首章首節說：「言在天主」。

但因天主神智，常明顯照，不由潛能虧虛，過渡於現實盈極，（沒有先愚後智的變化），這是卷一（章五五）已證的定理。是故，天主必然常有神智自知的現實。由乎是，天主之言，也必然常現實存在於天主內，證見上文。所以，天主之言，和天主同久：是無始無終：永遠並存的：和吾人心智內懷想的言語不同。吾人的心言，是智力所知的意象，是從某某時期，開始湧現心智以內。天主之言卻不是從某某時期，開始到來的。是以《若望福音》，同章同節說：「太初有言」：（意指天主之言，和無始無終，永遠的天主同久）。

另一方面，須知卷一（章十六）已證的定理，天主的神智不但常有知識的現實，而且是純現實，純盈極：（沒有主體與能力，能力與動作，等等盈虛配偶的組合）。是故天主神智的實體，必然是天主神智的動作。神智、因有動作，而有知識，並有心內懷思的言語；就是懷有智力所知的意像。其言語、或意像之實有生存於心智內，乃是言語的被知曉。所以，天主之言的生存，和天主智力的生存，因而連同天主本體的生存，共是相同的一個生存：因為天主的本體是天主神智的智力和動作。

但是天主的生存，是天主的性體。性體就是本體或本性：相同於天主的實體，詳證於卷一（章二十二）。所以，天主的聖言，是天主的生存，也是天主的性體，也是天主的實體，故此、也是真天主。（是以《若望福音》說：「天主是言，（言是天主）……」）。

可見天主聖言，不同於吾人心智內的言語。吾人智力自知之時，智力之生存，不同於智力之動作；心智的實體先是虧虛的潛能，（沒有知識，既得知識以後），始有知識盈極的現實；由此可知：所知意像實有的生存現實，不同於智力自己的生存現實：因為意象生存的現實乃是其被知曉的現實。是以人自知而內懷的言語不是自然界生存自立的人性實體，不是真真的一個人：而只是智力（意識內）所知（所想）的一個人：乃是那某一個人的思念：彷彿是他的肖像，被智力把握在意識以內。

天主的聖言，卻不如此。祂既被知於天主，是智力所知的天主，乃是真真的一個天主，有本性自然的天主實體之生存：因為天主本性自然的實體生存，按已有的說明，不異於天主神智的動作，（或知識）。是以《若望福音》，首章首節說：「天主是言」。這句話，辭意絕對，未加限制，明證天主之言的實義，應指示真天主。用簡單而絕對的言辭，不可說「人之言語，是人（之實體）」；但加以限制，說：「人之言語，（是人之意像），是人智自知時所知（所想）的人」；方才可以。是以「人是言」，這句話是錯誤的；但如說：「智力（意識內）所知（或所思想）的人，是言」，這樣的話，卻是真實的。（因為那裡的

「言」字，指示「在心智意識內代表人的意象」，「智力所知或所思想的人（在意識內者）」也正是「人的意象」……）。

是故，說「天主是言」，意指天主聖言不但是智力（意識內）所知或所想的意象，如同吾人之心言；而且也是自然界實有自立生存的物體：因為，（物體，不是物質實體的專名，而是神形各界實有物的通稱：有萬類大公名的稱指作用：本此大公名的通指作用，按卷一章十三的說明），天主是真真的自立生存的一個物體，有極強大、極真全的「本身自立的生存和實體」。（這裡的「身、體」兩字不指物質界有形的身體，而指無形的，身分至高的，純神實體）。

天主聖言，所實有的天主之本性，不是（和天主）種異數異的一個本性。聖言之有天主之本性，猶如以同比例，天主智力的動作，按已有的說明，乃是天主的（實體）生存。天主智力的動作，是天主的本體生存。所以，天主聖言，實有的本性，是和天主種同、數亦同的本性。

復次，同種公有的本性，非因賦於物質以內，則不分成許多。天主的本性，是完全沒有物質的；故不能是種同而數異的。所以天主的聖言和天主共有種同數亦同的一個本性。

為此，天主的聖言，和有聖言的天主，不是兩個天主，而是一個天主。理證如下：人類中，兩個主體，都有人的本性，則是兩個人：由於種同的人性，在數目上，分在於兩個主體。卷一（章三十一）卻證明瞭：在受造物中，分別存在的因素，在天主內，有單純至一的生存：例如受造物的性體不同於其生存；某些受造物內，性體和主體也互有分別；天主卻是自己的性體，也是自己的生存，（沒有性體與生存，和主體與性體，等等分別）。

上述一切（因素），在天主以內，實際上，是單純至一的。但各因素的名理之所指，卻非不屬於天主所實有。（實際純一的本體內確有許多因素的名理：互不相混。名理的眾多互異，無害於實體的純一）。天主有本體自立的生存，故不是依附外物而生存的附性；天主有自己的性體，故此、天主是本體之所是，（有別於外物）；天主有本體的生存，故有生存的盈極現實：足見：凡實體、性體、生存，等等因素之實理，皆非天主所無有。依同理，天主以內，智者，智力，知識，及意像，就是天主之言，這種種因素，也是實際相同，名理互殊，皆天主本體純一之所具備。

天主有「內言」之理，因為「內言」是「智力所知的意象」：因智力有知識而由智者發生出來，作智力動作的終點和結果。智力因知物而在心懷中形成所曉識的意象：就是曉悟所知的理。意會而曉悟的理，就是所說的「內言」。（「內言」等於「心聲」相彷彿）。從此可見：天主因智力有知識而生出聖言來，乃是必然的！

天主所知的聖言，對於知聖言的天主，有甲所生的乙，對於生乙的甲，有比例相同的關係：根於「言」字的名理。（言生於心智，猶如子生於父）。在天主內、智者、知識，所知的意象，就是聖言，三者（名理互殊），本體同一，因此，每個都是天主：彼此間只有「關係的分別」尚存：全在於「聖言對於懷想聖言的智者」，和「出生者對於來源」，有相同的關係；（兩者對立相關，故不是沒有分別。這樣的分別，叫作「關係的分別」：猶言「關係之範疇的分別」。就是「兩者相關對立的分別」）。

是以福音著者，（聖若望宗徒），首章首節，既說了「天主是言」，為避免將聖言和懷想聖言的天主，完全混同而不分，在第二節、緊接著又聲明說：「這個聖言在太始之初，就生存在天主那裡」：猶言言，這個聖言，方才我說他是天主，和發言的天主不是沒有某些分別；是以能說：祂生存在天主那裡。（言，對於發言者；思想對於懷想者，有對立而相關的區別。「在……那裡」，「對於」，等類字樣，也指指示兩方對立的關係和區別）。

轉進討論，須知心內懷想的內言，是智力所知事物的實理和肖像。某甲現有的某乙之肖像，有模型之理，作乙的標本或樣本，作乙形成時應遵照的準則；或適得其反，有影像的意思：是由樣本模仿而形成的。舉例說明如下：吾人智力，製造工藝品，先在心內設計，懷中想出作品的模樣，然後照著模樣，去製造作品：作品是以模樣為標準而仿造出來的成品。但是吾人智力，認識自然界的事物，而懷中領悟其肖像，肖似其所代表的事物，是以事物為標準，仿製而成心中的意象。事物是其原因和樣本：因為吾人智力的知識取源於器官的知覺。這些知覺官能受自然界事物的變化，而生知覺。

然而，天主知己，知物，按卷一（章四十七諸章）已有的證明：祂的知識是祂所知萬物的準則：祂用智力和意力造生了宇宙萬物；但是天主認識自己而有的知識，卻是以他的本體為準則。不是以那知識自己為準則；因為那個知識是天主依照自己的本體，而生出的意象。祂知己時之所知，不異於祂的智力。從祂智力中懷想而生的內言好似是智力光明的放射，又似水波的湧流。故此，天主的聖言，是天主所知外物的模範；卻是所知自己本體的肖像。是以《哥羅森書》，章一，節十五，論天主聖言說：「祂是無形（神體）天主的肖像」。

智力和覺力，也互有分別：覺力的知覺，專就外表的附性，把握外物的知識：例如顏色，滋味，數量，及類此種種；智力，（如矢鑽孔），卻深入事物的內心。既然凡是知識的成全，都取準於知者與所知間的肖似，所以，覺識的印像，只能肖似所知事物外表的附性：（知某物是紅或綠，或甜或酸等等）；智力知識的印像，卻是肖似所曉悟了的事物（實理）之本體。

如此比較，可見，智力懷想而生的內言，是所知事物本體的肖像，也是其實理的模範、（典型，和至善的極則）。所以，天主的聖言，既是天主的肖像，必定也是逼肖其本體：（至真、至善、至純、至全）。是以大宗徒（聖保祿）《希伯來書》，章一，節三說：祂是天主實體的圖形。（規模明確的畫像，如同幾何學的畫圖）。

另有一點：須知某物的肖像，分兩種：一種肖像和所代表的事物，不共有相同的本性：或只（是覺像）：肖似事物外部的附性情況，例如銅像，肖似某人，而不是活人；或（是智像：在某智力意識以內），肖似事物的本體：例如人的定義和實理，受到智力的曉悟，在智力意識內，是人本體的意象，不是自然界人的本體：一如大哲《靈魂論》（《心理學》），卷八，章二，有句名言說：「心靈（意識內，所知、所想）的石頭，不是（自然界，塊然僵硬的）石頭，而是石頭的意像，（代表其種名定義所指的實理）」。

另一種肖像：它和所肖似的某物，共有相同的本性，（或種同而數異）：例如兒子是父親的肖像，共有種類相同的本性；（在數目上，卻是兩個實體，各自有真全的本性）；（或種同，數亦同）：按已有的證明，天主之言，肖似發言者，天生的本體；共有種同（數同）的一個本性：既有相同的本性，故有父子的關係：不以肖像之關係為已足。兩物相似，一個生於另一個，本性不相同，則不能說有父子關係：（例如石匠給自己修造一座石像）。反之，在生物中，一個生於另一個，彼此相似，有種類相同的本性，則應說互有父子關係。（如此說來，天主聖言和發言的天主，有兒子和父親的關係）。是以，《聖經》，（《聖詠》，第二章，七節），有句話，（稱述聖子）說：「天主曾向我說：祢是我的兒子」。（重點在於指示父子本性同等，不在於指示父子、尊卑有別。父子本性既同，故是性分同尊的）。

又有一點，應當注意，根據不拘任何物類的本性，子由父生，是一個本性自然的發出。既說天主聖言是天主的聖子，依同理則應承認：聖子生於聖父，也是生於本性的自然，（是自然而必然的，不是意志自由選擇，可有可無的）。這端道理和上述一切，是適相符合的；可見之於吾人理智內所發生的同樣情況。

吾人智力，認識某些事物，是用本性自然的知識：（直視明見，不待推證，觸理立曉）：例如：理智範圍內的第一原理，就是（不證自明的那些）最高的公理：它們的觀念是智力懷想而知的，有時叫作心智的「內言」，本性自然存在於智力的懷中，也自然而然的，從智力的懷中，生發出來：（是本性自然而有的秉賦）。

另有一些知識，不是吾人理智、本性生來，自然而有的；卻是理論推證，或研究思索，方可得到的。它們的觀念不是本性自然存在於吾人智力的心懷中，（也不從那裡，自然而然的生發出來），卻需用功研究，才能尋求得來。（這些知識，是後天的，從先天的知識中，演釋推證而來。例如矛盾律，排中律，因果律，同異律，等等邏輯和數理的大公原理，都是天生自然而知的知識；是先天的。由公理和具體事物，推證而得的定理和結論，卻是後天的知識）。

然則顯然的，天生以智力認識自己，是本性自然的知識，猶如依同理，天主的生存，也是本性自然的生存：因為，祂的智力動作：知識，乃是祂的生存。證於卷一，（章四五）。所以，天主的聖言，從智力自識的天主，發生出來，也是本性自然的。又因天主聖言和發言的天主，有相同的本性，肖似天主，並是同種同性，故有子生於父的自然關係：故此：是天主生聖子，也是聖子誕生於聖父。是以，《聖詠》（章二，節七）說：「我今天生了祢」。這句話裡的「今天」，指「永遠面前，無始無終的現實」，不暗含已往和未來的意思。

從此可見：亞留派的錯誤：他們主張天主聖父，用意志（自由的決定，在某某時期），生了聖子。意志自決而生的事，不得是本性自然而然的。

抄本傳統，纂補兩節如下：但因天主以智力認識自己，出於本性的自然，真實程度，不減於天主以本體而有生存，並是自己生存於自己的本體以內：否則，便不得自己完全認識自己；祂自己的生存也就不是自己智力的知識了。所以，天主聖言，屬於天主的本體。這這是必然的。天主的聖言卻是天主的聖子。是故，天主聖言是天主聖父本體的聖子。（聖父聖子，不但本性相同，而且本體相同：共有至一的本性和實體）。

以上這這個結論，還可證於「父子的平等」。聖子既是天主的真子，故和天主聖父同種同性。任何物類，各按本性，應有固定的數量，（泛指度量）：是以我們人間，子生於父，發育長大，達到和父親平等的度量，方可謂發育成熟。除非偶然有某人，體質不良，體力孱弱，生來就有缺點，發育不得完全。子生於父，在有形的自然界，先幼小而後壯大，動物出生，是由虧虛潛能到現實盈極的一個歷程，漸漸由不完善，進步到完善。

以上這些情形，都非「天主生父」間之所能有：因為天主生子，既非生於物質；也非由虧虛到盈極的歷程；天主的生育能力，是無限強大的，故不能有缺點。所以，天主聖子和天主聖父，（在度量的比較上），必然是平等等。

假設天主父子互不平等，父子間，必須在數量上，有大小的分別：否則數量相同，則不能有大小的分別。天主的大小，不能是物質或其他數量的尺寸，僅能是本體的真假。天主的偉大，故此，也不是別的，而只得是天主本體純真。詳證於卷二，（章二十二—二十三）。假設天主父子間有數量的不平等，結果必須說：天主父子有數目不同的本體。這是錯誤的，因為相反方才已證的定理。所以天主父子必須是平等的。是以《若望福音》，章五，（節一八）有句話說：「祂嘗說祂的父親是天主，自以為和天主平等」；（《裴理伯書》，章二，節六）也說：「和天主平等而不自恃」。

（纂補終）

另有一點，尚須注意：新生物體，寓存於施生者主體以內的期間，叫作懷孕的胎兒。天主聖言，生於天主，不脫離天主，尚寓存於天主以內，詳證見前。是故，正當可說：天主聖言是天主神智的懷中孕生的胎兒。是以，《箴言》，（章八，節二四），記述天主上智說：「淵壑未成以前，我已降孕」。（天主是天主聖言之父，又是天主聖言之母。聖子永生於天主，有父無母。以父為母。入世降生於人間，有母無父。以童貞女為母，以天主為真父，以若瑟為鞠父）。

然而天主懷中孕生聖言，（是用神智的心懷），不同於人間、動物母胎的懷孕。懷中孕生的胎兒，在未脫胎以前，尚不完善（成熟），提前墮胎過早，不足以自立生存。是以動物的身體生子，先有胎兒的懷孕，後有嬰兒的誕生，就是脫胎墮地：叫作分娩。天主聖言，孕生在發言者、天主神智的懷中，卻是完善的，自立生存，有別於天主，不是地方的別離，而只有「關係的分別」，詳說見前。如此比較，可見聖言之生於天主，懷孕同於分娩。是以《箴言》既說「……我已降孕」，緊接著又說：「丘陵未形以前，我就誕生了」：（誕生和降孕同時完成於宇宙未生以前）。

有形體的物類，懷孕和分娩，是前後相繼的一個變化歷程：懷孕的段落，其終點是胎兒始生於胎中，分娩段落的終點，卻是嬰兒出世，和母胎脫離：是以，孕中的胎兒，尚無（出世後的）自立生存；分娩段落尚在進行中的嬰兒，段落未曾結束，則尚與母體無關。天主神智，懷孕聖言，是用智力曉悟真理，心生內言的方式，不經變動歷程，沒有前後相繼的段落：理既悟於心，言即生於懷，內言方生，則與心智有別：猶如物受光照，光明一到，立即照顯：從「物受光照」，到「物受照顯」，成於登時之間，沒有前後段落可分的延續。吾人智力尚是如此，何況天主神智。聖言之生，不但是智性的懷孕和分娩，（故無時序）；而且其懷孕與分娩，兩者同有於永遠之現實，不能有彼先此後的分別。

是以《聖經》說：「丘陵未形成以前，我就誕生了」：指示分娩歷程；緊接著，（《箴言》，章八，節二七）又說：「當祂預備造生諸層天幔之時，我就已在祂那裡」：特意指示，天主聖言的懷孕，分娩，自立生存，三事成於同時，不同於形界的動物，三事不同時。既說：懷孕，分娩，出生等，用意便是指示「施生者」和「受生者」兩相互有的分別：是以《聖經》說聖言的出生是從胎中出生，例如《聖詠》，（章一〇九，節三）說：「我在黎明以前，從胎中出生了祢」。（黎明以前，是太陽未出以前；從胎中，是從懷中。日路撒淩《聖經》學會，新譯《聖經》：「元首的權位，屬於祢，莫都於（西雍）聖山；始於母胎中，始於祢青年的晨光」，沒有「黎明以前，從胎中生出了祢」的意思。本章引用的《拉丁通本》根據了七十人合譯的《希臘文聖經》）。

天主聖言，和發聖言的天主，互有「關係的分別」，但無實體相離的分別。為指示天主聖言生存於發言的天主以內，《若望福音》，章一，節十八說：「無人看見過天主，生存於聖父懷中的獨一聖子，親口將天主傳述於人」。說「聖子生存於聖父懷中」，（象徵父子同在於一個純神的實體以內：彼此沒有實體相離的分別，但有關係上、父子對待的分別）。

天主生子，稱父不稱母。這是應注意的另一點。理由可取譬於形界的動物。動物的肉身生子，用施動和受動的兩種能力：男者，因有施動能力，而名曰父。女者，因有受動能力，而名曰母。生子之時，父母能力不同，故任務不同：父親給兒子施與本性和種名；母親懷孕而分娩，先將兒胎容受在懷中，再由分娩接受嬰兒於膝前，兩次動作，都有「受動」的意義。

然而聖父生聖子，是發言的天主，發出聖言，實質同於「天主用智力自己認識自己，而生成知識」。天主神智的知識，不用受動能力，但用和動力相近似的神智：因為（卷一，章四十五，證明了）天主的神智，只有「光明自照照物」的盈極現實，沒有虧虛的潛能；（等於說：只有施動智力，沒有受動智力）。為此之故，天主生聖言之時，其任務，有父親之本性，無母親之實理。是以，聖言出生的各項情節，或懷孕，或分娩，或出生，《聖經》一律，都歸之於天主，而稱之為父，（不呼之為母）：專指其施動任務：《若望福音》，章五，節二六說天主聖父，將生命施給聖子。（也是專指天主聖父，發動施生之德）。

第十二章 天主的上智與聖子

前章引用了《聖經》論「天主上智」的話，證明「聖言生於天主」。為此緣故，現應證明，《聖經》裡「天主上智」能有「天主聖言」的意思。前章引據的話是「天主上智」親身說的話：（所以關係重要）。為從人間的事物出發，上達以認識天主的事理，先應考察「人有的上智」是什麼，情況如何？（大哲，《形上學》卷一，章一—二，曾說）：吾人的上智是吾人心智因至高真理之認識而養成的聰明，猶言靈慧。至高真理包括天主的事理。吾人智力，運用上智的聰明，研究天主的事理，在意識內，形成某些觀念：發出心智中的內言，曉悟言中之理，而有的曉悟，習慣叫作「真知灼見」，簡稱「智見」，也叫做「高明的識見」：這就是吾人的上智。所以「上智」一辭，兼指二義：一是聰明，也叫靈慧，二是高明的識見。（前者是智能，屬於品質之範疇。後者是知識，乃是上智的效果及心得，也屬於品質之範疇。參考大哲《範疇集》）。上智的才能是原因，高明的知識是其效果，人間的語言習慣用原因的名稱，稱呼效果：所以至高深的智能和知識，都叫作「上智」。依同理，「正義」，既是德能的名稱，乃因而也是事功的名稱；「勇」字，亦然，指示強勇的德能，於是也稱指其事功。大概說去，任何某某品德或能力所作出的事功，和那品德或能力，往往有相同的名稱。本此（認識論和語言心理的）定律，智者用上智的高明所發見的思想，也說是他上智的聰明：簡說就是他的上智。

天主和人，有些相似，也有些不相似。天主認識天主自己，（有真理至高的知識），故應說是有上智：（和人相似）。然而天主認識自己，不用智力形成意像，代表自己，供自己神思觀察；但直見自己的本體：（猶如光明自照）；甚且更進一層，祂自己認識自己，這個現實的動作，乃是祂自己的本體：既是本體，故非才能。所以天主上智，不是天主的才能，而是天主的本體。（天主和人，在這裡，全不相似）。

回觀前章，得以明見，天主聖子是天主用智力認識自己而在心懷中形成的觀念和內言。是以天主的聖言，既生在天主上智的懷中，得以恰當說是天主心懷中孕生的，或出生的上智。是以大宗徒（聖保祿），《哥羅森第一書》，章一，節二四，稱呼基督是「天主上智」。

上智心懷中，孕生的「智言」，（是「智見」，或「智思」），是智者上智聰明的表現；猶如吾人的事功是才能的表現。天主上智，是知識的純現實，純盈極；因此有時也叫作「光明」。光明的光芒輝煌，從光明發出來，也是光明的表現。依同樣（象徵的）比例，天主上智的聖言，叫作天主光明和榮耀的輝煌；簡說：聖言是天主的光輝，也都是適宜的。是以《若望福音》，章十七，節六，記載聖子，描抒自己是天主聖父的表現：「聖父，我將祢的聖名顯揚給人間了」。（顯揚、是表現其能力，表彰其榮耀和光彩）。

天主聖子，是天主的聖言，可以恰當說是「天主心懷中孕生的上智」；固然這是不錯的；然而同時需知，以名辭的絕對意義，「上智」，是公名，不是專名。所以，「上智」應是「天主聖父和聖子」兩位的公名。天主用聖言彰顯的上智，是天主聖父的本體。按已有的說明，聖父的本體，是自己和聖子共有的同一本體。（回閱章九末段）。一如「天主」這個指示本體的名辭，是聖父和聖子的公名，依同理，「上智」，既然也是指示本體的名辭，所以也是聖父和聖子的公名）。

第十三章　聖子與聖言

天主生聖子，是獨一無二的事件，只生一個獨一無二的聖子。一證：按卷一（章四十）的證明，天主用智力認識自己，乃因而認識萬物。然則天主認識自己是用單純而至一的智見，因為祂的知識是祂的本體生存。足證天主聖言，也是獨一無二的。又因聖言乃是聖子；聖言的孕生，乃是聖子的出生，（證於章二及章十一—十二）；結論隨之而得：聖子之出生，是獨一無二的事件；聖子是聖父的獨子。是以《若望福音》，章一，節十四說：「我們看見了祂、聖父獨子的光榮……」，節十八又說：「生存在聖父懷中的惟一聖子，傳報於吾人……」。

問題：天主的聖言，既是真天主，應有天主所有一切。天主有自己認識自己的知識：這是祂本性自然而必然的。所以，聖子、天主，也必有自己認識自己的知識。既主張天主因自知而生聖言，隨著也就應說聖言也因自知而生另一聖言。如此，有了一個聖言，又生另一個聖言，逐代生生，生至無限多而無終止之時。（天主聖子，又生子，生孫……多至無窮）：這顯似前數章（章十一及其他）前提必有的結論：（這是荒謬的。設無窮之辭，是理智之大禁。並且數目無限的聖言，個個是無限美善、無限偉大的聖子，也是荒謬的）。怎樣解破呢？

從前數章的前提裡，可以找到以上問題的解答：

當時一證明天主的聖言是真天主，同時也就證明瞭，祂所是的天主不是別的，乃正是發言的天主：兩者完全共是一個天主：兩者的分別（不是實體不同，也不是兩個單位的分離），而只是「關係的對待」：發言者對所發的言，有互相對待的分別。（別處另有討論）。聖言不是（在發言的天主以外）分開另是一個天主。同樣，祂也不是另外一個智力，故此，也不是另外一個智力的知識；是以，也沒有另一個聖言，由祂發生出來。

並且，因而祂自己也不由於自知而是自己的聖言：（因為祂是被知者、被發者：是天主光明自照而所照見的光輝：本質及任務不是生，而是受生；不是知，而是受知，不是發，而是被發：不是作父親，只是作兒子）：按已有的說明，聖言別於發言者、聖父，只是在於自己是從聖父發出來的。「發於聖父」是聖言特有的賓辭。「發出聖言」，是聖父特有的賓辭。除各自固有特殊賓辭以外，其他各種賓辭：都是聖父和聖子，因共是一個天主，而共有的賓辭。（聖父和聖子共是一個天主，故有天主所有的一切賓辭：所以都有造物的全能，都有無限的全知和全善。然而在天主的知識裡，天主自己認識自己，是智者用知識認識自己：這就是聖父用聖言認識自己。在這樣的關係裡：聖言是聖父神智的心懷中生出的知識：不得自己又因認識自己而另生一個聖言：猶如吾人智力用意像認識事理；那個意像不又自己認識任何知識。依相近似的比例；聖子生於聖父，不自己又生其他聖子。換言之：聖父有子而無孫）。從此進一步推論，不可說「聖子沒有生子的能力」，理由如下：

天主生聖子，聖子不生另一聖子，不是缺乏生子的能力。說「天主生聖子」，意思是說「天主用智力自己認識自己」。這樣的知識和能力，是天主的本體，故是聖父和聖子，因共是一個天主而共有的。智性的知識是智言生於智懷中。天主有生智言的能力，等於說天主有自己認識自己的能力。天主認識自己，是一個單純而惟一的動作，故此也只有一個能力，因為在天主以內，祂的能力無別於祂的動作。所以「聖言孕生於主懷」和「發言者、天主聖父，將聖言生在自己神智的懷中」：是二而一的一個動作：全部完成於至單純而惟一的那個能力：所以：「聖父生聖子」和「聖子生於聖父」，是從同樣的一個能力發生出來的一件事。足見凡聖父所有的能力，沒有一個是聖子所無有的：然而一個能力的效果，有關係對待的兩端：一端是聖父用那個能力，發出動作，生出聖子；相對的一端，是聖子，也用那個能力，從聖父懷中，生發出來：兩端的分別，只是「關係的分別」：（相關的兩端對立，而有的不同，是「關係的分別」，不是「實體相異或相離」的分別）。審察上述一切，這個結論是明顯的。

問題：大宗徒（聖保祿）嘗說：天主聖子（耶穌基督）也有發言的事。既是聖言而嘗發言，（聖言乃是聖子）；故理應隨之也承認：聖言又發聖言，聖子又生聖子。但看大宗徒的話應怎樣解釋：究竟指示什麼意義？這是應研究的問題：

《希伯來書》，章一，節二－三，大宗徒說：「在這些時期裡，卻是因其聖子（降生人間）而將言語表達於吾人了」，又說：「聖子乃是天主實體的圖形，並是天主光榮的輝煌，用自己德能的言語，肩負一切，（扶持萬物）雲…」。

這些話的意義，應從（前章）已有的說明裡，取納出來。在那裡，已經說明了：上智懷中孕生的觀念，（即是智見），是上智之言，有名義也叫作上智。前者也說明了：由智見而生的外部功效，依效果取名於原因的定律，也可以叫作上智。是以不但某人高明的智思，而且連他高明的行動，也被人稱道是他的上智（聰慧）。由此，天主造生宇宙萬物，用上智造成的一切奇工妙化，也有時被《聖經》稱讚為天主的上智，因為它們是上智發揮於外而生的成效。《德訓篇》，章一，節九—十說：「祂造生了上智，是用聖神（的工化）造成的」；隨後又說：「並將它傾流徧賦到所造的萬物上」。（這裡、受造物秉賦而有的上智，不是聖子所是的上智，而是天主上智造生的功效。回閱章八，第九號）。

如此，由言語而生出的效果，也取名叫作言語；猶如吾人的言語，先生於內心，是心中的言語，然後發表於口舌的聲音；這些聲音，是內心言語的外部功效，也叫作言語：因為是表達內心言語的符號：彷佛是內心語言發現於外而成的舌音：好像就是：上智生心言，心言生舌言。（心言是子，則舌言是孫）：言又生言，子又生子。依同理：天主上智，先生心言，是其聖子，叫作上智；後將心言的含蘊，發揮於外，造成宇宙萬物，充任其外言，（猶如吾人之舌言），也叫作上智。天主的內言外言，有聖子和萬物的差別。《聖經》所說：「聖子用自己德能的言語，肩負一切，（扶持萬物）」，實義就是說：「萬物都是天主上智，發揮聖子德能，（及其萬理的含蘊），而造成的奇工妙化」：一如《聖詠》，（章一四八，節八）有以下這樣的話：「火，雹，雪，水，風暴，都實行祂的言語」：（「都實行祂用自己的聖言發出的命令和計劃」）。天主智思的功效，因宇宙萬物受造而表現的種種能力，而發揮到（天主以外的）萬物中。（聖子發言造物是天主用聖言造生萬物）。

天主神智懷中孕生的智言，也是萬物的智言。這是必然的。天主上智，用一個智言，認識自己，並認識萬物。惟獨方式不同。聖言，作天主認識自己時所用的智言，是由天主發生出來；作天主認識萬物時所用的智言，卻不是由萬物發生出來：天主不由萬物那裡，取納任何知識；反之，卻用自己（因智言、含蘊而已知的）知識，出而產生萬物的生存，（詳見於卷一章五十及本卷章十一）。是故，天主的聖言，實際是萬物共有的「至善實理」。（「實理」：是每物，為成為它現實所是的某物，必須具備的性理：就是他實體本性必備的理：在人間的語言中，往往用其本名的完善定義，表達出來）。

至於怎樣，天主聖言，（既是一理），又是萬物中每一物的「至善實理」，回閱卷一已有詳論。那裡（章五十）證明瞭：天主，（因自己認識自己），乃對於萬物的每一物，有其本名詳指的明確知識，（全知其實理真情）。（「聖言」，是天主神智心懷中的「內言」也叫「心言」，或「智言」；充任「智像」；猶如吾人神智、因智像而曉悟事理。「智像」是「智力意識中對於物之實理有所領會而形成的印像」：普通常用「物類的本名定義」表達出來。所以智言、智像、都代表「至善實理」。物各有理。萬物之理，是川流。天主聖言含蘊萬理，是泉源。天下萬理，下面賦在物中，上面卻含蘊在天主的聖言中：萬理一理，萬心一心：萬物之理，表現天理；萬物之心，印合天心，「道（理）之大原，出於天」。回閱卷一，章四十九——五十五及相關諸章）。

天主用聖子造生宇宙萬物：不拘誰，若用智力造作某某物品；他的施工製作，便引用他心智內思慮而得的條理：例如工程師建造物質的房舍，引用他心智內想好了的計劃。前者（卷二，章二三）證明瞭天主造生宇宙萬物，不是由本性自然的不得不然，而是用神智類的智力和意力。（從此可知，祂造萬物、也是引用了祂心智中想好了的條理：就是依照祂神智所知的萬物之實理）。這些實理都含蘊在聖言中。所以，天主造生宇宙萬物，是用了自己的聖言：（就是用了自己的聖子）。茲有經證如下：

《若望福音》，章一，節三「一切都是（天主）用祂（的聖言）來作成的」。梅瑟，（《創世紀》，首章），描抒宇宙起源，和《若望福音》，聲同意合，用以下這樣的語法，敘述每物的生成、說：「天主發言說：光生，光即生；天主發言說：天成，天即成」；其他件件事物，都是如此：成於天主一言。《聖詠》（章一四八，節五）總括一切，說：「天主話發出了，萬物就生成了。」說話出命，都是「發言」。照此想來，《聖經》的話，就應有這樣的意義：天主生出了聖言，又用聖言作萬物的至善實理，而造生了萬物。（梅瑟敘述：天主說：天成，天即成。這兩個「天」字，指示星漢高懸，形如帳幔的青天，不是青天以上和地相對的高天）。

造生萬物的原因，也是保存萬物的原因，證於卷三（章六五），依相同的理由和比例，天主既用聖言造生了萬物，便也就用聖言保存萬物。是以《聖詠》（章三二，節六）說：「諸天堅定，主言是賴」。大宗徒《致希伯來人書》，章一，節三說：「（聖子）用自己德能的言語，肩負一切，（扶持萬物）」：（意思是說：聖言含蘊萬物之理，萬物各賴秉賦之理而有生存），詳釋見前。

天主的聖言，（是天主心內的實理，彷彿人間藝術家心內所有的藝術品至美善的理想或設計）。但兩相彷彿，不是彼此相同。分別如下：藝術家心內的理想，只是智像，是智力為作品設構的條理：既是理想，則非自立生存的實體。天主的聖言，卻是生存自立的實體：祂是天主。人間工匠心內的理想，既無自立的生存，故無力自己發出動作。依名辭的本義，動作屬於生存完善而自立的實體。理想，不自動創作物品，但藝術家創作藝術品，必定引用自己心內設計精明而有的理想。那理想，（在心智的意識範圍內，就是智像，代表物品應具備的條理），不是作者，而是作者引用的因素，即是他應遵循的準則。是以工程師心內房舍的理想，不自己動作以建造房舍；但是工程師發出動作建造房舍時必應遵循理想的條理。

天主的聖言，卻和人的理想不同。祂既是天主創造萬物時、心內所依據的至善理想，同時又是生存自立的實體：是以不但是萬物受造之所依據，而且也發出動作，（和天主聖父合是一個天主，共同）造生、（保存管理）宇宙萬物。本此意義，《箴言》，（章八，節三〇），稱述天主上智親自說：「當著天主張設大地之根基的時候，我就在那裡，和天主一齊，組織一切」。《若望福音》，章五，節十七，也記載吾主說：「我父工作，（至今不斷），我也就（偕同）工作」。

還有一點，也需注意：工藝品，尚未作成，未有存在以前，先已存在於藝術家心智內的理想中：例如房屋，先存在於工程師的理想中，然後才得以實現於宇宙間。然則按已有的說明，天主聖言是天主所造萬物的至善理想。所以宇宙萬物未生於自然界以前，先已存在於天主聖言之中。「在物隨物」是一定律。本此定律，甲某物，如果存在於乙某物以內，甲則採取乙的生存方式，而不採取甲自身在乙以外應有的生存方式。例如工程師理想的房舍，在他心智（的意識範圍）中，是一個意像，有無物質的生存方式。依同理，宇宙萬物，在天主聖言中，先有的存在，也是採取聖言的方式。聖言的生存方式，在乎實體至一，至純，沒有因素的複雜，沒有物質，不但有生命，而且是生命：因為祂的實體是自己的生存。所以凡是天主所作出的事物，都從無始無終的永遠，預先（用超然的方式）存在於天主聖言以內：既無物質，又無攙雜；並且都是生命：因為它們既存在於聖言以內，便是聖言自身：故此也是聖言所是的生命。為此理由，《若望福音》，章一，節三—四說：「凡天主所造，原先在祂以內，都是生命」。這裡的「在祂以內」，指示「在聖言以內」：（就是天主上智心懷中、意識範圍以內）。

人用智力工作，是用心智內曉識的實理，產生某某物品的實存。依同例，用智力的訓導者，也是用自己心智內現知的實理，將某某知識，產生在某人心中：受教者所得的知識，是從施教者知識裡，吸取而來：彷彿是一幅畫像，從某樣本裡，模擬而來。天主不但用智力產生了宇宙萬物，作它們生存的原因，而且也是靈智類每個實體所有一切知識的原因：他祂們知識的泉源：詳證於前者（卷三，章六十七－七十五諸章）一切靈智的知識，必須是天主用聖言（在有靈智的心裡）產生的一些效果。天主的聖言是天主神智內現知的實理：用以光照一切靈智。是以《若望福音》，章一，節四說：「生命是人類的光明」：這裡的「生命」，指示「聖言所是的那個生命」：（乃是生命的淵海）；在那生命（的淵海）以內，所有一切，都是生命：所以也都是光明：給眾人的心智，照顯真理的思想。

不是一總的人，都能得到真理的知識，原因不是聖言方面有什麼缺乏，而是有些人神智昏暗：來自人方面的缺點：有些人不回心轉意以歸向聖言的真光；還有些人，無力完全虛心領教於聖言的開導；是以人間的黑暗尚存，程度輕重不齊，視其歸向聖言的遠近，和接受聖言的誠意深淺。本此意義聖若望，既說「生命是人類的光明」，緊接著又說：「在黑暗中照耀。黑暗也沒有領略祂」；用意在於標明聖言的照耀力沒有任何缺點。黑暗不是由於聖言無光，而是由於某些人不採納聖言的光照：例如陽光普照全球，某人卻閉著眼睛，或眼光薄弱，便覺黑暗。

以上是吾人，竭盡有限智力，根據《聖經》的遺訓，關於「天主生聖子」，和「天主獨一聖子的德能」，所能領略的一些思想。

第十四章　解難

真理祛除邪說，消解疑難。前在章十，關於天主生聖子的奧理，看到對方提出的那些難題，今在本章，乃可迎刃而解。

一、天主生聖子的生，是智力生智像的生，不是物質相剋相生的生。物質的生滅，是方向相反的變化。智像的形成，不是物質的變化。試觀吾人智力，懷生智言，曉悟智理，也不須有物質的變化。天主生聖言，和智力生智言相似，詳見前論，（回閱章十一）。

二、同樣，吾人智言，生於心智中，也不是由潛能虧虛過渡到盈極現實。智力有動作的盈極現實，（照察灼炯），始生智言，呈現出實理朗然：智言的盈極現實，和智力照察的盈極現實，同時並發，兩者合成一個知識的盈極現實：智言與智力結合而生知識，不是盈極現實和虧虛潛能、配偶之合，而是兩個盈極現實，合成一個現實的知識。故此，智言生於智力，不是生於智力的潛能虧虛，而是生於智力醒醒的盈極現實；不經由潛能到現實的歷程。固然，吾人知識之獲得，是智力由知識的潛能虧虛，進步到盈極現實。這個潛能而現時的歷程是在智力方面，不是在智言出生之頃。然而，只從潛力方面著眼，天主的神智，（和吾人不同），永無潛虧虛，只有盈極現實：（常明常覺：常醒不寐）：詳證於卷一，（章六十五）。

如此比較，可知聖言生於天主，不是由潛能到現實的過程，而是如同盈極生於盈極，現實生於現實：彷彿光輝，生於光明，正如同智力曉悟的實理（思想），生於現實思想開明的智力。從此看來，尚可明見：聖子生於天主，並不阻止聖子是真具天主，也不阻止祂有永遠的生存（無始無終）。反足以說明，何以聖言和天主生存同久：因為永遠現實的智力永不缺乏其智言。（智言是智像，是智力現實知識盈極的內在因素，回閱卷一，章四六）。

三、既知聖子生於天主，不是物質的生，而是神智的生；則知「聖父將本性施給聖子，是整體，或是一部分」的問題，就無理由提出了：因為顯然，不能是一部分。天主自己認識自己，（是至善無缺的知識），故其本性的全體，完滿無缺，都包含在其聖言中。聖子領受的天主實體仍不停止是聖父永有的實體：因為就連吾人智力，知曉某某物的本性，形成智言，將那本性完全包含在那智言裡，那某物並不因此而失掉其本性。（智言，是智像，代表所知的物性。物性不因被知而失掉）。

四、天主生聖子，不是物質的生，從此可見，聖子方面不須有主體收容客體、兩體的分別。物質形體的出生，是以物質為主體，並以施生者的性理為客體，以新生主體之物質，收容其新得的性理：故有主體客體的分別。靈智界的出生，不是如此。智言，（即是智像，也可以叫作智思）出生於智力，這件事先天名理固有的本質，不需要智言本身分兩部分：一部分從智力（的懷中）湧流出來，另一部分接納而收容之；反之，智言全體生於智力：猶如吾人推理之時，一個言論、全部生於其他許多言論：例如一個結論，生於許多原理或前提。一物整體出生於另一物，則無主體收容客體、兩體互異之可言。它乃是整體從那另某物裡發生出來。（猶如光輝全部生於光亮）。

五、天主以內，固然不能有許多自立體的分別；這條真理和「天主生聖子」的真理，也不是兩不相容的。天主的本體是生存自立的，但不能斷絕天主發言對於聖言在天主神智內互有的關係：這個關係、基於天主神智的本性，一旦斷絕或不發生，是吾人智力所不堪設想的：因為，按已有的說明：天主的聖言是天主的本體；發聖言的天主、也是天主的本體；不是兩者分開，各是一個本體；而是兩者共是數目相同而自同的一個本體。

雖然如此，天主父子間的關係，不是本體以外的附性。（附性沒有自立的生存，它們的生存是依附某物之本體）。那些關係，在天主以內，也是「自立生存的事物」：因為按前者（卷一，章二二）已證的定理，天主不能有附性；（凡天主所有一切，件件是祂實有的美善，都相同於祂的本體：故是生存自立的事物）。所以，天主純一而無限美善的本體，在這裡，可由吾人有限的智力從兩方面觀看：從「關係」方面看，許多關係是許多生存自立的事物；但從「本體」方面看，天主是一個生存自立的事物。

為此理由，（依照吾人有限智力的看法），我們談論天主，不得不說：天主因是一個生存自立的本體，故是一個天主；也不得不說：天主分許多位，因為天主本體以內有許多關係可以分辨出來，並且個個是一生存自立的事物。（「生存自立」，是「實體」範疇固有的生存方式。「生存」，二字的意義，深於「存在」和「實有」，廣於「生命」，和「生活」；確指「事物為各是所是、必須享有的、未亡未去的、內在現實」。物因有生存，而是其所是，成為一物，始能存在，而有生活、行動、等等。物分十大總類，分於生存方式，及其名辭的賓稱方式。詳見於大哲《範疇集》；及《形上學》，卷五（四），章九，聖多瑪斯註解。物的十大總類，叫作十範疇。第一範疇是「實體」：它的生存方式，是自立生存。其餘九範疇，都是「附性」，它們的生存方式，泛泛的說，都是依附實體。「關係」之範疇，是「關係的總類」，在受造的宇宙間，關係，都是附性。非附性的關係，有時能是「本體因素間的關係」：相同於有關因素的本體，不在「附性關係」之例：也不屬於「附性關係」之範疇。在天主本體以內，父子的關係，是「本體關係」；在人間，父子的關係，卻是人本體能有能無的附性。天主本體純一，但因關係有三，故有三位，詳見下文）。

試觀人間，人位的分別，是每人身分不同，也不是分於人類共有的本體，而是分於人性本體以附附加的某些原因。許多身分不同的人，份位的確不同，但共有種類相同的人性本體：足證「份位」的建立，不以「物性本體」為根基；而以本體上面附加的某些原因。（勿論這些原因是什麼有多少。他處另有詳論，回閱章十及下文章三十五、三十八及四十）。所以，在神學裡，不可因天主自立生存的本體惟一，而說天主是一位；卻應因關係不一而說天主是多位。（天主一體而三位：聖父、聖子、聖神）。

六、從此尚可明見，為充任個體化的因素，並不必須寄託生存於另某一主體內：因為天主的本體，（自己是自己個體化的因素，自己生存於自己的本體），沒有另某主體來作自己生存的寄託：（天主不是自己本體和實體的組合）。依同理，天主聖父的父性，（是其父位），也不是以聖子為生存的寄託。（故此，天主本體，和天主三位的每一位，都不因是個體化的，而有因素複雜的組合）。

七、天主父子兩位的分別，不在本體，而在關係：在天主以內，關係和本體，同是一個事物：因為（前已說明），天主所有一切，不能是附性，（故是其本體）；回閱卷一（三十諸章）已證的定理，仔細思量，就可明瞭，「三個不同的關係，在天主以內，同是天主至純一的本體」，不是不可能的。

那裡說明了：天主以內，兼合萬物的美善，不以複雜的組合，卻以本體的單純而至一。萬善以不同性理，散在萬物，卻匯聚歸一，全收納在天主至一至純的本體內。例如人因生活之理而有生活，又因智性而有上智，又因義德而是正義者；凡此一切性理互殊的美善，都因天主本體而屬於天主：在人以內，它們是人的附性，在天主以內，它們卻無別於天主的本體。依同理，父子關係，或任何其他關係，在人，是人的附性；在天主，則是天主的本體。

說「天主的上智是天主的本體；吾人的上智卻是人本體以上，添加的美善」，這樣的話裡，沒有「天主上智不及吾人」的含義；惟指天主本體，超越吾人，是以吾人本體不足以兼有的美善，例如知識、義德、等等，天主本體卻無不全備。吾人因本體和上智分別具有的美善，天主都收聚歸一，包含於自己本體以內。(天主一理，兼含萬理)。論到其他各種美善，(天人之別)，也應遵守這樣的定理和比例。

為此理由，既然天主本體、乃是父子關係自身；雖然父子關係，反過去說，也是天主本體；仍不得否認，凡父位持有的一切(屬性或賓辭)、都應歸屬於天主。例如父位之特性，是有別於子位：父子關係，是父位對於子位、兩位不同而發生的關係：父親二字的本義，正是指示兩個不同份位間、一位對於另一位，有父親對於兒子、互有的關係。本此理由，天主是聖子的真父；並且天主父是天主的本體。雖然如此，專言父位，聖父有別於聖子；合指本體，天主父、天主子、兩位共是一個天主的本體。以上，從聖父方面說來，情況如此；如果從聖子方面說去，情況相同。

從此可見：天主多位間的關係不是沒有絕對(自立的賓體作)主體。(天主的本體，不因是「多位間的關係」，而失其為生存自立的實體）。關係對於其主體，在天主和在萬物，比例不相同：在萬物，兩者範疇互異，有附性對於主體的比例；在天主，兩者是一個本體，故有一物自同的比例：一如天主所有其他各種美善，也無不如此。（回閱卷一，章二十三，及三十—三十一）。

在萬物，一個主體，（對於一物），不能有相反的關係：例如一個人，對於另某人，不得是父親又是兒子。在天主，卻無妨一個本體同時有父子兩個相反的關係：一個天主，既是父親，又是兒子；同時父子卻實有份位的互異：因為一個本體，既是本性自然生存的實體，又是自己智力可知的智言（實理）。這個道理，也非全不可懂。試取譬於卷一論到的其他美善：天主本體，兼含各種美善，例如智德，義德，及其他。這些美善，在吾人，分屬於互異的許多類，（也不同於吾人本體）；在天主，卻件件都是天主的本體。（依同理既然「作父親：自己認識自己」；和「作兒子：自己被自己認識」，是兩個美善，非天主所可不有，所以也各自是天主的本體）。

從以上的討論，還可明見：天主本體以內，含有的那些關係，不但是明理可以思議，而且是事實、確有根據：不只是「知識對於所知」互有的關係；而是「兩個單位交互實際動作而成立的關係」。知識對於所知、互有的關係，以智者知識的動作為根據，這個動作是單方面的：只在智者方面、是實際的；在「所知的事物」卻沒有動作的實際，只有「被知」的名理可以思議：因為那某事物本身，專就其本體而言，實際的生存情況，不因被知或不被知而有先後的實際變動。是以「知識」所建立的關係，在智者一方：是實際的；在所知者方面，卻只是名義的。智力所知的事物，有「所知者」的名義，由於智者的知識之光射到了它那裡，看到了它，不是它本身有了什麼動作。

又例如方位的左右。動物的身體，不拘怎樣運轉，或旋轉顛倒，左右相對的關係，常存不變；左身常是左身，總不可改稱右身；因為動物具有分辨左右前後等方向的能力。左右相對的關係，是以這些互不相同的能力作根據而建立起來。（這些能力是動物實際具有的）。為此理由，左右相對的關係也真真實際存在於動物的身體以內。無生命的物體，（例如金石土木水火空氣等等），完全相反。它們自身沒有分辨左右的那些能力，所以左右對立的關係，也不是它們本身真有的實際關係，但在名義上，由於它們和動物發生方位佈置的關係，也被人叫作是在左或在右；是以同一石柱，時而說是左面石柱，時而說是右面石柱，視其和某動物在不同方位上發生的比較：（馬向前走，柱在馬右邊，叫作右柱；當著馬向後轉而走過時，那棵柱遂叫作左柱，因為是在馬的左邊。柱未轉動，只是馬轉了身。可見右柱時而是左，時而是右，只是名義，不是實際。其左右對立的關係，不決定於本身，而取決於某動物的方位）。

如此比較，最後可以見到：天主以內，多位對立的關係，不只是名理，或名義、而且是真真實際的。試觀天主聖言對於發聖言的天主，兩相對待的關係，根據「天主神智自己認識自己」的事實。這個事實是天主本體真有的。它是天主實有的動作；或者更好是說：它是天主的本體，詳證於卷一（章四十五）。（所以照此說來，天主父子的關係，不但是實際的關係，而且是「本體關係」，以天主的本體為根基，並是天主的本體）。

話又說回去，肯定天主本體以內，實有多位對立的關係，並不隨之而說天主本體以內有任何附性。將天主和吾人相比較：在吾人以內，凡是關係都是附性：它們的生存不同於實體的生存。實體的生存，是自立生存。附性的生存，卻不是自立，而是依附。依附的方式，附性種類間，各自不同，並有先後之別。凡是附性，都是附加在實體以上的一些性理，（例如甜性，剛柔之性，及其實理），並且是由實體因素裡發出來的一些效果；所以它們的生存，也是附加在某物實體生存以上，並依賴實體生存：這是本性自然而必然的。附性各自依其本質，附著於實體，距離分親疏，美善程度分優劣或高下；隨之以同比例，乃互分先後不同的次第。

這樣比較釐訂，附性各範疇之中，只有「關係」這一範疇，雖然實際附加到主體上面，但（和主體的內心），距離最疏遠，發生最靠後，美善程度最低。它發生最靠後，因為它的先備條件，不但需要其主體先具備實體自立的生存，而且需要它具備其他附性，然後由這某些附性，才生出關係，例如「平等」是一關係，生於度量相同；「相似」是另一關係，生於品質的樣式相同，或相近。（「度量」是一附性，屬於「數量」之範疇；「品質」是另一附性之範疇；還有其他附性，是種種不同關係成立時必需先備的基礎）。「關係」也是附性中最低的一個：因為它的本質和其本名固有的定義，全在於由主體向客體的對待。是以它固有的生存，附加到實體以上，不但依賴實體的生存，而且依賴那實體以外的某客體之生存：（所以，「關係」自己特有的生存，彷彿是空懸於主客兩體的中間，令人有虛無縹緲之感：例如兩人之間「相同」，或「相異」的關係）。

上述的情況，是吾人間之所有，卻非天主所能有：因為天主以內，除實體生存以外，沒有任何其他附性生存。凡天主之所有，都是其實體。天主以內，智慧之生存不是附性依賴實體而生存：因為智慧之生存乃是實體之生存，依同比例，關係之生存、既非附性依賴實體而生存，也非依賴另某外物而生存；因為所謂「關係之生存」也是實體之生存。肯定天主以內實有多位對立的關係，並不可因而遂說天主以內有某附性依賴其實體而生存；不過只限於說：天主以內，有某兩端或多端之對待，此乃關係本名定義之所謂：猶如、依同比例，肯定天主有上智，不是由而遂說天主有某附性之美善；不過只限於說：天主有某一美善，即是「上智」本名定義所指的那個美善。（換句話說：天主的實體具備上智美善之實理）。

由此尚得明見：（用類推法），從萬物中「關係」範疇生存程度低，不得推出結論說：「天主因關係對待而分出的三位，每位的生存程度，和天主實體及其他美善相比較，是低劣的」；這樣的結論是不合理的；反之，應說：「天主三位間的分別，（以及每一位和天主的分別，完全不是本體的分別，而是一個本體、自己對於自己、關係對待的分別），乃是（各範疇的分別）、最微小的一種分別」。

從上述一切看去，尚可明見：「天主」這個名稱，是聖父和聖子共有的「實體賓辭」，（稱指天主的實體）：「聖父是天主」，「聖子也是天主」：（析言之：「聖子份位所有的實體，是天主的實體」）。這樣的話是不錯的。然而不可因而遂說：「既然聖父和聖子、是許多位，是以天主（的實體）也是許多實體：就是說：也是許多天主」。這樣說是錯誤的：因為天主位分許多，是由於生存自立單位間（自我對待）而有許多關係，互不相同；然而關係的分別，不是實體數目眾多，互有的分別。是故，天主因（自我相對關係而分多位，不是因自我實體眾多而分多位，反之），由於自我生存的實體，至一無二，（天主本體、只是一個實體：天主三位，共是天主本體所是的一個本體；簡言之）：共是一個天主。

這樣的情況，非吾人所能有。許多位人物，不能是一個人物：因為許多位人物，不共同夥有數目惟一的一個人性本體；（而是各自私有一個，同時這許多個，種同而數異）；加之人性本體，不是（在個人主體以外，無物質寄託而懸空）生存自立的實體；是以（每個人由於自己物質主體，具有人性本體，而稱為

「一人」）；但無物質主體，只剩抽象的人性本體，不得尚稱為「一人」：（說「人性是人」，是說不通的。人性本體，無物質主體，沒有自立的生存，不是實體，不是人；天主的神性本體，沒有物質主體，卻有自立的生存，是一實體，並是天主：故因神性自知自愛，而有自我對待的關係：並且每個關係又是和天主本體相同的：是沒有物質主體，而有神性本體自立生存的關係：這樣、自己等於實體的關係，是「位」：也非吾人之所能有：吾人自我對待之關係，是是附性，不是實體：一人有許多自我對待的關係，不是一人一體有多位。一個天主有許多自我對待的關係，卻真是一個天主一體而多位。所以說「位」是「關係」，不是說走了「位」的「實體性」，而是說「位是關係而具有的關係性是一個美善，故此是天主的本體，具有天主十足的實體性：真是天主。天主自我對待的關係，是天主的實體，足以建立天主多位間的分別，並建立每一位的實體性，同時保證多位間的關係密切：共是一個天主）。

既知天主以內、本體惟一而關係眾多互異，則可明見：在一個天主以內，無妨發現「多方對立」的情況：由於關係不同，相關的多方，遂因而對立起來：份位相對而立：例如父子對立是親屬關係的對立；子被生，父不被生，前後相對，是肯定和否定、矛盾對立的關係。那麼，雙方既然是對立的，故彼此不能沒有分別。那裡有分別，那裡也就必定有肯定和否定的矛盾。假設沒有肯定和否定的對立，兩方也就完全互無分別：凡一方所肯定的一切，另一方全不否定；雙方之所是，完全相同，也就無法相分。

關於「天主生子」的奧理，種種問題，談論至此，可算充足了。

第十五章 一體三位

《聖經》所載天主的名論，不但宣告吾人，天主本體生活範圍以內，有父子兩位，而且在這兩位以外，還有聖神一位，合計則有三位。例如：

《瑪竇福音》，末章：（節二八，節十九），記載吾主向門徒（宣言）說：「你們去勸導萬民，因父、及子、及聖神之名，授以洗禮」。

《若望書信》，第一封，章五，節七，也稱述吾主（宣證）說：「天上有三聖，給（世人）證明（我是真理）：聖父，聖言，聖神」。

關於這位聖神的出發，（和來歷），《聖經》也有一些記載：例如：《若望福音》，章十五，節二六，追述吾主（蒙難前，向眾徒訣別，懇切勸慰）說：「真理的聖神，出發於聖父，我要從聖父那裡，派遣祂來，作你們的撫慰。祂來到以後，就要舉出憑據，證明我（是真理）」。（《聖經》還有別處，載有這樣的話）。

第十六章　聖神不是受造物

但有某些人，意想聖神是一個受造物，位置崇高，超越其他，（低於天主，不但低於聖父，而且低於聖子）。他們也引用《聖經》證明自己的言論：

一、亞毛斯，《先知》（語錄），章四，節十三，根據「《七十人合譯》（《希臘文古經》）」，有以下這樣的話：「請看（天主），樹立群山，造生神氣，也給眾人宣告其言語」。匝加利亞，《《先知》》（《語錄》），章十二，節一，也說：「張設起天幔，樹立起地基，造生出人的神氣於人身中，天主乃發言說……」。這些話裡的「神氣」，是「天主造生的聖神」，猶言至聖善的靈氣，或氣息。如此看去，聖神應是受造而生的一個事物。

二、加之：《若望福音》，章十六，節十三、記載吾主論聖神說：「將來祂要說話，不是說祂自己的話；而是將祂所聽聆的話，都傳達出來」。從此可見：祂全無自主發言的權力，只會聽命服務，供上級役使。聽命替上級傳達言語，顯似是僕役的工作。如此看來，聖神不過是一個受造物，服從天主管制。

三、又證：「受派遣」是下級職務，因為相對的，「出命派遣」，有「權力高強」的含義。聖神卻是受派遣於聖父和聖子而出發（到人世）的。例如：《若望福音》，章十四，節二六，記載吾主（蒙難前、最後遺囑）說：「撫慰者，聖神，受聖父因我名出命派遣，將要來給你們傳訓一切」。《若望福音》，章十五，節二六也說：「真理的聖神，出發於聖父，我要從聖父那裡，派遣祂來，作你們的撫慰；祂來到以後……」。足證聖神，實似小於聖父和聖子。

四、還證：在許多與天主本體有關的事上，《聖經》將聖子和聖父聯合起來，不提聖神：可見聖神不是天主。（和天主的本體，沒有相提並論的資格）。例如：

《瑪竇福音》，章十一，節二七，記載吾主（目己不提聖神，只提聖父）說：「認識天主子者，除天主以外，沒有任何誰；並且除天主子以外，也無誰認識天主父」。沒有提到天主聖神，（意指聖神並不認識天主聖父所認識的聖子）！《若望福音》，章十七，節三說：「求祢賞賜他們認識祢，獨一無二的真天主；並認識祢所派遣的耶穌、基利斯督；這就是他們的長生」。這裡（問題重要）也沒有提到天主聖神。

大宗徒（聖保祿）致《羅馬書》，章一，節七、「祝你們得到吾天主大父及吾主耶穌、基利斯督賞賜的恩寵與和平！」又在《致格林德書》，第一封，章八，節六說：「我們只有一個天主大父，祂是萬物的始原，也是我們生存的安宅；我們也只有一個吾主耶穌、基利斯督：萬物和吾人生存的依靠」。在這些（隆重而嚴明的）話裡，也私毫沒有提起聖神來。（既說「只有」，便是說「沒有別的」：所以，也沒有聖神）。可見聖神不像是天主。

五、加證：被動而動之物，都是受造物。卷一（章十三）證明瞭「天主不能是被變動的」。《聖經》卻說「聖神有被動而作的行動」。例如：《創世紀》，章一，節二「上主提攜聖神，周遊水面」。（天地開闢初期，宇宙洪荒，大水汪洋，天主欲造萬物，乃發出聖神，勢入勁風，噓籲水上，是古代史話，形容天主造生萬物，慣用的象徵語法）。岳厄爾，《先知》，章二，節二八，也形容（天主聖化世人）說：「我要從我的聖神，發出恩澤，流佈於有血肉的全人類」。可見聖神好似是一個受造物。

六、另證：物體可以增加，可以分開者，乃是可受變動的，也就是受造的，（不能是天主）。《聖經》卻明似肯定聖神正是這樣的。例如《戶籍紀》，章十一，節十六—十七記載上主向梅瑟說：「你去從依撒爾長老中，給我招聚七十人。我要從你的聖神中，抽取一部分，父付給他們」。《列王紀》下卷，（另版卷四），章二，節九—十，記載厄利叟請求厄利亞先知說：「我懇切求你，將你的聖神，加倍傳授給我」；厄利亞答允，說：「你將來一看見了我（被天主）引離人世，和你永別；你便要得到你的祈求」。足證聖神明似可以受到變動，也就不是天主了。

七、又證：憂愁不是天主能遭受的痛苦。憂愁是情慾感受動蕩：既是一種情慾，又是一種被動而遭遇的感受。（卷一，章八九，證明瞭天主沒有情慾，也不遭受變動。參考章十六）。聖神卻遭受憂苦。是以大宗徒《致厄弗所書》，章四，節三〇，（勸戒信眾）說：「你們不要憂困天主的聖神」。依撒意亞，《先知》，章六十三，節十，也（訐責依撒爾人民）說：「他們挑惹了聖神的惱怒，他們刺痛天主聖神（的心）」。可見天主的聖神，不是天主。

八、還證：天主不宜祈禱，但可聽取祈禱。聖神祈禱，卻無不宜。（聖保祿），致《羅馬書》，章八，節二六說：「聖神要親自用不可言傳的號訴，為你們祈禱」。可見聖神不相似天主。

九、添證：非主權所有，取而贈人，則不合宜。然而天主聖父，同樣，聖子，都嘗散發聖神，分贈於眾人。例如：《路加福音》，章十一，節十三，記載吾主（耶穌）說：「你們的大父（天主）要從天上，散發善神，分贈與眾人，求則得之」。（「善神」，指示「善良的聖神」）。又《宗徒大事錄》，章五，節三二，記載（宗徒長）聖伯多祿說：「天主分施聖神；順聽主命者，得之」。從此，可見：聖神（是天主權下掌握的一個事物），不是天主。

十、又證：假設聖神是真天主，則應有天主的本性；依同理，既然按《若望福音》章十五，節二六，聖神發自聖父，則其天主的本性也必須得之於聖父。既發生於某某，又取其本性，是乃生於某某，和某某有父子關係。父子關係的本義，指示某物生於另某物而屬於同種：（有種類相同的本性）。那麼，聖神應是聖父生出的，故而也應是聖子。這是和健全的信仰不相合的。（用反證法，反回去，足證前提的假設是錯誤的）。

十一、另證：假設聖神是從聖父取得了天主的本性，而非如子之生於父；天主本性的流傳，則應用兩種方式：一是「生」：如同兒子生於父親；一是「發」：專指聖神由聖父出發而來。然而，（這是強辭奪理）！試觀萬物的本性，可知一個種類的本性，不會有兩種不同的流傳方式。如此看去，聖神取得天主的本性，既非用「生」的方式，則無其他方式可用；那麼，也就無以見得是真天主。

史證：（聖奧斯定，《異端論叢》，章四九，記載），亞留曾有這樣的主張：認為聖子和聖神都是受造物，（惟因位置崇高，受人尊稱為「天主」：只有名義，而無事實）；並且認為聖子大於聖神，聖神是聖子的僕役；依同比例，猶如聖子小於聖父。（回閱章六－八）。

又有馬策東，在這一點上，附合亞留。（聖奧斯定，《異端論叢》，章五十二，記載），關於聖父和聖子，馬策東的意見不錯，認為兩位共是一個相同的實體；但未肯相信聖神也是如此，乃聲稱聖神是一受造物。是以馬策東派，也叫作「半亞留派」：兩派意見，一半相同，一半不相同。（馬策東，兩次任東羅馬帝國京都、君士坦丁堡主教；於三六〇年，被同堡大公會議革職；兩年後去世。在任期間，扶持馬辣桐升任尼高麥廸城主教，又扶持艾留秀升任池齊克城主教。馬辣桐主教在京區一帶，創興修院及慈善事業，宣稱「聖神不是真天主」。附合者，叫作「馬辣桐派」。同時，尚有若干其他派別，和主教，連艾留秀在內，因有同樣主張，而叫作「聖神非天主派」。全派的人，被歷代數次大公會議，和多數神學及教史著者，通稱為「馬策東派」。託名於馬氏的歷史環境和理由，現已無從考查）。

第十七章　聖神是天主

《聖經》的明文，足證聖神是天主：

一證：(「聖殿」常和「天主」連用)。聖殿只可獻給天主。是以《聖詠》(章十，節五)說：「天主在自己的寶殿內」。大宗徒，《致格林德書》，第一封，章六，節十九，也說：「怎不知你們的肢體乃是聖神(居住)的寶殿」？所以聖神(既然也住寶殿，可見)也是天主。反之，既在前面(章三)證明瞭基督是真天主，又說基督的肢體是聖神的寶殿，而竟要設想聖神不是天主，則與理不合。

又證：非真天主，而事以欽崇的敬禮，必非眾聖之所肯為。《申命紀》，章六，節十三說：「你要敬畏你的上主天主，只要侍奉祂一個」。眾聖卻侍奉聖神。大宗徒，《致裴理伯書》，章三，節三說：「我們侍奉天主、聖神，才是真受了割損禮(的聖化)」。《聖經》某些抄本的異文說：「我們用上主(耶穌)的神情，侍奉天主」；(《拉丁通本》說：「我們用精神(的敬禮)，侍奉天主」)；但希臘文抄本，及拉丁古譯，各有若干種，一致說：「我們(以欽崇之大禮)侍奉天主聖神」。(「天主、聖神」，平列互訓，意指「天主」和「聖神」，平等合指一個實體)。根據希臘抄本的原文，可見聖保祿用「侍奉」二字，指示「欽崇的大禮」。這樣的敬禮，只可用去恭敬獨一無二的天主。既然這樣的敬禮也應用來敬奉聖神，（又說明「天主、聖神」），所以，聖神是真天主。

還證：聖化眾人，是天主特有的工作。《肋未紀》，章二十二，節三二記載（《先知》代表天主，用天主的口吻）說：「我是成全你們聖德的上主」。然則聖神也成全人的聖德。大宗徒，《致格林德第一書》，章六，節十一說：「你們因吾主耶穌基利斯督之名，並因吾主天主的聖神，領受了洗禮的清潔，得到了聖德的成全，也得到了義德的恩賜」：（得到了罪汙的赦免，恢復了未受原罪污染以前的聖德和義德：親近一度離失了的天主慈父）。又《致得撒勞尼二書》，章二，節十三說：「吾人幸因聖神的聖化，並因真理的信仰，蒙受了天主簡選，作領受救世鴻恩的先鋒」。足證聖神必是天主無疑。

添證：猶如身體因靈魂而有本性營養的生活；依同比例，靈魂是因天主（寵佑）而有義德超性的生活。是以《若望福音》，章六，節五七，記載吾主（耶穌）說：「生活著的聖父，派遣了我（降生人間），我乃因聖父而生活，同樣，誰以我為飲食，（食我體，飲我血），誰也就因我而生活」。這樣的生活，卻是人因聖神而領受得來的，是以同章下文（節六四）說：「給人賞賜生活之恩惠者，是聖神」。（簡譯之：「賦給生活者，是聖神」）。大宗徒，致《羅馬書》，章八，節十三也說：「你們如果因聖神（助佑）而剋服肉情，你們就要實得生活的恩惠」。足證聖神有天主的本性。

另證：吾主耶穌，自證有復活死者的能力，《若望福音》，章五，節二一，記載吾主聲明自己和天主平等，猶太人不能忍受；吾主為確證自己有天主的本性，宣言說：「一如聖父，復活死者，賦給生命，同樣聖子也將生命，願意賦給誰，就賦給誰」。然則，復活死者的能力，乃屬於聖神之所固有。大宗徒，致《羅馬書》，章八，節十一說：「如果，從死者之中復活了耶穌者、天主的聖神，居住在你們以內；那麼，從死者之中復活了耶穌基督者、天主，也要因居住在你們以內的聖神，給你們有死的身體，賦與生命」。足證聖神有天主的本性：（真是天主）。

又證：按上面（卷二，章二）已證的定理，造生世物，是天主獨自的工作。然則、造生世物，屬於聖神固有的能力。《聖詠》（章一〇三，節三〇，祈求天主）說：「求你派遣你的聖神，萬物就要蒙受造化之恩而出生」。《若伯傳》，章三十三，節四說：「天主的聖神，造生了我」。《德訓篇》，章一，節九說「天主用聖神造生了（萬物，並造生了萬物秉賦而有的）上智」。（萬物及其性體具有的上智美妙的實理，都是天主、用聖神、造生而成的。回閱章八，節九；及章十三）。所以，聖神有天主的本性。

還證：大宗徒，《致格林德第一書》，章二，節十至十一說：「聖神澈察一切，洞明天主的深奧。人的生存行動，只是人本身以內的神明所獨知，不是任何他人所能知。同樣，天主的生存行動，也是天主的聖神所獨知，非任何其他所能知」。然則，透澈知曉天主的一切深奧，非任何受造物之所能：明證於《瑪竇福音》，章十一，節二七記載吾主說：「非聖父，無人認識聖子，非聖子，也無誰認識聖父」。《依撒意亞先知》，章二十四，節十六，也稱述天主親自說：「我的祕密，歸於我」，（非任何其他神人所能共知）。足證聖神不是一個受造物。

另證：依照大宗徒前者舉出的比例：聖一神對於天主，有人神對於人身，所有的關係。人神（是人的心神）內在於人的本性實體，不屬於人身以外的某物之本性，而是人本體內具的一個因素。所以聖神，依同比例，也不外於天主的本性實體。

添證：合觀大宗徒上面提出的話，對照《依撒意亞先知》的話，則可明見聖神是天主。《先知》（章六十四，節四）說：「天主，除祢以外，祢給堅忍仰望祢的人們，預備了的賞報，是人的眼目沒有看見過……耳朵沒有聽見過，心智也想像不來的」，（參考《先知》，章六十五，十六）。聖保祿稱引了《先知》的那些話，加註說：「聖神透澈天主的深奧」。從此可見，聖神知曉天主給堅忍期待祂的人們，預備了的那些深奧。既然按《先知》所說的，那些深奧、是天主以外無任何其他神或人可得而知的；足以明證聖神是天主。

又證：《依撒意亞先知》，章四，節八—九說：「我聽見了天主發言說：我可派遣誰？誰要替我前去？我就答應了：我在這裡，請派遣我。天主遂說：你可前去，宣告於這個人民：你們側耳請聽，聽了卻不肯瞭解」。聖保祿卻把天主的這些話，歸於聖神。是以《宗徒大事錄》，章二十八，節二五—二六）記載保祿向猶太人發言說：「這些話，正好是聖神，藉《依撒意亞先知》的口，說出來的：你可前去，給這個人民宣告：你們要用耳聽，卻無智力去瞭解」。由此比較合觀，得以明見：聖神是天主。

還證：《聖經》明載，藉《先知》口發言者、是天主。例如《戶籍紀》，章十二，節六，稱述天主親口說了這樣的話：「你們當中，如果有誰真是「上主的先知」，（替天主作代言人），我（天主），就顯現給他，讓他會見我；或者（有時）藉夢境和他交談」。（「會見」，意思廣泛，「顯現」亦然。能指「耳朵聽見」，「眼睛看見；腦海中想見，或用其他內外覺官察看出來；或用神智曉悟，心交神會」……回閱卷三，章一五四）。

《聖詠》，（章八十四，節九）也說：「我要聽一聽，上主天主在我心內說什麼」。以上的話，顯明指示聖神在眾位《先知》內說話。《宗徒大事錄》，章一，節十六說：「聖神藉達味《先知》的口發表的預言，不可應驗」。《瑪竇福音》，章二十二，（節四三—四四）：記載吾主說：「怎麼樣、眾經師說基督是達味之子，而達味自己因聖神（靈感）卻說：「上主給我上主說，請你坐在我右邊」？（參考《瑪爾谷福音》，章十二，節三五—三六）。宗徒長，聖《伯多祿書信》，第二封，章一、節二一也說：「先知發言，非循人意，但是天主的聖人，受聖神的靈感而發言」。歸納《聖經》這些證明，可知聖神顯然是天主。

又證：《聖經》證明：啟示奧理是天主特有的工作。例如：《達尼爾先知》，章二，節二八說：「是天上的天主，啟示奧理」。然則，奧理的啟示，是聖神的工作；也有《聖經》作證。例如聖保祿，《致格林德第一書》，章二，節十說：「天主用聖神啟示了給我們」。章十四，節二又說：「聖神宣告奧理」。可見聖神是天主。

另證：用內心的啟廸，開導愚蒙，是天主特有的工作。《聖詠》，章九十三，節十說：「是天主用知識（的光明）開導人（心）」。《達尼爾先知》，章二，節二一，說：「人的聰明智慧，及領悟訓導而學成的知識，都是天主賞賜的恩惠」。然則，這也是聖神特有的工作；可明證於《聖經》。例如《若望福音》，章十四，節二六（記載）吾主說：「撫慰者，聖神，受聖父因我名出命派遣，將要來給你們傳訓一切」。所以，聖神有天主的本性：（是真天主）。

還證：工作相同者，本性必同。然則，聖子和聖神工作相同。大宗徒，《致格林德第二書》，末章（十三章，節三）明證聖子在人心內說話，（開導人心）：「你們要察尋憑據，以證明在我心內說話的耶穌、基利斯督嗎」？《瑪竇福音》，章十，節二〇，記載吾主（慰勉眾徒，保證）說：「不是你們說話，而是你們大父天主的聖神，在你們以內（替你們）說話」。從此可見，聖子和聖神，本性相同；所以，聖神和聖父，也是本性相同：因為（章十一）證明瞭：聖父和聖子共是一個本性。（在天主，本性和實體無別）。

添證：以眾聖的心智作寶殿而居住於其中，是天主的特性。是以大宗徒，《致格林德第二書》，章六，節十六說：「你們是活天主的寶殿：一如吾主說：我要居住在你們以內」。然則、這也是聖神的特性。大宗徒，《致格林德第一書》，章三，節十六說：「你們是天主的寶殿，聖神居住在你們以內」。足證：聖神是天主。（「居住在人以內」，是說：「居住在人的心智以內，啟發知識，振作勇力」）。

又證：無所不在，處處都在，是天主的特性。《熱肋米亞先知》，稱揚天主自己說：「我充滿上天和下地」。這也是聖神的特性。《智慧篇》，章一，節七說：「天主的聖神，充滿地球」。《聖詠》（章一三八，節七）：「我要到那裡去，脫離祢的聖神呢？到那裡去，躲避祢的容顏呢？我升到天上，祢在那裡。我降到地底，祢在那裡」。《宗徒大事錄》，記載吾主向門徒說：「聖神要從（天主）降到你們以內，你們要領受祂的能力；你們就要到各地給我作證：到日落撒凌，到撒瑪裡亞及猶太全境，並到地球的邊疆」。

從此可見，聖神無所不在，處處都在，住在各處人的心中。足證聖神是天主。

另證：《聖經》明明稱呼聖神是天主。《宗徒大事錄》，章五，節三，記載宗徒長，聖伯多祿（訏責亞納尼亞）說：「亞納尼亞，你的心為什麼受撒彈誘惑而欺瞞聖神呢」？下文節四又緊接著就說：「你不是欺瞞眾人，而是欺瞞天主」。可見：聖神就是天主。

又證：聖保祿，《致格林德第一書》，章十四，節二說：「說奇語的人，不是給人說話，而是給天主說話：因為人聽不懂：是聖神宣告奧理」：意思是說許多人說許多種不同的（奇妙）語言，是聖神在他們以內說話。（「奇語」是初期教會嘗有的神異現象，有些信友因聖神靈感而說普通人聽不懂的語言）。隨後在下文（節二一）又說：「古憲有這樣的記載：「天主自己說：我要用許多別的語言，和許多別的唇脗，給這個人民說話，他們這樣就不聽從我」。（「別的語言」和「別的唇脗」，也都指示某些人受聖神靈感而說出的「奇異的語言」）。可見，聖神是天主。（「古憲」指《古經》，就是「舊約」）。

添證：不多數節以後，（節二四）又接著說：「如果人人都是先知，遇有不信者，或不懂《先知》話的普通人，進入會堂中，他就受全堂人的說服，並受全堂人的檢討：他心中的隱密發顯，他就爬倒地上，叩拜天主，宣言承認天主真是在你們以內，（用你們作先知，就是祂的代言人）」。然則，同觀上文，得以明見：是聖神宣告奧理；也是聖神揭曉人心的隱密。這是天主特性的徵驗。《熱肋米亞先知》，（章十七，節九—十）說：「人心險惡叵測，誰能知之？我、天主，澈察人心，考驗人腎」。是以嘗聽說：沒有信仰的人，追於徵驗明確，心中忖想，也不得否認，宣告眾心隱密的聖神是天主。結論無他：聖神確是真天主。

又證：又不多數節以後，（節三三）說：「眾先知的那些聖神奇恩，服從眾先知的運用，天主不是紛亂的領袖，而是和平的元首」。聖神散施先知奇恩，藉以締造和平，不因而掀起分爭：足證散施奇恩的聖神乃是和平的天主。

加證：收人作天主的義子，只是天主能作的事。受造的神靈，而得稱為天主之子，無一由於本性，俱皆仰賴天主收納之鴻恩，受恩以後乃被建立為義子：是以天主聖子，按大宗徒的明訓，也有這個能力，自證是真天主。《致迦拉達書》，章四，節四—五說：「天主派遣了自己的聖子，為使吾人領受天主義子的鴻恩」。然則，人被收納而成為天主義子的原因，卻是聖神：因為大宗徒，《致羅馬書》，章八，節十五說：「你們領受了建立義子的聖神，因而我們呼叫聖父為父」。從此可知：聖神不是受造物，而是天主。

又證：假設聖神不是天主，則應是一個受造物。顯然、祂不是一個有形體的受這物，也不是一個無形體的受造物。因為，無形體的受造物，都不能分賦流行於其他受造物中：凡是受造物，都是作主體，領受秉賦；不是作恩賦，而受他物之秉受。（這是人人共見的道理）。然而聖神卻（從天主懷中發出來），分賦流行於眾聖的心靈中，作恩賦，供給他們分取以為秉賦。《聖經》嘗說：基利斯督以內，充滿了聖神。（參考《路加福音》，章四，節一）；也說：眾位宗徒，充滿了聖神。可見、聖神不是受造物；而是天主。

設難：上述天主特有的一切工作，《聖經》歸之於聖神，不是因為聖神有主動的能力，而是因為聖神有供天主役使的任務：所以聖神不是天主，而是受造物。

解難：上面的假設顯然是錯誤的，可證於大宗徒，《致格林德第一書》，章十二，節六說：「工作有許多分別，卻是一個天主在一切作者以內，完成其一切工作」；隨後縷述天主各樣的恩惠，總結聲明說：「獨」而自同的聖神，作這一切工作，隨意將工作，分配給每人」。這些話明指聖神是天主：一因肯定聖神作天主所作的同樣工作；符合前文所言；二因宣稱聖神意志自主作成那些工作。所以顯然了：聖神是天主。

第十八章　聖神不是聖父和聖子

然則，有些人主張聖神不是生存自立的一位。於是某些人主張聖神就是天主聖父和聖子共是的那一個神。例如（聖奧斯定，《異端論叢》，章五十二）記載馬策東派，曾有這樣的主張，（回閱章十六）；另某些人主張聖神是吾人心智的附性美善，得自天主；例如上智，或愛德，或類此某某恩賦，是天主造生的一些附性美善，分配給吾人領取。

為破除以上這樣的錯誤，本章應證明天主聖神不是像那樣的一個事物。

一證：依名理的本義，工作者，不是附性，而是其主體，有附性，故能隨意決定，運用附性以發出動作：例如智人，隨意運用智慧。然而，按（前章）已證的定理，聖神不是被動，而是按自己意志自主的決定，作出自己願作的工作。是故不可設想聖神是人心智的附性美善，或才能。

又證：《聖經》訓示吾人，聖神是吾人心智所有一切美善的原因。大宗徒，致《羅馬書》，章五，節五說：「天主賞賜吾人領受了聖神，天主的愛德，遂因聖神而分賦流行於吾人心中」；《致格林德第一書》，章八─十一也說：「人因聖神而領受天主的恩賜，有領受上智之言論者，有領受知識之言論者，依靠同一聖神，（領受其他各種恩賜）……」。聖神既是吾人各種美善的原因，故不可誤想聖神自己又是這些附性美善之一。

至於說，「聖神」二字，指示聖父和聖子共有的本體，故和聖父聖子，沒有「位」的分別；這樣說不合於《聖經》。《若望福音》，章十五，節二六說：「聖神發自聖父」；章十六，節十四說聖神從聖子領取應宣告的事。這樣的話不能是指天主本體而說的：因為天主的本體不發自聖父，也不從聖子那裡有所領取。故應說聖神是生存自立的另一位。

又證：《聖經》談論聖神時用的辭句，顯然表示聖神是天主生存自立的一位。《宗徒大事錄》，章十三，節二說：「他們服事著上主，並行守齋絕食的苦工，聖神向他們說：你們要抽選巴爾納博和掃祿二位專作我任用他們要作的工作」。下文（節四）又說：「他們二人，受了聖神的派遣，就動身走開了」；又在章十五，節二八，記載眾宗徒說：「聖神和我們看到了，不應再責令你們負擔那個重任」。如果聖神不是生存自立的一位，則上面這些論聖神的話都不可說。（用反證法，反回去：既然《聖經》說了這些話），足證聖神是生存行動，自我獨立的一位。（天主三位，各自獨立，不是三個實體，各自分離，而是一個實體內，在自我關係對待的立場上，各自獨立。三者卻共是一個天主的實體。回閱章十四；詳論於章二三及章二六）。

加證：聖父和聖子既是生存自立的單位，並有天主的本性；聖神卻如果不是，也不有；《聖經》並不以平行並列的句法，將三者歷數在一齊。今知《聖經》，竇將聖神和前兩位一並列數在一齊。例如《瑪竇福音》，末章（二十八章，節十九）記載吾主向眾門徒說：「你們去勸導萬民，因父、及子、及聖神之名，授以洗禮」。

聖保祿，《致格林德書》，第二封，末章（十三章，節十三），（祝禱）說：「祝你們全體常常享有吾主耶穌基利斯督的恩寵，天主（聖父）的仁愛，及聖神的聯合」。《若望書信》，第一封，末章（五章，節七，稱述吾主宣證）說：「天上有三聖，給（世人）證明（我是真理）：聖父，聖言，聖神。這三者是一個（實體）」。

從此得以明見：聖神和聖父聖子一樣，不但是生存自立的單位，而且和聖父聖子，共有至一的本體。

設難：有人毀謗前論，能說：「天主聖神」和「聖神」兩個名辭，「在《聖經》裡」指義不同。上文引據的《聖經》名論中，有時說「天主聖神，有時卻說「聖神」。

解難：「天主聖神」和「聖神」指義相同，可明證於大宗徒，《致格林德第一書》，章二，節十。他在那裡，先提出那句名論說：「天主用聖神啟示了給我們」；隨後為證明其確實，乃舉出理由說：「因為聖神澈察一切，洞明天主的深奧」；最後結論說：「所以，天主的事理，非天主聖神，則無人得知」：由此得以明見：「聖神」和「天主聖神」，兩個名辭，指示一個相同的聖神。同樣結論，也可明證於《瑪竇福音》，章十，節二〇：吾主說：「（將來）不是你們說話，而是你們大父天主的聖神，在你們以內（替你們）說話」。《瑪而谷福音》（章十三，節十一）卻記載吾主（在同一機會）說：「不是你們說話，而是聖神」：從此可見，《聖經》用「聖神」和「天主聖神」兩個名辭，指示一個相同的聖神」。

總結前論：合觀本章和前章提供的《聖經》名論，可從許多方面證明：聖神不是受造物，而是真天主。

但需留神一點：《聖經》裡，嘗用「充滿人心」，或「居住在人心中」，等等同樣的賓辭，既形容「聖神」，父有時也形容「撒彈」或「魔鬼」。兩處形容的實義，不是一樣的。例如《若望福音》，章十三，節二七，論（叛徒）如達斯說：「隨著他吃了的那口麵包，撒彈就進入了他（的心）內」。《宗徒大事錄》，章五，節三，按某些抄本記載，（宗徒長），聖伯多祿，（訐責）說：「亞納尼亞！為什麼撒彈（的歹意）充滿了你的心」？理證如下：

魔鬼，或撒殫，是一受造物。按前者（卷二，章十五）已證定理，無一受造物能以「本體分賦」的方式而充滿另一受造物；也不能用其本體而居住在心靈以內；（故此，魔鬼也不能。但能用行動產生的效力，充滿影響所及的另某物；例如火用熱力將某塊鐵燒得通紅。同樣，如說魔鬼充滿人心，也是限於說）：魔鬼用自己邪惡的效力，充滿了某人的心，（使他心裡滿藏歹意）。是以《宗徒大事錄》，章十三，節十，記載聖保祿向某人說：「哦！（巴厘埃索，假先知）！你（心中）充滿著各樣的欺詐和虛妄！」。

聖神，卻是天主，故用其本體居住人心，並以「本體分賦」的流行方式，（注滿人心），使人成為善人：因為天主的本體純是善良：非任何受造物所能是。固然，這並不扣除聖神德能的效力，也充滿眾聖者的心智。

第十九章 聖神與神愛

既然如此，吾人則可遵照《聖經》明訓，堅持定理：聖神是真天主，本體自立，和聖父、聖子，分成三位，互不相同。（位的分別，卻不是本體的分別。三位共是一性一體一個天主）。現應究察這條真理，（在人間的言論裡），該指示什麼意義，方能抵防不信者的攻擊。

為明瞭「聖神」的實義，首先須知：（聖神和神志，在名理上，有互訓的作用：猶言「至上至聖的神志」；在一般心理的事實上，也有生機相連的關係：心靈、有神志，則有知識；知善而好善惡惡，則意志發於神衷。天主因神智而生聖子。聖父聖子，交相愛而共發聖神。略加申說如下）：

自然界，物之性體，凡有智力者，則都有意力。智力因所知的性理而有知識的現實盈極；一如物之性體，因本性具備的性理，而有本體生存的現實盈極。然則，物之性體，既因性理全備，而成為本種本類內的一個完善實體；乃（成為一個行動的單位；隨而）發出本性動作的傾向，追求本性固有的終向。「終向」指示物本性動作必得的目的：「率性而動，物物皆然」。（參考大哲《道德論》，（《倫理學》），卷五，章十七）。物因本性是個什麼物，便有什麼動作，並追求和自己本性相適合的一切。

依比例相同的理由，有智力的實體，既知可知的性理，乃隨而發出智性的傾向，追求智性固有的動作和目的。例如吾人，有智性的傾向，叫作意力；是智性行動的因素；引人發出有目的之行動。「目的」指示「止於至善」的美善。目的和美善，是意力的對象。本著這些心理自然的公律，可以斷言：物之實體，如有智力，則必定也有意力。（回閱卷一，章四十四—七十三）。

轉進觀察，（人的）一個意力，能有許多行動，例如愛憎喜怒等等情慾。然而所有一切行動，都以「愛情」為至一的元始，和大公的根原。這些話的意義，可以領悟如下：

方才說了：意力之有於智性，猶如自然傾向之有於物性。自然界，物各有性。性各有理。理是性理；乃是吾人所說的「自然傾向的根原」。是以，物性自然的傾向，發自物本性具有的性理；動作起來，追求與性理相親近和相適合的終向：例如物性沉重者，自然下降。

是故依相同的比例，智性的意力，自然傾向於智力因所知性理而領悟的美善。所謂美善，乃是「適合性理」，或「感動情意」的某某對象。「情意受到感發而有的動向」，是「愛」字的本義。足證：勿分覺性智性，凡是意願的傾向，都是由愛而發。（愛為百情之首，萬意之原）。由於實愛某物，不得則希冀，既得則喜樂，受阻則憂愁，悲哀；憎恨阻礙；憤怒以攻剋阻礙：都是為了愛情所使然。

如此看去，可見愛的對象，不但領受於愛者的智力以內，而且也懷抱在意力以內：然而方式不同。智力，將對象，領受在意識範圍以內，是領受其性理相同之印像，（而形成某一觀念）。意力，將對象，懷抱在意願的範圍內，卻是以對象為行動的終點：猶如動力所追求的終向，和動力有「相合、相稱」的關係。（「相合」，是「性情適當」。「相稱」是「質量等條件適中」）。例如火燄，本性清輕，自然傾向上升；在此限度內，乃將「上方」，懷抱在自己傾向的範圍以內：以「相合、相稱」的條件為標準。然而，「惟火生火」：被生的火，在生火的火以內，卻只有火的性理之相同。

既知物性有智力者都有意力，又按卷一（章四四）已證定理，天主的本性，實有智力；是知天主必有意力。惟須回憶（同卷，四十四—七十三諸章），天主的意力，是天主的本體；和智力一樣，不是本體以上附加的一個因素。並且既然天主的智力也是天主的本體，所以天主的意力和智力共是相同的一個本體。怎樣可能如此，詳見於卷一（章三十一）：在萬物，一理散為萬殊；在天主，萬殊合歸一理。（理是物物實體之本然）。

加之：按卷一（章四十五）的證明，天主的動作，也是天主的本體；今知天主的意力也是天主的本體；是知天主的意志，沒有潛能或才能的虧虛；而只有動作的現實和盈極。然則，方才說明了：意志萬動，以愛為本。故知天主心內必有愛情。

次之：按卷一（章七十四），天主意志的本有對象，是天主善良的本體；所以，天主的愛情，必然以自己良善的本體為首要對象。然則、方才說明了：愛情所愛的對象，必在某一方式下，被懷抱在愛者意願範圍以內。既知天主親愛自己，則知天主被自己懷抱在意願範圍以內，就是受自己的親愛。然則、親愛是意志的動作。天主意志的動作卻是天主的本體；同樣，祂的意志也是祂的生存；但和吾人不同。吾人意志的動作，是一附性情況，不是本體生存。天主的意志動作，卻是本體生存，不是本體以外另加的附性情況。由此可見：天主意志的現實動作，真是天主，並是天主的實體。（換言之：天主現實自愛而發出的愛，是真天主的實體。此即天主聖神：猶言天主神聖的愛）。

轉進：某物作對象而入於愛者的意願懷抱中，這件事裡面的意志行動，和智力認識那某對象而形成的觀念，有秩序固定的關係；同時對於那某觀念所指示的事物本，也有固定的關係：因為（按心理的事實），一物不在任何方式下受到智力的認識，則受不到意力的喜愛；同時意力喜愛某物，不只是愛它的知識，而是愛它本身的美好。（足見：意力的愛情，是愛者由其認識某物的觀念中，發射於對象的本身）。然則智力認識某物而有的觀念，是所說的「智言」。由此可知：天主在自己意力的範圍內，自己給自己作愛情的對象，而有的愛情，是從天主的智言，同時也是從發智言的天主裡，發射出來的。（天主的智言，是天主聖子。發智言的天主，是天主聖父。由天主聖父和聖子，共同發出來的神愛，是聖神。所以，公教信仰確認聖父聖子共發聖神）。這是必然的一條定理。

再轉進：智言、受到智力的知曉，出生在智者意識的範圍內，必然和智者有「同種、同性」的關係。然而愛情對象，受到意力的喜愛，而出現在愛者熱情的懷抱中，卻不必和愛者有「同種、同性」的關係。一物生於另一物，如有兒子生於父親的關係，兩物彼此，就有「同種、同性」的關係。從此可推出一個結論：愛情對象、出生在愛者的情懷，既然不根據彼此同種同性的關係，所以彼此也就沒有兒子生於父親的關係。智言生於智者，和愛情生於愛者，兩處的「生」字，意義不同：前者指示「子生於父」的孕生；後者卻沒有「子生於父」的指義。故此，天主聖神，以愛情的方式，發生出來，不是「孕生」；所以，也就不能稱為「天主聖子」：（既不可叫作「天主聖父之子，也不可叫作「天主聖子的聖子」，或「聖孫」）。

最後，再轉進一步，須理會到：愛情對象，現實存在於愛者意力懷抱以內，則發生傾向作用；並且在某些方式和限度下，發生催促作用，從心坎的深衷，激動愛者，嚮往所愛事物的本體。然則、生物內心自發的激動，是其「神力」固有的作用。所以愛情也叫作「神力」。天主由自愛而發的愛情，依同比例，也就理應叫作「神力」：猶言「神氣」或「氣力」，彷彿生物的氣息，由內向外，呼籲吹動，鼓蕩活潑的生機。（古代物理和生理，認為物體內心自發的「氣力」是「神力」；和「血氣」，「脾氣」，「氣魄」之類的名辭，意義相近。聖多瑪斯，註解聖保祿《致尼弗所書》，章五，節十八，（課七）；曾說：「酒是刺激性的飲料之一、能生發許多「神力」，能使飲者魂魄旺盛，神情激昂，也使人健於口才的談論」；又於註解大哲《寐寤論》章四，說：「冷血動物，沒有血，但在心臟有某質素，和血相當。在那質素內，有「與生俱來」的「神氣」，佈滿身體的細孔，涼爽身體，降低其溫度；例如蛇類，及某些蟲類」；又說：「神氣」分天上神氣，地下神氣；又分「可見的神氣」，和「不見的神氣」；生活的神氣，也分兩者，可見者，是呼吸的空氣；不可見者，是生物的靈魂。參考《神學大全》，卷三，問題二七，節二，答一；《駁異大全》，卷二，八五章；及其他。「神、氣」二字，古代往往通用，至今尚有互訓作用。神是氣之伸張。氣力，表現於景象可觀的神氣。借用物質神氣的「神」字，轉指非物質的「天主愛情」，乃呼之為「聖神」。這是「聖神」、名辭成立的來由：取其「鼓蕩激動」的意趣）。

經證：是以大宗徒，（聖保祿），也指出天主的聖神和聖愛，有「振作，催促」等等特性；例如《致羅馬書》章八，節十四說：「凡受天主聖神振作者，都是天主的子女」；《致格林德書》，二封，章五，節十四說：「基督之愛德，催迫我們」。

特誌：凡是智力行動，都由其終點而得名。然則，上述天主自愛而發的愛情，終止於天主本體；所以，那個愛情，既是天主，則理應叫作「聖神」：因為，依人間的習慣，凡呈現給天主的一切（名辭），都加以「聖」字的稱號。（例如「聖子」，「聖父」，「聖堂」，「聖祭」之類）。

第二十章　聖神的功效

緣循著上述一切的適宜性及其趨勢，現應更進一步，觀察《聖經》指示聖神實有的功效和屬性。

一證：聖神是萬物造生的始元。前在卷一章七五，說明了：天主的美善，是祂願意萬物出生的理由，也說明了：祂用意力造生了萬物。可見，祂愛己善而發的愛情，是萬物造生的原因。是以古代某些哲人，也曾主張「眾神的愛情」是萬物生存的原因。狄耀尼《天主諸名論》，章四，也說：「天主的愛情不許天主沒有根芽的生發」；（回閱卷一，章九一，附誌五、猶言：從天主的愛情，生發出根芽；生機萌動，一元初始，天地開闢，萬物化生）。

然則前章提出理由，說明了：天主發出的聖神，以出發方式而論，適如天主自愛而發出的愛情。所以，聖神是萬物造生的始元。《聖詠》（一〇三章，節三〇）：「求祢派遣祢的聖神，萬物就要蒙受造化之恩而出生」；這些話也有同樣的指義。（參考大哲《形上學》，卷一，章四）。

二證：聖神是萬物變動的始元。既知聖神以其出生方式而論，乃是天主的愛情：又知愛情有催促和推動的神力：是知萬物被動於天主而有的一切變動，明顯都是天主聖神固有的功效。然而萬物被動於天主而發生的第一個（最初的）變動，根據《聖經》原文的實義，是天主從性理未備，狀貌未形，太初造生的物質中，產生了實體萬殊的物類：請看《創世紀》，章一，節二，說：「上主提攜聖神，周遊水面」。按聖奧斯定的講解，「水」象徵（天主在太初時期造生了的）第一物質，（宇宙原質）。「上主的聖神周遊水面」，象徵天主的意力，振動物質。聖神周遊，象徵「風行水上」的猛勢，不指聖神的本體遭受了東遊西蕩的變動；惟指聖神是宇宙原質變動的始元。（這樣分析起來：第一物質，生於天主，是造生：被造而生。物類生於第一物質，卻是化生：被天主聖神鼓蕩運動，由第一物質中，變化而出生。其後，物質逐世新舊代興，可以說是：變生：舊的實體變滅，新的實體卻繼世而出生：例如木被燒毀而生灰炭及其他礦質）。

又證：聖神統帥萬物的發展和繁殖。統帥萬物，是天主引導萬物，有一些推動的意思；義指天主指導，推動萬物，各自追求生存固有的目的。既知「催促、推動」，由於愛情的實理，屬於聖神的本質；是知萬物的統帥和發展以及繁殖，理應都是天主聖神的功效。

是以，古《聖若伯傳》（章三十三，節四）說：「上主的聖神生成了我：（猶言父母的精血，因天主聖神的功效，而生殖了我）」。《聖詠》（章一四二，節十）也說：「祢仁善的聖神，引領我登上了正義的陸地」。（正義安和的陸地，是人類發育繁榮的田園）。

加證：聖神有治理的主權。治理屬下，是主權固有的行動，大宗徒，《致格林德第二書》，章三，節十七說：聖神也是主宰」。信經也說：「我信聖神、主宰」。

又證：聖神賦給生命。生命最顯著的表現，是活動：物體自動，是物體生活的定義。凡自動工作的物體，一律都叫作生物；（也有時叫作「活物」）。既知聖神，由於愛情的本質，有施給催促和推動等類功效的能力，則知聖神自己理應也有生活，並能賦給生命。

經證：《若望福音》，章六，節六四說：「聖神是生命的賦給者」。厄則戒《先知》，章三七，節五，（稱揚天主自己）說：「我將聖神，賦給你們，你們就得以生活」。在信經裡，我們也宣證：「我信聖神、主宰，生命的賦給者」。這樣的任務和功效，也適合於「聖神」這個名稱的本義。原來，動物身體的生命，也是由生命的神氣，從生命的根原，分佈到全身的各肢體和各部分。（動物生命的根源，是它們的靈魂。生命的神氣，是動物氣血中的神力。或精氣，是古代生理假定實有的生命素：似氣似汁，佈滿全身。希臘和拉丁語，都叫它作「神氣」，或「神」。聖神的神字，就是從「神氣」的神字，借用而來。適足指明：聖神有生活，並有賦給生命，和保持生活的能力）。

第二十一章 人是聖神的宮殿

此外，還須觀察聖神在理性界特有的功效。

吾人理智的本性，盡可能擬似天主的美善；是以這樣的美善，叫作天主賞給吾人的恩惠：例如吾人的智慧，擬似天主的上智，是天主賞給吾人的恩惠，也有時作叫「上智的神恩」。

又因聖神，以其出生的方式，是天主自愛而發的愛情，有如（章十九）已證的定論；吾人愛天主而擬似天主的聖愛，由而遂說這樣的愛情，是天主賞賜給吾人的聖神。是以大宗徒《致羅馬書》，章五，節五說：「天主的愛德，因賞賜給吾人的聖神，而流佈於吾人心中」。（天主賞人愛德，叫作「賞人聖神」，也叫作「孝愛的神恩」）。

然而須知：吾人得自天主的一切，反本追原，歸於天主，以天主為原因和模範。天主的工作能力，作成吾人所得的恩惠，故是恩惠的原因。吾人因那恩惠而肖似天主的某一美善，故以天主的美善為模範。從原因方面看去，天主三位，聖父，聖子，聖神，共有相同的一個能力，如同三位也共有相同的一個本體，所以凡是天主用工作能力在吾人以內作成的任何效果，也是以天主本體為原因，故是三位共同作出的效果。

但從模範方面看，吾人認識天主時所用的「上智之言」，是天主派降於吾人心智內的「意象」，（特別擬似天主的聖言），專是為表現聖子的美善。（參考《達尼爾先知》，章一，節二〇）。同樣、吾人親愛天主而有的愛情，特別表現聖神。如此說來，愛德、雖然是天主三位，在吾人以內，共同產生的效果；但有特殊理由說它專是聖神的恩惠：（是由其模範之關係而立論的）。

但因天主的效果，不只是仰賴天主的作成而始生，而且也是仰賴天主的工作而保存。詳證於卷三，章六五。然而作者不在那裏，則無以在那裡發生動作，例如施動受動，兩個相關的物體，必須同時同處，一施一受，（參考《物理學》，卷八，章二）。是以那裡有天主的功效，那裡也就必須有天主的本體和工作。從此可見；既然吾人親愛天主所用的愛德，是聖神在吾人心內產生的功效，所以在吾人實有愛德的期間，天主聖神本體，也就必然存在於吾人心內。

是以大宗徒《致格林德第一書》，章三，節十六說：「怎不知你們的肢體，乃是聖神居住的天主寶殿」。

既然、吾人因聖神燃起的愛情而親愛天主；愛情對象受到親愛，又是被收容在愛情的心懷以內；所以，吾人心懷以內，因為那樣親愛天主，必然也有聖父、聖子，偕同聖神，同處共居。本此意義，《若望福音》，章十四，節二三，記載吾主說：「誰若親愛我，他就要遵守我的囑咐；我的聖父，也就要親愛他；我們也就要降臨於他，並在他以內，安紮我們的住宅」。（「我們」指「聖子，聖父，和聖神」）。《若望第一書信》，章三，節二四，也說：「誰遵守天主的誡命，誰就要居住在天主心內，天主也居住在他心內；因此、我們也就要知道：天主是由於祂賦給我們的聖神，而居住在我們以內」。

又一點：顯然的，天主既肯給人賞賜聖神的愛情，必也極度親愛以聖神的愛情親愛天主的人。非由親愛那人，則不給他賦與偌大的恩寵。是以《箴言》，章八，節十七，稱頌天主親身說：「我親愛那些親愛我的人們」。聖若望，《第一書信》，章三，節十，註明動機說：「其動機，不是因為吾人先親愛了天主，而是因為天主先親愛了吾人」。所以，因聖神的愛情，不但天主居住在吾人以內，而且吾人也居住在天主以內。本此意義，若望第一信，章四，節十六說：「人以愛德為安宅，乃是以天主為安宅：人在主內，主也在人內」。（節十三）又說：「因此我們就懂得，我們居住在天主以內，天主也居住在我們以內，因為天主將祂聖神的恩愛，賞賜了給我們」。（回閱卷三，章一五四）。

另一點：友愛的特性，引人將自己的祕密啟示給朋友。友愛結合人的心情，使兩人的心，結成一顆心。朋友既是知心，給朋友啟示祕密，則不覺是將祕密斷送到自己的心外，（洩露給外人）。是以《若望福音》，章十五，節十五，記載吾主說：「我已經不喚你們作僕人，而稱呼你們是我的友人：因為、凡我從聖父方面聽到了的一切，我都曉示給你們了」。吾人經由聖神，被建立為「天主的友人」；所以天主給人啟示奧理，也理應說是經由聖神。本此意義，六宗徒，《致格林德第一書》，章二，節九－十說：「《聖經》明載：天主給親愛自己的人們，儲備了的恩賞，是眼睛沒有見過，耳朵沒有聽過，人心也設想不來的；天主卻用聖神（的慈善和光明），啟示了給我們聽信」。（以上諸「心」字，指示人知識和思想能力最高深的境界：猶言人的「神智」或「靈明」）。

再加一點：人口舌的言語，形成於人心智的知識：人既有聖神的啟迪，理應也因聖神的光照而言傳天主的奧理。一如聖保祿《致格林德第一書》，章十四，節二所說：「那（說奇語的人），卻是因聖神（的啟迪，而）宣告奧理」。（回閱章十七，引用本節異文：「（那）說奇語的人，……是聖神宣告奧理」：就是說：「是聖神、在他以內，借他的喉舌，給人宣告奧理」）。《瑪竇福音》，章十，節二〇，又說：「不是你們說話，而是你們的大父天主的聖神，在你們以內，（借你們的喉舌，替你們）說話」。聖伯多祿第二信，章一，節二一，論眾《先知》，曾說：「天主的聖人，受聖神的靈感而發言」。是以在信經裡，論到天主聖神也說：「我信聖神，主宰，生命的賦給者，藉眾《先知》的喉舌以發言者」。

還有一點：友愛的本務，不但是朋友間因心情合一而互通心內的隱密，而且也需要在所有的物品上，互通有無：因為朋友不但是人的知己，而且是人的手足和心腹：實乃是人的「第二自我」；（名言見於大哲，《道德論》，卷九，章四，節五）；所以朋友必須互助，互通有無，不分彼此。本此定理，可知友誼的本務，依大哲主張，也是「盡心盡力，謀求朋友的福利」。（《聖經》更進一步，例如）：按《若望第一書》，章三，節十七：「擁有斯世的物產，眼見自己的弟兄實有急需，而心腸緊閉，不肯開恩相助，天主（聖神）的愛德，怎樣還能存在於這樣的人心以內」？（人的心情如此，天主的心情，更是如此）。

天主極有施恩助人的愛情。祂的心願，常有實效。是以一切神恩，都說是天主因聖神（愛情）而普施於吾眾人的，這是合理的；按聖保祿《致格林德第一書》，章十二，節八，（縷述諸恩）說：「人因聖神而領受天主的恩賜，有領受上智之言論者，有領受知識（明達）之言論者，依靠同一聖神」；下文（節十一）總論所述各種神恩及其工作說：「獨一而自同的聖神，作這一切工作，隨意將工作，分配給每人」。

另一點：顯然的：物體為能上升，高達「火界」，必需先同化於火，配備上輕清的特性，因為用火性本有的行動，向上奔騰。依相同的比例，人為獲享天主的真福，（上達真福之域），也必需先同化於天主，裝備上神性的諸般美善，然後作出和那些美善相稱的工作，這樣最後庶能實得天主本性固有的真福。

然則吾人是因聖神而領受天主賞賜的神恩，證見前段。是以吾人也是因聖神而同化於天主，並因聖神而得到行善的才能；也因聖神而啟開真福的途徑。這三項，都可證於大宗徒垂訓的暗示：《致格林德第二書》，章一，節二一至二二說：「天主傅油，祝聖了我們；給我們（心靈上）蓋了印號；在我們心裡，賦給了聖神的證券」。《致厄弗所書》，章一，節十三，又說：「你們（的心靈上），蓋上了聖神預約的印號。聖神是我們繼承權的證券」。

「印號」象徵「同化」。「傅油祝聖」（是古代頒賜官爵，委任職務的典禮），象徵行善的才能；證券」，象徵「希望」：（聖神振作起來的希望，是望德），人有望德，乃以身心言行，依照目標，進向天上繼承權所授與的至善真福。（「聖神預約」指天主預先約許給人的真福）。

添一點：人以善意親向某人，乃能收納而建立他為義子，並授以嗣子的繼承權。為此理由，建立人類為天主的義子，應是聖神的恩寵。有《聖經》作證：聖保祿，致《羅馬書》章八，節十五說：「你們領受了建立天主義子的聖神，因而我們呼叫聖父為父」。

另添一點：友善關係的建立，是仇冤的消除。仇冤和友善是互相衝突的。是以《箴言》，章十，節十二說：「愛德掩蔽一切罪過」。愛德建立天主和人的友善關係，消除天主的責罰：人已往犯的罪過乃得天主的寬赦。為此，《若望福音》，章二十，節二二，記載吾主向諸門徒說：「你們應該領受聖神，你們赦免誰的罪過，他的罪過就要（得到天主的）赦免」。《瑪竇福音》，章十二，節三一曾說：侮辱聖神的罪過，是天主不赦的；因為失去了罪過得赦必應依靠的聖神。

再添最後一點：為了上述的種種理由，《聖經》往往說吾人的變新，洗潔，或純淨，也都是仰賴聖神。例如《聖詠》，（章一〇三，節三〇）：「求祢派遣你的聖神，萬物就要蒙受造化之恩而出生；大地的面目也就要改變一新」。聖保祿，《致厄弗所書》，章四，節二三說：「你們應用你們心智中的聖神，將你們自己改變一新」。依撒意亞《先知》，章四，節四，也說：「將來，天主如果運用聖神的審判和烈火，洗除了西雍子孫的罪汙和腥血，他就要來，安居在西雍山嶺的全境」。

第二十二章　聖神締結神人間的親愛

前章討論了《聖經》所述天主用聖神施給吾人的諸般恩惠，本章則應研究天主怎樣用聖神推動我們嚮往天主。

一則、欣賞主榮：友誼的本務，莫大於交往。天和人的交往，在於賞人觀望天主的榮福：一如大宗徒，致《裴理伯書》，章三，節二〇，嘗說：「我們的交談和往來，卻是在諸天之上」。吾人因聖神助佑而會親愛天主，則也因聖神而得以欣賞天主的榮福。是以大宗徒，《致格林德第二書》，章三，節十八說：「我們大眾，面見天主（在吾主耶穌身上）顯示的榮福，由天主聖神將我們的狀貌，改變成（和吾主耶穌）相同的形像，光明逐漸增亮，達到和天主聖神相稱的強度」。

再則樂享神慰：友誼的本務，也在於朋友歡聚，同享交談共事之樂；並在憂慮苦悶當中，互相慰勉；是以吾人偶而憂困不堪，輒以朋友聚合，為至大依靠，猶如至穩妥的避難所。既然按（前章）已證定理，天主聖神建立吾人作愛天主的朋友，又使天主居住在吾人以內，並使吾人也居住在天主以內，（互相內在。密切如一），自然效果必使吾人仰賴聖神而實享天主的安慰和快樂，應付世上的一切凶逆和攻擊。

是故《聖詠》，章五十，節十四，（悔罪的達味聖王，在憂苦中，呼求天主）說：「求祢重賜我得祢救援的喜樂，求祢用主宰性的神靈，堅定我」。（新版日路撒淩《聖經》，《聖詠》，章五一，「給我恢復祢的康樂；在我心中，穩定寬宏大量的精神」）。聖保祿，《致羅馬書》，章十四，節十七，「天主之國，是在聖神內，建立起來的公義，和平，及喜樂」。《宗徒大事錄》，章九，節三一說：「當時的教會平安，建設進步，行動敬畏天主，充滿著聖神的慰樂」。為此，吾主（耶穌）也稱呼聖神是護慰者，猶言安慰者；《若望福音》，章十四，節二六：「撫慰者，聖神，受聖父因我名出命派遣，將要來給你們傳訓一切……」。

另則全守主誡：友誼的本務，同樣也是意志相同。朋友情投意合，必是同志。然而天主的意志，宣達於吾人，乃是由於他頒佈的誡命。我們親愛天主的心情，不推諉全守天主的誡命。《若望福音》，章十四，節十五記載（吾主）說：「你們若果然親愛我，就應遵守我的誡命」。是以吾人，既因聖神而和天主建立友愛的親善，也就受聖神某樣的振作以全守天主誡命；一如大宗徒、致《羅馬書》，章八，節十四，說過的名言：「凡受天主聖神振作者，都是天主的子女」。

又則，自由情願：須知天主子女受聖神振作起來，不是如同奴隸，被迫工作；而是如同自由的人，情願自動。依名辭的實義，「自由者」指示「自己是自己行動的原因者」。（參考大哲《形上學》，卷一，章二）。吾人自由作某事，是我們本人自動作那事。這也就是吾人意志自願作那事。否則，違背自己的志願而被動作事，乃不是自由作事，而是作奴隸：或被動於絕對的強迫：例如全部動力都是是外來的，被動者方面全不合作：純是被外力推動；或被動於「不絕對的強迫」：被迫的行動中，有自由意志的攙雜，例如某人迫不得已，自願作出或忍受某某小不順心的事，以避免某某大不順心的事：（船中遇險，寧捨貨物，不捨性命）。

聖神折服吾人去作某事，所用的方式，是引導吾人，本著友愛天主的熱心，甘心情願，作出某事。可見，天主的子女，受聖神振作起來，是自由的，以愛情為動機；不是奴隸的，以畏懼為原因。本乎此，大宗徒，《致羅馬書》，章八，節十五，說：「你們領受的，不又是奴隸的畏懼心理，而是建立天主義子的聖神」。

又則消慾免法：情慾的糾纏，和法治的束縛，能發生的奴隸作用，都被消除。人的意志，本性向善，惜因情慾迷惑或惡習難移，或因其他不良條件，人乃棄善而向惡；其意志，被迫於外在因素，而作出相反本性傾向的惡事；也是作了奴隸，（就是作了情慾或惡習的奴隸）。但看意志，順從情慾或惡習的傾向，認惡為善，而追求之，由而作出的行動，卻是自由的。然則，既有這個自由的願心，願作某事，但因畏懼法律的刑禁，而戒止，不去作那某事；或作出某某相反的事；這樣的行動，便是奴隸的：（作了法律的奴隸：不合於自動向善的意志之本性）。

聖神，既用愛情，吸引人的意志，追求真善，遵行意志本性向善的自然理則，乃將情慾及法律等等的奴隸作用，一並消除了。於是人依靠聖神，既消除了情慾和罪習的糾纏，又釋免了法律或刑罰的束縛。守法時，不是作法律的奴隸，而是作（善良）法律的愛護者。（以自由向善的愛情為動機，不以奴隸的畏刑心理為原因）。為此理由，大宗徒，《致格林德第二書》，章三，節十七說：「那裡有天主聖神（的愛情），那裏便有自由」；《致迦拉達書》，章五，節十八，又說：「你們既受聖神的引導，乃不是屈服於法律的壓迫」。（法律善良者，自願愛護之。法律無道者，捨生致命以殉之：致命以殉難，不是違法，也不是叛法，而是守法殉法，以超法而正法，必使更正而後已。這是天主聖神，感化人心，而生的道德作用：改善人間法律，以保全天賜明命）。

肉身用情慾引誘吾人背善而向惡。聖神卻用愛情指導吾人袪惡而向善；是以《聖經》稱頌聖神，尅制肉情的行動，例如聖保祿，《致羅馬書》，章八，節十三，（保證）說：「你們如果用聖神，尅制肉情的行動，你們就要生活」；（不陷於喪亡）。

第二十三章 解難

目下只剩解答前者（章十六）對方為證明聖神是受造物而不是天主，所舉出的那（十一條）理由。

一、為解答第一條理由，須知「聖神」的「神」字，依吾人（語言學的）普通觀念，是從動物「空氣鼓動出入」的「呼吸」，展轉借取而來的一個名辭，指「生氣息息若有神」的「神」；猶言「生氣之伸張」；由而借指形體界任何氣體的運動和鼓蕩，催促，等等。如此，《聖經》有時用「神暴」指示「風暴」，例如《聖詠》（章四十八，節八）：「火，雹，雪，水，狂神暴雨，都執行祂的言語」；這裡的「狂神暴雨」，便是指示「狂風暴雨」。（古代生理學）同樣，也用「神」字指示「神氣」：是一種稀薄的暖氣，流佈在肢體間，促成其運動靈活；也和「氣脈」相似，和「血脈」是平行相輔的。又因氣體無形，遂再進一步，轉指「往來不測。無形可見」的「神靈」：於是一切有動力而無形象的實體及能力，也都叫做「神」，（或「鬼神」，或「神靈」）。為了這個理由，動物類的靈魂，（覺魂），人類的靈魂（理性的靈魂），眾天神，以及天主，也都有時叫作「神」。

並且，天主聖神，以其出生方式，既是天主自愛而發出的愛情，有動力的含義，所以叫作「神」，也是恰當的。那麼，亞毛斯先知說天主造生的「神氣」，指示「樹立群山」的「清風和空氣」，根據我們現行的拉丁譯本，和《聖經》的上下文，明示這裡的神氣，不指天主聖神。

至於匝加利亞先知說：天主造生人身內的神氣，或說天主塑製人體內的神氣；這裏「神氣」，不指天主聖神，最多不過指示人的「神靈精氣」，不是是別的，乃是人的「靈魂」。

從此可見，這兩處的《聖經》，都不足以證明天主聖神是受造物。

二、為解答第二條理由，請回憶（章十九）已有的證明：聖神是天主，發於天主。所以聖神必須從天主那裡，領取自己的本體：如同前在（章十一）那裡，論天主聖子，也說過了一樣的道理。這樣，聖子和聖神所有的一切知識，能力，和動作，也是得自天主：因為在天主以內，知識，能力，和動作，都無別於本體：然而，聖子領取，是領自聖父一方，聖神卻是領自聖父和聖子兩方。

今按（章二十一）已證定理，在眾聖先知以內，借其喉舌而發言，是天主聖神的工作之一；聖神既不由自己而工作，所以《聖經》也就說聖神不由自己而發言，而是發表祂得自天主的言語。從此可見，吾主所說：聖神說話，不是說自己的話，而是將祂所聽聆的話，傳達出來；這樣的話也同樣不足以證明聖神是受造物。

況且聖神「聽聆天主的言語」，乃是從聖父和聖子雙方，領取知識，等於領取自己的本體。（詳見前段）。《聖經》習慣用人間語言的方式，模擬天主的事理；譬如吾人用耳朵聽聆師訓以得知識。至於說：「聖神將來更要聽聆」，也無害於天主聖神的永遠現實：因為，（按卷一，章十五及六十七的說明），指示任何時期的動詞，都可加以變通，而形容「永遠的現實」：因為「永遠的現實」，無始無終，包括古往今來、時間長流的全部。這樣的形容，並不足以證明聖神不是永遠長生的天主。

三、同樣的理由，也足以解答對方第三條困難。顯然，《聖經》所說「聖神受聖父和聖子的派遣」，無力證明聖神是一受造物。理由和前者（在章八）論聖子所舉出的相同：《聖經》說聖子受聖父派遣，來到人間，是說祂在形體可見的骨肉裏，發顯給人間，於是世界上開始新形式的生存，和原來永有的形式不同：永有的原來形式，是無形無像的天主神性的生存；人間肉體的生存方式，卻是有形像、人眼可以睹聞的。

依同理，聖神，用人眼可見的形式，發顯給人間，也說是受天主派遣，或打發而來，例如《瑪竇福音》，章三，節十六記載基督受洗禮時，頭上有聖神借鴿子的形像，從天降來；又例如（《宗徒大事錄》，章二，節三，記載）聖神借火舌的形像，降臨到眾宗徒頭上。惟須理會，聖子借骨肉發顯，是降生成人；聖神借鴿形和舌形發顯，卻不是降成鴿子或火舌；僅僅是在形像可見的徵兆以內，發顯到人間；於是祂永遠現實的生存，就在世界上開始了生存的一個新方式。這是祂由聖父和聖子雙方領取而來的：故說是受聖父和聖子的共同派遣或打發。《聖經》裡，這樣的話，不證明聖神小於聖父和聖子，卻只足證明聖神是聖父和聖子共發的。

此外，須知尚有另一無形的方式，聖父用以派發聖子和聖神：（這就是所謂「聖寵賦與人心」的方式，極值注意）。回憶（章十一及十九）已證定理，以出生的方式而論，聖子是天主自知而孕生的知識；聖神卻是天主自知自愛，父子交愛而共發的愛情。從此看去，按（章二十一）已有的說明，天主既用聖神和某人建立親善互愛的關係；聖神乃居住在那某人的心裡：這樣就在那人以內，開始生存的新方式，藉以產生人愛天主的新神效；開始滿盡這樣的新任務，是開始在人間生存的新方式，（等於說天主賞人聖寵：

《聖經》也說是天主派遣聖神降臨人心）。聖神在人心以內產生這樣的神效，也是賴祂有得於聖父和聖子：為此理由，《聖經》說聖父聖子用無形的方式，給人派發聖神：（猶言神靈的感化）。

依比例相同的理，聖子在人的心智內，（發生光明啟廸的效用），助人認識天主的真理，人乃因而發出愛情，親慕天主；也說是聖子受天主聖父無形的派遣，（光照人心）。

如此看來，得以明見，這個派遣的方式，也不證明聖子和聖神的卑小，但只足以證明兩者的來源是出自聖父。

四、為解答第四條理由；（須知「不提某物」不等於「否認某物」）是故，《聖經》有時連數聖父聖子，而不提聖神，如同有時也列舉聖父聖神，不提聖子；（還有時合言聖子聖神而不提聖父）；都不是否認聖子或聖父的天主性；故此也不是否認聖神是真天主。適得其反，這樣的情況，足以暗示《聖經》、對於天主三位中的任何一位，所肯定其神性應有的一切賓辭，明指一位，默指三位：是三位共同都有的（美善）：因為三位共是一個天主。

因此，《聖經》也有時只提聖子，兼指三位共有的（知識或其他美善）：例如《瑪竇福音》，章十一，節二七「非聖子，也無誰認識聖父」：絕對不是否認聖父和聖神認識聖父。同樣，大宗徒，《致格林德第二書》，章二，節十一「天主的事理，非聖神，無人知曉」：確乎不是否認聖父和聖子也知悉天主的事理。（足見「不提」不是「否認」；反之能是「默認」，或「省文而兼指，或統論」）。

五、為解答第五條理由：《聖經》所說聖神有某些變動之類的形容辭，須知都是象徵辭；故此、顯然，都不能證明聖神是受造物。

例如《創世紀》章三，節八、「當時他們聽見了天主巡行地堂中召呼的聲音，他們男女二人就躲藏起來」；章十八，節二一、稱述天主自己說：「我降下去考察，冤聲向我控訴的虛實」。這些話裡的「巡行」，「召呼」，「降行」，「考察」，等等「變動」之類的形容辭，顯然都是象徵語法，不指「物質變動」的實義，也不足以證明天主是受造物；（只證明天主有主宰的實力：監臨所造的世界人類）。依同理，《聖經》說：「天主擕帶聖神，周遊水上」，（有「天主向水面吹噓大風」的意思），也是象徵語法，借物喻神，喻指天主對著意願的對象，發出意力；並且是對著愛情對象，發出愛情。（從愛情的海洋，用愛情的神力造生愛情的世界）。

況且有些人，認為《聖經》原文用的那個字，不必指示「聖神」，可以僅指「天主命大風吹噓水面」；（按自然物理）清風屬於氣體之類；其自然處所，是輕浮水上遊蕩；由而借取過來，轉指水中的各樣變動；（那麼，僅能證明大風和空氣，是受造物；與聖神無關）。

至於《聖經》又說：「我要從我的聖神，發出恩澤，流佈於有血肉的全人類」；實義指示方在前第三條說過的：聖父或聖子，給眾人，派遣聖神。「恩澤流佈」，象徵聖神功效的豐富浩蕩；不靜止於一人一處，而泛濫到許多人，由近及遠，流行普世各地；猶如水波或風浪四方通達一般。

六、同樣，所說的「抽取聖神的一部分，轉交給某些人」；不指聖神的本體或本位可以分成部分，而是說聖神「居住人心」而產生的功效，隨人心的聖德高低，而有增減之可言；不是將數同的某一功效，從一人轉移到另一人，卻是將數異而種類相同的某功效，產生在某人以內，程度高於另某人。這也不必指示一個人受恩豐厚，則需要另某人受恩減少：因為神恩可以同時施給許多人，而不使任何一人因而受到損失。（凡是神靈，或精神之類的事物，都有這樣的特性：是大公無私的）。

本此理由，可知《聖經》此處，不是說天主將聖神的恩惠，從梅瑟心裡，抽取出來，轉交另某些人，（而使梅瑟受到損失）；反之，無非是說天主將梅瑟素常一人作的事情，委託許多人來分工合作，（輔助政務）。

這樣懂去，厄利叟也不是祈求聖神的本體或本位，增加兩倍，而是祈求自己也得到厄利亞嘗有的兩個神恩：一作天主的《先知》和代言人，二能顯聖蹟：這是聖神的兩個功效。雖然聖神功效，眾人領取，豐薄互異，能有兩倍或任何若干倍比例的分別，厄利叟卻沒有越分奢求自己在聖神功效上淩駕先師。（只是祈求自己現有的神恩，增高兩倍，俾能繼承先師的世世業）。

七、《聖經》慣用象徵語法，借人喻神，用人心情慾的形容辭，比擬天主的心情：例如《聖詠》，（章一〇五，節四〇）：「天主向自己的人民，大發震怒」：是用模擬的方法形容天主懲罰人罪，其實效和人大發雷霆相似；是以《聖詠》下文，接著便將實效指出說：「乃將人民父付於外族手中」。

同樣，說「憂困聖神」，也是象徵語法，喻指聖神棄絕某些罪人，在效果的慘痛上，相似憂困不堪的人，屏棄憂困自己的人或物。

八、《聖經》語法習慣說天主自己作祂教世人應作的事。例如《創世紀》，章二十二，節十二（天主的天神向亞巴郎說）：「現今我知道了」，意思是說：「現今我告知天上地下了」：就是說「我教全世世界都知道了」。同樣，聖神教世人祈禱，故此《聖經》也便說聖神祈禱：因為聖神點燃起吾人心中的愛火，激勵吾人親愛天主，想望享受天主的愛情，於是祈禱天主。（聖神，既然教吾人祈禱，所以，吾人的祈禱，在此限度內，也算是聖神的祈禱。這並不證明聖神不是天主）。

九、以出生方式而論，聖神是天主自愛而發出的愛情。天主用同樣的愛情，為了自己的善良可愛，既愛自己，又愛萬物。如此看去，顯明的：天主親愛吾人而發的愛情，是屬於聖神的愛情。同樣，我們愛天主而發的愛情，也是聖神的愛情：因為我們的愛情，是天主聖神點燃在我們心中的；因而將我們改造成「親愛天主的人」。詳證於前，（章二十一）。我們愛天主，天主愛我們的這雙方愛情，都應說是聖神賞賜的因恩惠。

天主親愛吾人，是天主聖神將其愛情施給吾人：如同人間開始相愛，也說是彼此施給恩愛。固然，天主愛人的意志，是永遠的，沒有時間的開始或終止；但是天主愛人的效果，卻是完成於引人愛主的時期裡。

反過去說：吾人親愛天主，也是先由天主聖神將愛情施給吾人，隨後吾人也由聖神將愛情獻給天主。這是天主聖神居住在吾人心中，而產生的功效。吾人心中擁有天主的聖神，故可以實享天主的愛情，詳證於前（章二十一）。這一切，都是聖神從聖父聖子那裡，發出來的功效。所以，聖神發給吾人的一切功效，也是聖父聖子發給的。換言之：聖父聖子，發出聖神，在我們心中生出那一切功效；《聖經》，往往簡單說：天主將聖神，賞賜了給我們。

上述《聖經》慣用的語法，並不足以證明聖神小於聖父和聖子，而僅可證明聖神的來源，是發自聖父和聖子。同樣，有時也說聖神將自己施給人，意指聖神居住吾人心中，和聖父聖子共同在吾人以內，點燃起天人交歡的愛火。

十、固然聖神是真天主，也是從聖父聖子那裡，領得了天主的真性；但不得因此而是（聖父聖子共同出生的另一代）聖子。聖神出生的「生」，按章十九已有的說明，不是「父親生兒子」的生」；（而是「意力生愛情」的「生」）。凡不是父親生兒子的生，其所生之物，都不得說是兒子。例如某人，用天主特賜的能力，從自己身體的某一部分，作出另一個小人來；或用外間的製作方法，如同工匠製作工藝品，那某人從某種質料，製作出另一個人來；（前者，可以說是「芽生」，「枝生」；後者是「藝製」）；這樣生出來的人，都不可以叫作「兒子」：因為他的出生，不是「兒子生於父親」的「出生」。（否則，「生芽」，「製造工藝品」，就都應說「生兒子」了）。

從此看來，可見聖神，雖然從聖父聖子領得了天主的本性，仍不能說是聖父和聖子的兒子：理由就是因為，聖父聖子共發聖神的「發」字，沒有「父親生兒子」的「生」字之含義。（回閱章十九）

十一、惟獨天主傳播本性，能有許多方式，這是合理的：因為、惟獨天主以內，祂的動作，乃是祂的本體生存。祂的本體，既有智力和意力，故發生智言和愛情。祂的智言和愛情，既有天主本體的生存，故此，必是天主。這樣，聖神和聖子兩位平等，都一律是真天主。

以上數章，討論了「聖神的天主性」。

尚有其他難題，與「聖神的出發」有關，應在以下兩章加以研究，仍以前者（章十三—十四）論「聖子誕生」時已得的定理為出發點。（那兩章的要點有三：一是用智力生智言的方式，聖父生聖子。二是父子兩位共有一性一體。三是惟一聖父只有一個聖子）。

第二十四章 聖父聖子，共發聖神

有些人關於「聖神出發」問題，表示了不正確的意見；認為聖神（只發於聖父），不發於聖子。故此現應證明聖神也發於聖子。

一證：《聖經》明說聖神也是聖子的聖神。例如大宗徒致《羅馬書》，章八，節九說：「誰沒有基督的聖神，誰就不屬於基督」。（人有基督的聖神，便有基督的精神。精神是想法，感覺，和作法的心理形態，是聖神居住人心與否，所產生的功效。人有聖神，則有基督的心理形態；否則，無之，謂之不屬於基督）。

有人能說：發於聖父的聖神，不同於聖子的聖神。這也是不對的。大宗徒的話，上下文連合起來，足以證明：聖子的聖神，也是聖父的聖神：父子共有一個聖神（所以也通稱「天主的聖神」。是以同章下文接著說：「既有天主的聖神，居住在吾人心內，云云……」。

也不可以說「基督的聖神」，只有「基督人性領受了的天主聖神」的意思。《路加福音》，章四，節一說：「耶穌（的人身，領受了洗禮以後），充滿著聖神，從若而但河同來，被聖神引導督促，進了曠野」……（反之，「基督的聖神」，指示「基督本位的聖神」，屬於基督的本位全體。基督人性和天主性結合而成的全體，共是一個本位，就是天主第二位：聖父真子之位。所以說基督的聖神，就等於說聖子的聖神）。

是故，大宗徒，《致迦拉達書》，第四章，節六說：「因為你們是天主的子女，天主乃派遣了祂聖子的聖神，降臨你們心中，呼叫著「父！聖父」。從此可見：聖神由於自己是天主真子的聖神，才提高我們也作天主的子女。我們卻是由於同化於天主的真子，才（被聖神）建立為天主的義子：按聖保祿《致羅馬書》，章八，節二九、「祂用豫知未來的知識，和豫定未來的計劃，註定了我眾教友，化成祂聖子的肖像，使祂的聖子在許多弟兄當中，享有祂第一聖子的身分」。

從此得知：聖神是基督的聖神，全是由於基督是天主的真子，（不是由於基督是一個平常人）。進一步說：聖神是天主聖子的聖神，這裏所用的「的」字，指示的關係，不能是別的，只得是聖神發源於聖子的關係：因為在天主三位間，沒有別的區分或關係之可能。足證聖神是聖子的聖神，故此也是發源於聖子；非如此，不得說是聖子的聖神。

又證：按《若望福音》，章十五，節二六「真理的聖神出發於聖父，我要從聖父那裏派遣祂來，作你們的撫慰。祂來到以後，就要舉出憑據，證明我（是真理）」。可見聖神受聖子的派遣。出命派遣，對於聽命受派遣者，有一些統制權；不是主人統制奴僕，也不是大者統制小者；則只得是泉源統制河流。然則，聖子對於聖神；不能有主僕或大小的關係；所以，只剩是聖神發源於聖子；故說：聖子派遣聖神：（就是如同泉源發出河流一般）。

設難：有人能說：《聖經》有時也說「聖神派遣聖子」；例如《路加福音》，章四，節十八—二一記載吾主說自己滿全了《依撒意亞先知》的預言：「天主的聖神降臨於我，派遣我給貧窮者，宣報福音」。（《先知》，章六，節一）。

解難：聖神派遣聖子，是派遣聖子降生採取了的人性。聖子派遣聖神，卻不得是派遣聖神採取了的人性或任何受造物的本性，因為聖神沒有採取任何受造物的本性。故此，聖子派遣聖神，只能是對於天主聖神的本位，有派遣的權力。（如果強說聖神也是聖子的泉源，則不合聖神的本質。按其本質，聖神是聖父和聖子交相愛而共發的愛情；故此不自已又生聖子。）

加證：《若望福音》，章十六，節十四，記載聖子論聖神說：「聖神要顯揚我，因為祂從我之所有中，領取祂之所有」。既領取聖子之所有，則不得不從聖子那裡領取，例如說：聖神從聖父那裡，領取聖子所有的天主本體和本性；（不得不同時也從聖子那裡領取：所以說：聖神是聖父和聖子共發的）。是以同章下文接著記載吾主說：「凡聖父所有一切，不拘什麼，都是我之所有。為此我方才說了：聖神從我之所有中，領取祂之所有」。

因為，既然聖父所有一切，都也是聖子之所有；那麼聖父是聖神的元始而有的權力，也必定是聖子之所有。足證：如同聖神從聖父那裡，領取聖父之所有；照樣，聖神也是從聖子那裡，領取聖子之所有。（益言譯之：「如同聖神發於聖父，照樣，聖神也發於聖子，根據著父子兩位不同的「愛情關係」）。

史證：聖教歷史，記載許多聖師的名論，連希臘諸聖師也算在內，引用過來，都能證明我們的結論：例如聖亞大納削，（亞建修，《信經長篇》）：「聖父聖子，共發聖神，共發非共生，非共作，非共造。（是說聖神不是受造物，不是工藝品，也不是聖子或聖孫，也不是只發於聖父，或只發於聖子，而是共同發於聖父聖子兩位）。加爾西東城大公會議，採納聖西利祿，《致乃斯多略書》，說過的名言：「真理的聖神，名稱叫做真理的聖神，實際也是真理的聖神；（真理是天主聖子）；彷彿河流從聖子泉源裡，噴發出來；如同最後也是從天主聖父泉源裡，噴發出來」。狄迪慕，《聖神論》，（聖熱羅尼莫，拉丁翻譯，三七節）：「除去聖父之所施給，聖子一無所是。除去聖子之所施給，聖神的實體也是一無所是」。承認聖神實體來於聖子，又承認聖神彷彿河流從聖子泉源裡噴放出來，而不承認聖神出發於聖子，是可笑的。。因為「出發」二字，意思寬廣，泛指任何事物以不拘任何方式來於任何另某一物。在吾人言語中，都叫做「出發」：所以是比較指示來源的一切名辭，最寬廣不過的一個公名。形容天主奧理，公名優於殊名。故此，「出發」二字，用來形容天主三位間的「源流」關係，極為適當。是以如果承認聖神實體，來於聖子；又佛佛河流，發源於聖子；就不得否認祂也是從聖子出發而來的。

又證：第五公會議，表決定案說：「關於本項問題，我們隨從教會眾位聖師和教父：亞大納削，溪樂流，巴西略，神學聖師額我略，尼柴主教額我略，盎博，奧斯定，德非祿，君士但丁主教若望，西利祿，良，波樂克祿；我們在各點上，接受他們保衛正教，罰黜異端，陳明瞭的一切真理。」

然則、顯明的，奧斯定的許多名論，特別在《聖三論》，及《若望福音》註解中，宣證聖神發於聖子。足證第五公會表決的定案，是承認聖神發於聖子，和聖神發於聖父的道理，同樣真確。

在上述的經證和史證以外，尚有許多理論的明證：

一證：物體間，除了物質塊然的分別，則只能有對立的分別。天主三位間，不能有物質塊然的分別。如果兩物彼此間全無任何對立的分別，則能並在一處，無以是主體間分別的因素例如白色和三角形，雖然互不相同，但其分別不是對立的分別；則能同在一處，不能是主體間分別的因素。

然則，依照公教信仰的經典，必須在基本原則上，承認聖神有別於聖子；否則，天主聖三分不出三位來，就只有兩位。這是不可以的。聖神和聖子間既有分別，其原因，必定是彼此間的對立。什麼樣的對立呢。

不得是肯定和否定之間的對立。這樣的對立是有無之間，或是非之間的對立，也叫作矛盾對立。也不得是全備和缺乏之間的對立。這樣對立是完善和不完善之間的對立。也不得是衝突對立。這樣的對立是性理互殊的對立：按哲學界的公論，衝突對立是物體間性理上的分別。天主三位間，只有位的分別，沒有性理的分別，因為三位共有一性一體；同樣，必也共有一個性理。聖保祿，《致斐理伯書》，章二，節六說聖子以本性固有的實理，享有天主的生存。就是享有天主聖父的生存，和天主聖父有本性相同的實理。簡言之：和聖父性理相同。

除去了上述各樣的對立，只剩下「關係的對立」能是天主三位彼此分別的原因：例如父子的分別，是關係對立的分別。然則，關係的對立，也分許多種：

一是數量比較的關係對立：例如「兩倍」，「一半」等等。二是動作施受的關係對立：例如主奴，父子，主動和被動。數量比較的對立，又分異量和同量。異量之間，相差相關：或大小，或兩倍，或一半。同量自比，單位相同，則實體唯一；實體間，數量相同，謂之同等；品質上，互無分別，謂之同樣，或相似。

天主三位間，不能有量的分別：三位是平等的；也不能是單位自同的：這樣三位就是一位了；沒有理由再分成三位。動作施受之間的對立，受動者，是地位卑下的：能力也低弱；和施動者，不得平等；故非三位間之所能有。那麼，只剩「來源」的關係之對立，不指相關的兩方，互有大小或強弱的分別；因為兩物本性同等，能力也同等：一個卻生於另一個。可見，天主三位間，只能有這樣的對立不能用任何其他樣式的對立，作彼此相分的因素。

這樣說來，結論必是：聖神既有別於聖子，則必發於聖子：因為說聖神是聖子的聖神，也是聖子施給眾人的，更是合理。

又證：聖父是聖子和聖神的原始；但關係不同，對於聖子的關係，是父位；對於聖神的關係，是「呼噓」；猶如將生氣吹出。這是關係的凸面。反轉過去，聖子對於聖父的關係，是子位；聖神對於聖父的關係，卻是「發出」。這是關係的凹面。凸面關係是原始對端末的關係。凹面則是端末對原始。凸面兩個關係，不相反對立，卻屬於聖父一位，放在原始方面，不建立兩位。（一位聖父，同時既懷孕智言而生聖子，又呼噓生氣，而發聖神）。凹面兩個關係，從端末方面比較，卻是相反對立的：（智言的孕生，是生在智懷以內：知識的光明，是向內的，照耀智者心內，生於智力同心自照的動作。「呼噓生氣」，卻是向外的，將氣息吹向外面：象徵聖父意志向聖子發出愛情。意願或愛情的動向，本質也是向外的。向內向外的動向，明明是相反的）。這是必然的，否則「子位」和「發出」，假設不相對立，就不建立聖子和聖神兩位，便應屬於一位了。兩位，既是兩位，則有分別；隨之，必有對立；不能有別樣的對立；故得只有「來源」的關係之對立：一位來自另一位，故此互有分別；（但不是聖子來於聖神：所以只得是：聖神來於聖子。此乃應得的結論）。

加證：公性相同而殊性互異者，其互異之因素，必因本體而屬於其公性，非因偶然：例如人和馬，殊性互異，而公性相同：同於動物之公類；其分異因素，則不在於偶然而有的附性情況，例如黑白的顏色；而在於理智之有無。理智之有無，是因本體而屬於動物：（動物類性之本體，必須或是有理智而是人類，或是無理智而是牛馬等等；必擇其一，否則不得生存於自然界）：因為，動物的本體必須有靈魂，故此應根據它有什麼類的靈魂，而分別出互異的許多種，動物有理智，則是人；無理智，則是獸。（將分異因素，填加到動物公性的本體，才能構成人或獸殊性的本體：這是分類法的本體論定律）。

然則，聖子聖神，有相同的公性，同於「都有來源」：因為兩位都是來於聖父：也是因此而兩位都有異於聖父：由於聖父不生於某某來源，（而絕對是自有的）。但是，聖子和聖神，兩位間的分異因素何在呢？自然應在於某某因素；這個因素，屬於公性「都有來源者」的本體：全在於「誰來於誰：「誰以誰為自己的來源」：是「來源」關係內，始末相對的兩端，彼此必有的分別。這樣的分別，在聖子和聖神之間，只得是由於聖子是聖神的來源。（聖子對於聖神，有始原對於端末的分別和關係）。

添證：有人如說：聖神不同於聖子，非因來於聖子，卻因兩者來於聖父，各以不同途徑。這樣的說法，實際歸結於同一結論。聖神如有別於聖子，兩者同出一源，其途徑，必須各自不同。但不同之點，或在於端末，或在於始原，或在於主體；此外，無處可得而見之。

例如：牛生牛，馬生馬，出生歷程的終點不同，因為牛馬異種，本性各自不同。在始原方面，如果我們假設同種以內，某些動物，（依普通歷程），生於父母的種籽及太陽的動力；另某些動物，卻只生於太陽的動力，不也生於父母的種籽。在此假設之下，出生的歷程，端末種同，始原種異。在主體方面，兩馬同種，而以主體不同的物質，領受馬的種性。（這裡的假設，為生物學，關係重要）。

天主的位別，不能是出生歷程主體物質方面的分別；因為天主三位，完全沒有物質。同樣，也不能是出生歷程端末方面的分別：因為，確切說去，聖神和聖子兩位出生於聖父，端末的真實終點，不是位別的建立，而是兩位各自從聖父那裏，領取相同的天主本性和本體。位不同，出生歷程不同，聖子生於聖父，聖神發於聖父，但終點相同：兩位都是有同一天主的真性和本體。

那麼，兩位出生歷程的分別，只剩在於始原方面。分別是怎樣的呢？顯然的，聖子出生的始原是聖父獨自一個。聖神出生的始原，（既有別於聖子，當然）就不得是聖父獨自一個：果然若是，則無以別於聖子。所以，為保全兩位間的，和兩個出生歷程間的分別，（不看歷程的樣式，只看其始原），必須肯定：聖神不是來於聖父獨自一個，而是來於聖父和聖子兩位（交相親愛之連合）。

又有人如果來說：兩個歷程始原不同，不外於聖父生聖子是用智力生智言的方式；聖父生聖神，卻是用意力發愛情的方式。這樣分別已足，就不需要贅加其他了。其實尚非充足。天主的意力和智力，實際上互無分別，只是名理不同而已，詳證於卷一（章四十五及七十三）。如果兩位兩個出生歷程間的分別，只在於天主的意力和智力的互異，那麼，兩者的分別也就只是名理不同而已，實際上應是本體相同的。但是名理互異，本體相同的名辭，可以互為實辭，（互相稱指，彼此互是）：例如天主的意力，實是天主的智力，反說亦然，（天主的智力，實是天主的意力）。這樣說，都是確實的。那麼，向樣說：聖神就是聖子；反過去說：聖子就是聖神，也便應是確實的了。這卻正是陷入了撒伯略派大謬無道的覆轍。（回閱章五）。（用反證法返回去），足證：為保全聖子和聖神兩位間實際的分別，只說聖子如同智言生於聖父的智力，聖神卻如同愛情生於聖父的意力；仍不充足，不得不在這個分別以上，加說：聖神發於聖子。

另證：既說聖神如同愛情生於聖父的意力，並說聖子如同智言生於聖父的智力；由此隨之，則不得不說聖神也生於聖子：因為如同愛情發於意力，同時也是發於智言，由於吾人心言之所不知曉，意力則無法施以愛情。（回閱章十九；參考章十一）。

又證：詳察萬物分類分種，則見秩序森然，由下而上，逐級遞進：例如物體中，無生命者以上，有植物；植物以上有動物；動物以上有人類。這每一類中，各因種別不去，又分許多等級，形如梯階；是以哲人柏拉圖曾說：萬物的類系，是數目的排列，加一或減一，數目改變，其種必異，（參考《物理學》，卷七，章四；《形上學》，卷七，（另版卷六）章十一。翻閱本書卷二，章四十四，九十五，九十九；本卷章三十三，四十一）。

是以，沒有物質的神體間，只能有秩序的分別。然則天主三位，完全沒有物質，彼此間秩序的分別，不能是別的，只得是「來源歷程」的程式之分別。所以除非兩位中，一位來於另一位，則不能兩位同出於一位，而有秩序可分。聖神卻是和聖子，兩位同出於聖父一位，所以聖神必是發源於聖子。（等於說：聖神是由聖父和聖子連合共發而來的）。

加證：聖父聖子，共由一個本體，彼此的分別，不在本體，惟在於「父、父」，「子、子」，名理互異，各位不能相混。父子，本位以外之所有一切，都屬兩位（一個本體之）所共有。然而，作聖神的始原，是父子名理所指本位以外的事：因為聖父之所以為聖父，和聖父之所以為聖神之始原，名理不同，關係互殊，詳見前第六段。所以，作聖神的始原，是聖父聖子之所共有：（兩位共發聖神）。

添證：不相反某物之實理者，則無妨適合於那某物之所有；妨礙僅可有於外在的偶然。然而，作聖神的始原，不相反聖子本位的實理。妨礙不在於聖子是天主，因為聖父也是天主，並作聖神的始原；也不在於聖子生於聖父；因為聖子和聖神生於聖父的「生」字，名同而實異：兩位出發的歷程，互不相同，詳說見前。其中某位由此某歷程生於一個始原，無妨也作彼某歷程的始原。如此想去，最後的結論，將是：聖子作聖神的始原，不是不可能的，然則，不是不可能的事，是可能有的事。（大哲，句解，章十二─十三）。在天主的事理範圍內，可能有」和「現實有」，是互無分別的。（大哲《物理學》，卷三，章四）。

足證：聖子是聖神的始原。

第二十五章 解難

但有些人，固執錯誤，抗辯真理，幾乎不值答覆。一說吾主耶穌，談聖神發於聖父，完全不提聖子：例如《若望福音》，章十五，節二六、「真理的精神，發於聖父，我要從聖父那裡，派遣祂來，作你們的撫慰。當祂來到之時，祂就要舉出憑據，證明我（是真理）」。談論天主，非《聖經》之傳授，吾人不應自創意見，所以不應說聖神發於聖子。

以上這樣的理論，無非輕薄而已。須知三位共有一體，凡《聖經》單說一位，則必兼指各位，除非與本位之特性不合；縱使句法用了「除非」，「惟有」，等等專論的限制，仍非杜絕兼指的作用。例如《瑪竇福音》，章十一，節二七、「非聖父，無人認識聖子」；不是否認聖子自己或聖神認識聖子。是以從使《聖經》說非由聖父，則聖神無從發出；也不是否認聖神（在發於聖父之時，同時也）發於聖子：因為這既不相反聖神本位的特性（又不相反聖子本位的特性），詳證見於前章；（並且也不相反「非由聖父，聖神無從發出」的經旨）。

無怪吾主說聖神發於聖父，而不提自己：因為習慣將自己所有一切，既都得於聖父，故都歸於聖父，不恃為己有；例如《若望福音》，章七，節十六、「我的道理，不是我的，而是派遣我者聖父的」。還有許多這樣的話，吾主的宗旨，專在推崇聖父的主權；（不是否認自己的主權）。何況吾主的那些話裡，也不完全沒提自己；因為同章上文吾主說了自己是真理；下文乃說「真理的聖神」；明明示自己也是聖神出發的始原。

又說有些公會議，以「棄絕謬論」的重罰，禁止人添補往代公會議規定的「信經」。（信經是信條的憲章。不可輕易加減或更動）。信經裡，不提聖神發於聖子。本乎此，有些人控告拉丁教會人士，竄補信經，罪案重大，應受「棄絕謬論」標榜的重罰。

以上這樣說，也沒有理證的效力：

一因加而西東公會議，（議案第五），聲明「眾位神長在君士坦丁堡，召集會議，一致重申尼柴公會議表決的道理確實：用意不是引人推想尼柴信條言有不足，而是根據《聖經》許多明證，聲明其信條關於聖神具備的含意，抵抗某些人拒絕承認聖神是主宰的企圖」。（故其重點不在於否認聖神發於聖子；惟在於確定聖神也是真主宰，因為祂和聖子平等，也是發於聖父）。

二因同樣應說君士坦丁堡信經，實義內含蓄著聖神發於聖子的道理：因為按上面數段及章八已有的說明，凡意義適合於聖父（天主性）的一切動作和賓辭，必定也都是聖子的動作和賓辭：所以，信經既說「聖神發於聖父」，必定在含意裡也說了「聖神也發於聖子」。

三因羅馬教宗的權力，足以將這端道理註加在信經以內，因為歷史記載若干公會議也有教宗的審准和保證。

那些人還提出以下這樣的理由：聖神，本體單純，故不能發於兩個始原；又說聖神，如果以全體完善的方式，發於聖父，則無又發於聖子的餘地；還說了類此的其他種種理由。

上述理由，稍有神學訓練的人，不難解破。因為聖父和聖子，由於共有天主本體的一個能力，共是聖神的一個始原，（不是兩開兩個）；並且只用一個生產的動作，產生聖神：猶如天主三位是宇宙萬物出生的始原，也是本體至一，並用一個動作，造生了宇宙萬物。（惟須注意，聖父聖子共發聖神，不是共造聖神。「產生」和「發生」，都用出生的廣義，指示聖神發於聖父和聖子，仍是天主，而不是受造物）。

第二十六章 天主一體只須有三位

從上述一切，須知天主一個本性，（一個自立實體），共有三個生存的本位：聖父，聖子，聖神；並且，這三個本位，共是一個天主；彼此的分別，只在於關係各異。父別於子，由於父子關係，兩端對立；父生子，而不生於子。子別於父，由於子生於父，而不生父。聖父和聖子，別於聖神，關係在於「呼噓」。聖神別於聖父和聖子，關係在於愛情的發生是發於兩位之連合。

天主的本性本體，除此三位以外，不能有第四位。理證如下：

天主的位別，本體合一，只得是「來源的關係」各異，詳已證於前論，（章二四）。須知「來源的關係」，在天主本體內，不是由內向外的歷程；這樣的歷程，始末兩端不能共是同一本體；故應是由內向內的歷程，始末兩端都同在於一個本體以內。始於內，終於內的動作歷程，只能有於智力和意力；（此外，無處可得見而之）：詳證於章十一，十九。

是以，天主分許多位，也只得緣係於智力與意力生活的需要。然則天主智力只有一個動作的歷程：因為天主由於自知本體，乃全知萬物；故其智力動作至一，至純，至善。如此，天主只能有一個智言的出生。同樣，天主的意力，也是只有一個愛情的動作歷程：天主自愛本體而普愛萬物；故其意願行動也是至一而至純的。足見天主因動作歷程而分出許多位，最多不過兩位：一位如同智言發源於智力，此即聖子；另一位如同愛情發源於意力，此即聖神。無始無元，沒有出發歷程的一位，也是只有一個，此即聖父。合計總數：天主聖三，一體只有三位。

又證：天主的位別既然必須以有無何樣歷程為分異的根據，則知天主一體也只能分出三位：或全無出發歷程，而為聖父；或有出生歷程而發源於無出生歷程者（聖父），乃是聖子；或發源於有出生歷程者（聖子），乃是聖神。如此（配數計算），可知天主諸位，多不過三。（以類下分種、二分法之邏輯，計算最後分出的總別，實數只有三位。虛數歸於類名，只有兩級，各級一位，虛而不實：故不存在。現實存在者，只有三位；是絕對無疑的定理）。

其他生物，同種繁殖，同宗的親屬關係：能有許多同出一源：例如人類中，能有許多同輩的父親，（叔伯）；每一個父親，又有許多子女。人類本性，可能如此。天主的本性，卻完全不能如此。同種同性的實體，子孫眾多，分於主體或塊然物質的數目。然而，天主以內，既無物質（與性理之合），又無主體（與性體之合）；並且天主本體內在的（親屬）關係，按上面（章十四）已有的證明，也是生存自立，純無物質，也無主體：（故不能因物質或主體之數目而分多）。足證一個天主不能生許多兒子。同理，（一父一子之相愛，連合），也不能發出許多聖神。如此計算，也可斷定：天主只有三位。

設難：有人若說：聖子，既是萬善無缺的天主，則有全善具備的智力，並能以產生智言。聖神，也是一樣，既有無限的仁善，則是傳流仁者的始原，故能將天主的（仁善）本性，傳流給天主的另一位：（如此，聖子又生聖子。聖神又發聖神。逐代生發，數目將多至無限，絕不限於只有三位）。

解難：須知天主三位彼此間的分別，專在於關係各異。詳論見前，（章十四，及二十四）。根據相關者的對立，得知天主聖子，（本位定義），不同於天主聖父；要點在於「受生」和「施生」，不可相混。如果相混，則關係紊亂，父子完全互無分別。本此定理，可知聖子的智力，是智言受智力領悟而發生；不是智力施展光明曉識真理而生智言。依同比例，聖神是出發於天主，而領受天主的無限仁善，不是發出無限仁善，供另一位天主領受。（這也是聖神本位的定義。確按本位定義而論），聖子和聖父共有單數自同的一個天主本性：至真至全。然而依關係對立的分位，（定義不同），天主聖子是受生於聖父，因誕生而有聖父的天主性。天主聖父卻是施生於聖子，因有天主性而施給聖子。聖子（本位的定義）是受生；不是施生。依同樣的理由，聖神（本位的定義），也是被發出，而領受仁善；不是施出仁善而傳流給別位天主。（以本位定義之界線，可知天主，以關係之對立相分，只得有三位，不能多，也不能少）。

近可取譬於吾人。人類心智，相似天主聖三。人的心神，用智力現實曉識自己，乃在自己以內，孕生代表自己的智言。所謂「智言」非他，惟乃神智可知的意象，等於說是被知的神智，現實存在於神智以內。（人心的神明，是人性的智力。天主的神明，是天主的智力）。人心神智，既認識自己而生智言，如果更進一步，而親愛自己，乃將自己懷抱在意力範圍內，作為愛情的對象。自知而自愛的人心神智，生智施愛的歷程，封鎖在一個圓圈裡面；用愛情，自己回到自己的本體；用智力的知識，認識自己的本體，卻是歷程的始點：始於本體，終於本體；始以知識，終於親愛；終而復始，圈內循環；但終於本體，不繼進另生本體，（更不生生無窮）：這是自我知識和自我親愛，內向活動的本質：（始於一，終於一。終而復始。循環不已。振起本體純一的生動，不會繁殖本體，也不生出本體被知被愛以外的效果）。

為更進一步，產生其他效果，則應發啟向外的活動，例如為愛自己而（在本體以外）作出某某應作的事物。（但向外的活動，和向內活動，不可相混。向外活動，是將許多效果，產生在外間。向內活動，卻自知自愛，始終不離自己的本體：其效果，也是止於本體而一）。

但就向內的活動而論，人的神智，也是只有三個要素，相似天主三位；一是神智自己：作活動歷程的始原，現實生存於自己的本性；二是智言：（神智自知而生的智言，是神智思想自己而生的意象）：乃是被自己智力所知曉的神智自己。三是愛情：（神智自愛而發的愛情，止於將神智自己），安置於意力的懷抱內：乃是被自己親愛的神智。

惟須理會到人和天主的分別。在人以內，上述三個要素不共是一個本性或本體：因為人心智的知識，不是人本體的生存；人的意願，（是意力的活動），也不是人本體的生存，並且也不是人智力的知識。為此理由，（人的本體，不分三位，只是一位而已，人被知的神智，和被愛的神智，不是人的兩位：因為不是自立生存的本體，或單位：（而是人本體附有的能力）。人的神智自己，生存於自己的本性，也不是人的一位；因為不是自立生存的整體，而是自立生存整體內的一部分：就是人的一部分。（「人」指示生存自立的人性實體之全整單位。每個人是一體一位，不是一體三位）。

人心神智，果如上述，相似天主聖三；察其似點，可見於天主神智分成三位的活動歷程，（參考，鮑也西，《聖三論》，章六）。回閱以上數章的討論，可以明見：天主本性本體以內，一有不被生的天主，作天主活動整個歷程的始點，此即聖父，（相似人心神智）；二有被生的天主，如同智言，被領悟而出生在智力以內，此即聖子；三有如同愛情由意力發出的天主；此即聖神。除此三位以外，沒有其他向天主本體以內活動的歷程，足以產生第四位或其他。除向內活動以外，天主有向外的活動，（不是繁殖天主的本體，分成許多位），而是（在天主本體以外）產生許多外間的效果：「造生宇宙萬物」。以上是人和天主的似點。

然而，人的神智，有些缺點，不足以表現天主聖三的實況。一因聖父、聖子、聖神，共是一個天主的本性本體。二因三者之中，每一個是一完善的神性本位：由於天主的智力知識，和意力活動，是天主的本體生存。（卷一，章四十五及七十三）已有證明。（所以人的神智，相似天主，不是完全相似，有許多不相似處）。

為此理由，審量比較，人之相似天主，猶如石像之相似力士：狀貌相似，本性不同。《創世紀》，章一，節二六、記載天主造物時說：「我們要按我們的真相和類型，造人」。本其真相而不全同的似點，《聖經》嘗說：「人是天生的肖像」，在於人有神智。

觀察人類以外，萬物也有聖三的似點：每物既有本身至一的實體；（相似聖父），又有種名所指本性必備的實理，（相似聖子：智言、真理）；也有某些秩序：（內外諸因素的配合：相似聖神：仁善愛情的系屬）。按（章十一及十九）已有的說明，意識範圍內，智力之所曉悟的名理，（智言），相似自然界，各種物性形成時所秉受的實理，（性理，包括性情，規律，條理，秩序，狀貌，等等意義，及其形上因素）。意力的愛情，卻相似自然界物性的傾向，和系屬之倫次。是以自然界物類種名所指的性理，隱約的，遙遙的，相似天主聖子。物性的秩序，相似天主聖神：惟因缺乏理性的神智，故其代表作用，隱約模糊，和實況距離遙遠：不足以作天主聖三的真相，《聖經》乃稱之為「聖三的事跡」：（好似「足跡」一般）。例如《若伯傳》，章十一，節七「你竟想懂曉天主的事跡嗎？……」

關於天主聖三，討論至此，目下可謂足矣。

天主降生成人：
耶穌基利斯基：救世者

第二十七章　天主聖子降生成人

前在（章四及章八）討論「天主生子」問題時，說到了天主之子，吾主耶穌基利斯督，既有天主性，又有人性。祂是天主的永遠真子，故有天主性，並有天主性應有的一切特性和情況。祂又有人性，故也有人性應有的一切特性和情況。祂願意降生成人，採取了人的本性；永遠的天主子，乃在有時間性的宇宙間，開始度人性的生存。

所以，按（章一）既定計劃，現應討論「天主聖子、降生成人」的奧理。天主的奇工妙化，超越人本性的理智，其中最大者，莫過於天主降生。天主之子，真天主，採身降世，成了真人：再大的天主奇蹟，是不堪設想的。為了這個緣故，其他一切奇蹟，都是以引人信仰這件奇妙至極的大事為目的：理在物以類聚，類各有極，是乃全類之首，餘眾之元」；元為眾善之長，故為全類共求的目的。（參考大哲《形上學》，卷一，另版卷二，章一。周易，文言）。

吾人，遵照《聖經》名論的傳授，公認天主降生這件奇蹟的真實。《若望福音》，章一，節十四、「聖言降生為人，以人性的骨肉，居吾人間」。大宗徒，聖保祿，致斐理伯第二書，章六－七論天主之子說：「祂依本性固有的實理，享有天主的生存，不自恃和天主平等；但願謙虛自抑，採取了勞役者的本性實理，降生成人，依人類的共同似點，並以生存和行動方式，呈現人類的實體」。

吾主耶穌基利斯督，親身說過的話也明證這一點。祂有時用人性的話，說出極謙卑的事：例如（《若望福音》，章十四，節二八）：「聖父大於我」；又例如（《瑪竇福音》，章二十六，節三八）：「我靈憂痛至死」。這樣的情況，是祂因所採取的人性而宜有的。祂也有時卻說出天主性的話，形容極高超的情況。例如（《若望福音》，章十，節三〇）：「我和聖父是一體」；又例如（《若望福音》，章十六，節十五）：「聖父所有一切，也是我之所有」。這樣的情況，定然是祂因其天主性而能有的。

吾主親身作的事情，按《聖經》的記載，也證明同一真理。例如：祂有憂苦，有畏懼，受飢餓，受死亡。這都屬於人性。祂用自己的權能，治療病人，復活死人，出命令以變化世間物質原素及其行動；祛除魔鬼；赦免罪惡；並且自己用意力的自主，從死者之中，復活起來；最後，（離別人世），上升於諸天之上。這樣的一切情況，明證祂有天主的德能。

第二十八章 耶穌、基利斯督：真人、真天主

某些人卻曲解經義，關於吾主耶穌基利斯督的天主性和人性，陷入了思想的錯亂。例如艾必雍，柴林特，以及後起的桑保祿，傅提諾，等人，承認基督只有人性；故說基督的本性，不是天主性，而是行為有功，掙得了一部分天主恩寵優厚的秉賦，因而沾享天主性（的一些德能）。這是他們的構想，詳見前第四章已有的說明，和批駁。本章只願引據《聖經》證明這樣的主張是否認天主降生成人的奧理。

一證：依照這樣的主張，與其說是天主採取血肉，降生成人，勿寧說是已有血肉的人，（修行功德），沾享神性而變成了天主；這樣說話，不合於《若望福音》的真義：「聖言降生成人，有人的骨肉」。反之，應說：「人的骨肉變成了聖言」。

同理，也不應說天主之子，謙虛自抑而下降人世，反之，應說：某某人，（聖德卓著），光榮顯揚而上升神界：這就不合於大宗徒（《斐理伯書》，章二，節七－九），聖保祿的名言：「祂以本性固有的實理，享有天主的生存，但願謙虛自抑，採取了勞役者的本性實理」。只可說某某人受了舉揚而享天主神性的光榮，同章下文（節九）說的：「為了這個功勞，天主提拔了他，賞賜他一個崇高的名義……」。

並且吾主親口說的話也都不對了：例如（《若望福音》，章六，節三八）祂不應說：「我從天上降來」；而只應說（下文章二十，節十七的話）：「我上升到我聖父那裡去」。《聖經》的本義卻是上下文連接一貫的。證於《若望福音》，章三，節十三，吾主說：「非自天降下者，不上升於天。人子生存於天上，（故能下降而又上升）」。聖保祿《致厄弗所書》，章四，節十：「祂先降來人世，而後乃上升於諸天之上去了」。

同樣，也不應說聖子受聖父派遣，從聖父那裡出發，而來到人世；反之，僅可說「某某人去到聖父那裡」。《聖經》卻連貫兩事。例如《若望福音》，章十六，節五，吾主說：「我去到派遣我的聖父那裡」；同章節二八，又說：「我從聖父那裡，出發，來到人世；現今我又離開人世，去到聖父那裡」。上述的每句經文，同時證明祂的人性和神性。

第二十九章 駁幻身主義

還有別的一些人，否認了天主降生的真理，提倡了虛構的天主降生成人的假冒。

按（聖奧斯定，《異端論叢》，章四十六）往史的記載，摩尼教派的人曾說天主之子，降生成人，採取了人的形貌，不真是人的身體，而是人身的幻影。（初期教史，稱之為「幻身派」，或「幻身主義者」）。本著這樣的說法，吾主不真是一個人，而是人形貌之顯現。並且祂以人性作出的一切事情，也不是真有其實，而只是一種假冒：例如誕生，飲食，行動，受苦難，受埋葬，等等事件，都是幻影的冒充，假裝。這樣，他們就把天主降生成人的整個奧理，都歸結到虛構的神話故事之類。

這樣的主張，第一個錯處，是將《聖經》權威的名論，都講解成空談。既說耶穌的人身是幻身，則其人身不真是人身，祂幻身的行動，及其他一切事情，也照樣都是虛而不實的幻影。那麼，《聖經》的記載，乃是謊言。例如說「聖言降生成人，有人的骨肉」，如果祂的骨肉，不真是骨肉，而是幻影；這便是《聖經》口是而心非。同樣，說耶穌散步，行動，飲食，受苦難而死亡，並受埋葬；假設這些事都是幻影，《聖經》的記載也就等於說謊。《聖經》的威信，稍受貶損，吾人信仰的確實根據，便喪失無餘，因為吾人的信仰依靠《聖經》。所以《若望福音》，章二十，節三一，也聲明說：「《聖經》記載這些事的目的，是引人聽信」。

推誘：有人能推誘說：《聖經》用實有事物的名辭，指示幻影的現象，不算真是謊言。因為事物名辭，有象徵作用，又有「同名異指」的比喻作用。例如用「人」字，稱指人的圖畫，指著人的圖畫，說「它是人」，（或指著「柏拉圖的石像」，說「這是柏拉圖」），並不是說謊。《聖經》習慣用這樣的稱謂方法。例如聖保祿《致格林德第一書》，章十，節四，說「巖石卻是基督」。《聖經》，借物喻神，用過極多形體事物名辭，象徵天主，模擬其類同或近似之點。例如說：天主聖子是「羔羊」，或是「雄獅」，或是其他這樣的某物。

明辨：雖然事物的肖像，有時被人叫做所肖似的事物，用了事物名辭「同名異指」的作用；然而不應設想《聖經》敘述某事的整體，只用「同名異指」的筆法，致於陷讀者落入迷團，不能參照《聖經》他處，而察出顯明的真理，得免真假的混淆。（「同名異指」，「同名喻指」，「同名同指」的稱指方法，《聖經》的上下文，是以指明其分別，和用途：相互比較，參照，即可分辨明白。回閱卷一、章三〇，八九－九〇，九六）。

否則，虛實莫辨，研讀《聖經》，將無教益可取，反能受欺。是以大宗徒，致《羅馬書》，章十五，節四，卻曾聲明說：「《聖經》所書一切，都是為教誨吾人」；《致狄茂德書》，第二封，章三，節十六、「凡是天主默啟的《聖經》，都有益於教誨和訓導」。（足證《聖經》，不但用名辭的喻意，而且用名辭的實義）。

假設《聖經》將事物的肖像和幻影，當作實有事物的自身，敘述給人閱讀，（無以分辨虛實）；全部福音的記載，就無異於詩話小說，或神話故事。這是不可以的：因為宗徒長聖伯多祿，第二封書信，章一，節十六，說：「我們給你們揭曉吾主耶穌基利斯督的實力，沒有盲從謠傳的神話」。

況且，《聖經》若在某處敘述某些事物的想像，不是敘述實有事物的本身；就用敘述的習慣方法，指示出來，免使讀者認假成真。假如《創世紀》，章十八，節二，記載亞巴郎看見天神顯現時說：「他抬起頭來，睜眼一看，乃見三人顯現」：明指所見的三人，只有顯現，沒有真人的實體。因此，亞巴郎便伏地朝拜那三人顯象代表的天主，並承認那三人顯象包含著天主的神性；於是開口說：「我是塵土，我是煙灰，豈敢向我的主宰說話」；又（祈求寬赦滛城）說：「審判全地球的主宰！可不要去這樣作」。（《創世紀》，章十八，節二五—二七）。

至於依撒意亞，厄則戒，及其他諸位《先知》，也曾描寫想像中見到的事，並不引人懂錯，因為他們在那裡，不是記述歷史，而是描寫預言。況且常加添某一特殊辭句，指明所描寫的是顯象，不是實體。例如依撒意亞，章六，節一說：「我看見天主坐在寶座上……」。厄則戒《先知》，章一，節三說：「天主的手，按撫在我頭上，我就看見了……」。章八，節三，又說：「天主伸出一隻手的形像，捉住我，引領我過來，我就在神遊天主的境界中，來到了日路撒淩城裡」。

《聖經》借用異類的名辭，就所指的似點，講說天主的事理，舉出的一些比喻，也不會引人懂錯。為作比喻，而採取的事物名辭，這樣卑陋，（例如「羊羔」），顯然只指寓意，不指實義。此外，一條真理，《聖經》講說起來，一處用本義確當的名辭，和言語；另某些處，卻用寓意，或象徵性的名辭，及比喻。參照各處上下文，則不難分辨清楚，也不難懂透比喻內蘊藏的真義。這一點，實與本題無關：因為

《聖經》的名論，敘談基利斯督的人性，每處不確指言語的實義；（沒有用象徵性的名辭，或比喻）。

設難：或者有人能說：大宗徒說過的一些話，能有幻身派主張的意義。例如《致羅馬書》，章八，節三、「天主派遣自己的聖子，降來人間，有和罪人身體相似的骨肉」。《致斐理伯書》，章二，節七，也說：「依人類的共同似點，並依生存和行動的方式，呈現人類的實體」。

解難：以上這些話，按照上下文加添的限制，沒有幻身派所主張的意義。大宗徒的話，不是說：聖子有骨肉的形象，而是說：祂有的骨肉，相似罪人身體的骨肉。加添了「罪人」二字，指示祂固然有真實的骨肉，但因骨肉有受傷殘的可能；故是相似罪人的骨肉：人骨肉能受傷殘，其可能性是由於人犯罪所致。同樣，《聖經》先加了一句聲明，說：聖子採取了勞役者的本性實理；明證下文「依人性的共同似點」，沒有幻身派所主張的意義：不指示祂只有人性的外形。「本性實理」，放在那裡，顯然有「本性」的意義，不專指「近似的幻影」：可明證於上文所說：祂依本性實理，享有天主的生存。那裡，「本性實理」，指示天主的本性。幻身派不得由而主張祂只有「天主的幻像」！下文（節八）聲明：祂聽命致死，足證上文說的「骨肉」沒有「幻身」的意思。

綜合上述一切，可知「似點」，或「相似」，用在那裡，不指「幻影顯現的相似」；而是為指示「同種物體本性共有的似點」：猶言人類有同稱的本性，故說「眾人本性彼此相似」：實有種性相同的意思。《聖經》還有別的記載，更清楚證明：耶穌人性的身體，不是幻影。不容猶疑。例如《瑪竇福音》，章十四，節二六，有以下這段記載：「眾門徒看見耶穌在海面上行走，心感慌亂，恐懼呼叫說：鬼神顯形了。耶穌卻立刻告訴他們說：「放心，是我，不要害怕」。吾主的保證，掃除了他們的疑懼。

分析上面這段記載，請作兩種假設：耶穌的身體是幻身，眾宗徒當時或知道或不知道，假設他們不知道，耶穌卻召選他們，根據他們眼見耳聽的一切，（向世人）證明祂的真理；這就不見得合理。（參考《宗徒大事錄》，章四，節二〇）。那麼，假設他們知道，他們認為看見了幻身顯形，就無理由害怕。（兩種假設都不合理；用反證法，反回去，足見耶穌的身體，依那段記載，不得是幻身）。

吾主復活以後，為掃除眾門徒心內幻身的猶疑，曾有更加明顯的保證：《路加福音》，（章二十四，節三七開始），記載：眾徒門，慌亂，恐佈，自以為見了鬼神發顯。耶穌就向他們說：「你們慌亂，害怕什麼呢？你們心裡起了些什麼思想？疑懼？請你們看一看我的雙手和雙足，這就是我。你們用手摸一摸，用眼看一看：鬼神的幻身沒有骨肉；你們看，我卻有骨肉」。假設祂所有的身體，只是一隻幻身的顯現，叫人來捉摸，便無意義。

又證：眾聖宗徒證明自己是基督合格的證人。《宗徒大事錄》，章十，節四〇，聖伯多祿，供出證明說：「天主第三日復活了他，賞賜他發顯給世人，不是發顯給一總的人，而是發顯給天主（上智）預先簡定的證人，就是顯現給我們。在他從死者之中復活起來以後，我們同他一齊吃飯喝水……」。若望宗徒，在他第一封信的首章，也聲明說：「我們親眼看見了，細細看清了，我們又親手捉摸了生命的聖言。我們是這個聖言的證人。」（聖言降生成人：就是基督）。

事蹟如果沒有實際的存在，只有幻影的外形，則不足為真理的憑據。假設基督的身體只是一幅空幻的顯象，吃飯，喝水，被人看見，被人捉摸，都不真實，而僅是顯象的空幻；那麼關於基督，便見不得眾位宗徒是合格的證人。他們的證見，也就空虛不實了：一如保祿宗徒，《致格林德第一書》，章十五，節十四，說的：「這樣一來，他們的宣講就是空虛的。我們的信仰也就是空虛的了」。（請想：這就是幻身派的後果；和《聖經》的真理，怎能並存？）

加證：假設基督沒有真實的身體，他就沒有真實死去。所以也就沒有真實復活起來。眾位宗徒給世人宣講基督復活了，也就是虛假的證見。是以大宗徒，同書，同章，（節十五）曾說：「世人卻就要發現我們是天主的假證見：因為天主復活了耶穌，我們卻相反說：祂沒有復活」。

另證：為追求真理，虛假不是適當的途徑。《德訓篇》，章三四，節四，說得好：「說謊的人，能說出什麼實話來呢」？基督降來人世的目的卻是為顯揚真理。若望福音，章十八，節三七，記述吾主親口說：「我降生的理由，和入世的目的，是證明真理」。所以，基督，未嘗有一點虛假。但如假設《聖經》記載的一切事蹟，不是祂真實作過的，而只是一些空幻的顯像，祂便有了虛假。因為「虛假者，似是而非之謂也」，（大哲名言，見於《形上學》，卷四（另版卷五）；章二十九），這是不可以的。（用反證法，反回去，足證）：關於基督，《聖經》所記述的一切，都是以往發生過的事實。

還證：聖保祿（《致羅馬書》，章五，節九）說：我們因基督之血而恢復了（已失的）義德。若望，啟示錄，章五，節九也說：「主！祢用祢的血，救贖了我們」！今如假設基督，未嘗有真血，也就沒有真為我們流了血。我們也就沒有真恢復了義德，也沒有真得了救贖。生存於基督，所以就沒有一點益處了。（「生存於基督」，是「信從基督建立的真教，作為基督神秘身體內的一個肢體」）。

又證：假設基督降世，只有幻影的意義，基督降世就沒有什麼新奇：因為在《古經》時代，天主顯現給梅瑟和眾《先知》，也用了各式各樣的形像，（都是空幻的影像，沒有堅確的實體），這一點也可證自

《新經》，(例如，《瑪而谷福音》章十二，節二六。《希伯來書》，章一，節一)。

這樣的主張，將《新經》的全部道理，都講成了空話。(這是對方也不以為然的。所以，用反證法，反回去)，足證(依《新經》的實義)，天主聖子，降生成人，採取了的身體，不是一隻幻身，而是一隻真實的身體。

第三十章　駁深知主義

和上述幻身派相近的，還有瓦蘭定。論到天主降生成人的奧理，瓦氏感覺以為基督沒有塵界的身體，但有天界的身體：是從天上帶下來的；也沒有從童貞聖母胎中採取任何血肉，只是通過其母胎而入世，猶如水通過水管而流出。（參考聖奧斯定，《異端論叢》，章十一）。

他這錯誤的機會，也似是來自《聖經》內某些話的曲解。例如《若望福音》，章三，節十三，及三一；吾主說：「非自天降下者，不上升於天。人子生存於天上……」，又說：「從天降來者，高於一總的人」。章六，節三八，又記載吾主說：「我從天上降下，來到人間，不是為實行我的意志，而是奉天主派遣，承行天主意志」。大宗徒，聖保祿，《致格林德第一書》，章十五，節四七，也說：「第一個人，生自塵土，是塵界的；第二個人，來自天上，是天界的」。

瓦蘭定的主張，（可以叫作「天僊派主義」），和摩尼教派的「幻身主義」，大同小異，同出一源。在理論的源頭上，他們共有一個錯誤作出發點，就是認為塵界所有一切，都是魔鬼造成的。但依《若望第一書》，章三，節八的聲明：「天主之子，顯現於人間，旨在解散魔鬼的工程」。是以，祂的身體，不應取自魔鬼造成的塵界。（天界天造。塵界鬼造。兩界不相串通）。況且，還有聖保祿，《致格林德第二書》，章六，節十四—十五，說過的名言：「光明怎樣和黑暗結夥？基督怎樣和伯厲亞（邪神）訂盟」？同根生出的樹木，必結同樣的菓實。是以，「天僊派」和上述「幻身派」的主張，也必陷落於相同的，不適宜的錯誤結論。

須知（依自然的物理），物質與性理合構而成的物類中，每一種，各有性體確定的因素，就是所說的物質與性理；並以性理為某種性體成立必備的實理。然則，猶如人性固有的物質（資料），是人的骨肉和這樣的其他一切部分；依同比例，骨肉百骸的物質（資料），卻是吾人感覺所知的物質因素。火，氣，水，土，及這樣的其他一切。

今如假設基督沒有塵界（物質原素）的身體，祂就沒有真實的骨肉其及他肢骸；而所有一切，只是形像的外表。這樣，祂也就未嘗是一個真人，而是「人外表的形像」：空幻的假冒。這是不合宜的：因為按前章已有的稱引，吾主自己說：「鬼神沒有骨肉，你們看，我卻有骨肉」。（《路加福音》，章二十四，節三九）。

還證：（按《天體及宇宙論》，章三，卷一）：天界的形體，依其本性，是不朽不變的；（「不朽」是「實體不滅」。「不變」是品質恆性不變）；並且固守方位，（和軌道），不能遷移，失位，或離軌。然則，天主聖子減損所取本性的高貴和尊嚴，是不合體統的；反之，適該提高其尊嚴。是知：吾主未嘗有天界不朽的身體，而屈尊帶到下級的塵界；反之，乃是採取了塵界易受傷殘的身體，提高它，將可朽變為不朽，將塵界的，改成了天界的，而帶回天上去了。這樣作，更是合宜。

又證：大宗徒，（聖保祿）致《羅馬書》，章四，節四說：「天主聖子，在（人性）肉身方面，降生了，是生於達味（聖王）的後裔」。（原文：「是生於達味後裔的種籽」）。然而，達味的身體，是塵界的。所以，基督的身體也是塵界的。

加證：致《迦拉達書》，章四，節四，聖保祿，也說過同樣的話：「天主派遣祂的聖子，（降世救人），是派遣了自己由女人（胎中）生成的聖子」。《瑪竇福音》，章一，節十六「雅閣伯生若瑟，若瑟是瑪利亞的丈夫，（瑪利亞是耶穌的母親），耶穌生於瑪利亞。耶穌也叫作基利斯督」。然則，「生自母胎」，或「生於母胎」，不只是如同水從水管流過那樣簡單：無所採取於水管。可見，是從母胎採取了身體。

另證：按《瑪竇福音》（章一，節十八）的證明，瑪利亞是耶穌的母親。祂若沒有從她身裡，採取自己的身體，《聖經》的話，便不能有意義了。

還證：大宗徒，《致希伯來書》，節二，章十一—十二，說：「施給聖德者，和領受聖德者，大家同出一源。為此原因，祂不怯於稱呼他們叫弟兄。祂說：我要給我的弟兄們，稱述祢的聖名（及其光榮）」。下文（節十四）又說：「（祂的）幼輩諸生，共同分領了肉體和血液；所以同樣，祂自己也就分領了相同的肉體和血液」。

上述「施給聖德者」，指「基督」；「領受聖德者」，和「幼輩諸生」，指「基督眾信徒」。（「肉體」和「血液」，指「人本性實有的身體」，詳釋於多瑪斯，《保祿書信講解》，章二，課三—四）。

然則，假設基督只有天界的身體，沒有我們人類塵界的身體；我們就顯然不是和祂同出一源，因而也就不能說是祂的弟兄。並且，祂也就沒有分領（我們人類的）肉體和血液：因為人人共知：我們人類的血肉是下方塵界物質原素化合而成的，（來源出自塵界），沒有天界的本性。明證「天僊派」的主張，是不經之論：正合大宗徒的名言，互相衝突。

他們給所根據的《聖經》數處言論，下的解釋，顯然是浮淺，而輕薄的。那數處《聖經》的本旨，不指從天上降來的是基督的人性身體和靈魂；但指祂是天主由天降世。分析上下文，可見吾主親口說的話裡，實有這番意思：《若望福音》，章三，節十三，吾主說：「非自天降下者，不上升於天。人子生存於天上，（故能下降而復上升）」：明指自己從天降來人也，沒有失去天上固有的生存。（那裡卻是天主本體的神性生存）。然而，同時既生存於塵界，而充滿著天界，這乃是天主（通天徹地）的特性：證自《熱肋米亞先知》，章二三，節二四，替天主說過的名言：「我充滿天地」。

從天上用方位的移動，降到塵世，不適合天主聖子的神性本體：因為地方的遷移，是離開一個地方，達到另一個地方，（不得兩處同在而有「去就」之可言）。從此可見，《聖經》的本旨，是用「從天降下」四字，專指天主聖子，給自己（天主性的實體），交結了塵界的（人性）實體。猶如大宗徒（致《裴理伯書》，章二，節七）說：祂謙虛自抑，是說祂採取了勞役者的性理，而不失掉天主的本性。（「性理」和「本性」，在這兩章裡，指示相同的意義，明指抽象的性理，暗指「本性實體」）。

惟須注意，幻身，和天僊兩派，在根源上，採取的大前提是錯誤的，前者已有明證。卷二（章十五，及四一）證實了塵界這些有形體的萬物，不是魔鬼作成的，而是天主作成的。（瓦蘭定是第二世紀中葉深知主義異端的強大領導人之一，這造物者不是天主，而是由天主演生出來的眾神之一，低於天主，造生了萬惡的物質世界，人類和魔鬼。稱呼天主為「玄默」，又叫「深淵」。眾神男女配偶，由天主深淵裡，演生分娩出來。天主生第一對。第一對生第二對。然後二生三，三生四，以至於千萬：全體，組成善神的世界：（天堂）。象神之一，失道犯規，被逐出天堂之外，乃自造魔鬼和物質的世界：是猶太古教和舊約所恭敬的造物者，偽稱「天主」，實低於「深知主義」認為基督福音所說的「天主聖父」）。

第三十一章　降生成人，不是降生變人

亞波梨，關於「天主降生成人」的奧蹟，比上述諸派，犯了更不合理的錯誤。（參考聖奧斯定，《異端論叢》，章五五）。但他和他們同意這一點：就是：基利斯督沒有從童貞母胎裡，採取自己人性的身體；而提出了更侮辱天主的意見，主張：聖言（神體）的一部分，變成了基督的肉體；藉口實於《若望福音》，章一，節十四，「聖言降生成人，有人的肉體」。他認為這兩句話的意思，應是「聖言本體，在某一方式下，轉變成了肉體」，如同《若望福音》，章二，節九所說的：「（主席）嚐到了水變成了的酒」。所以他說「聖言變成人」，和「水變成酒」一樣：是聖言的神體，變成了肉體。

用前者已證的許多定理，不難領略上述這樣錯誤的荒謬。

一證：前者（卷一，章十三）已證的定理是：天主完全不受變動。然則，一物變成另一物，顯然是受變動。所以，聖言變成肉體，是不可能的：因為按（章三）已證的定理，天主的聖言，是真天主。

又證：天主的聖言，是天主，故是單純的。前者（卷一，章十八）已經證明瞭，天主的實體以內，沒有任何成分的組合。今如假設，聖言的某一部分，變成了肉體，整個聖言，就應都變成肉體。既然變成了另一實體，原物固有的實體，便失去了存在：例如水變成酒，便不是水了，而是酒。酒存在，水就不存在了。依同比例，按上述錯誤的主張，聖言在降生成人以後，就應完全不是天主的聖言了。這明顯是不可能的：（乃是荒謬的）：一因按《若望福音》章首節，「太初有言，言在天主，言即天主」。天主的聖言是永遠的，無始無終。二因基督，在降生成人以後，仍是天主的聖言。證自《聖經》。例如若望啟示錄，章十九，節十三、「祂身穿血灑的華袍，祂的名字，叫作『天主聖言』云云」。

加證：物質不同，又不是一類的實體，不能相變。例如「線」不會變成顏色：因為「線」和「顏色」是類性迥異的。又例如地上物質的原素，（火，氣，水，土），也不會變成天上的形體，（日月星等），也不能變成沒有形質的實體，反之，也不可。因為，這些實體，是物質不同的，（故不能循環相變）。

然則，天主的聖言，是天主；和任何外物，既無相同的物質，又不屬於一類：因為（卷一，章十七，及二十五，證明瞭），天主既不屬於任何類，又沒有任何物質。足證天主聖言或變成肉體，或變成任何其他物體，都是不可能的。

另證：肌肉，骨骸，血液，及其他人身的部分，各依本質固有的實理，必須是由適當的物質構造而成的：它們的形成，是成自配製適當的物質資料。今按上述亞波梨的主張，假設天主聖言，變成了肉體：（這個肉體形成，不是成自任何先備的物質，因為聖言神體，沒有任何物質）。由而隨之，應說基督沒有真實的肉體，或類此的人身的其他成分。這樣說來，祂也就不真是人，而是人身的幻像。祂的一切人性行動，也就都是空幻的假冒，這是前者（上章）反駁瓦蘭定時，提示了的荒謬後果。

綜合上述一切，可見若望說的：「聖言降生成人，有人性的骨肉」；不應懂作：聖言變成了肉身，但應承認《聖經》的實義是說：聖言採取了肉體，用肉眼可見的身體，出現於人世，和眾人同居度日，互相交際往來。是以下文加了數句話說：「居住在吾人間，吾人看見了祂的光榮……」。如同巴路克《先知》（章三，節三八）也論天主說：「天主顯現給地上，生活在人間，和眾人交際往來」。

第三十二章 基督有肉身並有靈魂

此外，不但關於基督的身體，而且關於祂的靈魂，也有些人，表現了不正確的意見。例如亞留（Arius），曾主張基督沒有靈魂，只有所採取了的肉身，但以其天主性代替靈魂。（參考聖奧斯定，《異端論叢》，章四十九）。

看來，他這主張是他前提必生的結論。他既一章肯定天主子、是受造物，小於聖父，他援引《聖經》耶穌人性病弱的記載，以維護己見。既知有人能反駁說：《聖經》記載的病弱情況，屬於基督的人性，不屬於其天主性，（故不足以證明其天主性小於天主聖父，或不是天主，而是受造物；僅能證明其人性是一受造物而已）；他為提防這樣的反駁，乃巧計心生：倡言基督沒有靈魂；為能更進一步，由於（《聖經》裡記載：耶穌有過）驚奇，（表示無知），害怕，祈禱，（表示卑弱），等類事跡，不能屬於祂人性的身體；（祂既又沒有靈魂），必然乃應歸屬於祂的天主性：並證明祂固然有天主性，也是天主子，但小於天主父，（故是一個有天主性的受造物，不真和天主平等。那些事跡，是精神生活的行動，不能歸屬於肉身，依常人心理而論，應歸屬於靈魂；但既假設耶穌沒有靈魂，乃只應歸屬於其天主性：遂說祂的天主性，代替靈魂，在肉身以內，充任靈魂的職務：給人性的肉身，作靈魂：作其生存行動的內在因素：和肉身發生性理與物質的關係)。

回憶從前提出的討論，顯然可知(亞留)這樣的主張是不可能的。理證如下：

一證：按(卷一，章二十七)已證定理，天主不能是肉身的性理。既然(本卷，章三)也證明瞭天主的聖言是天主，所以祂就不能是肉身的性理，也就不會給肉身充任靈魂。(靈魂和肉身的關係，是性理與物質的關係之總類中的一個分類。天主和肉身，既不能有性理與物質的關係，則更不能有靈魂與肉身的關係了。不屬於總類者，則無以屬於其分類。例如：既不是動物，則無以是人，或馬等等)。

以上這個理證，有益於反駁亞波梨，因為他承認天主的聖言言是真天主。雖然亞留否認這一點，也逃脫不開這個理證有效的反駁。因為，不但天主不能是身體的性理，而且超越諸天之上的任何神體，也不能是。亞留卻主張天主的聖言，是這樣神體中最崇高的一個。(依照古代宇宙論的舊說：在諸層高天以上，有許多品級不同的神類實體，受造於天主，小於天主，通稱天神。回閱卷二，章九十一—一〇一；卷三，章八十)。

除非他附合奧理真(神學士)的意見，主張人的靈魂和所謂「超越諸天之上的神體」，屬於同種，有相同的本性。然而這個意見的虛妄，我們從前(在卷二，章九十四—九十五)已經證明過了。

又證：人本性必備的要素，一有缺乏，則不能真是人。顯然靈魂是人本性必備的主要因素之一、因為靈魂是人的性理：(是人性所以然之理：是人性生存行動的本體因素)。今如假設基督沒有靈魂，祂就不真是一個人。這是不合於《聖經》的：因為大宗徒，《致狄茂德第一書》，章二，節五說：「天主和人類之間，有惟一的中人，就是耶穌基督這個人」：明證「耶穌是人」。

還證：靈魂不但是人本性之所必備，而且是人各部分生存之所依賴：是以，失掉了靈魂，人的眼睛，肌肉，和骨骸，便全歸死亡；再叫作眼睛或骨肉，乃是名同實異的稱謂，無別於墨畫或石彫的一般。（參考大哲《靈魂論》，卷一，章一）。假設基督沒有靈魂，祂必定也就沒有真實的骨肉，及其他任何人身的部分。這卻是不合《聖經》的：因為《路加福音》，末章。節三〇，吾主親口說自己真有這一切：「鬼神沒有骨肉，請看，我卻有骨，有肉」。

加證：一物生於另一生物，除非本性屬於同種，則不能說是那某生物的兒子。例如（依照古代生物學已知的事實）某些蛆蟲，生於某些高級動物身內，（是它們的寄生蟲），不足以說是動物的兒子。但如假設基督未嘗有靈魂，祂便和別的眾人不是本性屬於同種的：因為性理互異者，不能屬於同種。所以不能說基督是童貞瑪利亞的兒子；她也就不是祂的母親。這卻是不合於福音明訓的。（參考《瑪竇》，章一，節十八。路加，章二，節七）。

另證：《福音》明說基督有靈魂：例如《瑪竇》，章二十六，節三八：「我的靈魂，憂痛至死」。若望，章十二，節二七：「現在，我的靈魂，心煩意亂」。

設難：有些人能說：天主之子，既代替靈魂，而充滿肉身，所以，照這樣的想法，《聖經》在那數處所說的「靈魂」乃是指的「天主聖子自己」。

解難：為戒防這個難處，須知《若望》，章十，節十八，記載吾主說：「我有權力棄置我的靈魂，也有權力再把靈魂取納起來」。這兩句話的意思，足證基督有一個靈魂，並且自己的本體不同於靈魂；也不同於肉身。（假設基督本體，就是自己的靈魂；棄置靈魂，便是棄置自己。這是不可能的）。另一方，肉身沒有權力和天主之子，隨意結合或分離：這是超越自然界一切本性能力以上的。從此可知基督除肉身以外，必定還有兩個互不相同的因素：一個是靈魂，另一個是天主性。如說：天主性有那樣的權力，乃是理所當然的了。

復證：憂愁，忿怒，及類此的情慾，屬於覺性的靈魂，明證於大哲《物理學》，卷七，章三。各部《福音》，卻一致證明基督有這些情慾。所以，祂必定也有覺性的靈魂，並且顯然和天主聖子的神性不同。

設難：某些人能說：福音說基督有人性常有的情況，只是象徵性的比喻，猶如《聖經》多處，也這樣形容天主，只有寓意，沒有實意。

解難：《聖經》關於基督人性生活所記載的一切，都是用了本名的實義。眾福音家，敘述基督身體實有的情況，用了名辭的實義，沒有用象徵性的寓義。依同理，如說祂受肌忍渴，也是實情實說的記載，不是象徵的形容。

然則，感覺飢餓，是食慾的感覺，不能發自沒有覺魂的主體。足證基督必須有覺性的靈魂。

第三十三章 基督有人類的心神和智力

亞波梨，被折服於福音的這些證據，承認了基督有覺魂，但仍否認祂有心神和智力。（參考，聖奧斯定，《異端論叢》，章六十五）。於是竟而主張聖言給那靈魂，充任心神和智力。（心神，是理智，神智，記含，等知識能力的總稱：高於覺性界的知識。理智：察尋理由。神智，直見公理和真理；記含：保存並回憶已知的知識）。

亞波梨的主張，仍不足以避免上述不適宜的後果。理證如下：人、種有的本性，得自人有心神和理智。所以，假設基督沒有這一些，祂就未嘗真是一個人，也不和吾人同屬一種。靈魂有無理智，分屬於不同的兩種，不容相混。按大哲《形上學》，卷八，章三，物的種類和定義，由本體分異特徵，加一或減一，而劃分不同的種界；如同數目，逐一遞進，加一或減一，單位不同，數目自異。「有理智的」，卻是一個種別特徵。所以，如果基利斯督，有覺魂而無理智，便不和吾人共屬同種：因為吾人的靈魂是有理智的。

添證：覺魂，沒有理智，是一類名，分許多種，種種不同：明證於獸類，分許多種，各以固有的靈魂，劃分種界。（靈魂，有如理性；物各有性，性各有理，其理不同，其種自異）。實際生存，既屬於某類者，則不能不屬於其某種。今如假設，基督的靈魂，屬於無理智的覺魂之總類，必為總類內某種之所實有：例如或獅，或虎，或其他任何某種禽獸。這是完全荒謬的。（反證，可見前提之無道）。

加證：身體對於靈魂，和物質對於性理，又和工具對於主動者，有比例相同的關係。然則，物質必須適合於性理，工具也應適合於主動者。是以，隨靈魂之不同，身體也應有不同的適當條件。可明證於覺官所知的實例：不同的禽獸，各按靈魂各異的條件，而有條件不同的許多肢骸。所以，假設基督沒有和吾人同樣的靈魂，也就應有許多肢骸，不同於吾人。（這卻是對方自己也不肯承認的。反證，得知對方前提的主張，是不正確的）。

另證：既然，按亞波梨的承認，天主聖言是真天主，不宜有「驚奇」的感覺；因為驚奇是不知緣因的表現。同樣，覺魂也無資格表示驚奇，因為覺魂的本職，不是考慮事物的緣因。是故，基督除聖言的天主性和覺魂以外，必須有另某因素，是以感覺驚奇，此即心神：因為《聖經》記載基督曾有驚奇的感覺：例如瑪竇，章七，節十、「耶穌聽了百夫長的話，表示了驚奇（欣賞）」。

綜合（章二九及其他）各處的討論，得以明見基利斯督有人性真實的身體和靈魂。是故，若望首章所說：「聖言降生成人，有人性的骨肉」；意思不是說「聖言變成了骨肉」，也不是說「聖言只採取了肉體」，也不是採取了的肉體，只有覺魂而無心神；但依《聖經》慣例，舉偏指全，明言「聖言降生，成了肉體」，實意是說：聖言降生，成了靈肉全備的整人」；《聖經》有時也用「靈魂」，或「生靈」之類的字樣，指示全人。例如《出谷紀》，首章，節五「一眾生靈，生於雅各伯膝下者，數滿七十」；同樣「肉體」，或「骨肉」，也有時指示全人，例如《依撒意亞先知》，章四〇，章五、「凡是肉體，同目俱見發言者乃是上主之口」。如此，可以斷言：聖言生成肉體，便有聖言降生成人的意思，特指人性的卑弱。

果按已有的證明，基利斯督，既有人性的肉體和靈魂，顯然祂的靈魂不是先有於其身體尚未降孕以前。因為，（卷二，章八十三）已經證明瞭：人的靈魂不先有於人身未有以前。從此可見奧理真杜撰教條的謬誤。他（在所著《因素論》，卷二，章八十三）曾說：基督的靈魂，和其他各類神體，在形界萬物未有以前，受天主造生於太初之時，並受了天主聖言的採納；然後，諸世終窮之際，始服著肉體，為救贖人類，而降生人間。

第三十四章 兩性合在一位

由以前（二十八諸章）提出的分析看來，可見基利斯督，既不像艾必雍、柴林特、傅提諾諸人說的，沒有天主的本性；也不按摩尼、瓦蘭定、兩派的錯誤，沒有人性的真實身體；又不如同亞留、亞波梨，等人的主張，沒有人的靈魂。

所以，這三個實體因素：天主性，人靈，和真實的人身；合聚於基督以內。它們的結合，根據《聖經》的訓示，應有什麼意義，這還是本章，需要研究的一個問題。

關於這個問題，毛德祿，及其門生乃斯多略，提出了以下這樣的意見：基督有人性的身體和靈魂，兩者聚結，有本性自然的合一，構成和眾人同種同性的一個本體；並是天主居住的一座聖殿，和眾聖人一樣，由於天主施給的寵愛，而懷愛天主，作其安憩之所。

是故，若望，章二，節十九記載基督親身向眾猶太人說：「你們請試拆毀了這座聖殿，我在三天以內，將它興建起來」；隨後好似註明解釋，下文（節二一）接著說：「祂說的聖殿，是指看祂的身體而說的」；（忍受殺害以後，三天內，自己從死者之中，復活起來）。大宗徒，《致哥羅森第一書》，章一，節十九，說：「天主，以滿心的歡悅，攜帶萬善的充盈，居住在祂以內，（就是居住在基督的人性實體以內）」。

由此更進一步，基督人性實體，和天主之間，就發生了一種感情的交結：人以自發的善意，膠著於天主；天主也就用自己的心願，接納歸向自己的人；一如若望，章八，節二九所說：「派遣我者，是我的聖父。祂和我常在一齊；祂不棄捨我而留下我獨自一人」。神人間這樣的結合也是大宗徒，《致格林德第一書》，章六，節十七所說的結合：「膠著於天主，則與天主共是一個神靈」：（猶言，歸依天主，則與天主，共有一個精神」）。

再進一步，《聖經》多處，由於神人交愛，遂採取天主固有的許多名辭（和形容辭），轉接過來，加到人字頭上，稱人為神，或稱之為「天主的子女」；或稱之為「聖人」，或「天主敷油祝聖者」，或「基徒」，（猶言：「小基督」，或「基督第二」，或「基督之徒」：「基督」，希臘原字：指示「天主敷油祝聖了的救世君王」）；或有時稱人為「主人」，或「君主」，等等。都是由於人受天主特寵，而給人字上面，加上了「天主性」的神號，或尊稱。依照《聖經》的這個慣例，基利斯督本人，為了是天主安居的聖殿，又為了和天主有愛情的深交，也就理應受到許多神號的尊稱：例如「天主基利斯督」，「天主耶穌」，「天主」，「天主聖子」，「上主」，「吾主」，「至聖」，「基督」，（天主敷油祝聖者），等等。

轉進又一步，基督本人，充滿了天主的寵愛，超越其他聖人，比別的人，更有資格是天主的聖殿；和天主愛情的交結，也更緊密；也就更有名分銜載天主的許多神號和尊稱。為了受寵獨厚，乃受天主建立為至尊，得以分享天主的尊貴和光榮：受人類加以和天主平等的欽崇之敬禮。

繼進，依照上述的理由，必須也說天主聖言，和基督本人，是兩位，不是一位：但兩位平等，同受人類欽崇的大禮。並且，這樣，也被人稱作一位：專是為了方才說的：兩位間愛情的親密結合：兩位合成了一位；猶如《瑪竇福音》，（章十九，節六），論人間夫婦愛情的結合說：「兩人已經不是兩人了，而是肉體一團；（參考，《創世紀》，章二，節二三－二四。按前章的解釋「肉體一團」，就是「一個人」的意思。兩人是一個人。相愛如一，則不分你我）。

再進，乃說基督人性特有一切，不可用來稱指天主或天主聖言：例如「生於童貞母」，「受苦、受死，受埋葬」，及其他類此的話；都不應用來作天主或天主聖言的形容辭：因為基督人性和天主聖言的結合，既是愛情的結合，則不容許稱謂的混亂：猶如夫婦間，各有男女特殊的稱謂，不可隨便互相稱謂，竟以致於男女不分。

轉進，卻說有些名辭，或稱謂，不是一方特性專有的，雖然主要是稱指天主的尊實，但也能在某些限制下，通稱人性領自天賜的某些美善，例如「基督，（希臘字原義指示「天主敷油祝聖的救世君王」）上主、至聖」；以及「天主聖子」，等類的稱呼，首指天主聖言，無妨次指基督本人。是以，他們嘗說吾人能稱呼基督，是「光榮的上主」，或「無上的至聖」，（「萬聖之聖」），或「天主聖子」：並且也說基督生於童貞母，受苦，受死，受埋葬，等等。

本此理由，他們也說吾人不應稱呼真福童貞女（瑪利亞）是天主的母親，或天主聖言的母親，卻應稱呼她是基督的母親。

駁

人如詳審思量，得見上述謬論，實與天主降生成人的真理，不能相容。許多理證，分述如下：

一證：按上述謬論的主張，天主聖言和基督那個人的結合，不外乎是意志的合一，是乃天主因聖寵居住在人心中而生的一個效果。然而「天主聖言，降生成人」的本義，不只是「天主聖言，用聖寵的流佈，而居住在人心中」。因為天主聖言，和天主本身，遠自造世之初，就已這樣居住在一總聖人的心裡，不限於基督或任何其他獨自一人。是以大宗徒，《致格林德第二書》，章六，節十六，說：「你們是活天主的聖殿：一如吾主嘗說：我要居住在他們心裡」。這裡，所說的「居住人心」，（是天主和人類的普通關係），不能說那就是天主聖言降生成人；否則，遠自造世之初，天主就降生許多次了。（豈不荒謬）。

如說天主聖言，或天主自己，居住在基督心內，用特別豐滿的聖寵，超越眾人；這樣說仍不能滿足「天主降生成人」本質實義之需要。因為，豐滿厚薄的差別，不足以劃分本質定義的種別。（「天人結合」，是一類名，分「聖寵居住人心」，和「天主降生成人」，兩個互不相同的種：互有本質上的區分，不只限於量的豐欠）。

基利斯督的真教，以「天主降生成人」的信條，作立教的根本。上述那樣的謬論，顯然直搗基督真教的基本。

另證：考察《聖經》用語的慣例，也可明見上述主張的錯誤。為指示「天主聖言，用聖寵的神效，居住在眾位聖人心裡」，《聖經》習慣用以下這樣的一些語法：「上主向梅瑟發言，說……；上主給梅瑟說；上主向熱肋米亞，或向其他《先知》，表達意旨說……；上主將自己的言語，託付給哈蓋《先知》的手中」：或其他類似的語法。

然則，《聖經》，從來沒有說過：「天主聖言降生成人，名叫梅瑟，或熱肋米亞，或其他任何某人」。

及至論到基利斯督，《聖經》卻用這個獨特的語法，聲明說：「天主聖言，降生成人，名叫耶穌，基利斯督」。例如《若望福音》，首章，節十四、「聖言降生成人，有人性的骨肉，居吾人間」云云：經文的解釋，見於前章。

所以，根據《聖經》的傳授看來，得以明見：天主聖言，確曾生存於基督以內，但其方式，不只是「聖寵居住人心」。（「心」不指血肉的心臟；但指智力和意力等精神生活的中心）。

又證：甲物成為乙物，則是乙物，例如甲物成為人，則是人；（水變成了酒，則是酒）；又例如甲物成為白物，則是白色的物體。然則，按前章已有的說明，天主聖言降生而成了人。所以，天主聖言就是人。然而，生存單位，或本位，或地位，或身分，不相同的兩個實體，各有自己的專名，不能互相稱謂：就是不能互作賓辭。本此定理，完全不可用柏拉圖作蘇克拉底的賓辭而說：「蘇克拉底是柏拉圖」；或是任何其他同類或異類的單位實體。人間語言，用「是」字作「構辭」，將賓主兩辭，連合起來，構成論句，例如說「人是動物」，或「人是白人」，雖然每個名辭，各指不同的名理，但所稱謂的整體，卻是生存本位自同的一個實體，不是兩個：同一實體，單位自立，是動物，並且是人：故說「人是動物」。同一實體，是人，又是白人；則說「人是白人」。

本此語言固有的定理看去，既知《聖經》明說：「聖言降生成了人」，例如若望首章；則知《聖經》

的本旨，必定不認為天主聖言和那人，是生存單位分立的兩個實體。（既說「聖言成了人」，則是說「聖言是人」：故指實體單立生存的一個本位，不指兩個不同的本位。基督是兩性一位，不是兩性兩位。兩性是天主性和人性。一位是實體生存的一個本位，詳論於下面，章三八及四一）。

還證：（你、我、他之類的）指示代名辭，稱指實體單立生存的本位，地位，份位，或身分。無人說「我跑路」，而指示自己以外的另某人跑路；除非用象徵語，指示某人代表甲某自我跑路。然而，名叫耶穌的那個人，用「我」字，稱指自己：例如《若望福音》，章八，節五八、「亞巴郎尚未有生存以前，我有生存」；章十，節三〇：「我和聖父是一體」。還有許多別的這樣的話，稱道聖言天主性固有的生存情況，顯然指示了祂的天主性。（然而聖言，依其天主性，乃是天主第二位）。由此看來，足以明見：說那樣話的基督本人，只有一個實體單立生存的本位，和地位；就是天主第二位：天主聖子的本位。（天主性和人性，合組基督的實體，共有一個天主聖子的生存本位）。

加證：由此觀之，可見從天降來者，既非基督的肉體，又非基督的靈魂：足證（章三十）瓦蘭定和（章三十三）奧理真，兩家的錯誤。由而得出的結論是：「降來」這個動辭，指示天主聖言本性固有的行動，不是物質方位的移動，由天降落；而是屈尊就低，以天主性的尊高，謙卑自抑，結合於卑下的人性，詳論見前（章三十）。

然則基督本人，由自己的本位發言，親口說了自己是從天降來的，例如若望，章六，節五一，「我是活糧，從天降來的」。那麼，基督一人的本位和地位，必定乃是天主聖言的本位。

又證：顯然基督升天，是他的人性實體升天；這是合宜的：按《宗徒大事錄》，章一，節九，眾位宗徒眼見祂冉冉上升，（歸天去了）。從天下降，卻是天主聖言的事。然則，大宗徒，《致厄弗所書》，章四，節十，說：「降下者是祂，上升者也就是祂」。如此合算起來，基督本人的生存單位，也就是天主聖言的生存單位。（一個聖言的單位，下降，是用天主性結合人性；上升是帶著人性回升天鄉）。

還證：生於斯世，斯世以前未有生存者，不宜說是降來斯世。然而基督，按（二十九諸章）已有的證明，是人；有塵界的人性身體和靈魂。祂的身體是生於斯世者。祂的靈魂不在斯世以前已有生存：因為祂的靈魂真是人性的靈魂。按（卷二，八十三諸章）已有的證明，依其本性，人的靈魂始生於結合肉身之際，（受天主造生），不先有生存於未結合肉身之前。

如此推想，最後結論是基督人性實體，生於斯世，不宜說是降來斯世，然而基督卻親口聲明自己是降來斯世。請看若望，章十六，節二八，記載祂說：「我出於聖父，而來入斯世」。

由此看來，明顯天主聖言可以說是什麼，基督人性實體，也就可以說真是什麼。《若望福音》，明證可以說天主聖言降來斯世。例如章一，節十一，「祂當時生存於斯世，斯世也是依賴祂而成立，斯世卻未曾認識祂：祂來到了自己的本土。祂本鄉本土的人，也沒收留祂」。如此前後對照，可見基督人性實體說話的本位和地位，必定是天主聖言的本位和地位。

又證：大宗徒，致《希伯來書》，章十，節五說：「（基督）進入斯世說：祢願意的，未嘗是祭品和獻禮；祢卻給我配製了一具身體」。按前段的證明，入世者，是天主聖言。聖父給聖言配製了的那具身體，是聖言本位實有的身體。這樣的話，不能不是言外也說：天主聖言的本位，和基督人性實體的本位，是一個生存單立的本位。足證基督人性實體和天主聖言共是一個生存的本位：不是兩位。

加證：凡某身體能受的一切變動，或苦難，都能歸屬於有那身體的某人，作他的「受動辭」，或形容辭。例如伯多祿的身體受傷，受鞭笞，或受死亡，倘若真有其事，則能說：伯多祿受傷，受鞭笞，或受死亡。然則，基督人性的身體，按方才的說明，乃是天主聖言的身體。所以，凡基督人性身體所遭受的一切，都能歸屬於天主聖言，作祂的形容辭。是故，能說天主聖言，和天主，受了苦難，受釘在十字架上，受了死刑，並受了埋葬：這樣說，是正確的。對方卻否認這一點。（足證對方無理）。

又證：大宗徒，《致希伯來書》，章二，節十，說：「祂是萬物生存的目的和支柱，又是眾多（天主）子女光榮之路的前導，並是他們救命的恩主，理應受盡苦難，以完成其功績」。分析這段經文，受難而死的基督，是人，同時又有天主以外，無任何其他實體能有的四個稱指辭。這些稱指辭，是天主單獨能有的：一、萬物生存的目的；二、萬物生存的支柱；三、人類光榮之路的前導；四、人類救亡的恩主。這也證自《古經》：例如《箴言》，章十六，節四、「上主為自己作成了一切」。《若望》，章一，節三及十二、論天主聖言說：「祂是萬物成立的友柱」。（沒有祂實力支持，什麼事物，都成立不起來）。《聖詠》（章八十三，節十二）：「上主將要施給恩寵和光榮」；章三十六，節三九，又說：「義人得救，全賴上主」。由此看來，可見，說「天主，或天主聖言，受了苦難和死刑」，顯然是正確的。

另證：縱令某人因分領主宰的權力而能稱為「主人」，（或「上主」，通稱「主任」，「君主」，「帝王」，「官長」，「上級」，等等）。然而，（依《聖經》用語的公例），無任何人，也無任何受造物，能稱為「光榮之大主」：因為「光榮」專指「來世真福之光榮」，依其本性，是天主獨自專有的。天主以外的神或人，能分領這樣光榮的賦給，不是本性固有的。是故，《聖詠》，（章二十三，節八－十有以下這樣的話）：「光榮之君王，是乃萬能之大主」。

然則，《聖經》卻說：光榮之大主，受釘在十字架上了；例如大宗徒，《致格林德第一書》，章二，節八。足證，按《聖經》的真理，吾人能說：「天主，被釘在十字架上了」。

還證：按前者（章十一）已有的討論，天主聖言，稱為天主聖子，是由於其本性。人卻稱為天主的子女，是為了天主居住人心，並施給聖寵建立為義子。如此說來，依照上述諸人的意見，吾主耶穌基利斯督和天主聖父，應有雙重的父子關係：一是基督以內居住著的天主聖言，是天聖父本性親生的真子；二是聖言所居住的基督這個人，卻是天主用聖寵建立的義子。

是故，基督這個人，不能稱為天主親生的真子或獨子，反之，惟獨（基督以內寓居的）天主聖言，是天主本性親生的獨一真子。這個結論，是不合《聖經》的：

因為《聖經》明言肯定是天主親生的獨一真子，受難受死。例如大宗徒，《致羅馬書》，章八，節三二、「祂沒有寬免自己親生的聖子，卻為了我們眾人，捐獻了祂（的身軀）」。若望，章三，節十六、「天主這樣親愛（祂所造的）世界，以致於捐獻親生的獨子，為救贖眾人：凡信從祂的人，都脫免死亡，而得享永生」。參照《聖經》的上下文，即可明見，這裡所說的「捐獻」，指示將聖子犧牲，讓祂受人間的死刑。同章上文，（節十四），指著被釘於十字架上的「人子」說：「如同梅瑟在曠野高舉（銅）蛇像同樣，人子」也應受高舉，（而懸在十字架上），為救贖世人，信者無不得救」。

並且，大宗徒，指明基督的死，是天主親愛世界的證據說：「天主矚託吾人保存祂的愛德（鴻恩），因為當我們還是祂的仇人時，基利斯督就為我們犧牲了性命」。（參考《致羅馬書》，章五，節八—九）。

將《聖經》各節，連貫起來，可見吾人能說「天主聖言，天主，受了苦難和死刑」。（基利斯督人性身體，屬於天主聖子之本位。所以基督的人性和神性，共同生存於一個本位之上。凡基督神人兩性各有的生存行動，都屬於天主聖子的本位）。這樣說是正確。（用反證法，反回去，足證對方意見不正確）。

又證：人間的母子關係，建立於某人出生是從母胎領取了自己的身體；雖然靈魂不是得自母胎，而是得自外間的來源（直接受造於天主而賦給新孕生的身體）。基利斯督那人的身體，卻是天主本性、親生真子、本位取為己有的身體：就是天主聖言的身體。（回閱前三段）。這樣懂來，吾人如說真福童貞（聖母瑪利亞）是天主聖言（身體）的母親，也就是天主的母親，是合宜的；雖然聖言的天主性，（以及基督人性的靈魂），都不是得自母胎：因為（依照人間普通的生理常識），兒子，不是整個實體都得自母胎，而只是自己實體的物質部分——身體，是得自母胎；（其精神部分——靈魂及其才能，卻是得自天主的賦與。只有身體是得自母胎，就是人間母子關係建立的充足理由。天主聖子，降生成人，而有的身體，既是得自母胎；所以，天主聖子，也就可以叫作「祂母親、童貞瑪利亞的兒子。反之，童貞瑪利亞也就可以叫作「天主的母親」……這個稱呼屬於聖教會禮儀的古老傳統，也足以證明早期教會一貫的信念，認為基利斯督的人性和天主性，共同屬於天主聖子惟一的本位。基督是兩性一位，不是兩位）。

加證：大宗徒，（聖保祿），《致迦拉達書》，章四，節四，「天主派遣了自己由女人胎中生成的聖子」。這些話指明了「天主派遣聖子」的定義：所謂「聖子受天主派遣」，乃是「聖子（的人性身體、受天主）生成於女人胎中」這個定義有一個缺之不可的要素，就是：天主聖子，在其人性身體，尚未生成於女人胎中以前，已有其（天主第二位的）生存：既受派遣而降孕於母胎，則其生存，先有於未降孕以前；

否則「派遣」二字的真義，無法保全。

然而，乃斯多略主張基督所是的那個人，既是天主收納而建立的義子，則於未降孕以前，尚無生存；這樣就無以保全「天主派遣親生聖子」的真義。可見《聖經》裡那句話不能是指「天主義子」而說的；反之，必須是指的天主本性親生的真子：就是指了天主聖言、天主。然則，生於女人者，則是女人的兒子。所以，天主、天主聖言，是女人（童貞聖母）的兒子。

設難：有人能說，不應將大宗徒那句話，懂作「天主聖子受派遣的目的是為由女人胎中降生成人」；而應解為「在古憲制度下，生於女人胎中的天主聖子，受了派遣，為救贖受古憲束縛的眾人」。這樣解釋，所謂「自己的兒子」，不應懂作「本性親生的兒子」，只須懂作「收納而建立的義子」。

解難：以上這樣的解釋，和大宗徒的原話，是不相容的。權能不高於古憲者，無力解除古憲。高於憲法者，只是立憲法的元首。訂立古憲的元首，卻是天主。（「古憲」指示「《古經》的天主古教」，特別指示「梅瑟律」：是天主用梅瑟及眾《先知》，和依撒爾民族，締結的契約）。是故、解救眾人脫免天主憲法約束，只是天主獨自能作到的事。大宗徒明說天主聖子實有這樣的使命。足證他說的「天主聖子」是「天主本性親生的聖子」。那麼，將上下文連貫起來，說「天主本性親生的聖子，就是天主聖言、天主第二位，降生於女人胎中而成了人」。（所以，童貞聖母是天主的母親」）。這樣說，才符合《聖經》的真理。

另證：同一真理，可明證於「救贖人類」是天主親自固有的工作，非可旁貸。《聖經》屢有聲明：例如《聖詠》，（章三〇，節六）：「主！真理的天主，祢救贖了我」。

還證：天主用聖神建立人為義子：證自《羅馬書》，章八，十五。那裡大宗徒（聖保祿）說：「你們領受了建立義子的聖神」。然則，聖神鴻恩，不是人能賞給的，而是天主賞給的。是以，義子的建立，其主因是天主，不是人。然而，大宗徒同章下文聲明的話，足證那個主因卻是天主派遣而成於母胎的天主聖子：因為他在那裡說「天主聖子受派遣而降孕的目的是賞賜吾人領受建立為天主義子的鴻恩」。所以，大宗徒原話的本旨，應指天主本性親生的真子。依同理，天主（第二位），天主聖言，降生於女人胎中而成人。這就是說：童貞聖母（瑪利亞）是祂的母親。

又證：《若望》，（章一，節十四）說：「聖言降生成人，有人的肉體」。人的肉體，非得自母胎，別處無從得之。所以，聖言降生成人，是生於母胎，就是生於童貞聖母。足證：童貞女（聖瑪利亞）是天主聖言的母親。

加證：大宗徒，《致羅馬書》，章九，節五，說：「基利斯督的肉體，生於眾聖祖的後裔。祂是超越萬物的天主，宜受讚頌，至於萬世，亞孟」。所謂「聖祖後裔」，惟指童貞聖母。是故，超越萬物的天主，按肉體說，生於童貞聖母。所以，童貞女是天主（耶穌）肉體的母親。

還證：大宗徒，《致裴理伯書》，章二，節六—七，論耶穌基利斯督說：「祂以本性固有的實理，享有天主的生存，（是真天主），不自恃和天主平等，但願謙虛自抑，採取了勞役者的本性實理，降生成人，有人類共同的似點」。若按乃斯多略的意見，將基督分成「天主義子」和「天主真子」兩位；顯然，大宗徒的話不指「天主義子」。因為天主義子，純粹是人，不先有天主本性實理的生存，（是真天主），而後始降生成人，加有人類共有的似點。反過去說，才更合理，就是：先生成了人，而後分領天主神性，於是受到了舉揚，不是受了謙抑。

這卻不合經旨：因為《聖經》原文，應指天主聖言，先在無始無終的永遠，已有天主本性實理的生存，即是有天主的本性；然後，自願謙抑，才降生成人了。

所謂「謙抑」，不應懂作只是天主聖言居住耶穌基督的人心中。因為，自有世界以來，天主聖言，以其聖寵，居住在眾聖人的心裡，《聖經》未嘗說這就是祂謙抑自己：謙抑，有空虛自己，損抑自己，等等含義。天主以聖寵，居住人心，是將自己的仁善，散施給眾人，不是受任何損失，而是受舉揚：表現仁善廣被萬物的高深。萬物越善良，則表現造物者越仁善、博厚。本此估計，天主聖言，居住人心，基督得寵獨厚，超越其他眾聖；聖言自抑，與其說在基督，勿寧說在眾聖，更為合宜。

由此可以明見，「聖言結合人性」，依《聖經》真義，不只是乃斯多略所說的「天主聖言居住人心」；而是「天主聖言，真實降生成人了」。只是這樣，才有「謙抑」之可言：就是可以說：天主聖言，空虛自己，損抑自己的偉大，變成了卑微，採取了區區的人性身體。（然而，謙虛，損抑，只有隱藏光榮偉大的意思，不是變更了聖言固有的天主性）：猶如人的靈魂，假設它先有生存，然後說它降生成人，有人性的實體，採取了人性的有形身體：這也不是說它變更了靈魂固有的本性，而是採取了有形物體的本性，（掩藏了自己固有的靈性）。

另證：顯然，天主聖神，曾居住在基督本人以內：因為《路加福音》，章四，節一說：「耶穌（的人身，領受了洗禮以後），充滿著聖神，從若而但河（Jordan）回來」。今如假設「聖言降生成人」的實義，只不過是「天主聖言及其聖神，以極充實的程度，居住在那人以內」，那麼，必須也說：聖神也降生成人了。這是完全不合於信德道理的。

還證：顯然、天主聖言居住在眾聖天神以內，因為祂們充滿了聖言賦給的神智。然則、大宗徒《致希伯來書》，章二，節十六說：「（天主聖子，降世救人），全不採取天神，卻採取了亞巴郎後裔的血肉（種籽）。由此得以明見：「聖言採取人性（而降生）」的實義，不專指「聖言居主在人以內」。

還證：假設，依照乃斯多略的主張，將基督分成天主聖言和「那某人」，生存自立的兩個本位，天主聖言便無理由名叫基督。一因《聖經》用語的習慣，總不稱呼未降生以前的天主，或天主聖言，為基督。二因「基督」：希臘原文「基利斯督」，這個名辭的本義，指示「天主敷油祝聖的救世君王」。但就「敷油祝聖」而論，《聖經》慣用這個名辭，指示「喜樂之油的敷抹祝聖」，例如大宗徒致《希伯來書》，章一，節九；按（《宗徒大事錄》，章十，節三八）宗徒長，聖伯多祿的講解：「敷抹喜樂之油的祝聖」」，等於說「受天主聖神的祝聖」。

然而，不能說：天主聖言受聖神的祝聖：因為，祝聖者，大於被祝聖者，聖神卻不大於聖言。是故「基利斯督」或簡稱「基督」，只能用作「那某人」的名稱，才有意義：不能用作天主聖言的名稱。至於大宗徒《致裴理伯書》，章二，節五—六說：「你們心內，要和耶穌基督心內，有同樣的感覺（和抱負）。祂雖然以本性固有的實理，享子有天主的生存，（是真天主），但不自恃和天主平等，反願謙虛自抑」。這些話上文的「耶穌基督」，指示「基督那人」的人性實體。下文卻說祂和天主平等而不自恃。足證聖教的真義是說：「那個人，（基利斯督），以其本位固有的實理，就是以其本位固有的天主性，是和天主平等的」。

然則，雖有許多人，為了身為天主居住的神舍，而被人尊稱為「神聖」，或「小天主」，或「天主子女」，（猶言「神冑貴族」）；但《聖經》總沒有說他們和天主平等。這樣比較起來，得以明見，基督這個人，稱為天主，不是只為了他有天主聖神居住在心內。

又證：《聖經》有時借用天主的名號，為了聖寵居住人心，而稱呼眾位聖人；但是總沒有說過任何聖人作天主獨自能作的工作：例如創造天地。然而《聖經》卻將「造生萬物」的工程，歸屬於基督那人的人之為人，就是歸屬於基督那個人：（等於說：「基督那個人，是人而同時又是造物主」）。這一點可以證自《聖經》。例如聖保祿致《希伯來書》，章三的一篇話。（這篇話的上下文，共可分成三段）。首段，節一至節二、「你們要瞻仰我們公信的大宗徒，大司祭，耶穌基利斯督的儀表。他忠心侍奉造成了他的天主；如同梅瑟，在其庭堂中」。這一段話，必是指基督人性而說的：不指天主聖言。一因聖言不是天主造成的，而是生成的。（回閱章三，及章十四）；二因，（從對方的觀點設想），依照乃斯多略的主張，天主聖言，不能稱為基利斯督。

次段（節三）卻加了這些話說：「祂比梅瑟應受更宏大的光榮，其比例應相稱於建造庭堂者，比庭堂宜領受更大的光榮」。這段說明了：基督那人建造了天主的庭堂。證實於末段（節四）：大宗徒說：「凡是庭堂，都有建造者。造生萬物者，卻是天主」。這樣的話，用「天主造生了萬物」的事實，證明基利斯督那人，建造了天主的庭堂。這樣的證明必定暗含承認「基利斯督那人，乃是造生萬物的天主」，（天主的庭堂，是宇宙萬物的總體）。否則，方才的證明便全無意義。

這樣，上下文三段，連貫起來，可見《聖經》將天主本有的工程，「造生宇宙萬物」，歸屬於基督那個人。（既說造物者是天主；又說基督那個人是造物者。故此，等於說「基督那個人，乃是天主」）。足證：基督那個人的本身，專就其實體生存的本位而言，是真天主；不是只由於聖寵居住在他心中。

加證：顯然，基督那個人，論說自己，用了許多神性的和超性的賓辭：例如《若望》，章六，節四〇說：「我要在最後一日將他復活起來」；若望，章十，節二八、「我賞賜他們有永遠的生命」。除非說這樣話的人，依其發言的本位，是真天主，他便是說話驕傲至極了。人，只有天主居住在心裡，是無資格說那樣話的。說了就是驕狂至極。

然而基督的為人，卻不能是驕傲的：因為《瑪竇福音》，章十一，節二九，記載吾主自證說：「你們要學習我的良善心謙」。可見《聖經》各處的記載，連合起來，足證：基利斯督之為人的本位，和基利斯督之為天主的本位，是相同的一個本位。（基利斯督一個本位，是真天主，又是真人）。

另證：用比例的參照，得見《聖經》不但記載：基督是人，故受舉揚，例如《宗徒大事錄》，章二，節三三、「（基督）受了天主右手的舉揚」……而且同樣也記載：基督是天主，故謙虛自抑。《致裴理伯書》，章二，節七，大宗徒說：「（祂）謙虛自抑」……。如同基督是人，因結合天主性而是真天主，乃受《聖經》崇高的稱揚，記載他復活死人，並作其他類此的超性事蹟；依同比例，基督是天主，因結合人性而是真人，故受《聖經》稱述人性卑遜的事，例如生於童貞母，受苦難，受死刑，受埋葬，等等。（總而言之：基督是一個生存的本位，因有人性，故有人性生存的情況；因有天主性，乃有天主的生存情況）。

還證：相關的言辭，或名辭，動辭，或代名辭，連繫相同的單位主體。例如大宗徒，致《格羅森書》，章，節十六，論天主聖子說：「祂是上天下地，有形無形，萬物建立的基礎」；下文（節十八）又接著說：「祂也是教會全體的首級，因為祂是元始，並是眾死者之中的長者」。回觀上下文，「祂是萬物建立（所依賴的）基礎」這樣的重任，顯然屬於天主聖言。「眾死者之中的長者」卻是指示了基督的人性。可見，天主聖言，和基督那個人，共是一個單位的主體，故此也是一個實體生存的本位。（在基督以內，天主性和人性，共屬一位）。為此理由，凡論基督那個人，能說的不拘什麼話，也能用來論說天主聖言；反說，亦然。

又證：大宗徒，《致格林德第一書》，章八，節六說：「我們只有一個吾主耶穌基利斯督，萬物和吾人的依靠」。顯然，萬物依靠的那個人的耶穌聖名，屬於天主聖言。足證：天主聖言和那個人是一個上主，（一個聖子）；不是兩個上主，也不是兩個聖子。所以，乃斯多略的理論是不合《聖經》的。

仔細觀察，可見乃斯多略和傅提諾，關於天主降生成人的奧理，兩者的意見大同小異。（回閱章四及二十八）。兩人都說基督那個人，被尊為天主，只是為了聖寵屆住在他心裡。這是基本相同之點。兩人小異之點在於傅氏主張人因受苦受難，善功重重，掙得了天主性的名號和光榮。乃斯多略卻說：那人降孕之初，（尚未受難立功），惟因天主聖寵，極度豐滿，居住在他心內，乃得天主性的尊稱和光榮。

關於聖言永遠受生於聖父之問題，兩人意見軒殊：乃斯多略承認其事；傅提諾卻完全否認了。（回閱章二一四）。

第三十五章　一性一位和兩性一位

按以上許多證明，天主降生奧理之實義，必須肯定（在基督以內），天主聖言和基督那個人的生存本位，是相同的一個本位。既然如此，則有若干困難，關係這個真理，尚待研究。

天主的生存本位，隨天主的本性而必然成立。同樣，人有人性，則隨之也有人生存的本位：一性一位，是物體之公律：因為，凡是物體，既有神智或理智的本性，又有實體自立的生存，則有其自立生存的本位。這正是「本位」的定義。是以，物體有靈者，都是一性一位。如說某某物體，卻是兩性一位，則不見得怎樣是可能的。這就是困難之所在。

為解除上述的困難，不同的人供獻了不同的意見。其中歐提格，為保存基督生存本位的單一，反駁乃斯多略，遂主張基督只有一個本性。但同時又主張：天主性和人性，未結合以前，是兩個不同的本性；既相結合，則共成（基督的）一個本性。如此，基督是一性一體，故此也是一位，生於兩性之合一；在其本位生存期間，卻只有一個本性，不復有兩個本性之可分。（兩性雜揉而混合）。

加爾西東公會議，罰禁了這個意見。從許多方面，可以證明這個意見的錯誤。

一證：前者（二十八諸章）證明瞭：耶穌基督，有肉身，有靈魂，又有天主性。就連在結合天主性以後，他的肉身顯然也未嘗是聖言天主性本體：因為在那以後的期間，他的肉身，仍是人手可以觸摸的，也是肉眼可以看見的，並且四肢百骸，各個器官，都有清晰的狀貌和條理。這一切都不同於聖言的天主性，詳證於卷一（十七諸章）。

同樣，基督的靈魂，結合了天主性以後，也不就是天主性：因為，在那以後的時期內，他的靈魂仍有疼痛，憂愁等等情慾和感覺，非聖言天主性所能有：詳證於卷一（章八十九）。如此看來，可見天人兩性結合以後，在基督以內，人性仍有別於天主性。聖言的天主性，是天主的本性；和人的本性——靈魂肉身之合——不相同。足證：基督降生以後，實有兩個本性。

又證：本性也叫天性，是某物叫作天然物的內在理由。物體有天生的本性，所以叫作天然物。然則，物之所以然叫作天然物的內在理由，乃是本性天生具有的性理；猶如人為的工藝品，其所以然的內在理由，也是工匠給工藝品，締造的性理：（性情條理，形式規模，都包括在內）。例如建築物，具備了房屋的性理以後，才叫作房屋；是由工程師規畫的條理；同樣，動物某某，具備了馬類天然本有的性理，才可以說是一匹馬。

所以，天然物的性理，乃是它的本性。

然則，必須肯定：基督，降生以後，確有兩個性理：可證於《聖經》。例如大宗徒，《致裴理伯書》，章二，節六—七，論耶穌基督而說的：「祂以本性實理，享有天主的生存，採取了勞役者的本性實理」。這就是說：祂有天主的性理，又採取了人的性理。「採取」是將原先沒有的某物，收納為己有，自己原有的事物，則無採取之可言。足見：天主的性理和「勞役者」的性理，不是相同的一個性理。若是相同的一個性理，天主性既是原先已有的，則不得另採取勞役者的本性。

並且不能說，在基督以內，降生成人以後，天主的性理乃受變化而滅亡。這等於說：在降生成人以後，基督就不是天主了。也不能說，人性因結合天主性而受了變滅：因為滅亡人性，不復是採取人性。然則，也不能說，兩性化合，（如同化學原素的變化合一或混雜）：因為「混雜」、「混合」、或「化合」的兩個原素，不保存真全的本體，兩者共同受到部分的損壞：因而《聖經》不可說「採取人性」，卻只得說：「採取了人性的某些成分」。

這樣說來，必須承認，依照大宗徒的話，基督，降生以後，有兩個性理。所以，有兩個本性。

加證：「性者，生也」。「性」字定名的原義，指示新生物體的生成。由而轉指物體生成的因素。再轉，乃泛指物體變動的內在因素。這樣的因素有兩個：一是物質，一是性理；所以，再進一步，性字指示自動物體的物質或性理。又因物質和性理，合組而成天然物的本體，所以「性」字的意義，也就推廣，而指示自然界任何物體的本性：通稱性體。是以，物之本性，乃叫作「物名定義所指示的性體」。（性體，猶言本性實體，或實質，也叫作本質。參考大哲《物理學》，卷二，章一）。本處的問題，用「性」字，指示最後這個意義：本此意義，吾人說：基督有人性，並有天主性。（就是說：基督同時既有人的本性實體，又有天主的本性實體）。

今如依照歐提格的主張，假設人性和天主性，未結合以前，是兩個性；既結合以後，兩性乃溶化合一，而構成了一性；必須用以下這些「一生於多」的方式之一：

第一個方式，「一生於多」，是許多單位，合組秩序的統一；例如許多家宅組成城市，又例如許多兵士，組成軍隊。

第二個方式，是「秩序和結構的合一」：例如房屋的許多部分，（磚瓦，石，木）；及牆壁，連結起來，構造成一所房舍。

以上這兩個方式，不足以由許多物體，建立成一個本性實體。以秩序或結構為性理的物體，不是本性天生自然的物體。它們的統一，也就不能說是「本性實體的統一」。（它們的本性不是本性，而是許多本性不同的物體，湊合起來的秩序或結構）。

第三個方式：是一個物體，生於許多原素的化合：例如自然界的（礦類）形體，是（火、氣、水、土）四原素，化合而成的。這個方式也完全無益於本題。

一因原素化合，只限於物質相通，並且天生彼此能交互動作以相變的物體。為本題，全不使得：因為卷一（十七諸章）已有證明：天主沒有物質，也不受變動和損傷。

二因兩物相差太多，則不相化合，而是一物受另一物的毀壞：例如一滴酒，灑在於鬥水中，不是水酒化合，而是酒性喪失。（參考大哲《變化論》，卷一，章十）。同理，爐火燒木，不可說是火木化合，而是木被燒毀：因為火力強烈，遠遠超過木料。

然則，天主的本性，超越人性無限多：因為按卷一（四十三章）已證的定理，天主的能力是無限的。可見兩性無法化合。

三因，假設兩因素化合，既合以後，如果真是化合，則原素未化合以前的本性，不能保存，合成的第三者，有自己特別的本性。（例如氫氧二氣，化合而成水）。那麼，依同比例，天人兩性化合，而生第三者的本性，既非人性又非天主性。基督，則落於神人皆非。

從此可見，歐提格的主張，不得是兩性化合而生第三性。最後只剩另一方式：就是兩性結合以後，一存一亡。那麼，在基督以內，僅存者，或是天主性，而人性盡失；或是人性而神性盡失。存天而去人者，人身虛同鬼幻，這是摩尼教派的主張。存人去天者，將天主的神性變化成人性：這是亞波梨的錯誤。前在（二十九）數章，已有辯駁。

說到最後，可以斷言，歐提格的主張，是不可能的。

又證：兩物並存，合構一物性體，方式有二、或由許多形體部分，構成一個實體：例如許多肢骸，構成一個動物。這個方式，不濟於本題，因為天主的本性，不是形體界的任何部分。或由物質與性理，構成一個性體：例如靈魂和身體，構成一個動物（的性體）。這也不能合於本題：因為按卷一（章十七及二十七）已證的定理，天主不是物質，也不會是某物的性理。既然，按前章的證明，基利斯督是真天主又是真人，所以不能只有一個本性。

添證：性體的任何因素之加減，必改變事物的種別；故此也改變它的本性：因為本性非他，惟乃種名定義所指的性體。詳說見前。是故，定義內的種別特徵，一有加減，所指的種別，則立見改變：例如動物，有理性者，和無理性者，不屬同種；猶如數目，單位一有加減，數目改變而種別自異。（參考《形上學》，卷七，章三）。

然則，性理是性體內的因素之一。性理一有加減，物體的種別及本性，也就隨著改變。所以，假設給人性加添聖言的天主性，作性理，則產生不同種的另一個本性。基督的本性，也就不得是人性，而是另某一性：如同形體，加上靈魂，則有另一本性，不同於沒有靈魂的形體。

還證：性不同，則種不同：例如人和馬。今如假設，基督的本性是神人兩性之合，則不同於眾人：故與眾人不是同種。這是不合於《聖經》的。例如大宗徒，《致希伯來書》，章二，節十七說：「祂應在一切事上，同化於眾弟兄」。

另證：性理與物質，合構種名所指的一個性體：種名能作賓辭稱謂同種現有和能有的許多個體：專指其種名所指的實理。所以，假設天主的神性，作性理，降臨於人性，兩性化合，必生另一種名所指的公性：能為同種許多個體所分領以為秉賦：（則有許多基督：同屬一種）。這顯然是錯誤的，因為耶穌基利斯督，是獨一無二的；是天主也是人。足證：基督有天人兩性，不合成一性。

加證：歐提格的主張，似與信條不合。既說，兩性未結合以前，分是兩性，則是說，基督未降生成人以前，已經有了靈魂，或肉身，或兩者都有。前面（三十及三十四）數章，證明瞭這是錯誤的。未降生以前，基督只有天主性，沒有人性，故此也沒有靈魂或肉身。

第三十六章　基督有兩個意力

此外，有人主張：基督只有一個動作，和一個意力。例如安調格城（Antioch）的總教長，馬開路。（參考滿西，《公會議彙集》，卷十一，三五〇欄；君士但丁堡，圖羅公會議；史稱「第六次大公會議」，實錄，第八章。時在六八〇至六八一年間）。這樣的主張，也和前章反駁的主張，似有同樣的下場。（理證如下）：

一證：物物各有本性，乃有本性特殊的動作：因為物之本性，定於性理，因其性理而有種別。性理卻是動作的因素和始原。是以，物有不同性理，則有不同的本性；這樣，也就有不同的動作。如果基督只有一種動作，隨之則只有一個本性：這正是陷入了歐提格異端的覆轍。（用反證法，反回去，足證對方的前提錯誤）。

又證：基督有完善的天主性，因而和聖父共有一個實體；同時也有完善的人性，因而和我們人類，同屬一種。然而，按卷一（章七十二）已證定理，性體完善，必需具有意力：是以，天主有天主性的意力；同樣，人也有人性的意力；並因有意力而有自主自決的選擇能力。足證：基督，既有人性，又有天主性，則有本性不同的兩個意力，（和兩種動作）。

還證：意力是人靈能力的一部分；如同智力也是一樣。今如假設，基督只有聖言的意力而別無其他，同樣也只有聖言的智力而無其他，則重陷於亞波梨的覆轍，（回閱章三十三）。

加證：假設基督只有一個意力，必須是只有天主性的意力：因為天主性的意力是聖言永遠固有的，不會失掉。然而，行善立功，不是天主意力的本務：因為「立功」是追求優點的增進，屬於本身不完善的主體，（非天主所得從事）。這樣說來，基督受難，為己為人，全無功德可言。這是不合《聖經》的。因為，大宗徒，《致裴理伯書》，章二，節八—九，說：「祂作事服從聖父，聽命至死……就是為了這個功勞，受了天主的舉揚；（天主賞賜祂一個崇高的名義，超越諸名之上」）。

另證：人有意力，始因之而有自主；並有異於禽獸。人獸之別，也在於有無自主。（自主是理性意力，自由裁奪的選擇力）。今如假設基督沒有人性的意力，祂就也沒有人性的自主，遂無異於沒有自主的禽獸。祂的行為也就全無功德，可讚美，或可效法之可言。《瑪竇》，章十一，節二九：「耶穌說：你們要學習我的良善心謙」。《若望》，章十三，節十五：「我給你們樹立的表樣，供你們作事效法」。這樣的《聖經》名訓，（按對方的假設），全失去了意義。（足證對方的主張不合《聖經》）。

添證：一個人，本體單純，本位至一，但有許多意願和行動：由於本性有許多因素和能力，從略分述之：

人有理智，故有意力；又有學識，故有情慾，或愛或憎；並且還有（物質原素的）自然傾向，故有許多自然動力。同樣，眼能看，耳能聽，腳能走步，舌能說話，心智懂曉物性事理：凡此一切，都是不同能力，各有不同動作。詳察其理，則知：動作分類，不但根據主體不同，而且也根據一個主體所有的許多能力，互不相同。

然則，天主和人，本性相差，距離甚遠；非人性所有許多自然能力，相互差距之可比。所以，基督一位，既有兩性，故有兩個意力和兩種動作：一屬天主性，一屬人性。

又證：《聖經》名言的原文，明證基督實有兩個意志。例如《若望》，章六，節三八；記載基督自己說：「我從天上降下，來到人間，不是為實行我的意志，而是奉天主派遣，承行天主的意志」。路加，章二十二，節四二說：「勿行我志，惟願爾旨成行」。這樣的話，證明基督心裡，有聖父的意志；並在以外，還有自己本人的意志。顯然，祂有天主的意志，因為祂和聖父，共有一個天主的本性，故此也和聖父共有一個天主的意志。那麼，加上祂本人固有的人性意志，則是共有兩個意志。

意志如此，動作亦然。《若望》，章五，節十九，記載基督自己說：「凡聖父所作的不拘什麼事，聖子也無不同樣去作」；(惟以對外行動為限)；證明基督和聖父共有一個動作。然而眾福音記載基督人性作過或忍受過的許多事，例如飲食，睡眠，飢渴，及同類的其他動作，又明證這些動作是基督本人私有的，非聖父所能共有。所以，基督所有動作，不只是一種；(而是神人兩種)。

考察來源，對方的主張，似是來自「一心一意」等類辭句的誤解。

分析起來，「一心一意」的「一」字，能有兩種不同的意義；一指本體單純的至一，二指系統或秩序的合一。對方的人們，看見基督人性的意志，完全服從天主的意志；甚以至於除非天主聖意安排，基督單靠人意，什麼事也不作：上下保持主從間秩序的合一。

同樣，基督人性的動作，或施行，或遭受，也無非是承行天主意旨。《若望》，章八，節二九，「我常作中樂聖父的事」。

加之：基督的人性動作，由於結合天主，而有特殊的神效；猶如（物理），下級作者，由於上級推動，而生出自力不足以達到的超級效率。依同比例，基督的一切行動，或作事，或忍苦；都由於結合大主，而有救世的神效。為此理由，狄耀尼，將基督人性的動作，叫作「天人動作」：就是說：「天主而人的動作」：也就是「天主和人的動作」；因為那些動作，是人性的，同時又有天主性的神效。

在這些動作裡，基督的人性意志，依照不會有分毫差錯的秩序，服從天主的意志，從事於天主發動的工作，儼然「一心一意」。對方諸人，有鑒於此，乃誤認基督只有一個意志和一種動作：殊不知那裡的「一」字，不過指示兩個意志間的「同心同力」：是秩序的合一；不是本體單純的至一。對方的誤解，生於「單一」及「合一」的混淆。

第三十七章　基督兩性一位，本位至一

此外，又有些人主張：聖言（降生成人），採取了人性的靈魂和肉身，是用了實體採取附屬品的方式，如同人採取衣服，穿在身上；和衣服不結合成一個生存的單位。他們的用意，是避免歐提格的錯誤。回閱前數章的討論，得以明見：依照信德道理，基利斯督只是一個生存的單位，同時卻有兩個本性，適與乃斯多略和歐提格諸人的意見相反。但「一位而兩性」之說，不合於人本性理智的經驗。為此，有些後進的神學士，乃提出了以下這樣的議論：

靈魂肉身，合構而成人。此某靈魂和此某肉身，合構乃成為此某人。「此某人」，指示「人性生存的本位和單位」。他們不願被迫而承認基督有兩個生存的單位，遂主張：基督實有的靈魂和肉身，沒有合成一個實體，故而也沒有在聖言的生存本位以外，建立人性生存的另一單位。這樣說，就以為可以避免乃斯多略的錯誤。

他們又想：兩物合成一個實體，一方原有的本性，不因而受到變化，是不可能的。然而，聖言（的本性）是完全不能受到變化的。聖言的本性是永遠固有的；所以，降生成人而採取了的人性靈魂和肉身，不能屬於聖言的本性，也不能和聖言結合成實體的連合。於是乃主張：在基督以內，人性的靈魂和肉身，

（不但彼此沒有合成人性實體；而且）和聖言的天主性，也沒有實體生存本位的連合；但不過只有附性表面的連合，如同衣服穿在人身上一般。

然而，以上這樣的主張，和信德道理，完全相反。

一證：靈肉相合而成人：性理結合於物質，而構成種名所指物體的本性。（靈魂與肉身，乃性理與物質之比）。假設基督的靈肉沒有合成一體，則基督不是一個人。這是相反《聖經》的。大宗徒，《致狄茂德第一書》，章二，節五，聲明說：「天主和人類之間的中人，是這個人：基利斯督耶穌」。

又證：吾人每位叫作人的理由，在於每人的實體是由靈魂與肉身合構而成的，（「人」字、種名，定義原是如此）。今如假設基督叫作人，但不是由於那個理由，則是有人之名，而無人之實，和吾人不是同種；「人」字便是同名而指異的。這卻是違反《聖經》的：因為大宗徒，《致希伯來書》，章二，節十七，聲明基督，應在一切條件上，同化於眾弟兄。

還證：不是一切形體都可屬於人的本性，只是人類的身體。一個身體，非由結合於有理智的靈魂而賦有生命，則不得是人類的身體：甚至眼睛、手足，或骨肉，喪失了靈魂，則是有名無實的死物。（參考大哲《靈魂論》，卷二，章一）。所以，聖言採取的身體如果和靈魂沒有結合，就不得說是採取了人的本性實體。

加證：人的靈魂，依其本性，能結合於肉身。總不結合於肉身以構成某人實體的靈魂，不是人類的靈魂：因為不合常性的例外，不能常久。（參考，大哲，《天體及宇宙論》，卷二，章三）。如果，基督的靈魂不結合於其身體以構成某一實體，自非人類的靈魂。這樣說來，基督也就沒有人類的本性。（這是相反《聖經》的）。

另證：假設聖言只是附性表面結合於靈魂肉身，如同身穿衣服，則其本性不是人的本性：（猶如身體的本性不是衣服的本性）。所以，聖言在結合於身體以後，不是一個單位生存於兩個本性以內：猶如人穿衣服，也不得說是一個實體單位生存於兩個本性以內。（就是不得說一個實體生存的單位由兩個本性建立起來）。歐提格的主張，卻是如此，是以遭受了加爾西東公會議的處罰。

又證：人將衣服穿在身上，衣服受傷，不是身體受傷，人穿衣服，也不是人的出生。假設聖言採取靈魂肉身，如同人穿衣服，則不得因此而說是天主降生受難。

還證：假設聖言採取人性的目的，只是如同衣服的裝扮，供人觀瞻；則無理由採取人眼看不見的靈魂。（作無理由、無目的之事，不合於聖言的上智）。

加證：根據以上的說法，聖子採取人性的肉體，和聖神發顯時採取了鴿子的形象，沒有兩樣。這顯然是錯誤的。因為，《聖經》不說「聖神降生成鴿子」，也不說「聖神小於聖父」；卻說「聖子降生成人，在人性方面，小於聖父」。（《若望》，章十四，節二八）。

又證：留心審察，得見這樣的主張，必定生出許多異端共有的謬誤。說天主聖子，附性的表面，結合於靈魂肉身，如同人穿衣服；無異於乃斯多略，主張聖言結合人性，只是天主居住在人以內：（用人作宮舍）。天主用人作衣服穿，不是用身體的接觸，而僅得是用聖寵居住在人心內。

又說聖言結合人性的靈魂肉身，只有附性的連合；無異於歐提格的主張：聖言結合於人性以後，不是一個單位生存於兩個本性。無任何實體，生存於附性連合的某物以內，而靠它建立起來。

又說靈魂不和肉身結合以建立某一實體；一部分無異於亞留及亞波梨的主張：基督的身體沒有理智的靈魂；一部分卻無異於摩尼教的謬說：基督不是真人，只有人的幻身，（回閱章二十九）。因為，靈魂若沒有結合於身體以構成某一實體，基利斯督就是貌似常人，只有幻影的相似，不真有人靈肉合成的實體。追究原委，以上這樣的錯誤主張，生於誤解經言。大宗徒，《致裴理伯書》，章二，節七、「依生存和行動的方式，呈現人類的實體」。如同衣服的裝扮，呈現人的身分。這裡「呈現」二字，是象徵辭，指示不出所要象徵的一切條件。聖言採取人性，以呈現其天主性，如同人穿衣服，以呈現其身分，指示其呈現的作用，但不是否認聖言結合人性，也是一實體性的連合，不只限於附性的表面連合。

第三十八章　基督一位不是兩位的連合

又有些人，為避免上述的不便，進而主張，基利斯督有兩個實體的單位，卻有一個生存的本位。

他們說：吾主耶穌，基利斯督，有靈肉合成的人性質體；這個實體是單獨自立的實體，故此祂有人性實體單位；同時祂也有天主聖言的神性第二位實體，也是一個實體單位：所以一個基督，有兩個實體單位。但兩者連合起來，是連合在聖言神性生存的本位上；不是連合在本性上。所以兩個本性不同的實體單位，連合成一個生存的本位。由於生存本位的合一，人和聖言的一切，都可給人作賓辭。兩者也可互為賓辭：例如說：「天主的聖言是人」，就是說：「天主聖言的本位，是人的本位」：反說亦然：「人的本位是天主聖言的本位」，就是說：「人是天主」。依同理，用人的賓辭，來形容天主，也無不可，反之亦然；惟需言外暗含「重申短句」，標明本位唯一；例如說：「天主受難」；暗含的意思是說：「人，因本位同天主是一個，故此是天主，並且受了難」。又例如說：「人造了星辰」，意思是說：「天主，因為本位是人，造了星辰，故說：人造了星辰。」

然而，這樣的主張，必定陷落於乃斯多略的錯路。

一證：留神考察，則見「本位」和「單位」，名理稍異，實體相同。「本位」所指，不外於「單位」，而是「單位中的一部分」：因為「本位」所指，無非是理智實體之單位。凡是實體，有理智能力，又有自立生存，是一個自我肯定的單位，便叫作「本位」。這是名哲、鮑也西，給「本位」指明了的定義。「單位」和「本位」的分別，只是「一個」和「一位」之間的分別：「一個」，泛指任何一個自立的實體；「一位」，卻範圍狹窄，專指有理智的自立實體：（例如說：「一位天神」，「一位人物」，「一位大人」，等等。可見兩者的分別，只在名理，不在實際：是以普通言談，「單位」，「本位」，往往通用）。

本此定義，凡是人性的實體單位，都是一個實體生存的本位：（都是自我肯定的一個本位）：因為人性有理智。反之，許多實體，沒有理智，故此，（不會自我肯定），只是一個生存的單位，而不足稱為生存的本位：（就是無資格是一位自我。「本位」，也就是「我位」。自我本位的建立，按上述的定義，需要兩個因素：一是理智的性體，二是單位自立的生存；缺一則不可）。

假設按對方的意見，只需靈肉的結合，構成基督生存實體的單位，結果也應建立起祂自我的本位。那麼，基督便有兩個自我的本位：一是新建立的人本位，二是天主聖言永遠固有的神本位。這正是乃斯多略侮辱神聖的謬論。

又證：縱令人的實體單位，不可以叫作自我的本位，天主聖言的實體單位，卻無異於其自我的本位。所以，假設天主聖言的實體單位，不是基督人性的實體單位；天主聖言的自我本位，也就不得是基督人性的自我本位。這樣對方「基督人性自我本位是天主聖言的自我本位」之說，就不得是真實的了。（足證對方自相矛盾）。

加證：退一步，假設自我本位，不同於天主聖言或基督人性的實體單位，其間的分別應是某一特加的要點，是實體單位之所無，而是自我本位之所有。這個要點不可能屬於實體範疇以內：（故此也不可能添加到實體單位以內）：因為在實體範疇以內，實體單位是至極圓滿的：叫作「第一實體」，（參考大哲，《範疇集》，章三）。

準此而論，假設基督以內天主和人的結合，是根據了自我的本位，不是根據了實體生存自立的單位，結果必是根據了實體範疇以外的某一附性特點：則其結合也是附性表面的連合，不是實體生存本位的合一。這又墮入了乃斯多略的錯路。（也是對方自相矛盾）。

添證：西利祿（聖師），《致乃斯多略書》，曾說：「聖言生於天主聖父，結合了人性的肉軀，是根據了實體單位的生存，基利斯督同自己的肉軀，也是一位：就是同一自我的本位，同時是天主也是人。這是信者公認的道理。不承認者，受棄絕」。

以上這封信，曾受厄弗所公會議的批准。許多公會議的文件，錄明這是乃斯多略的錯誤。他主張基督有兩個實體單位。

另證：教父達瑪森，《正信本義》，卷三，（章四），有過以下這些話：「我們肯定，由兩個完善的本性，合成了一位基督，不但是自我的本位唯一，而且是實體的基本單位唯一。故此我們不能讚稱天主仇敵，乃斯多略的主張」。從此可見，宣稱基督是一個自我的本位，並且是兩個實體的基本單位；顯然是乃斯多略的主張。

又證：（希臘文的）實體基本單位，和（拉丁文的）基層實體，兩個名辭所指的實義，必定都是相同的。所謂「實體基本單位」，就是各範疇的賓辭，所稱謂的第一實體。按大哲，《範疇集》，（章三。列舉賓辭，共分十總類，名曰十範疇；實體一範疇，附性（賓辭）九範疇。各範疇能收羅的各種賓辭，或實體，或附性，都以「第一實體」為所稱謂或形容的主辭。（所以「第一實體」就是「基層實體」）。

那麼，既然基督不是兩個實體的基本單位，故此也就不是兩個基層實體。

還證：假設基督以內，人和聖言，是兩個互不相同的基層實體；那裡將「人」字，放在底層，給某些賓辭作主辭，那裡就必定不可也將「天主聖言」，放在底層，給同樣的那些賓辭作主辭；反轉過去說，也不可以。實體名辭，放在底層，既然所指名理互異，稱謂它們的賓辭，也必定隨之而有不同的指義：因為上述那些稱謂天主的賓辭，不能給「人」字作賓辭，除非為了那人是天主聖言；反轉過去說，亦然：（人的賓辭，不給聖言作賓辭，除非為了聖言是人）。

照此說來，《聖經》稱謂基督而舉出的那些賓辭，應懂作兩類：一類專是人的賓辭，一類專是天主的賓辭；兩類不可交互給人和天主作賓辭。（這是對方主張，必生的結論；但是錯誤的）：違反了公會議證實了的聖西利祿的名言，「棄絕案」，第四條；會議實錄，第一章），有以下這些話：

「《四史福音》，和眾聖宗徒文牘，記載的許多言語，或眾聖稱揚基督而發，或基督稱述自己而發表者；不可分歸兩類，用以分稱兩個自我的本位，或分稱兩個實體的基本單位：就是一類專指人字狹義之所指，而不指天主聖言；另一類卻稱指天主，專給天主聖言作賓辭（或謂語），而不稱謂基督那人。這樣分類，是不可作的。作之者，受棄絕」。（足證《聖經》所載一切賓辭，凡基督之所能有者，都是天主聖言和基督那人，可以交相互有的，不得是各自專有一類而不有另一類）。

添證：按照上述的主張，天主聖言因本性而可有的那些賓辭，除非由於自我本位有的某些連合，不得稱謂基督人性之所是。他們解析語意，填註的「重申短句」，指示他們有這樣的主張。例如他們將「基督那人，造了星辰」，解釋成「基督那人，是天主聖子，造了星辰」。其他稱謂基督的論句，也都得同樣解釋。本此解釋方法，如說「基督那人是天主」，意思等於說「基督那人，依賴聖言，而有天主的生存，故是天主」。

然則，聖西利錄，（公會議，「棄絕案」，第八條），宣判了那樣的言語是不正當的：「陽瑪諾，因為是聖言降生成了人，有人的肉軀，故以其自我唯一的本位，受人光榮，並受欽崇的敬禮：既是天主，則不可謂陪同天主。故此，不可說：人性實體，既受了天主取納，故應陪同天主，陪受欽崇，陪受光榮，陪受天主聖名的尊稱：（每次加指「陪同」之類的字樣，確令聽者想去，不得不認為）那是兩個不同的自我本位，一個陪伴另一個。這樣的言語，是狂妄的。敢妄言者，受棄絕」。（假設基督人性自我的本位，不是天主聖言的自我本位。人本位，不應受欽崇，而陪伴天主聖言的本位，同受欽崇；兩位尊卑相差無限，而受尊卑相同的稱呼和待遇，是狂妄無禮的。無禮，則無理。宜受棄絕）。

另證：假設基督那人，和天主聖言，是兩個不同的基層實體，則其人性實體，屬於聖言自我的本位，只能是因為受到了聖言的取納：（兩個實體自立的單位，並立聯合起來；結果必致於肯定：基督是聖言和人並立；不是聖言降生成人：只有自我單立的一位）。

這樣的言論，和信德正確的意義，實不相合。證於厄弗所公會議，（滿西，《公會彙集》，卷四；《實錄》，第一章），裴理思，教宗和致命聖人，宣佈的聲明：「我們信：我們的天主耶穌，生於童貞瑪利亞，以其自我的本位，是天主的聖言，並是其永遠真子；不是在聖言自我本位以外，分立人性的自我本位，而受了天主的取納。天主聖子，採取了人性實體，也不是建立神人兩個分立的自我本位，而後又聯合起來；反之，祂以自我的本位，及生存的現實，是全真全善的天主，同時，降生人世，生於童貞母，而是全真全善的人」。（天主聖言，自我唯一的本位，同時既是真天主，又是真人：一位兩性。詳見下章）。

又證：物類的所謂「基層實體」，如有許多，則是純義的許多；不合稱純義的一物，但能稱為複義的一物：（例如聯組系統的一貫。言語的純義，簡單說：「某物是一物」：指其本體純一。言語的複義，加註說：「許多物合成了一系」：指示許多單位自立的本體，純義非一物，複義為一物。反之，純義為一物者，能是複義的許多物：例如一人本體，純義唯一物；複義卻能說那人兼是許多。純義指本體，複義加註附性能有情況眾多：一人兼數職）。

照此說來，假設基督，有兩個所謂的基層實體，結果乃致於必說基督，是純義的兩物，不是複義的兩物。這是瓦解了耶穌（純一的本體）。（參考《若望第一書》，章四，節三）：因為任何一物，非至一不足為物。既非純一，則非真物。（參考大哲《形上學》，卷三，章二，另版卷四）。

第三十九章　基督能有人神兩類的賓辭

審察以上（第二十七諸章）的討論，得以明見：根據公教信仰的傳授，必須承認基督有完善的天主性，又有完善的人性：祂的人性是理智的靈魂及人類的肉軀，合構而成的；也必須承認祂這兩個本性的合一，不在於天主只用聖寵的神效居住在人心裡；也不在於附性表面的結合，如同人穿衣服；也不只在於天主聖言的自我本位和人性的自我本位有什麼密切的關連，或一位把握另一位當作自己私有的特點；（也不在於兩個本性，化合成一個本性）；反之，卻在於兩個本性共同屬於一個實體生存的本位，共同屬於一個基層實體；（並因此而有生存和行動）。

只有這樣，才能保全《聖經》裡，天主降生成人的傳授之實義：因為《聖經》，不加任何區分，將天主本性所有的一切（賓辭），都歸屬於基督那人；同時也將基督人性所有的一切（賓辭，及賓辭所指的生存行動等等情況），都歸屬於天主：有如前數章已有的證明。所以，兩個本性所有的一切（賓辭），稱謂的主辭，必定指示一個自同的基層實體：就是歸屬於一個實體自我的本位。

但須注意，一個實體自我的本位，在相同的觀點之下，不能有意義相反的賓辭（及賓辭所指的生存情況）。基督一個自我的本位，實有的許多賓辭，卻是意義相反的：例如受苦難，受死刑；不能受傷痛，或受變化，並且長生不死，還有類此的許多別的賓辭；也是神人相反。從此可見，基督一位，同時有神人相反的賓辭，必定是根據不同的觀點。

這樣分析起來，可見在賓主兩辭間的關係裡，應辨別主辭之所指，及賓辭的觀點。兩類意義相反的賓辭，稱述一個主辭；這個主辭所指的實體自我的本位，是基督一個本位，只有位的單一，沒有許多位的分別。但是賓辭稱述那個本位時，所根據的觀點，卻有神人兩性的分別。

物類的特性賓辭，形容各類的每個主體，是根據各自固有的本性以為著眼的觀點：例如說：「這塊石頭滾落下降」。這裡，「滾落下降」，是個賓辭，根據石頭本性沉重的觀點，形容石頭下落的情況；「石頭」是主辭。（但又例如說「這塊石頭堅硬」，卻不是根據了沉重的觀點，而是根據了分子緊湊的觀點。實體分子緊湊者，堅硬；不緊湊者，鬆軟。可見，不同的賓辭，用不同的觀點，形容一個相同的主辭）。

本此定律，既知神人兩類賓辭，各以本性不同的觀點，形容一位基督，則必得承認基督一位有兩個不同的本性，（一是天主的神性，一是人性），兩性不可混合，也不可雜揉，或化合。更進一步，須知物類特性的賓辭，如果根據實體範疇以內某類的本性，以為觀點，而形容某一主辭，這個主辭之所指，就是一個實體自立的本位，也就是一個基層實體。

那麼，既然神人兩類賓辭，正是根據這樣的觀點，形容基督一個自同而不相分的主辭；所以「基督」這個主辭，也就必定指示一個實體自立的本位，並指一個基層實體；同時兼指基督一位，有神人兩性。由於基督那個人，是神人兩性的主體，故此依名辭的實義和本義，不但真有人類（依人性）所有的賓辭，而且也真有天主（依神性）所有的賓辭。反轉過去，從天王方面說，也是一樣，天主聖言，由於自己在基督以內，是神人兩性的主體，故此，不但有天主的賓辭，而且也有人的賓辭。（基本的理由，是在於基督自我的本位，是天主聖言自我的本位；一個本位是神人兩個本性的主體）。

由此看來，還可明見：固然可以說聖子降生成人，但不應說聖父降生成人，也不應說聖神降生成人：因為降生成人，不是天主性和人性的兩相合一，故不是人性因結合於天主性而連結天主一性兼有的三位；但降生成人，是人性受天主第二位的採取，而以這一本位為結合的據點；故此結合於一位，不一並結合於其他兩位。天主三位是互不相同的。這樣比較觀察，兩處比例正是相反：聖三的奧理，是天主一性有多位；「降生成人」的奧理，卻是一位有多性。（複言申說之：聖三的奧理，是天主一個本體，一個本性，生存於三個自我的本位；「降生成人」的奧理，卻是天主聖言一個自我的本位，生存於兩個本性本體。惟須詳辨：本體不是主體。本性本體，屬於主體。主體除本性本體以外，還有其他屬性。主體是實體範疇內的某類物體生存自立的單位，也叫作「實體生存的本位」，也有時叫作「基層實體」。基督，是一個「基層實體」，也是一個實體生存的本位，但有兩個本性本體：就是有天主和人類的兩個性體。天主的性體，是天主的生存：一體生存於三位。人的性體，是靈肉之合，和天主的性體，共同生存於基督一個自我的本位中：這也就是天主聖言自我的本位。詳見章四十一及四十二）。

第四十章　疑難

然而，這條公教信仰的道理，不是沒有困難，於是難免有若干人，相反公教信仰，攻擊「天主降生成人」的奧理，能提出以下這些理由：（需要研究，以求解答）：

一、按卷一（章二十）已證的定理，天主既不是形體，又不是形體內的能力。然則，假設天主採取人性的肉軀，結果將致於變成形體，或變於形體內的能力：這似乎是「降生成人，有人的肉體」以後，難免的後果。可見「天主降生成人，並有人的肉體」，這樣的事，是不可能的。

二、任何某一物體，如果得到新本性，則必（失去舊本性）因而受到實體的變化：因為「某物新生」的定義，正是在於「某一物質主體，受實體變化，失去舊本性，取得新本性」：（參考大哲，《形上學》，卷二，章二，另版卷一，附錄，小甲）。今如假設，天主聖子的實體本位，（是降生成人的主體），從新開始人性的生存，看來似是受到了實體的變化。

三、實體本位，如果是某類性體的主體，則不擴展到那個性體的類界以外去，反之，性體，既為某體主擁有以後，卻仍能發現存在於那個主體以外：例如一類性體，能有許多主體。（馬類有許多匹馬，個個是馬性的主體）。今如假設天主聖子的實體本位，因降生成人，而作人性的實體本位，就是作人性的主體；結果必是天主聖子降生成人以後，便不復是無所不在，或處處都在：因為（必定受局限於人類性體的界限以內），人的性體不是處處都在的。

四、一物自同，只有一個「物是什麼之所是」。這個（括弧裡的）短句，指示物之實體。一物只有一個實體。然則，各物固有的本性，乃是本性是什麼之所是：因為（按大哲《物理學》卷二，章一），物之本性是其本有種名定義之所指；（例如「人」是種名，其定義是理性動物，則「理性動物」是每個人的實體，也是每個人的本性。一物，各有一個本性，則有一個實體，並有一個生存行動的本位）。這樣看來，就可見得，一個實體生存的本位，不能有兩個不同的本性：（猶如一個單位的實體，不能同時屬於兩個不同的種：例如一個動物，同時是人又是馬）。

五、另證：沒有物質的實體，在本體構造裡，沒有主體和性體兩個因素的分別與組合；詳證見前（卷一，章二十一；卷二，章五十四）。這個定理，首先實現在天主以內：因為天主的實體不但是自己的性體，而且是自己的生存：（這就是卷一章二十二所證明的：天主的本體至為單純，不但沒有物質與性理之合，而且沒有主體與性體之合；並且也沒有性體與生存之合。天主實體的本位，乃是純生存）。

然則，人的性體，（是靈魂與肉身之合，就是性理與物質之合），不能和天主實體生存的本位相同。從此可見：天主實體的本位，不能有人性，更不能因有人性而實享本位的生存。（簡譯之，天主不會是天主實體與人類性體之合；也就是說：天主不會是人性的主體）。

六、又證：性體比較實體本位，更是單純，也更超越物質而近乎性理。因為實體本位，（在形體界），乃是性體將其本種公共的範圍，用外加的某一物質因素，收縮狹小，而建立起來的個體：（是以凡是形體界的實體本位，都是某種實體單位）。本此定理，假設天主神性的實體本位，在人的性體以內，有其本位的生存，（將人的性體，由其公共範圍，收縮到個體單位），察其詳情及後果，可以見得，天主神性的實體本位，還不如人的性體那樣單純，那樣超越物質而近乎性理。這是完全不可能的。（因為實際上，按卷一已證的定理，天主的實體本位，至為單純，極超越物質，也極近乎性理；是純理中的最純者：是生存純理所能指盡的圓滿現實：是無限純全的至善）。

七、還證：惟獨物質與性理合組而成的這些實體內，能發現實體單位和其（本種公有）性體間互有的分別：因為實體單位，是由積量限定的物質，劃分而成的塊然個體。（猶如墨經所說：體者，分也）。這樣塊然劃分的物質，不是同種公有性體和本然所包含的要素；例如（在語言裡），指劃出蘇克先生的個體，必須包含「這塊物價」；但在人種公有性體的定義和（定義所指的）實理以內，卻不得包含「這塊物質」的聲明或限定。

本此定理，自立生存於人類性體以內的實體本位，個個獨是塊然物質，積量劃分，限定起來，而構成的實體單位。天主神性的實體本位，卻不能說是這樣構造起來的。這樣看來，似可見得：天主聖言的本位，在人類性體以內自立生存，（而成為人性實體的一個單位）；不是可能的。（簡譯之：天主聖言降生成人，似是不可能的）。

八、加證：基督那人的靈魂和肉身，比較旁的眾人，效能不更弱小。然則旁的眾人，由於靈肉結合的效果，個個建立成一個基層實體，一個實體本位，一個自我的本位。但不是永遠長生的本位，所以不是天主聖言的本位。從此可見：基利斯督以內，既有人性的一個基層實體，一個實體本位，一個自我的位本位，此外又有天主聖言（神性的）一個基層實體，一個實體本位，一個自我的本位：兩性的兩個本位，現實不同；（各自單位獨立，而合成一個基利斯督：不是兩性一位，而是兩性兩位）。

九、另證：人類公共的性體，泛泛的說，是靈魂和肉身合構而成的；（不加指物質塊然的劃分和限定）；依反比例，（指定塊然的物質），確切的說：「這個人是這個靈魂和這個肉身，合構而成的。這乃是人的實體本位。然則基督有這個靈魂和這個肉身。從此看來，似可明見：這兩個的結合，也構成一個人的實體本位。這樣推論下去，結論同前：（基督是兩位兩性，不是兩性一位）。

十、又證：基督所是的這個人，但看其靈肉的合體，是一個實體；不是大公的，故是獨特的。所以也是一個實體的本位：（基督應有人的本性和本位）。

十一、添證：假設基督有天人兩性而是一個基層實體；則其人性實體無別於神性實體。是故，他人性實體的定義裡，必須兼指天主神性的實體及其本位。旁的眾人之定義裡，卻不兼含這個指義。兩處的人字，定義不同。名同而義乖，則同名不同實，故也不同種。

十二、加證：按前章已有的說明，分析起來，可以發現，基督含有三個要素：就是肉身，靈魂，和天主的神性。然而靈魂崇高，不是肉身的基層實體；大相反，卻是肉身的性理。依照這樣的比例，天主的神性，更不得是人性的基層實體；也正相反，（應超越人性），對於人生，發生「性理超越物質」，比例相同，境界更高的關係：（既非其基層實體，故也非其主體，更非其實體本位之一了）。

十三、另證：某物生存圓滿以後，外加的其他一切，個個都是附性的添加。然則，天主聖言，無始無終，永遠長生，圓滿無時或缺；這樣以後，又採取了外加的肉身；所以是附性的添加：（互有附性的外表連合，沒有實體深深的結合：構不成自我本位純一的實體）。

第四十一章 解難

為研究解答上述的這些疑難，應從高處著手。

回憶上面（章三十五），歐提各主張：天人之合，合在本性；（章三十四），乃斯多略卻主張不在本性，也不在自我本位，（惟在聖寵）；（章三十九），公教信仰卻堅持：不在本性，而在本位。是故，似乎必須《先知》：合在本性是什麼？合在本位又是什麼？

「本性」的說法眾多：

「性者，生也」，生物出生，是性字源初的本義，轉指物體出生及活動的元始；又指形體內的物質與性理：（這兩個因素，是物體生存行動之所依據，有時都叫作物之本性）。又有時，物體「是什麼之所是」，也叫作物之本性，包含種名定義所指整體必需具備的一切要素；另名「性體」；（其定義，是種名所指物性之本然）；本此說法，吾人嘗說：人類大眾公有的性體，是「人」字種名所指的人性；其他各種物體的「種名」，同樣也指示其本類的物性。（例如「馬」指「馬性」及「馬是馬之所是」。凡種名所指物之本然，都可叫作性體）。

本著「性」字所指「性體」之實義，任何某一種名定義所指整體必備的內在因素，合起來，構成某物之性體，便是「合在本性」：例如人的靈魂和肉身，結合起來，構成「人」字種名所指的動物之本體：靈肉之合，便是「合在本性」；凡種名所指性體因素之結合，也都可一律叫作「合在本性」。（猶言：合起來，構成一物之本性）。

然則須知：一物性體建立完整以後，不能結合異性因素而構成另一本性，除非解散自己本種原有的性體。因為種名所指的性體，在物類中排列起來，如同數目，逐一遞進，單位加一或減一，種性必隨著改變。例如「有靈魂的實體」是「生物」；加上「有知覺」，便形成另一種：「有知覺的生物」是「動物」；動物是生物，植物也是生物，但在生物的公類中，動物和植物，不是同種。（兩種之間的分別，在於性體中有無知覺能力）。

種界內的實體單位，卻能在性體完備以後，另有附加的因素：例如蘇克或柏拉圖，穿戴衣帽，或膚色潔白；或某人手生六指，或其他類此的附加事物。是故，無妨某些因素，結合起來，合在單位，而不合在性體；例如「人性」、「白色」、「音樂」，指示三種不同的因素，同在蘇克一個單位中，構成所謂的「主體之合一」。

實體範疇或種類中的單位，叫作「實體本位」。有理智的實體本位，叫作「自我本位」。凡主體合一的一切因素，既共屬一個主體，按理說，它們的合一，都宜叫作：「根據實體本位而有的合一」；或者，更狹窄一些說：「是根據自我本位而有的合一」。

照此看來，乃得明見：本性不合一的某些因素，無妨根據實體本位，或根據自我本位，就是根據主體自我的本位，而互相連合起來：合在本位；不合在本性。

回憶（前數章所述往代）異端各家，一聽說在基督以內有天主和人的結合，講解註釋，捨棄真理的正道，分走方向互異的歧途：有說合成一件者，例如亞留及亞波梨，主張天主聖言給耶穌基督的肉身，充任靈魂；或充任神智，（回閱章三十二諸章）；又例如歐提各，主張未降生以前，天人兩性；既降生以後，兩性合成了一性。

這樣的主張，包含著自我衝突的荒謬。顯然天主聖言的本性，無始無終，永遠純全，完善至極，完全不能遭受毀亡，也不能受到變化。是以，不可能結合異性，而構成一性：所以既不能結合於人性，也不能結合於人性的某一部分，而合成另一個本性。

另有些人，既見前論荒謬，乃背馳極端，倡言天人之合，合以附性方式。是以，乃斯多略主張基督的人性，是天主聖言的宮殿，供聖言居住；或是說人性如同衣服，作天主聖言降生人間的裝扮。他們不說「人性是天主聖言的附性」：因為他們承認聖言是真天主，依照卷一已證定理，不會收容附性而作其主體；並且也承認，人性，指示性體，屬於實體之類，不屬於附性之類，故不能是任何主體的附性。但是他們卻說：「天主聖言和人性的結合」，是「附性方式的結合」：如同是兩個實體的偶然連合：例如方才說的：人性實體，充作聖殿或服裝，供聖言居住或穿戴。兩個實體，各是一個單位，各有各自的生存本位：故說一個基督，共是兩性兩位：例如聖殿自是一位，（猶言一座），其中居住的聖言，又是一位。（這是不適宜的）。

於是，有些人主張聖言採取了人性的整體，沒有實體性的結合；就是沒有把人性的靈魂和肉身，結合成人性的實體；這樣基督的人性不自成一位，卻只有聖言一位，用人性的靈魂和肉身，作自己的面具和服裝：打扮的像人一樣。這樣說來，他們就認為可以肯定：基督是一位而有天人兩性；兩性的連合，乃是附性方式的連合。人性和聖言的連合，不是「附性與主體」的連合，而是「兩個主體，例如衣服和人身，附性方式的表面連合」。這樣的意見，仍是仿效乃斯多略的主張：和它大同小異。

上面，前數章裡，（從章三七開始），破除了上述這些異端人的意見。證明瞭基督以內，天主和人的結合，既非兩性溶化而合鑄一性；又非兩個實體，附性方式的表面連合；如同住房屋或穿衣服。所以，必須主張：天主聖言和人性的結合，是「合在本位」；就是說：天主聖言降生成人，將人的性體，採納為自己本位的人性，並在人性以內，實有自己神性本位的生存；由而能說：那個身體，真是天主聖言的身體；同樣，那個靈魂也真是天主聖言的靈魂；並且天主聖言，是真天主，也是真人。

這樣的結合，是一端奧理，專靠人性理智，不足以解釋完善；但能依照吾人理智的能力和其限度與方式，竭盡可能，提出一些說明，為建設信德，保衛信仰，並為抵制不信者的攻擊。（為說明這個奧理的奧妙，只有「比擬法」可用：採取慣見的事實：察考它們和這個奧理近似的各點；異中求同，同中加深，庶可比擬於萬一）。

徧察宇宙萬物，即可發現，和這個天主與人性的結合，最近似者，莫過於靈魂與肉身的結合。

又按聖奧斯定，《駁費理謙》，（章十二），所說：假說依照某些人的主張，人類大眾共有一個神智，則其結合於每人，將更近似於天主和人性的結合：因為這些人主張，人體未生，神智先有生存，人體降孕於母胎以後，神智乃結合於胎兒，兩者合構而成一個自我的本位；如同吾人肯定：先有生存的天主聖言，結合於（胎生的）人體（實體），合成一個自我的本位。

是故，聖亞建修，（另音：亞大納削），在所著信經裡，聲明說：「如同理智的靈魂和肉身（的結合）是一個人；依同比例，天主和人（的結合）是一個基督」：極言兩種結合方式的近似。（然則，近似不是盡同，深察詳情，去異求同，則可比擬本題）：

靈魂結合肉身，互生兩種不同的關係，一是性理結合物質，二是主動結合工具。它和天主與人性結合的似點，不在於第一種關係；因為由這樣的關係，性理與物質結合成種名所指的性體；天主與人的結合，卻構不成任何一個種名所指的性體：不是「合在本性」；所以其似點，只剩在於第二種關係：靈魂結合於肉身，猶如主動者結合於工具：構成一個行動的單位。

古代許多聖師，贊同這樣的比擬方法：確曾肯定基督的人性（實體）是天主神性的工具：如同肉身也被肯定是靈魂的工具。（然則，「工具」也有是種意義，各不相同，不可不明辨其同異，以求擬似之切近）：

原來，肉身及各肢體是靈魂的工具，外間物體也能是它的工具，兩種工具，內外軒殊，關係不同。（前者叫作器官，後者叫作器具），靈魂用手當工具作出行動，也用刀斧當工具作出（木匠）種種工作；手是器官；刀斧卻是器具。兩種工具的異點在於：刀斧等外在工具，是許多人可共同運用的器具。手足等內在工具，卻是這某人有這某人自己固有的手或足，專供這這某人靈魂的調動：是這某靈魂天賦而有的器官。為此說：器官是靈魂結合的，也是一人獨有的工具。器具卻是外間物體，並是眾人共用的工具。（兩者的分別，非同小可）。

依照工具的分別，乃能看到「天主和人的結合」，也分兩種：眾人都是天主的工具，供天主運用，作天主的工具；按大宗徒，《致裴理伯書》，章二，節十三、「我們中間，行動的意願和成功，都是天主為了意旨的仁善，而行成的」。（回閱卷三，章六十七，及八十八）。然而耶穌和眾人不同。眾人是天主外間分離的器具，受天主推動，不只作天主自己本有的工作；而是作理智本性全人類共同能有的許多工作，例如智力曉悟真理，意力誠愛至善，及公義，等等理性的行動。

基督的人性（實體）作天主的工具，卻與眾人不同：既受天主採用，乃受天主運用，作惟獨天主本位能有的種種工具，例如滌除人罪惡，用聖寵的光明，照耀人心智，引領人，追求永遠長生的至善。如比兩相比較，基督的人性是天主本位連結而固有的器官，比例同於手足之連結靈魂，是天主的活器官。

某物甲是另某物乙本性固有的工具，是乙的活器官，而乙卻不是那甲某物的性理；這並不乖違自然界事物的常性。依照我們慣見的自然情況，主動者運用其本性天生的工具，不必是那工具生存現實的盈極因素。例如人的神智，按大哲《靈魂論》卷三，章四，不是人身體任何部分的盈極因素，卻因人身體的器官，作神智獨有的動作：例如用人的唇舌，作自己本性固有的器官，充任言語的工具。唇舌的性理，不是神智，而是靈魂的生機；不屬於神智，而屬於覺性。（神智之性，和器官的覺性，不屬於一個生力）。

又例如手生六指。這第六指，不屬於人種本性之所應有；但由於物質的孳生而屬於某人的身體，並是那人靈魂的活器官。如此比較起來，可知無妨肯定：基督的人性也是這樣結合了天主的聖言，充作聖言連結不分離的活器官；人性不屬於聖言天主性之所固有；聖言也不是人性的性理和靈魂；然而人性卻屬於聖言神性本位之所固有：屬於其本位，不屬於其本性：（異性不相屬。兩性屬一位）。

然須留神，上述的這些比方，粗得其似，而非盡同。天主聖言，結合人性，高深密切，非可比擬，決非靈肉或任何器官之可及。假設聖言，憑藉智力，結合於人性整體，其深密程度，則更見得高於人言所能比擬。固然，天主聖言，以其效力宏深，滲透萬物，貫徹一切，如其保存萬物，並且負載萬物；但因萬物中有靈智的物類，真正能分享聖言的生存，實享聖言的美善；互有同類相親的姻緣；是以聖言與之結合，也能深密卓絕，更難言語形容。

第四十二章 聖言與降生

從此看去，還可見得，天主聖言的本位，採取人性而降世，極相適合。（理證如下）：

一證：採取人性而降生的目的，是救贖人類；人類得救的終極幸福，在用靈智欣賞第一真理。為了這雙方的理由，天主降生，應用其聖言，採取人性：因為聖言是用「靈智光明放射」的方式，出生於天主聖父。

又證：比較觀察，可見聖言和人性，同類相親，姻緣至極密切。人因有理智而得其本性之所以然。聖言和理性卻互有同類的親近：是以希臘（《聖經》原文），聖言叫作「邏格思」，（字源同於邏輯），和（拉丁文的）「理性」二字，意思相同；兼指「理論」與「理智」。那麼，聖言既是理智，則交結（人類）理智的性體，極為適合。

是故，《聖經》用「肖像」一個類名，既稱呼聖言，同樣也稱呼人類。例如大宗徒，致閣羅森第一書，章十五，稱揚聖言是「天主無形的肖像」；章十一，節七，稱讚人的尊貴，也說「人是天主的肖像」。足證：聖言和人同屬於「天主肖像」之類。兩相類似之點在於共有的理性。

況且聖言不但和理智的性體，而且公共的說，和宇宙間每一受造物，都有一些「同類相親」的理由：

因為聖言一理，包含萬物眾理；如同藝術家，在自己神智的思想中，懷抱著所作一切藝術品各具的眾理。本此關係，宇宙萬物，莫非聖言含蘊萬理之宣示和表現：為此，《聖經》也說天主是用聖言造成了萬物。（若望，章一，節三）。

總結全論，聖言結合於受造物，就是結合於人性，是適宜的。

第四十三章　基督人性與聖言

既知聖言採取人性，是將人性收納於聖言至一的本位中，如前論之所證明；（回閱章三九）；則知其人性，在未結合於聖言之時，不預先存在。（理證如下）：

一證：性體非在個體以內，則不能預先存在。本此定理，假設那個人的性體，在未結合於聖言之時，預先已有存在，則必是一獨立的個體。人性的個體，既是人類生存的一個單位，故是人性的實體本位，也是自我的本位，為此乃應承認那個人性，在未受聖言採取之時，自己預先已是一個實體生存的本位，也是自我生存的一個本位。

從此，分兩路想去，那個人性的實體本位，既受聖言採取以後，或仍然繼續生存，或應停止生存。如說他仍然繼續生存，則在一個基督以內，應說有兩個實體本位，並有兩個自我的本位：一位是聖言，另一位是那個人。這樣的結合，就構不成一個本位。這是相反信德定論的。

然則，假設既受採取，則停止生存；這樣的事件，非本位死亡，不會發生。所以，那位人，一受聖言採取，便因而死去，並淪於腐化：本位既死，性體無以殘存。聖言結合於人性，就是不可能的了。

這樣，兩路分說，都說不通。足證：天主聖言採取人性，合於本位，不能是採取預先存在的一位人物。（反之，人性，一受採取，乃合於聖言的本位，並因而開始生存）。

況且，人的本性，需要生於人道；人先有生存而後被聖言採取，則其出生，不可說是聖言降生成人的出生；童貞聖母也就不得稱為聖言之母。這乃是減損了「聖言降生成人」的真義：因為祂降生成人，依對方的假設，沒有經過「人本性固有的誕生方式」。這是不合於公教信仰的；因為公教信仰，根據大宗徒致《迦拉達書》，章四，節四，肯定天主聖子降生成人，生於人類的母胎，於是公認聖子在一切事物上，和吾人的本性相同，但是沒有罪汚。（參考《希伯來書》，章四，節十五）。可見：聖言降生，採取預先存在的人，是不合宜的。

由此觀之，還可見得，聖言結合於人性，是在降孕的最初之頃。因為，聖言降生成人，既然必須經過人本性固有的誕生過程，則其降孕，依同比例，也應經過人性的降孕方式。依照本性自然的秩序，人不先降孕（於母胎），則無以誕生。今如假說，那個人的性體，尚未結合於聖言，先已降孕於母胎，不拘所處境況如何，則其降孕，無理由說是天主聖言降孕，而成為人性的始胎。（始胎方孕之初，果非人胎；則聖言降生之時，也非誕生為人）。故此，聖言結合人性，必在始胎方孕的最初之時；（以此，方能保全祂降生成人的真義）。

又證：人的生育，發展動力，目的在於給某一固定的人物單位，成全其本性實體。今如假設天主聖言採取人性，不在始胎降孕之初；人性生育的動力，尚未結合於聖言，必定按人本性進行，追求其自然終向，建立人性實體的單位，就是生育成人類中的實體本位，也就是生育成人的自我本位；然後，結合於聖言，卻應將生育的進行，全部轉向天主聖言的實體本位，為使其自我的本位，誕生成人。這樣合算起來，其中生育的過程，不是一個，而是兩個：就是生育了兩個實體的本位：也就是生育了兩個自我的本位。（並且是先後相繼）。那樣的生育過程，失去了始終一貫的形式。顯似不合自然。足證：天主聖言，採取人性，不應在始胎既孕之後，但宜在始胎方孕的最初。（彷彿雄精入卵，常在始孕之初。生育的動力，在這裡，是天主聖神，發起童貞母胎的孕育。天主聖言，就是入孕的種籽。自然應在始孕的最初之時）。

又證：始胎入孕，是以誕生為目的，這是人類生育的自然定律；本此定律，誰入孕，誰就誕生：前後是相同一個，不是兩個，是以，天主聖子，既然誕生為人，則應入孕為人；始胎於成之時，已是「天主而人」的一位，不是「純人而非天主」。

第四十四章

從此，更進一步，得以明見，在（天主聖言）始胎入孕的最初之時，理智的靈魂便已結合了肉身。

一證：天主聖言，藉著理智的靈魂，採取了人的肉身。若非為了人有理智的靈性，人的肉身不比其他形體更可採取。（回閱章四十一）。是故，天主聖言未曾採取沒有理智靈魂的肉身。既然祂採取肉身是在始胎方孕的最初，所以理智的靈魂也是在那最初的時刻，結合了肉身。

又證：生育程式中，最後之所生成，乃是最初之所始孕。這是必須承認的定律。然則，生育最後之所生成，乃是至極完善的一個實體，乃是一個新生實體的單位，在人類，則是一個實體的本位，也是一個自我的本位。人自我本位的建立，必需有理智的靈魂和身體，作先備的因素。既承認了新生的人，有其自我的本位，則不能否認他也具備了肉身和理智的靈魂。

然則，基利斯督、那個人、自我的本位，不是別的，乃是天主聖言自我的本位。既然、天主聖言結合於肉身，是在始胎初孕之時；所以，同時那裡也就有了那個人自我的本位：故此，必須也同時已有理智的靈魂。

況且，聖言是萬理和萬善的元始與泉源，不宜結合於性理不備，或性體不全的任何事物，形界的物體生存，未有靈魂以前，都是性理未備，性體未全的：故非聖言之可結合。是以，必須在始胎初孕之時，那個靈魂就結合於肉身。

由此觀之，也可見得，既然天主聖言不應採取性理未備的任何事物，則其入孕之初，採取了的那個肉身，已是性理全備的。

然依同理，靈魂也需要有適當的物質，如同任何其他物類的性理一般：（物有什麼性理，便也有什麼物質：猶言，物有此理，必有此氣）。為靈魂適當的物質，卻是有器官組織的身體：因為「靈魂是物質界自然的、有器官的、並有生活潛能的形體，為實現其潛能，而有的盈極因素」；（參看大哲《靈魂論》，卷二，章一、盈極因素，也叫「第一現實」；回閱本書，卷二，章六十一，七十二，及八十九）。

那麼，按方有的說明，既在始胎方孕之初，靈魂就已結合了肉身，那個肉身也就必須是在同時已有了性理和器官。

並且，依照生育的程式，理智的靈魂尚未進入以前，肉身已經先有了器官的組織。是以靈魂既有以後，不能不有器官先已組織成就。

體重適度的增長，在後，靈魂進入肉身，在前：這是與理無礙的。（何況，這乃是自然發育的程式）。這樣，關於聖言採取了的那個人，也應認為他的身體，在始胎方孕之初，性理已備，器官俱全；但其體量，尚未發育到適宜的程度。

第四十五章　童貞母

由此可見，基利斯督那個人的誕生，必定是生於童貞的母胎，沒有人類本性自然的種籽。一證：男人的種籽，是人類生育的施動因素；它的重要，在於它有發動的效力和任務。但是，按（前章）已有的說明，發啟基督身體生育的動力，不可能是人類本性自然的動力：因為本性動力，為成全身體的形成，需要時間，不是立刻成功。然則，按（前章的）證明，基督的身體，章在始孕之初，就是理性全備，器官俱全的。足證其生而為人，沒有用本性自然的種籽。

又證：任何種類動物的生育，都是雄精，（作種籽），攫取母胎供給的質料，其目的儼然是雄精動力，因母胎的資料，補充雄精，為能達成生育的目的；是以，生育成熟以後，雄精（種籽），沒有受到變化，只是發育圓滿，成了嬰兒，遂誕生入世。（注意：雄精種籽，是質料，具有施動能力，是陽性的。雌卵出於母胎，也是質料，但具有受動能力，是陰性的。生育之初，雄精投胎入孕，攫取雌卵補充自己：兩塊質料，各是一半，合成整體，全賴陽性動力，推動宰製，始得順序發育；母方質料，受用，受動，受組織；這樣，胎孕的整體，才能發展成熟。誕生入世的嬰兒，是父親雄精自己成全自己，由小長大，自我本位的重新建立。這是古代生理學的學說之一，流傳甚廣，亞、非、歐諸洲古書，屢有紀載）。

然而，基督生育而成為人，最後階段，不是建立人類實體自我的本位，而是將人性實體採取過來，結合於天主聖言自我的本位，（就是採取童貞母胎供給的質料，將它發育成聖言本位的人性實體。回閱前章）。所以，主宰其生育的動力，不能是男人精血內的種籽，只能是天主神性的效能：就是為生育基利斯督。天主聖言採取了母胎供給的質料，將它結合於自己，並將它發育成人：如同為生育普通的人，卻有男人的種籽，將母胎供給的同樣質料，攫取來以補足其本位生存的需要，並將它發育長大，以建立新自我的本位。（天主聖言的神性效能，取男人種籽之位而代之，將母胎供給的質料，發育成完人的實體）。

同樣看來，尚可明見：天主聖言生而為人，其生育程式也呈現智言出生時固有的神靈特點：這是合理的。人靈智的言語，由發言者發表出來，或向內發在心智（意識範圍）中，或向外發表在（唇舌的聲音，或其他符號）裡，不因而傷損發言者，反而更加成全發言者的美善。（和物質變化生生的過程中、新舊物質同遭傷害的情形，顯然不同）。

這樣比較，可見天主聖言降生成人，入孕和誕生之時，也同樣（表現神靈特點），不傷損母親的完整。這是合宜的。況且天主聖言是萬物建立之依憑，又是萬物完整保存之仰賴。從此看來，更可明見，聖言降生成人，全應保存母體的完整，絲毫不加傷損。總而言之：祂降生成人，應是生於童貞母。（生前生時生後，母體完整而純潔，未受絲毫傷損或玷污。這才合理而中情）。

轉進思考，尚可見得，基督生育成人，和其他眾人生育成人，方式雖然不同，但無損於其人性的真實和正常。理由明顯：按前者（卷一，章四十三；卷二，章二十二）已證定理，天主能力無限，並是萬物動作效能的依賴。（回閱卷三，六十七及其下數章）。是故，各物能力所能產生的任何實效，天主都能產生；種類相同，本性相同，只是不用那某物本性效能的幫助。例如人類精血（種籽）本性的能力，產生人類的兒子，實具真實，本性正常，屬於人的種類；依同比例，天主的能力，不用那某人精血（種籽）的幫助，單獨直接，也能產生它所能產生的同樣效果：生育人類的實體，建立其正常的人類本性，完全符合人性本種的標準。

設難：人類生育時，子體之建立，有兩個成分，一來於男人的精血（種籽），一來於母胎之所供給。不拘供給的是什麼。基督的身體，如果不是由男人的精血（種籽）發育而來，便和我們人類的身體，本性不相同：（基督的身體就不真是人性的身體。這是困難的要點）。

解難：根據亞理斯多德的學說：男人精血內的種籽（精蟲），進入女子的胎胞中，不是供給質料，而是發揮生育的動力。子體的物質資料，全由母體供給。這樣看去，就可見得，基督身體的質料，和吾人沒有分別：同是得自母體。

然而，（根據和亞理斯多德不同的學說），如果有人主張，男人的種籽，也供給物質的資料，上述的困難仍不足以真是困難，理由如下：

新生物體間，物質資料的同異，不決定於變化開始之時的物質狀況，但應取決於變化結束之際，物質配製停妥而具備的條件。例如相同的氣，（由化學的作用），能生於土類的固體，也能生於水類的液體。變化開始之時，固體、液體，一土，一水，彼此固然大有分別，但受到化學因素的變化，炮煉，便能在變化結束之際，配備上適當條件，生出相同的氣體。

同樣，天主的能力，從母胎採取物質，不用父體的精血，也能變化那塊物質，及至變化成功之際，那塊物質就具備適當條件，無異於父母兩體合同供給的物質。由此可見，基督和吾人，身體的質料相同，完全沒有分別；雖然祂的身體是依靠天主的能力，全由母體單方供給的質料，發育締結而形成的；我們的身體，卻是由父母雙方供給的質料，依靠本性能力，發育而來的。本性能力之所能作，天主的能力，也同樣能作。基本的理由是：因為各物本性的能力，也是天主能力造生賦與的。

何況，天主最初造生人類原祖，只用了地上的膠泥，其質料乃是黃土，和人類父精母卵，大有分別，但原祖的身體，和我們的身體，顯然沒有絲毫物質上的分別。這是人人共知的。物類本性的能力，需要由條件固定的物質材料，產生條件相當的效果。然而，天主造化的能力，既能從無中造生萬有，為能動作生效，不受任何物質條件的約束。

從此可見：基督人性真實，全無異於吾人，不因生於童貞母而有損失。

依同理，聖母是天主聖子、基督，本性實有的真正母親，不因童貞受孕分娩，而損失母親的身分。基督身體，本性自然的質料，由母親單獨供給，仰賴天主動力，已能滿足需要，發育成基督完人的身體。普通眾人的母親，除供給物質資料以外，還要受童貞的損傷，不是作母親必需的程式，而是為滿足普通男人作父親手續的需要：將男人精血（的種籽）輸送到孕育的處所：（胎胞中）。

第四十六章 因聖神而降孕

凡是向外物發出的一切動作，都是天主三位共同發出的，詳證見前（章二十一）。然而基督身體的（孕育）形成，是天主全能的功化，固然也是三一位共同完成的，但（特別）歸功於第三位、聖神，卻是合宜的。（理證如下）：

一證：聖言降生成人，有骨肉的身體；猶如吾人的言語，生於心智中，無形無聲，發出口中，成為外間有耳可聽的聲音。同樣，天主聖言，永生於聖父心中，也是無形無聲，但既降生成人，長上了骨肉的身體，乃成為吾人外官可知的實體。依照這樣的比例，聖言降生成人，相似吾人發表言語，以傳達心聲。吾人發言，是用吾人的口氣。吾人語言的形成是用口中呼吸的氣息。可見，天主聖子肉身的形成也是用了聖神：（天主有聖神，猶如吾人有氣息。希臘和拉丁「神」字的原義，指示「噓吸的氣息」）。

又證：取譬於人的生育。男人（精血）種籽內的動力，將母體分泌出來的物質，拉取過來，結成自己的身體，也是用氣息的功化。（「氣息」，猶言「精氣」：潮濕溫暖，如液如霧，如同「血氣」一般）。是以，精血（種籽）的泡沫，包含在精氣的團抱中（發酵），必須呈現出白沫的顏色。（參考大哲，《動物生存論》，卷二，章二）。這樣比較，可見：天主聖言，由童貞母胎，採取自己的肉體，也可以說是用自己的聖神，採取質料，而形成了自己骨肉的身體。（聖言，相當於精血種籽。聖神相當於精氣。情形相似有血動物的生育）。

再證：聖神，（用「神」字根原的本義，指示氣力），暗示天主聖言降生成人的發動因素：（相當於愛情的動力）。天主降生的動因，不是別的，只能是天主無限量的愛情，鍾愛人類，故原交結人性，將人的性體，合併於自我生存的單位以內：構成兩性一位。然則，按上面（章十九）的說明，天主父子二位共發聖神，彷彿智力意力共發愛情。如此比較觀察，足見：天主降生成人的功化，理應特別歸於聖神（愛情的推動）。

復證：《聖經》習慣，將一切恩寵，都特別歸於聖神：因為白施恩寵，明似都是以發愛施仁為動機。天人賞人寵愛，最大者，莫過於天人結合，共成一位：賞人性享受神位的生活：故應特別歸功於聖神

第四十七章 聖神與基督

童貞母是由聖神懷孕而生育了基利斯督，然而不可因此而說聖神是基督的父親。童貞女是基督人性的母親。聖神卻不是基督人性的父親。

理證：聖神沒有從自己的實體（質料）中，產生基督的人性，但只施展動力，促成其產生。故此、不可說聖神是基督降生成人的父親。（況且聖神是聖父和聖子共發的神愛：彷彿人間的父親和其精血共發的精氣，用以策動種籽的生育和發展。新生的嬰兒生於父親的實體，不以精氣為父親以外的另一個父親）。

另證：假設基利斯督可以說也是聖神的兒子，同時又說祂是天主聖言，是天主聖父的兒子，並顯然是因此而成立為天主第二位；這樣計算起來，則得出一函基督竟是兩位兒子。因為天主聖言是聖父的兒子，不能是聖神的兒子；（基督卻依假設乃是聖神的兒子；可見是兩位不同的兒子。一位又是兩位，這是不可能的）。

加之：「兒子」是位名，不是性體名。假設基督是兩個兒子，則必定也是不同的兩位。這是不合於公教信仰的。（回閱章三十四）。

況且，「聖父」是天主第一位的位名，專指一位，不可借用轉指另一位。故不得承認聖神是基督的父親：（因為必生的結果乃是肯定聖神也是天主聖子的父親，也得稱為「聖父」。位名混亂，頗不適宜）。

第四十八章 基督不是受造物

更進一步觀察，還可明見：聖言入孕，採取了的人性是一個受造的實體，但不可因此便無條件的肯定說基督是一個受造的實體。（基督的生存本位，有人性，又有天主性，是天主第二位，故是真天主，則不是受造物）。

理證：「受造」是「新物生成」的形式之一。其終點的成效是單純名理確指的「物本體的生存」。其主體乃是獲得那本體生存的某一新物：這樣的新生物體是實體範疇中，完全自立的一個單位：既有靈智的本性，乃稱為「自我本位」，或有時也叫作「實體生存的本位」。（實體本位的新生，是某物本體新生的本義）。餘如性理或附性的各種形式，及實體部分（器官）的生成，不是本義的「新生」，而是附義的：因為它們的生存，不是實體本位自立的生存，而是依附自身以外的另一實體。本此關係，如遇某人變成了白人，（膚色由黑變白），不得說他是本體新生，僅可說他受了附性的變更。

然則，基督只有一個實體生存的本位，也就是說祂只有一個「自我生存的本位」：這乃是天主聖言自我生存的本位，不是任何其他。按前者（章三十八）已證定理，天主聖言的本位，是天主第二位，不是受造物。故此，純粹而絕對的說，不可肯定基督是受造物：固然加上附添的限制，聲明其人性，或人性實體

（的那一方面），可以說：「基督的人性是一受造物」；或說：「基督的人性實體，是人，故是受造物」。

附性或部分本有的變化和動作，用簡單而絕對的語法，不是實體單位的本義賓辭（或謂語），只可是其附義的賓辭：形容其實體外加的附性情況。雖然如此，那些附性或部分本性必有的效用和賓辭，卻能用簡單而絕對的語法，給它們的主體，作本義的賓辭：例如說：「人的眼睛看見了某物」，故此可以簡單說：「人看見了某物」。「人的頭髮梳理的漂亮」，故此可以簡單說「人漂亮」。「人的顏色可被眼睛看見」，故此可以簡單說：「人可被看見」。（又例如：「某人的腳走路」，便是「某人走路」。然而「某人兩隻腳出生了」，不可說「某人出生了」……。又例如「某人的眼睛是瞎的」，故此可說「某人是瞎的」；但如「某人的眼睛是一寸長」，卻不可因而便說：「某人是一寸長」。分別的理由何在？在於「附性賓辭，或部分賓辭」，分「稱指自己」，和「稱指主體」兩種不同的稱指作用）。

根據稱指作用而論，凡基督因人性必有的賓辭，非為專稱人性自己，而為泛稱主體本位者，都可簡單說是基督的賓辭，聲明：「基督是如何如何」：例如說「基督的人性實體是人」，故此「基督是人」；或「基督走路」，或「基督可被看見」；或其他類此的形容，都可言之成理。

反之，基督自我本位專有的賓辭，或稱謂，不加明言或暗含的限制，不得用簡單語法，給基督的人性，作賓辭。例如：「基督是天主」，不得因而不加限制的說：「人是天主」。（猶如「某人瞎」，是「某人的眼睛瞎」；但「某人六尺高」，不是「某人的眼睛六尺高」。基督天主，因人性之所有，乃是天主之所有。基督真人，因天主性之所有，卻不是人之所有：除非明言或暗含條件的限制）。

第四十九章 解難

討論至此，相反天主降生成人信條的疑難，乃可容易解破。（玆按前在章四十標明的號數，逐條解答如下）：

一、聖言降生成人，不是變成人，也不是充任性理而結合肉身：詳證於章三十一及三十二。故此，聖言不因降生成人，而致使天主純神真變成肉體，或肉體內的物質能力。足證第一條疑難前提的理由無效。

二、同理，聖言也不因採取人性而受實體變化。天主聖言因採取人性而有時間性的孕生和降誕，所受一切變化，只在人性，絲毫不在聖言。

三、實體本位有某性體而得生存，則不擴展到那某性體的界限以外去。然則天主聖言本位的生存，不是得自人性；反之，基督以內，人性的生存卻是得自天主聖言：由於聖言拉取人性，結合於自我的本位，而得生存。聖言本位的生存，以人性為場所，不以人性為憑藉。是以天主聖言既生存於人性，無妨同時仍舊也生存於其他各處：雖然祂所採取的人性某某不是各處都在。（例如熱度，既充滿一室，又充滿徧地：處處是六〇度，或其他某某度數，八〇，九〇等等）。

四、實體本位、本體生存所絕對依賴的性體，只有一個。本此定理，天主聖言本位、本體生存所絕對依賴的性體，當然，也只有一個；但這一個性體是天主的本性，不是人的本性。聖言因人性而得的生存，不是本體絕對的生存，而是相對的、受限制的「這某性體內的生存」：就是人性的生存：因而是一個人。

五、同理，聖言本位生存所依憑的性體，只能是聖言自我的本位，不能是別的。然而祂本位生存所依憑的性體，是天主的本性，不是人的本性。故此人的本性和聖言的本位，不應當是相同的。聖言天主性的本位，援引人性，分享自己本位的生存。前者已有說明。

六、同理也可破除第六疑難：在事實上，或在名理上，實體本位依憑性體而自立生存；故其單純，不及性體。在事實上，實體本位不是性體，而是其主體。只是在實體本位和性體相同的物類中，實體本位，在名理上，比較性體仍欠單純：在事實上卻是同樣單純的。（天主三位的每一位和天主的性體，在事實上，同樣單純）。

然而聖言實體，非因人性而成立自我本位絕對的生存；但只因有人性而成為一個人。為此，不應說人性單純，勝於聖言的本位；卻只可說：勝於聖言本位所是的這個人：（就是勝於聖言本位降生成人以後所是的這個人性實體。這乃是理所當然的了）。

七、從此也可見得第七疑難的解除。天主聖言、實體本位、絕對自立的生存，不是以物質積量塊然的劃分為其成立的因素；反之，單單由於祂是這一個人，所以祂人性實體的單位元，需要以物質的劃分為成立的因素。按已有的說明，只是這樣，祂的實體本位是用人性建立起來的：因為牠有這一個人的本性，所以祂是這一個人。

八、至於基督以內，靈魂和肉身，受援引過來，配合聖言的本位，此外不建立另某自我的本位，不足以證明其效力減少，反足以證明其地位提高了。每一物體，一結合於更高的物體，則實得更美好的生存，勝於本體原有的情況：例如覺魂在其他獸類以內，是主要的性理；在人以內，不是主要的性理，而是主要性理兼有的能力：是理智的靈魂的一部分能力：由於結合於靈魂，覺魂在人以內實有的生存，程度高貴，勝於其他獸類的覺魂。（同樣，基督以內，靈誠和肉身實有的生存，也是程度高貴，勝於常人）。從此可見，第八疑難的理論，也是說不過去。

九、用這同一理由，也可解破第九條的疑難。基督以內，真有這某個人的靈魂和身體，但受了天主聖言的採納，屬於聖言的本位，故在此外不建立另一自我的本位：而以聖言的自我本位為自己生存的本位：猶如形體，沒有靈魂時，有自己種名所指的本性，但一結合於靈魂，乃由靈魂，領受更高的本性，以靈魂所有的本性，為自己的本性，（不再只有無生物形體的本性）。

十、由此，第十疑難也可迎刃而解。基督所是的這一個人，顯然是一個單位自立的實體，不是公名泛稱的實體。並且也是實體生存的一個本位，但乃是聖言的實體本位，不是兩個不同的本位：因為聖言本位，採納人性的目的和效果，是讓聖言在人性以內有本位的存在，和在天主神性以內一樣：同時生存於神人兩性的境界以內。在人性以內有本位生存的實體，是這一個人。所以，天主聖言的自我，既在人性以內有其本位的生存，故此也可以說：「聖言是這一個人」。（例如聖言可以自我肯定說：「我是童貞瑪利亞的獨子」：因為「我在她生的那個人性以內有我本位的生存」）。

如果有人將論點轉移到人性，重申同一疑難說：基督的人性也是個單位自立的實體，不是公名泛稱的實體（名理）；故此也是實體生存的一個本位。這樣說是錯誤的。因為連在普通每人的人性，例如蘇克或柏拉圖的，也不是實體生存的本位：反之，在人性以內有自立生存的主體，才是那個實體生存的本位。（蘇克，實體生存的本位，不是他的人性，而是他那個人性的自我：這乃是擁有人性的主體）。

況且，說「某某實體是單位自立的」，和說「某一實體生存的本位，是一個單位自立的實體」，指義不全相同。按大哲（《範疇集》，章三），「實體」這個名辭，有兩種意義：一指實體範疇內、某類某種的基層實體。本此意義，「實體」指示實體生存的本位。一指「物是什麼之所是者」：本此意義，「實體」指示任何事物的性體。就是事物種名所指的定義：專指其本性是什麼：（屬於基層實體，以某實體生存的本位，作主體；不得自己又是另一個實體自立的本位）。

何況某一實體的許多部分，有時也都叫做實體，意思不是說它們每個獨立生存的本位，而不過是說它們的實體生存於整體中：是整體的部分。它們沒有本位獨立的生存，不是完整的實體，所以也不能稱為「實體生存的本位」，（或「自我的本位」）。否則，一位人物，有多少肢骸，便有多少實體獨立生存的本位。（一位人物，等於許多位小人物的聯合：失去了「自我本位」的純一。這是與事實不合的；也不合於理則）。

十一、為解破第十一條疑難，須知名辭的同名異指，來於所指性理不同，不來於所稱謂的主體不同：例名「人」字，有時用來稱謂柏拉圖，（說「柏拉圖是人」）；有時卻用來稱謂蘇克，或其他人，（說「蘇克或其他某某是人」）：這樣一個名辭，稱謂許多主體，不算是同名異指。

本此（語言的）定律，說「基督是人」，和說「其他眾人，個個是人」；處處用「人」字指示相同的性理，就是指示人的本性：所以不是同名異指，而是同名同指。然而「人」字所稱謂的主體，不是處處相同：站在賓辭的位置，稱謂基督是人，是以基督自我的本位作主體：祂的自我本位，不是受造物；稱謂其他眾人是人，是以每人自我的本位作主體：普通人的自我本位卻是受造物。（前後相較，受造，一不受造，分別判然：然而「人」字作賓辭，仍非同名異指：因為所指定義相同）。

十二、說「聖言的本位是人性的主體，或基層實體，等」，實義不是說「聖言的本位和人性發生物質和性理一般的關係」。這樣的關係中，聖言的美善，將不如人性更屬於性理之類。（等於說聖言本位比人性更近於物質的重濁）。然而那些話的實義，不指示這樣的關係：所以第十二條疑難前提沒有實據。因為除非聖言本位依賴人性以建立其實體絕對的生存，則不和人性發生物質與性理的關係。顯然不可承認聖言本位生存成立的依憑竟是人性：因為按屢有的說明，聖言的本位給人性作主體，（不是依賴人性而得到自己本位永遠已有的存在），而是攫取人性，援引人性，來配合自己而享有自己永遠固有的生存：是提拔卑賤，配享高貴；（不是自作物質，伏受性理的降臨）。前後的結合既是以高貴貝惠臨卑賤：（則不是作物質承受性理。是以第十二條疑難也無理由成立）。

十三、然而由此不可遂說：人性附到的永遠已有生存的聖言，故是聖言的附性，不指任何實體。這是第十二條疑難的結論，是不正確的。因為聖言採取了人性，其目的和效果是使聖言真是一個人：真有人性的生存。這樣的生存，是實體範疇內的生存。聖言本位由於結合於人性而是一個人，是以人性實體，作自己本位的實體，並有人性實體的生存，不是以人性生存，作自己的附性。（「人」字是聖言本位的實體賓辭，不是附性賓辭）。附性的添加，不給主體授予實體類的生存。

第五十章　人性與聖言降生：原罪問題

到此為止，以上數章（二十八—四十九），證明瞭：公教信條，宣講天主聖子降生成人的事蹟，所講一切，都不是不可能的。（按二七章前定的計劃），現應順序前進，證明：天主聖子（降孕，從母胎中）採取人類性體，（不但非不可能），而且是合宜的。

大宗徒、（聖保祿），似乎是根據「原罪傳流人間」的事實，指出了天主降生成人合宜的理由；致《羅馬書》，章五，節十九，說：「如同由於一人犯命，眾人得罪；同樣由於一人順命，眾人取義」。（反說亦然，耶穌一人順命，眾人因而都恢復了義德；同樣、原祖一人犯命，眾人也曾因而都得罪了天主。義德恢復後的傳流，和原罪既犯後的傳流，用了比例相同的傳流方式）。

然而（聖奧斯定，《異端論叢》，章八十八，記載）：白辣熱（Pelagian）異端派，否認原罪（的傳流）。為此緣故，現在先應證明：眾人誕生入世，都有原罪：（都是帶著原罪出生）。

一證：前提先應引據《創世紀》，章二，節十五—十七：「上主、天主，提攜人，置人於花園，命人說：園中一切樹木的菓品，你都可吃；但是「知善惡樹」的菓實，你不可吃。吃者，當日必遭受死亡之禍」！

然則，原祖亞當，既吃禁菓，當日沒有死去；從此可知「當時必遭受死亡之禍」，這句經戒的真義，（不指他當日現實喪命死去，而是）指示「人當日受判決，將來必遭死亡，無可苟免」。這個必死的判決案，如果不外於肯定：人因本性構造無力長生不死；便是沒有意義的：（不能有「罰人示儆」的作用）。是以，那個「死之必然」，及「死亡之禍」，實義應指：人因犯罪必不可免的刑罰。

然而，無罪受刑，是不公義。人如受刑而非不公義，則必有罪。事實上，人人都受這個刑罰，所以人人都有罪。並且是初生之時，就是人人有罪：因為都受了必死的判罰：是以某些嬰兒生下便死：一如《聖經》，（《若伯傳》，章十節九）所說：「出胎入墓，誕生之時，就是喪葬之時」。可見那些嬰兒有罪：但無自由，故無本罪，必有原罪。

「原罪」，是人類原祖傳生人類，傳給人人原祖犯命而有的罪。「本罪」是每人，用自己智力和意力的自主，能不犯，而明知故犯的罪。新生的嬰兒，不會運用智力和意力的自由，故此受刑則必有的罪，既非本罪，無疑。（參考卷三，章十，九十，一四〇及刪去了的一章）註一。

再證：以上這個結論，尚有《聖經》明文作證：大宗徒《致羅馬書》，章五，節十二：「死亡入世，由於罪惡；罪惡入世，由於（原祖）一人。這樣，一人之罪，眾人同犯；所以一人之刑，眾人也同受」。

深察經旨，可知原罪由一人傳流普世，不在於眾人效尤，但在於人類傳生。

假設原罪傳流，只是眾人效尤，則死刑相加，不得加於未曾效尤之人。原罪既非人人效尤自犯，則死刑非可人人都受。這不是《聖經》的本旨。是以大宗徒在下文（節十四）註明說：「從亞當至於梅瑟，是死刑當權的世代：未曾效尤自犯亞當犯禁之罪者，也不免刑」。根據大宗徒立言的實義，足證原罪傳流，由一人傳到普世，不是眾人效尤，而是人類帶罪傳生。（人類傳生，是傳播原祖的生命，所以連帶著也傳播原祖的罪過和罪罰。詳釋見下）。

另證：假設大宗徒的話是說由於眾人效尤而罪惡入世，則更好是說罪惡由魔鬼傳入普世，不應說由一人；如同智慧書，章二，節二四—二五，明說：「由於魔鬼的嫉妒，死亡進入了地球。從魔鬼方面過來的人卻效法魔鬼，（散播死亡）」。

加證：達味《聖詠》（第五十章，節七）說：「請看，我在罪惡中受孕。我的母親在罪惡中，孕育了我」。這裡所說的「非惡」，不能指示父母的本罪：因為達味生於合法的婚姻。所以指示的必應是原罪，（勿疑）。

添證：《若伯傳》，章十四，節四說：「不潔種籽之所孕生，誰能將它洗潔？難道不是只有祢嗎」？這樣的話，明指某些不潔，從人類種籽的不潔，傳到由種籽孕育而生的人。所說的不潔，指示罪惡的不潔：人受判罰，只能是為了有罪惡的汙點。上文（節三）預先說了：「祢也肯啟開慈目，垂顧這樣（卑污）的罪人，並且導引他前來同祢對答審問嗎？？如此可見有某罪惡，是人由其出生就結下了罪債的，（既非本罪，故應是與生俱來的一種罪惡）：叫作「原罪」。

又證：聖洗及教會其他（六件）聖事，按下面（章五十六）要有的說明，都是為消除罪惡而配製的藥劑。然則，教會公行的習慣，世給新生的嬰兒，授予聖洗。假設嬰兒新生沒有任何罪惡，給他授洗，便無意義。（教會既給嬰兒授洗，自證認為嬰兒有些罪惡）。但嬰兒新生不能有本罪：因為還不會運用自由的決擇：非人自由抉擇的行動，不得算作人的罪過。所以只剩必須說嬰兒的罪惡是由原祖傳下來的：因為天主（建定）教會行施的聖事，不包含任何虛妄或無意義的舉動。（聖事有意義，則嬰兒有罪，既非本罪，故是原罪。天主和物性，都不作白廢工夫的事。參考大哲，《靈魂論》（《心理學》），卷三，章九）。

設難：如說給嬰兒授洗，不是為洗除罪汙，而是為授與進入天國的資格。天主的神國聖潔，不受洗禮，無人堪入。《若望福音》，章三，節五，記載吾主（耶穌）聲明說：「誰不從聖神和水中從新生出，誰就不能進入天國」。

解難：以上這樣的疑難是虛妄的。除非有某罪過，無人被排拒於天國之外。凡理智實體，受天主造生的目的，都是為得到真福。非在天國以內，真福無別處能有：（天國是天主的神聖治安。不是別的），乃是享見天主的神和人，秩序聖善的團結。真福的本質，就是在於此。詳證於卷三（四十八諸章）。非因犯某罪過，無任何物體，能喪失其生存的目的。如果嬰兒非受聖洗不能進天國，則必須承認他們有某罪惡；（既非本罪，故是原罪，無疑）。

總結全論：依照公教信仰的傳統，應堅持：眾人都是帶著原罪出生。

第五十一章　疑難

考察起來，可見尚有若干理由，和（前章說明的）這條真理，相反。

一、一人作惡，一人有罪，不得歸罪於旁人。是以厄則戒先知（章十八，節二〇）說：「父親犯罪，子不負責」。理由是：吾人或受讚稱，或受責備，不可不根據吾人實有的功罪。功德或罪過是吾人用意志的自由負責作成的：否則，不可算作吾人實有的功罪。為此理由，原祖一人的罪過，不得算作是全人類的罪過。

二、有人若說：按大宗徒好似承認，全人類都在原祖犯罪時一同犯了罪，（回閱前章）；這樣不算是一人有罪，眾人負責；而是每人有罪，自負己責。

這樣的理由，也不能成立：因為後代的人，生於原祖亞當，在亞當犯罪時，（尚未生出，故此）還沒有生存的現實，只有生存的潛勢，如同原始因素內的潛能。然而，犯罪是一種行動，（按哲界公論），行動非現實存在的主體不能作出來。所以，我們眾人沒有（在未生以前）就同亞當一齊，犯了他犯的罪過。（「現實生存的主體」，指示生存潛能完全實現，並由虧虛轉為盈極的自立實體，足以是自立生存的單位，然後才能是自主行動的單位：如有理智和意力的自由，則對於自決的行動，擔負有功或有罪的責任：

需要有清醒的理智和意力的自主：否則，不是明知故犯，作了惡事，也不算有罪責可負。「清醒，明知，故意」，等等成分，都有「現實、盈極」的含意：不會只是潛勢或潛能。深睡的人，有清醒的潛能；將醒未醒的人，在淺睡狀態中，有清醒的潛勢，比潛能更進步了一些；但潛能或潛勢的清醒，不是現實盈極的清醒，則不算是清醒。人無理智清醒和意力自主的現實，則對於行動，不負功罪的責任）。

三、如說亞當犯罪，眾人負責，如同是本末同流：原本的罪惡，和原初的本性，一同由原祖一人，傳播到我們後代的人。

這樣說也可見得是不可能的。附性（和實體，範疇不同。參閱大哲《範疇集》。回看卷一，章二十五）。凡是附性，都不串通主體；就是不從一個主體過渡到另一個主體中；所以主體如不傳流，則附性無以傳流。然則，罪惡的主體是人有理智的靈魂；不是由原祖傳生人類時傳流到後代，而是（在後代人孕生時）個別的隨時受造於天主。詳見卷二，（八十六諸章）。足證罪惡不會從原祖亞當由於傳生人類而傳流到後代吾人。

四、假設罪惡由原始傳流到後代，是因為後代人是原祖傳生的人類，那麼基利斯督既然也是由原祖傳生而來的，可見也就不應脫免原罪。這卻是不合於公教信仰的。

五、與生俱來的優劣，是本性天然的秉賦，不得是罪惡。例如鼴鼠天生無目，不得算是它的罪惡。足證：罪惡不能由於人類傳生而從原祖傳流到後代人。

六、如說罪惡遺傳，不是本性天生，而是本性缺點，並是本性有罪惡的習染；這樣的理論，依理看去，也不能成立。本性自然的缺點，非有本性某因素的缺點，不會發生：例如精血（內種籽）受了損傷，是怪胎生出的原因。然而人類精血（內的種籽）沒有任何本性因素的損傷；所以不見得能是罪惡遺傳的原因。

七、物本性因某因素受了損傷而有的弊病，不常有，不多有，而是稀有的。今如假設罪惡是遺傳的弊病，則不會傳流到人人，僅能傳流到少數人。

八、弊病的遺傳，歷代同類：遵守因果同性的定律。然而罪惡遺傳，（不能遵守這樣的定律，故此不可說是遺傳，請看）：遺傳，是生殖力的一個行動，沒有任何理智的成分，所以傳播的弊病，不會屬於罪惡之類。惟獨服從理智的行為，才能有功德或罪惡之可分。（不是理智自決的行為，即便生出弊端，也不算是罪惡）。例如父母有病，生出了有病的孩子，或有癩病，或眼瞎，等等；不能算作孩子有什麼罪惡。血統傳流，縱令根源有病，也完全不會是罪惡傳流的原因。足證原罪遺傳是不可能的。

九、本性的美善，不因罪惡而喪失；是以按狄耀尼（《天主諸名論》，章四）魔鬼犯了罪惡，仍不失去本性的美善。（猶如眼睛不因倫理缺德、欣賞無禮的景色，而失去生理和物理本性自然的視力健全）。然則，生殖行為是本性（生理和物理）的行為。所以不會因原祖犯罪而失去健全；故此也就不能作「原罪遺傳」的原因。

十、人生人，父子同種。不屬於本種的特性，則不由父傳子。然則，罪惡不是本性的功用，而是本性秩序的敗壞；所以不能是屬於人本種的一個特性；可見也不應由原祖傳流到子孫。

十一、子孫更相似近代的祖先，甚於遠代。有時可能遇到近代祖先沒有罪惡，並且連在生殖行為上也沒有犯絲毫罪惡。可見「罪惡遺傳」不由原祖傳到一總的人。

十二、假設罪惡能由原祖一人遺傳到後代；美德的效力大於罪惡：（惡能遺惡，則善更能傳善），詳證於卷三（章十二）。那麼，原祖痛悔罪惡，補贖罪債，及其（恢復了的）義德：這些美善也都應遺傳到後代。（後代應有原祖的義德，則不能承繼他的罪惡。所以「原罪遺傳」是沒有道理的）。

十三、假設原祖的罪惡能遺傳到後代，依同理，歷代父母的罪惡，也應遺傳到子孫。這樣，逐代積累，晚代子孫擔負的罪債必遠重於先代。如果父母只傳罪惡而不傳補償罪債的功德；則世道衰微，罪惡深積，愈晚愈深；更見得是必然的後果。（人類下落而不上進，是不合於人心向善的心理的）。

第五十二章　原罪的跡象

為解答（前章）這些疑難，預先提提出一點，就是：有些跡象足以徵驗人類大概必有原罪。一徵：天主照顧人類行動，賞善罰惡，詳證於卷三（章一四〇）。由罪的刑罰，可以證實罪惡的責任：（因為天主是全知全能至公至義的）。然則，人類公共都受了樣式殊多的罪罰，身體受罰，精神也受罰。

身體所受的罪罰當中，最重者，首推死亡；其餘例如飢餓，涸渴，（疾病），及類此種種，也都是罪罰，次於死亡。精神受的罪罰中，最重者，是理智的衰弱，因而容易陷於錯誤；求知真理，卻不容易；並且無力完全尅勝獸性的情慾；反而多次受其蒙蔽。

有人能設難說：人身體和精神的這些缺點，算不得是罪罰，而是物質必生的自然缺點。理由如下：人的身體，是許多互相衝突的因素合成的，故易遭受敗亡；覺官的慾望，傾向情慾的福樂，有時相反理智；況且智力虧虛，只有智性知識的潛能，沒有絲毫現實，應從器官的覺識，尋求領悟真理，固有種種困難，並且易受幻想的欺詐。（這些都是自然的現象，故算不得是罪罰）。

解難：正確觀察，則能推算出以下這端道理，有充足可贊的理由：基本的定律是天主上智，照顧萬物，給每物配備所需的美善，應有盡有；故結合高下不齊的性體，為使高級主宰下級；如有本性缺點阻礙主宰，則加賜超性的特別恩寵，剷除阻礙。本此原理，理智的靈魂，性體品級、高於肉身；結合於肉身，既是肉身生活之所依憑，則由天主恩佑，免受肉身的任何違抗，反使肉身順從靈魂。依同理，人的理智結合於覺性的情慾和其他許多能力，也是為主宰它們，而不受它們的阻礙。

這樣推算起來，根據公教信仰的道理，吾人主張：人被造生之初，在其理智服從天主的期間，下級能力服從理智，沒有阻礙；肉身服從理智，也沒有任何肉身方面的阻礙：都是仰賴天主及其恩寵，補充了人本性自然的缺欠。

及至後期，人自由的理智背棄了天主，（失去了寵佑），下級能力，遂群起反抗理智；肉身也就遭受變化，相反靈魂，並喪失由靈魂得來的生命。

這樣的種種缺點，專看人性的下級部分，似乎是本性自然的。但是觀察天主上智的照顧，並觀察人性上級部分體統的專嚴，則能看到足可贊稱的理由，證明這些缺點是罪惡的刑罰，（不只是人本體性理之自然現象）。

綜合上述的各種理由，就可以歸納出這條結論：「人類受了某些罪惡的毒染，是從原祖遺傳而來的」。（人如無罪，則不受罰。人既受罰，則必有罪。但非本罪，故是原罪）。那各種理由，（雖不完全明確），但有足可贊稱的真實性。看到了這些理由，現應進一步答解（前章的）疑難：

解難

一、行為的功罪，當事人各負己責。這是固然的。但由此推不出第一條疑難的結論：因為原祖一人犯的罪，遺傳給後代眾人，不是不合宜的。理由如下：

物類某種個體，現實握有的因素，分兩類：一類屬個體；一類屬本種的公性和全體。（屬於個體者，不遺傳於同種。屬於全體者，同種遺傳，是必然的。生物各類都是如此。人類也不例外）：因為按波非俚（Prophyry）（《範疇集》指南，章二）：「秉受著同種本性的天賦，眾人相同，猶如一人」。

本此原理，可知「罪惡」也分兩類：一類屬個體，行動有罪，各負己責。一人有罪，不連坐旁人：每人獨立行動，自我本位，互相分離：個人有罪自己受罰，不遺傳給後代子孫。然而另有一類罪亞，屬於犯罪者同種公有的本性。同種本性，世代遺傳，是必然的。污染本性的罪惡，隨著本性，遺傳給後代，便沒有不可能的理由了。

況且，罪惡是理智性體界的一個劣點。劣點是優點的缺乏。視其所缺乏的優點何在，可以斷定其罪惡是屬於全種公有的性體，或是屬於私人的個體。（這就是本罪和原罪分別的標準）。

本此標準去觀察，請看，眾人普通犯的本罪，是犯罪者本人，喪失自己私有的某一優點：例如寵愛，和自己靈魂各部分間應有的秩序：即是品德。然而，寵愛和品德，是每人私有的；個人犯罪，是自己失寵愛，失品德：並且是喪失自己的寵愛和品德：不把自己的罪惡和損失，算歸旁人。（「寵愛」是天主賞給人的恩愛：建立人和天主間的互相親愛。彷彿友愛，是個人心中獨有的。人人互不相同。人心不同，如其面焉。寵愛天賜，也隨人而異。人一犯罪，則傷寵愛。回閱卷三，章一四七至一六〇）。

人類中，第一人犯的第一個罪，不但喪失其本人私有的優點：就是失寵愛和品德；而且（先應打破罪惡決口的第一關；就是）喪失「人類初受造生時，公有性體特有的一個優點」。這個優點，是天主賞賜的恩寵，有些神學聖師叫它作「原初的義德」，（或可簡稱為「原善」）。

按前段方有的說明：「原善」鴻恩的效果，是「人之初，性本善」原有的善德：就是，天主最初一造生了人類的性體，便給它賦予了一種特恩，助佑人性維持道德秩序：下級各種能力服從理智；理智服從天主；（私慾不妄動，則理智常清醒）；肉身也就服從靈魂，（保養靈魂授給的生命，疾病不發作，人則免死亡）。這樣的「特恩」是超性的，補充人本性之所不足；（是天主自由賞給的，也是人自由取捨的。人能自由捨棄天主賞的恩寵。但如人不捨棄那個「原菩鴻恩」）；那個鴻恩，也就有領受者第一人，隨著人本性的繁殖，而傳播到後代眾人；參考聖安山（一〇三三—一一〇九年著，童貞母胎論，章二）。

但是，不幸，第一人（明知故犯，決意）狙了罪，理智（自由）背棄了天主的管束；隨而繼起的禍患，則是人性固有的下級能力，群起反抗理智，（私慾放縱，神智昏迷）；肉身也就反抗靈魂，（百病叢生，死亡難免）：「原善鴻恩」全全喪失；不但第一人喪失，而且「因喪失原善而生的同樣缺點」，也由第一人傳到後代眾人；猶如「原善鴻恩」，假設沒有喪失，也要同樣遺傳到萬世。（「原罪」是「原善的喪失」。原善，既屬於人性，應逐代遺傳；則原罪也同樣逐代遺傳，殃起人人）。

這樣分析起來，第一人（故意犯命，喪失原善，而有）的罪惡，既是他個人的本罪，又是全人類本性的公罪：是他的本罪，故此他喪失了自己原有的優點：失寵喪德；又是他全人類本性的公罪：因為他的罪惡使他本人和他的後代子孫都喪失了「全人類本性天賦的原善鴻恩」。按公教信仰的道理，第一人是全人類萬世子孫的原祖。「原罪」和「原善」，理應同樣，都由原祖遺傳到後代。（有些人，只贊稱「本性初有的原善」應遺傳到後輩，殊不知，贊稱原善遺傳，則也應贊稱原罪遺傳：因為理由正反是比例相同的。贊稱其一而不贊稱其二，是不邏輯的：因為有些自相矛盾之處。有善傳善，則有惡傳惡，才是公平合理）。

這樣進一步深究，後代的人有原罪，不但只有原罪的效果：失寵失德，等缺點；而且也有應共同擔負的罪責。理由有二：

第一、秉受了人類公有的本性，眾人算作一人。本性公有的意願，也是人人各有的意願。

第二、原祖自願犯的那個原罪，也是後代眾人同意犯了的罪：因為人人各自秉受了原祖的本性及其本性的意願。為更說明這一點，須知：人類如同一人；人類以內、眾人分取原祖的本性及其意願。如同人身以內手足或其他肢體，行動起來，分取心內第一主動者的動力和意願：故此也分取罪惡的責任。人心內第一主動者，是人的理智（及理智的自由意志）。如此估量推算起來，對於本性的公罪，個個萬殊的眾人，算作是人類公有性體的許多部分；如同對於個人的本罪，個個萬殊的肢骸器官，也都算作一人的許多部分。（每一部分，都是整體的一分子，分但其罪惡的公共責任。既同意同犯，則同罪同罰）。

二、根據這個理由，第二條疑難提出的前提有一部分真理：原祖當時一人犯罪，後代眾人也和原祖一同犯了罪。這樣說是正確的：也是大宗徒（聖保祿）親自說過的。不是說後代眾人在原祖犯罪之時，已有現實的生存（和行動）；而是說他們那是已有潛勢的生存：蘊含在原祖的生力中。所以，不是說眾人在原祖犯罪時，也和他一齊作出了一些現實的行動；但不過是說眾人（潛勢中的生存）屬於原祖的性體。（這裡所說的性體，指人類全體公有的本性實體，當時為原祖一人所專有。不指抽象的「人性」或其定義；更也不指性慾或生殖慾的肉體或內外臟的器官等等）。那個人類公有的性體，受了原罪的傷害；（所以，它潛勢中蘊含的後代子孫的性體，也就一同受了原罪的傷害。「傷害」不是物理，生理，或心理的傷害；而是道德的隳喪，就是「本性原善特恩」的損失；及罪意的潛流等等：猶言孽種或劣根性的潛植和薰染：釀成了德性的腐敗）。

三、雖然罪惡由原祖傳播於後代，罪惡的主體也是理智的靈魂，但不可因此便依照第三條疑難的思路，進而肯定：人的靈魂也應隨著（原祖精血內的）種籽，傳播於後代。因為：原罪乃是人類本性公有的罪，傳播的方式和人類公有的本性相同。人的本性是靈魂充滿肉身而完成的：這樣的本性，乃是人類公有的性體。但性體的傳播，不是全部都隨同（精血的）種籽；卻只是肉身隨同種籽傳生於後代，天生為承受（天主造賦的）靈魂。詳證於卷二（章八十六）：（肉身生於種籽和母胎。靈魂造生於天主。靈肉結合，乃成新生胎兒的性體：是人類全體相同的）。

四、固然，基督降生，是從原祖的後裔，領取了肉體，但不可因此便像第四條疑難結論說：基督也遭受了原罪的傳染：因為祂只是從原祖的後裔，領取了人性身體的物質；（沒有承受人類父方種籽及其生育力的遺傳）；胚育其身體的動力，不是原祖生育力的傳流，而是降自天主聖神，詳證於（章四十六）。所以，原祖亞當不是基督人性形成的原因；而只是其人性身體質料的供給者。（形成人性，是生育力的行動，按往代生理學的觀念，屬於父親的雄精，不屬於母親的雌卵：雖然雄精和雌卵各自也供給一部分質料。雄精的質料，是施動的，如同酵母的發酵力；雌卵的質料，是受動的，如同麵粉。施受交動，而成胚育的化工。基督降生，只從亞當領受了質料；另有聖神施給胚育的動力，將質料形成了身體。這樣分析起來，原罪傳流的媒介，不是雄精和雌卵的質料，不是雌卵的受動力，也不是靈魂或其他，而只是雄精的施動力，及其胚育效能。普通眾人有原罪，因為他們的身體是由男人雄精動力，胚育而成的。基督是人而無原罪，乃是因為他人性的身體，是由天主聖神的動力，胚育而成的）

五、須知前者所說的那些原罪傳流的缺點，來於人性失落了「原善鴻恩」的寵佑。那個寵佑天主賞給了人性，原是打算交由原祖傳生人類時，一同隨著人性，傳流其後代眾人的。那個寵佑的失落，是人故意犯罪而生出的效果；眾人由而承繼的那些缺點，因而也分領一部分罪惡的責任。

這樣分析起來，可見這些缺點是有罪惡責任的，（並且應由眾人共同擔負），因為這些缺點和人類原祖故意犯的罪，有一脈相承，（生機相通）的關係：原罪不但是亞當個人的本罪；而且是人性的公罪：因為人類全體公有的性體喪失了原善。這樣「故意招致的喪失」，是人性原善的放棄，故是人性的公罪。是以大宗徒《致厄弗所書》，章二，節三說：「我們（在未受洗以前）本性原是（天主公義）怒恨的孽種：（即是人類帶有原罪的子孫）」。這樣，就解除了第五條疑難。

六、原罪根由裡的弊病，生於「人性初始天賜原善鴻恩」的喪失。那個鴻恩是天主白白賞賜的，不是本性因素自生的；並是賞給亞當傳生人類時，隨本性生命的傳播，應傳流普世眾人的。為這三個理由，「原善鴻恩」，在某些限度的觀點下，也是「人性的公善」。（原善既是人性的公善，則原罪也是人性的公罪）。第六條疑難的前提只知人本性因素自生的善是人性公善；而不知「人性天賜的原善特恩」也是人性公善。（是以，它的結論無效）。

七、第七條疑難和第六條，前提相同。本性因素自生的缺點，是少數稀有的不幸：（例如人本性應有眼睛，則其本性能有的瞎子，是人類中的少數）。原罪招致的缺點，生於本性因素以上天主額外賞賜的某一因素之喪失；詳見上述。（例如陽光天賜，假設太陽失明，則普世黑暗，不只是少數地方黑暗）。

八、須知生殖行動不能有本罪的弊病和污染，因為個人的生殖行動，專就其行動之現實而論，不是個人意志和理智支配的行動。然而，個人的生殖行動，在其行動之現實裡，卻無妨有原罪的弊病和污染；因為一方面生殖行動是本性自然的行動（不受私人理智或意志的支配）；另一方面，原罪的弊病和污染是屬於人人公有的本性的。（既屬於本性，並玷污本性的行動，則傳染本性公有的原罪）。這樣想來，便可見得，第八條疑難也是前提失當。

九、人犯的罪惡，不破壞「人類本性因素自生的本性公善」；但喪失「人類本性承蒙天主鴻恩、額外賞賜的本性公善」。原祖犯罪的效果，是最後這一點喪失。詳論如前。第九條疑難，這樣就解除了。回閱上段前提，其理易見。

十、同樣，第十條疑難，也容易解決。優點的得失，彼此是互相對稱的。為此理由，原善鴻恩，天主造人的初始，賞給了人性，原定由原祖父母傳播於後代子孫；依同理，並依同樣傳播的方式，原罪的實惡，也是逐代傳流：後代埒似前代。

十一、某人類「寵教」的聖事，固然洗除原罪，赦免罪責，但只是他個人脫免原罪的桎梏；不是全人類恢復本性原初的健全：故此人因本性行動（生殖人類）仍將原罪傳播於後代子孫。這樣看去，可見：父親個人可能沒有原罪，他的生殖行動，也能沒有本罪。然而，父親是「人類公有本性傳生的因素」；這個公有的本性卻有原罪的污染，仍存留在父親身內，並玷污他本性自然的生殖行動。（「聖事」救免個人，赦免他原罪的責任；但不是救免個人以內負荷的人類性體，致使全體都卸卻責任和污染。所以，一人犯原罪，眾人同犯同罰；但「人得赦，不是眾人一同得赦。一人立功，卻眾人都功德均沾：諸聖相通功，詳論見於他處）。

十二、須知第一人犯的本罪，撥歸全人類公有的性體，因為那個性體，在第一人身內，尚有「本性原善」全備無缺的總聚；然後，由於他犯了罪，喪失了那「本性原善」的鴻恩：乃是全人類本性原善的損失。其後，他悔罪補過的善功，純粹是他個人私自的行為；（只能掙得自己罪責的寬赦）；不足以補償全人類公有性體的損失；也不能用自己個人的行為，恢復全人類性體原善的全整：只能在某些限度內，補償他個人（智力和意力，私自能補償）的罪債。（個人的善功，補償與善功相稱的一些罪債，無力更動人類公有性體的根蒂）。從此可見，第十二條疑難，也就解除了。（更正人性根蒂，除免世人原罪，是救世者耶穌降生成人的目的和單獨能作到的工作：因為祂是天主）。

十三、後代人的本罪，歸於犯罪者本人，不傳染子孫；因為後代人的本罪是犯在既染原罪以後，（故不另開又一原罪的支流）。原罪是喪失天主當初賞賜人類的本性原善：（只有一個，屬於人類全體，沒有可重複喪失或積累的理由。原祖初犯的本罪，是人類的原罪。後代人犯的罪，是原罪孳生的萌孽，都是本罪，不會又是子孫的原罪）。這樣，也就解除了第十三條疑難。理由和前條相似。

駁謬：總結全論，可以見得，眾人都染上了原罪的遺傳，不是不可能的，也不是違反理智的。白辣熱派，否認人有原罪。他們的意見是錯誤的異端：他們的理由，也在這裡，全被推翻了。

第五十三章 疑難

然而，信天主降生成人，被不信者視為愚妄。大宗徒（聖保祿）《致格林德第一書》，章一，節二一，曾說：「天主特意用宣講的愚妄，救活信者的生命」。宣講某事，顯似愚妄，不但因為那事是不可能的，而且因為它是不適宜的。不信者堅決攻擊天主降生成人的事，不但盡力證明其事是不可能的，而且也是不適宜的，並且也不合於天主的聖善。（理證如下）：

一證、天主的聖善，理應維持萬物各守分位。依照萬物的秩序，天主的分位崇高，超越萬物。人的分位卻甚卑下：屬於最低的物類之列。足證降生塵世，結合於人性，不合於天主的尊嚴。

二、又證：假設天主降生成人是一件適宜的事，它就應是一件有利益的事。然則，天主是全能的，凡有任何利益，天主只願意，就可產生出來。既然事體應作，則宜速速完成；所以不可波費天主降生結合於人性的緩慢手續。

三、還證：天主是宇宙萬物的原因，首要任務應是顧全宇宙整體的福利。然而降生只採取人性是只謀福利於人類。（假設為謀求人類的福利，天主應降生採取人性；則依同理，為謀求其他物類的福利，也就應降生採取其他類的物性）；既然天主實應照顧萬類的福利，足見實不應只採取人性而降生；（但應降生成各類的萬物。請看，結果將是何其愚妄。然而否則，也就不宜只降生成人）。

四、加證：兩物越相類似，則越應加深合一。天主和天神的本性，相類相近，勝於人性。所以，棄開天神，而越級下降以採納人性，是不適當的。（捨近求遠，親外疏內，殊不合禮）。

五、另證：人性所貴，首推曉悟真理。然而，天主採取人性，降生成人，顯似阻礙人認識真理；因為給人製造錯誤的機會，引人附合某些人的謬見：認為天主的品位，不高於有形的宇宙。足見：天主採取人性，不合於人性福利的需要。

六、又證：省察吾人的經驗，不難領會：關於天主降生成人的這件事，產生了極多的錯誤。明似天主降生成人，實不利於人類的精神生活：相反救世的目的。

七、還證：比較天主所作一切，最大事蹟，莫過於採取人性、降生成人。然而最大事蹟，則應有可期待的最大利益。假設天主降生成人的目的是為完成救世的目的，可見就理應救全人類：因為全人類性命得救，這點利益，仍不相稱於降生大事。（不相稱的事，小題大作，是不適宜的）。

八、加證：假設天主為救人類而降生採取人性，可見祂就用充足的實徵將神性發顯給眾人，才是合宜。事實卻似乎正是相反：足以證驗天主神性的一類聖蹟，歷史所載，是由某些人（因耶穌的名號）作出的；這些人用了天主能力的助佑，但他們的性體並沒有結合於天主；甚且他們的聖蹟比耶穌的聖蹟，還更偉大。（參考《若望福音》，章十四，節十二）。從此可見天主為救人而降生的這件事，設備有欠周全，難以達到目的。（這必不是天主上智的計劃）。

九、另證：假設為救人類，天主需要降生成人；既然造世之初，就已有人類，可見天主就應在造世之初降生，不應遲誤到世界將終窮的末期：似乎是將往代眾人，棄而不救。（救人免死，急應迅速，不應遲緩。既願救人，也就應救全人類，不分後代往代）。

十、又證：同理，既降生人間，則應居住人間，和眾人交際，常留不去，至到世界末日，為能親自訓誨人類，指導人類。（不應夭折……）。

十一、還證：為救人有益者，莫過於堅定未來真福的希望（和信心）。然而，天主降生如果採取了「不死亡，不受傷，也不受阻礙的光榮身體」；並且顯示給眾人。可見採取能死亡的病弱身體，是不適宜的，（必非天主上智所應為）。

十二、加證：為證明宇宙萬物都是出於天主，降生於後，享用豐富的世福，大富大貴，才顯著適宜。然而，經書所載，正是相反：不但生活貧苦卑賤，而且受了恥辱的死刑。可見公教宣傳的降生之事，是不適宜的。

十三、另證：由於身受卑辱，則神性掩蔽而極難見知於眾人。但天主降生成人以後，被眾人認識自己真是天主，是眾人為得救極度需要的。可見公教信仰的宣傳，和救人的目的，似不適合。

十四、說天主聖子，為順聽聖父命令，受了死刑，是不合理的。聽命或救命的意思是符合發命者的意志。然而天主聖父的意志，不能是不合理的。死亡和天主的本性，似正相反：因為天主的本性是生活。天主降生成人而受死刑，既不適宜；則其適當理由，也不得是順聽聖父意旨。

十五、另證：天主願人生活，不願人死亡。天主罰罪不赦，也不願罪人死亡。《厄則戒先知》（章十八，節二三，三二）稱揚天主說：「我不願罪人死亡，更願他回心向善而生活」。天主聖父更不能願意至完善的人受死刑。

十六、加證：命令無罪的人受死刑，實似殘忍而不仁：尤其如果令他代替應受死刑的兇犯去受刑。然則，耶穌基利斯督是一個無罪的人。天主聖父若命他受死刑則是不仁的。

十七、如說為標榜謙德，必需身受死刑，例如大宗徒致裴俚伯書，章二，節八，似有此意，說：「基督謙遜自己，聽命至死」。這樣的理由也不適當。第一、因為有上司的人，應服從上司，故應有謙德；否則有失分位，已非可嘉。然而不能說天主有上司。足證天主聖言受壓抑以至於受刑而死，是不適宜的。（第二見下）：

十八、又證：為以謙德教人，天主發言，人皆信從，命人立表，人皆效法，足矣。所以，不需要天主聖言或降生成人，或受死刑。

十九、如說為洗滌吾人罪惡，基督必需受許多卑辱，並受死刑：如同大宗徒（致《羅馬書》，章四，節二五）說：「祂為補贖吾人罪債，受人付賣」；又說：「祂為清除眾人罪惡，受了死刑。這樣的理由，也不見得適當。第一、因為只用天主的恩寵，已足以滌除人罪。（第二見下）：

二〇、第二、因為如果罪應補贖，犯罪者自贖己罪，才是合宜：因為天主公義審判，責令每人應當各負己責。（聖保祿《致加拉達書》，章六，節五）。

二一、又證：如果必應派遣高於無罪之人者某某，來替人贖罪，派遣一位天神降生成人，似已充足：天神本性高於人。

二二、另證：贖罪不可加罪。是故，基督為贖人罪而死，應受自然的死；不應受人殘刑而愈加人的罪惡。

二三、還證：為贖人罪，基督若應受死，眾人既屢次犯罪，也就應屢次受死。

二四、如說特為除免原罪，基督必需降生受難；因為原祖犯罪傳染了全人類。這樣說也似不可。為補償原罪，其他眾人受死，如果不夠，基督降生受死，也不見得充足：因為祂的死亡，也是人性死亡，不是天主的神性受刑。

二五、另證：如果基督足以補償人類罪債，後代眾人仍受罪罰，則似非公義。《聖經》卻記載，人生痛苦，都是原罪之罰。（回閱章五十）。

二六、還證：如果基督已經充足償贖了人類的罪債，則不應再尋求救罪的其他方法。眾人為能得救，卻常尋求己罪得赦的方法。足見基督未能清除人罪。

有人認為以上和類似的理由足證公教信條對於天主降生且講的道理，既不適合天主的尊嚴，又不符合天主的亡智。

二七、（原文有闕。參閱章五十五，第二七）。

第五十四章 解難一

人如謹慎虔誠，精思降生奧理，即得發見天主上智淵深，超越人智；一如大宗徒所說：「天主的愚妄，深含至理，非人智所及」。是以，奧理眾妙，久而愈顯，虔誠精思者，乃能見之。（參考《致格林德第一書》，章一，節二五）。

第一先看：天主降生成人，助人追求真福，效力極大。前（在卷三，四十八諸章）已證明人生的至善真福，在於直接享見天主。但因天主兩性，距離軒殊，則有人能想，人的智力永無直接結合天主本體以得真福的可能。然則、天主仁善，親自結合了人性，極足明證人的智力也能結合天主，直接享見。是故、為提高人得真福的希望（和信心），天主降生結合於人性，極為適宜。是以基督降生以後，眾人嚮往真福，願心升起，比以前更為興奮：一如《若望福音》，（章十，節十）稱述吾主親自發言說：「我來人間，為使眾人得到生活，並得到豐富繼增的生活」。

再看：天主降生，給人去掉得真福的阻礙。前在章三既已證明，人生至善真福，惟在享見天主，人如終身留戀下級世福，必難分享天主真福。人不知自己性分崇高，乃能墮落，貪戀下級世福，視之如人生目的。這是可能的。因為、人自視本性，身體與知覺，和萬類動物相同，物慾肉情，需要一些獸類的快樂，乃誤認為真福。

另有一些人仰觀上級世物，品位崇高，某些優點，超越人類，於是皈依崇拜：有些人崇拜宇宙自然，或日月山川，或敬拜天地，或敬拜其他部分：欽佩其體積廣大，壽數久遠。又有些人崇拜群神，或天神，或地鬼，敬仰祂們的長生不死、神智靈明；並求分享祂們的幸福，視如人生目的。

人性在許多條件上，固然低於某些世物；並在某些事上，近似極低級的物類；但人生目的，除天主獨自以外，無論高於人類。人生至善的真福惟在結合於天主。天主降生成人，直接親目結合於人性，極足證明人生目的崇高人性分位元尊嚴，確乎在於直接享見天主。（天主以下接人性為樂，人性則以上交天主為福）。

是以審察天主降生後的效果，則見許多人，棄絕鬼神和其他世物的崇拜，捨棄肉情的慾樂，和一切塵界的世物，專心欽崇天主，期待獲享天主的真福：遵守大宗徒（《致歌羅森書》，章三，節一—二）的勸導：「你們要尋求上方的真福，那裡有基利斯督坐在天主右邊；你們要欣賞上方的福樂，不要貪戀塵世」。

還看又一點：按卷三已有的證明，人生真福至善在於認識天主，但那知識超越受造的一切智力：（超越智力的知識是一種特別超絕的知識，非人智所能思議）；為引領人達到真福極智的絕境，人在現世需要預先有這知識的津味，好能尋味追求。方法在於信德。（人心有信德，則於未得真福以前，豫嚐真福的津味）。詳見卷三，（章四十，四十八，一四七，及一五二）。

然則，（信德的津味也是一種非理智所能洞曉的知識），這樣的知識，為能引領人追求生活的終極目的，必須是準確至極的。因為信德津味的知識，是終極目的所需一切方法中的首要方法；知識系統內，真確結論所需一切前提中，首要的前提，是不證自明的最高公理，是人本性生來能知曉的自然知識：也應是準確至極的。

所謂準確至極的知識，也就是上述這兩種：一是最高公理，本身明顯，不證自明，人人共知，人可用以證實其他結論；二是明證的結論，是由明確前提推證出來的：反本追源，仍能反歸最高公理。

然而，信德提出與天主有關的信條，供人信從，不能是本身明顯，人人共知、不證自明的公理；因為信條啟示的知識超越人的智力。所以，它應由明知它本身明顯的靈智主體某某，降來顯示給人類。為親見天主本體的神靈或人智，信條啟示的知識，是本身明顯的。但其明顯的確實性，溯本追源，最後仍歸到同類知識的最高原因：即是天主。那些知識，是天主本性明知的；對於天主，是本身明顯的；應由天主顯示給受造的靈智：猶如數理知識的確實，溯本追源，以不證自明的最高公理為根源。

所以人類，為學知信德真理的確實，必須領教於降生成人的天主，用人間的教學方法，領取神性知識的訓誨。（神性知識，天主獨知，故應由天主啟示於人，並需要天主親身降世成人，用人間的語言和人類交談）。

這也是《若望福音》，（章一，節十八）所說的：「無人看見過天主。生存於聖父懷中的獨一聖子，親口將天主傳述於人」；章十八，節三七記載吾主說：「我降生的理由，和入世的目的是證明真理」。為此，觀察基督降生後的情況，即可見到，人類聽聆訓誨，關於天主，得到了更明白和更確實的知識；如同《依撒意亞先知》，章十一，節九，描敘的勝況：「上主的知識，充滿了大地」。

又有一點：人生至善的真福，既然在於享見天主，人則應正心誠意，向慕天主真福：猶如心理事實，觀察得見，人人本性有真福的願望。但是願望生於愛情。故人既願享見天主，則應誠愛天主。對象引起愛情，莫過於實驗其可愛。天主為證驗自己誠愛人類，莫過於親自結合於人；因為愛情的本務是愛情施者受者，兩相合一，竭盡密切的最高程度。所以，人求真福，需要天主降生成人。（參考，狄耀尼，《天主諸名論》，章四）。

加之：友愛基於平等。高下不平等，相差太遠，似乎就不能建立友愛。（參考《道德論》，卷八，章五）。為加深天主和人類間友愛的密切，適宜的途徑，是天主降生成人：人與人為友，是人本性自然的。這樣，能助吾人「認識眼睛可見的天主，而傾心於無形可見者的愛情」。（聖誕瞻禮彌撒序文）。

同樣，真福顯然是道德的賞報。（參考《道德論》，卷一，章九）。既願求得真福，則應修養道德，為修養道德，吾人需要受言語和表率的激勸。然則言語和表率的效力，繫於引起吾人的信孚。可惜人類本性，缺欠難免：至聖之人也有缺點，故此無人純以本性能引起吾人堅確無誤的信孚。是以，為建定修德的志向，人必需天主降生成人，施以道德的口訓，示以品行的表率。為此，《若望福音》，章十三，節十五，記載吾主自己也說：「我給你們樹立下表樣，供你們作事效法」。

次之：道德既是真福的準備，非惡則是阻礙：不但紊亂人心，迷失正路；而且得罪天主，失其賞報，無望再得真福。天主照顧人生行動，（賞善罰惡）；罪惡相反愛德，人棄而天厭之。詳證於卷三，（參考良校勘版卷十四，附錄頁四七）。得罪了天主，人的良心有愧，失去信仰，不再思接近天主，欲得真福，全不可能。人類實際上，罪惡充斥，需要救正，別無他法，惟賴天主施恩，一則轉移人心，（挽回世道），引人回心向善；二則赦免罪惡，不再咎責：惟有天主能施恩赦罪，改正人心。

但為釋免人良心的咎責，人須確知天主已赦人罪惡。惟有天主能確證人罪已赦。是故，天主應降生成人，給人赦罪，並教人確知己罪已赦：俾能助人回頭，安心追求真福。是以《瑪竇福音》，章九，節六，記載吾主說：「為讓你們知道：人子有赦罪的權柄云云」；大宗徒致《希伯來書》，章九，節十四也說：「基利斯督的血，要洗除我們良心裡的死罪，重許我們侍奉天主」。

復次：根據聖教傳統，得知人類都有罪染。前者已有證明：天主公義嚴正，罪無補償，則不得天主寬赦。但以本性，無人有力補償全人類的罪債。人類全體龐大。個人隻身渺小，不能相抵。故應有天主降生成人。既以人的身分替人贖罪，又以超人的神力，功德偉大，足以補償全人類的罪惡。

對於真福的品級，高於人者，惟有天主。眾品天神，性分雖高，福分相平：同享天主真福。故為除免世罪，助人實得真福，必須天主成人。《若望福音》，章一，節十九，記載洗師若翰，稱讚基督說：「請看，天主的羔羊，除免世罪者」。大宗徒致《羅馬書》，（章五，節十六）說：「由一個人傳到一總人；罪惡和聖寵不同：罪惡傳罪罰，聖寵傳義德」。（「義德」此處不是狹義專指公義，而是廣義泛指萬罪之赦及萬德之全）。

總結全論，上述和其他相類的理由，足以助人領悟：天主降生成人，不是不合天主的聖善，卻極適於救世目的。

第五十五章 解難二

前者（章五十三），相反上章結論而提出的那些疑難，也非不易解除：

一、天主降生成人，不是違反宇宙秩序。因為，天人之間，雖然本性軒殊，相差無限；但人依本性秩序，以天主本體為人生目的；天生有智力，用以神父天主。天主降生成人，和人結成一位，是天人相結的模範和證券：各守本性分位，（共用惟一真福；性分不平，福分平）。天主慈愛人類，不失神性崇高。人性上達至善，不踰本種界限。

此外，須知天主聖善：至全無缺，至靜不易；下交外物，不拘怎樣密切，外物尊貴提高，天主尊貴不因而降低：因為，天主本性，仁善好施，不因施愛萬物而自受損失。

二、固然，天主全能，應作何事，一願即足；然而天主上智，有物有則，照顧萬物，配給所需，各隨物性之宜：天主造物，因果相關；物各有因，各適其性，各按品級，不相淩越。天主降生成人，而施萬惠，比較天主一願，萬惠乃降，更近人情，更和人性：因人救人，豈非至當？

三、人之本體，成於神形兩性之合，如同兩性之交界。（回考卷二，章六十八）。人類得救，及其福利，似應歸於宇宙全體。形界萬物，各依限分，供人採用，服人主宰，似無例外。上級神類，性分固高，福分同於人類：同享惟一天主：詳見卷三。如此看來，天主，宇宙萬物之主，採取人性，結成一位，似甚合宜：藉以交結宇宙萬物：（把握交界關鍵，自能上扣下接，通貫萬物：以人為宇宙中心）。

此外，須知自主行動，惟有理性。物無理性，則被動而動，被動於本性迫力，不克自主：有如工具，不似主動。天主降生，應採取能自主行動的物性。否則，物性某某，不能自主行動，既被採取，仍事事被動於天主，則不足以結成「一個自我行動的本位」。天主降生，既應成為一個自我的本位，則不應採取無理智的物性。但應採取有理智的物性，非神即人。（「自我本位」的建立及行動，缺不得理性）。

四、天神本性，特點優越，高於人性；然而天主降生，採取人性，更為適宜。

一因人罪可贖，由於人有改變主意的可能：能擇善避惡，也能擇惡棄善。人有自由選擇的能力，不是一成不變的。同樣人有理智，從覺性知識裡，用符號的徵驗，搜聚真理的曉悟，能走向是非相反的思路：（能認真為真，也能認假為真，或認真為假）；思想也不是一成不變的。

天神和人不同，思想和知識，是一成不變的。智見單純，一見全知，所以定見不移：一正永正，一錯永錯。同樣，天神意志的選擇，也是單純凝一，或全不向惡，或既向惡，則故執於惡，永不遷改：是以人罪可以遷改，可以補贖。神罪卻無法遷改或補贖。

然則，天主降生的目的，首在補贖罪惡，明證於《聖經》：（瑪竇，章一，節二一；《致第茂德第一書》，章一，節十五；回閱章五十）。是以，採取人性比採取天神的本性，更為適宜。（人性有自由，神性也有自由。但神性的自由，一決永決。人性自由，卻能反復多回）。

二因天主降生，結合物性，合在本位，不合在本性。詳論見前，（章三十九，四十一）。然則，人有本性本位的分別；因為人的性體是物質與性理之合。天神沒有物質，純是有生存的性理，所以本性就是本位。足見天主降生，更宜採取人性，而不宜採取天神。（採取天神，不能只取其性而不取其位。採取人性卻能去位取性，使之共用聖子的本位生存。所以天主降生，天神之性，非可選取）。

三因天神本性比人類更接近天主；是以人為認識天主，應搜尋於器官覺識；天神卻用神智直授領取天主賞賜的知識。人性條件，需要天主用覺官可知的方式，將自己天主而人的真理，訓示於人：（然而天主降生成了人，並是人：所以天主教訓人認識天主，便是「天主而人」的基督教訓人認識「天主而人」的基督；在方式上，等於人教訓人認識人。事實上是基督教訓人，認識基督。結果，卻是天主教訓人認識天主。為用「人教訓人認識人」的方式，收到「天主教訓人認識天主」的效果），天主降生，只得採取人性，而不應採取其他。

況且，人性距離天主遙遠，（比較天神）更似難有實享天主真福的觀念；為能懷中生出真福的願望，人比天神更需要受天主降生時的採取，（好能因結合於天主而認識天主的真福可愛）。

何況，人為宇宙萬物的終極點，依生育程式，需要有其他萬物為先備條件，故應結合於宇宙萬物第一始因、天主；為能終始兩點相交，完成宇宙萬物全體，周而復始的圓滿。（大道循環，周而復始，中極交點，位於天人合一，基利斯督）。

五、天主降生，採取人性，不是人陷錯誤的機會。因為「採取人性」，天人合一，是合在生存本位；不是合在異類的本性，致使兩性混合：故不引人副合謬見，誤認天主是宇宙的靈魂，或其他類此因素；也不引人主張天主不超越宇宙萬物等等。（有些人好似主張，天主是宇宙的生機，萬物是天主的變形；極近似「泛神論」或「物活論」等等異教的錯誤）。

六、關於天主降生，人間生出了若干錯誤。但天主降生以後，引人排除的錯誤，更多。錯誤出生的原因，是人類心智的薄弱。天主至善，造生萬物，（萬物眾多互異，良莠自然不齊），本性條件及境遇，能發生缺點，結果乃生出惡劣及災害。依同比例，天主的目的是顯揚真理，或造物，或降生；但因人心智愚不齊，或境遇不同而所見各異，於是也生出若干錯誤。

然而這些錯誤，也不是沒有用途。它們操練信者的智慧，引人深究天主真理，以求領悟正確：如同天主上智也利用宇宙間的萬惡，成全宇宙全體的至善；或專為成全某一善良目的。（因惡濟善，猶如引錯攻石）。

七、受造的美善，如和天主的至善相比，都顯得微不足道。然而受造的宇宙萬物，互相比較，善之大者，莫過於理性生命之康樂，乃在於分享天主本體的至善。人類靈性生活的得救，就是在於此。這也是救世的目的。既然天主降生成人的效果，是達到了這個救世的目的，足證給宇宙帶來了的福利不小。

為此也不必須普世人人，都因天主降生而得救：但只要發信德、領信德的諸件聖事，依信降生真理的那些人，都得救就夠了：（因為信德不消除人的自由不信或背教；無信德或失信德的人，無理由得救）。天主降生的救世神效，足以救贖普世人類。但因若干人，缺乏適當的心靈準備，不發信德和愛德的真情以歸依降生了的天主（耶穌基督）；不願接受天主降生的神效和菓實：所以，不是一總的人，個個都得救。

人有歸依或不歸依基督的自由選擇力，不容剝奪。否則，人失自由，行動被迫，雖善無功，也不值讚美。

八、有許多充足的憑據，將天主降生成人的事實，揭曉於眾人知悉。顯示天主的本性，最適宜的方法，莫過於天主本性特有的行動。天主是萬物本性的創造者，改變物本性的規律，或作出超越物本性的某事，（發顯聖蹟），是天主本性特有的行動：例如盲者復明，癩病清除，死者復活，等等。都是超越本性規律的行動，故為顯示天主本性，是極適宜的憑據。

基利斯督、確實作過這些聖蹟。並且當著人詢問祂的時候，祂答覆起來，也親自引用聖蹟，證明自己真有天主的本性。《瑪竇福音》，章十一，節五記載有些人問耶穌說：「祢是（《先知》預報）未來的（救世者）嗎？或是我們應期待另一位呢？耶穌答覆……說：瞎子看見，瘸子走路，聾子聽見，（還有其他，不克盡述）……」。

但不必需天主另造一個（更好）的世界（或在最初就造別樣一個無罪的世界）。這樣說是沒有道理的：既不合天主上智（及物理自然）的邏輯，又不合宇宙萬物本性自然的現實。（現實的世界是天主上智選擇的世界。萬物多則異，異則不齊，不齊則能有惡，有惡則需要救正：這是理之自然：是極合邏輯的）。

如說經載許多別人也作了若干聖蹟，須知他們遠不及耶穌基利斯督。他們是祈禱天主顯聖蹟，耶穌卻是用自己的權能，發命顯聖蹟：不但自己顯聖蹟，而且授權於別人顯聖蹟。人用耶穌授予的權柄，只呼求耶穌的聖名，也就能顯同樣的或更大的聖蹟：不但顯物質界的聖蹟，而且也顯精神界的聖蹟：例如用耶穌的權柄，因耶穌的聖名，給人賦予天主的聖神；人在心中，領受了聖神，便興起天主愛德的真情：炙熱如火；又能啟廸人心智的愚蒙，使人立刻得到天主神性真理的知識；還能給簡單（沒有受過訓練）的人賞賜靈慧的口才，為給眾人講解天主的真理。

上述這樣的行動（聖蹟），是無人純以本性能作到的：故是極適宜的憑據，明證：基利斯督是真天主。是以，大宗徒，致《希伯來書》，（章二，節三—四）說：「人類得救的（福音），最初受吾主傳報於眾人，繼則由聽聆其聖訓者給吾人證實無疑，依賴天主顯奇蹟，賞德能，廣施聖神的各種恩惠，佐證福音的真實」。

九、雖然為救整個人類，天主需要降生，但不應在造世之初就降生。理由數條如下：

一因按（前章）已有的說明，天主降生應有的目的，是救治眾人的罪惡。只有天主指治療人的罪疾，前章及卷三，章一五七，已有說明。然則攻治人罪惡，對症下藥，適當的時期，應待到人自認己罪，並知謙遜自己，不再仗恃己力，全心仰望天主。

人能自恃己力，或自豪有知識，或自負有道德。故應有一個時期，放棄人類，聽人自便，讓人經驗自力薄弱，不足以自救：不但自己本性的知識不足，而且自己本有的道德也是不足。知識方面，書教以前，人類違反了本性自然的人生規律。道德方面，既因書教領悟了人生規律，仍無力遵守而犯了罪過。最後，人既不再自恃德學，天主始應因基督降生而施人以有效寵佑；就是頒賜基督救世的恩寵：在知識方面，啟訓人心愚蒙，開釋疑難，堅定真理的信念，不再陷於錯誤或動搖；在道德方面，增長人毅力，治療人心病，助人剋勝罪惡的惑誘，不再因神力病弱而失足。

這樣，根據事實，人類歷史可分三期：第一是書教以前的時期，（有人叫它作「性教時期」，人用本性知識和道德治理人生問題）。第二是「書教時期」，有時也叫作「古憲時期」：是「《古經》時期」；更確切一點說：是「梅瑟律」時期：梅瑟《先知》五書，領佈天主十誡及其他規律，指導人類生活）。第三是「寵教時期」，（就是天主降生後，救世的恩寵及福音，傳行人間的時期。性教時期的經驗，證明人的智力不足。書教時期的經驗，證明人的德力不足。寵教時期卻是謙遜人依靠救世恩寵，乃能得救的時期）。

二因天主降生以後，應給人頒佈至善的誡命和教義。人性自然的條件，需要漸漸進展，接步就班，不可躐等，也不可急進：受引導，受提攜，由近及遠，先因不完善開始，慢慢進步，最後才達到至善的境地。可徵驗於兒童教育，由淺及深，先學初級的小知識，後學高級的大學問，班級顛倒，學問高深，則非初級所能領略。

同樣，還可徵之於群眾教育。給群眾介紹知識，也應始以淺近微小，待其學習成熟，始能進步，領略新穎和高大。否則，當其不備，亦以未所前聞的知識，真理雖博大崇高，仍非群眾所克立時接受，（反而引起驚怪與反抗）。

緣循著以上這樣心理發展自然的步驟，為教導人學習人生得救需知的道理，也應始以性教諸聖祖，繼以書教的誡律及眾《先知》，先教以淺近輕微，進以重大，最後乃於世界末期，基督降生於塵世，示人以至善的救世聖道：一如大宗徒致《迦拉達書》，（章四，節四）所說：「期限既滿，天主乃派遣了自己的聖子降來塵世」。同書，（章三，節二四）又說：「當時古憲，是我們的兒童指導，教訓我們走基督的人生之道。然而現今我們已經不是兒童教育的時期了」。（原文全句：「所以，當時古憲，是我們的兒童指導，教訓我們走基督的人生之道，為在將來，因信德（信仰基督）而恢復（失去了的）義德。然而現今，信德的時期來到了，我們（的程度）已經不是兒童教育的時期了」……）。

同時也須理會：如同大國的君王巡行，應有先驅報信，令下方準備歡迎，倍極恭敬；照樣，天主降世，也應先有許多時代，教人準備接待要降生成人的天主。是以事先果有（性教時代）聖祖的預許，又有（書教時代）舊約的訓導，準備人的心靈，傾意信從眾《先知》預報的救世主，並因先代的約許，接納的願心更為熱切。

十、天主為救贖人類，雖然極需降生入世，但非必久居人間直到世界窮盡。久世同居，骨肉相類，天人無別，則玩習失敬。但偉功奇蹟，彰顯塵世，乃功成身退，更能感人深敬。是以同居期間，未令聖神充滿眾徒；反因辭世訣別，準備其心，發其切願，以領受諸般神恩。若望，（章六，節七）追述吾主親自訣別時說：「我若不去，撫慰不來；我若離去，我就要給你們派遣撫慰者、聖神降來」。可見第十條疑難的理由無效。

十一、然則，天主降生，不應採取不死傷的肉身，反應採取能傷亡有情慾的肉身。（理由數條如下）：

一因必須引人認識降生的恩惠，因而心中燃起向慕天主的愛火。但為明證降生的真實，必應採取與人同類的肉身：有情慾，能傷亡，（但無罪惡）。否則，肉身無情慾、不傷亡，不似真實肉身；人見所未見，能視為鬼幻，（而失信心）。

二因天主降生必須採取肉身的目的，是為補贖人類的罪惡。按卷三（章一五八）的證明，一人替另一人，補償罪債，是可能的：但願身無罪債，始能代償罪債：並應志願代償，（非出於迫不得已）。然則人類罪債應受之罰，是死亡及死前能受的疾病災殃。上文（章五十）已有說明。是以大宗徒，《致羅馬書》，（章五，節十二），嘗說：「死亡入世，由於罪惡。罪惡入世，由於一人」。

是故，天主降生，必應採取能傷亡，有情慾而無罪汙的的肉身，好能代替吾人，受傷痛，受死亡，以補償罪債，除免罪惡。這也就是大宗徒，致《羅馬書》，（章八，節三），所說的：「天主派遣自己的聖子，降來人間，有和罪人相似的骨肉」，就是說有情慾能傷亡；下文又接著說：「為在肉身以內，由罪罰罪」，這就是說：「為在肉身以內，由於代替吾人忍受罪罰，而免除吾人罪惡」。

三因，既有能傷亡，有情慾的肉身，乃以樹立德表，召人行善，以身作則，更能生效；安忍傷亡，尅服情慾，勇毅不屈，用以精修諸德。

四因，由此更能振起吾人長生不死的希望和信心。當初，祂有肉身，有情慾，能傷亡；轉則死而復生，情況改變，不再受情慾的動蕩，也不再受死傷的危害：以是召勸吾人，務應提起希望，建定信心，追隨長生之路。假設當初，祂不如此，吾人經驗，肉身有情慾必傷亡，不能與之相比，難因瞻仰其身，而起長生之念。

五因降生成人，作天人合一的中保。中保的任務，是居間串通，本身需要有以上連下接，故其人性肉軀有情慾，能傷亡，下與吾人同類；其神性則有德能，有光榮，上與天主相同；為能除免祂和人類之所同，就是尅情慾，勝傷亡；並能引領人類上達於祂和天主之所同：得長生，享神樂。如此說來，第十一條疑難，乃可宣告解決。

十二、同理可見，天主降生人間，不宜大享塵世的榮華富貴。一因、祂降來人間的目的，是救拔人心，看破塵世，勿再迷戀；擺脫物慾，勿再陷溺；舉心向上，追求天主的至善真福。故應以身作則，樹立表率，終身清寒，沒有爵祿；以是儆勸世人，輕視貪慾，勿迷醉於世財世福。

二因、世俗的富貴榮華，能引人將天主神佑之所為，誤歸於世俗的權勢。故其改善普世，而不借助於世俗權勢，為證驗祂是真天主，是一效力極強的憑據。

十三、此第十三條疑難，解答同上。按大宗徒（《致裴利伯書》，章二，節八）的遺訓，天主聖子，降生成人，服從聖父誡命，忍受死刑，不是違離真理。因為，天主的誡命，令人進修道德。德行越完善，則聽命越忠勤。諸德萬善，以愛為首。愛德為綱領。諸德為條目：都和愛德同條共貫：有不可無的從屬關係。是以，基督，滿盡愛德任務，功德完善至極，則其聽順天主命令，也是忠勤無比。

愛德的實行，莫善於人為愛人而忍受死亡。按（《若望》，章十五，節十三，記載）吾主親口說：「愛德之大者，莫過於為眾友捨命」。如此可見：基利斯督，上為光榮天主聖父，下為救贖普世眾人，忍受死刑，建樹愛德至善的功績，聽順天主命令，也是忠勤至極的。

十四、這也不違反天主的聖善。因為兩性之合，合在天主本位，故兩性各存其特點；神人兩性，不相混合，一如前論，（參閱章四十一）。所以，基督以其人性，忍受人間苦難，甚且忍受死亡；但其天主的神性，坦然自在，不受任何傷痛：雖因自我的本位至一，吾人仍須承認確是天主受苦難，並受了死刑。（猶如吾人用筆寫字，便是吾人寫字；同樣，天主聖子降生成人，用人性忍苦，便是天主忍苦）。又可稍加變通，取譬於吾身：肉身受苦受死，靈魂卻不死不滅。（但我本位唯一。我的肉身死，便是我死。我的靈魂不死，便是我不死。死是肉身死於塵世。不死是靈魂的生命，不限於塵世）。

十五、天主的意旨，不願人死亡，但願人修德。人為修德（保全精神生命），卻有時應毅勇不屈，忍受肉身死亡，並因愛德而身冒死亡危險。如此若說天主的意志是令基督受死，這話的意思不過是說：「基利斯督因愛德而忍受肉身的死亡，勇毅承當」。

十六、從此可見，天主聖父願意基督（的肉身）死亡，不是殘忍不仁。因為，不是強迫怫意；而是悅納基督為愛德而甘受死亡的善志。並且這個愛德的善志，也是天主種植在基督心靈以內的。（壯其志，以成其仁，不是天主不仁）。

十七、說基督為實證謙德而甘願忍受十字架的死刑，不是不適宜的。理由同前。

質實而論，謙德不落歸天主本體。謙德的本務，是使人各守分位，自知約束，不擴張高遠，但服從上級。天主高於萬物，無有高於己者，故無謙德可言。但如某人由於謙讓，或服從平輩，或甚至服從下級，理由在於平輩或下級有某特點突出，自感莫及：（故仍是服從上級，而不是服從下級）。

照此而論，基督的天主性，因無謙德可言。但其人性宜有謙德，並因結合神性，而益加聖善可欽。自我本位的崇高，增加謙德的聖善可欽。例如為某需要，偉大人物宜知忍受卑下。人的本位崇高，莫過於真是天主。「人而天主」，位於天主同尊。故其為救世人，甘受宜受的卑辱，也自證謙德至大，極值讚美。眾人性情驕傲，貪愛世界光榮。故為改正人心，令其謝絕世榮，而專愛主榮；天主降生救人，乃願不但忍受死亡，而且甘願忍受極卑辱的死刑。

實有人，固不怕死，但深惡死於卑辱。吾主德表，也是為感發眾人輕視卑辱的死刑。

十八、天主教人謙遜，專以言教，固也可以；但為召人力行，實行勝於言論。實行者的聖善，越得人心，則其實行的表率動人，效力更強。雖有人間聖賢，也曾樹立謙遜的德表，值人效法；但因人而天主，不會舛錯，故能深得人心誠服，並且尊嚴越崇高，則其謙德越可奇，故為勸人謙遜，「人而天主」的基督，親立芳表，極為適宜。

十九、從此看來，尚可明見：基督應受死刑，眾人德表，輕視死亡，不但為愛真理，而且為給別人洗除罪惡。事實果然祂自己無罪，甘願受人有罪應受的死刑，眾人多罪，一身代償。雖然惟天主聖寵足以赦罪，但為得聖寵，罪人方面也有當滿全的條件，就是向天主賠補過錯。此乃人力之所不足，故有基督代替：由於愛德，願受死刑。

二〇、公義的罪罰，按罪用刑，固應罰犯罪之人。但補償罪債，一人犯罪，卻能由另一人代償。因為罰罪，是為懲治罪犯的兇惡；補償卻是平息受侵犯者的義怒；賠補過犯，甘願受刑罰，愛德和善意，都受賞視；自己無罪而替人補償，則更表現愛德極大。故此天主嘉納人替別人補償。詳論也見於卷三（章一五八）。

二一、按（前章）已有的證明，純以本性，無人能償清全人類的罪過。天神也不能。天神本性，雖有許多特點，德能強大，勝於人類，但其補償目的，在於還人真福；天神能分享的真福，卻與人類平等。（性分雖高，福分相平）。況且，假設天神替人贖罪，人遂有義務敬事天神；人性尊貴，則尚未完全復元。（人生目的，在敬事天主，並在自力更生。自力不足，與其仰賴天神，勿寧仰賴天主。天主降生成人，以人救人，加人以天主神佑，則更合於天人原有的親善關係。救世贖世，在於天人之間，恢復舊好，非天主親自降生結合於人性不可勝任）。

二二、基督的死，所有的贖罪能力，全是來於祂的愛德，不是來於殺害祂者的兇惡。祂因愛德而志願忍受死刑，故有贖罪價值。殺害祂的人，殺害祂，卻是犯了罪。罪上加罪，則無以贖罪：故也不消除罪惡。

二三、基督的死亡有替人贖罪的價值，但不必需眾人犯罪多少次，基督也就死多少次。因為祂的愛德卓越，為此甘受死亡，價值極大；又因為祂是「人而天主」，身分至高，（替罪受死，也是分量極重：祂的身分乃是天主聖子自我的本位，和天主同尊：實是無限無量的）；是故，足以補償全人類的一切罪惡。試觀人事，也可明見，某人身分越高，替人受刑，評量起來，則價值更大：或測量受刑者、謙德、及愛德的高深；或秤量犯罪者過惡的重大。

二四、基督的死亡，足夠償贖全人類的罪惡。祂雖只因人性而受死，祂致命的功勞，卻因身分尊高同，而價值貴重。祂的身分是天主聖子、自我本位的身分：和天主同尊。因為如同前段所說，犯罪者，身分越高，則過惡越重；依同比例，贖罪者，志願替人受罰，身分越高，則有愛德更大的動機，故其功德也越偉大。

二五、基督親自受死，足夠補償人類的原罪，眾人也都能沾享贖世的鴻恩；但其實效，只赦原罪的過惡和永罰，不全赦原罪的暫罰：有些暫罰，仍存留人間。這不是不合理的。因為，赦罪不免罰，在事實上，有時是合理而有益的。專就人類而論，理由有三：

一是肖似耶穌：人信從耶穌，則應肖似耶穌，和耶穌同心連理，（共成一會），猶如一身，信眾是肢體，耶穌是首級。耶穌先受萬般苦難，後得長生的榮福。信眾也應步武芳蹤，身披基督苦難的徽號，獲得基督的榮福：以求逼肖。如同大宗徒《致羅馬書》（章八，節十七）說：「既是兒子，便是嗣子；（既是弟兄，便是同嗣）：我們（信奉耶穌，沾享救世恩寵），實是天主的嗣子，並是基督的同嗣。如果不辭同受苦難，則能也同受榮福」。

二是神重身輕：神樂貴重，身福輕賤。耶穌降世，旨在轉移人心，戒人勿貪身福，勸人專尋神樂。假設眾人，一歸向耶穌，立刻得到身體不受傷亡的恩典，（脫免原罪的暫罰），許多人將要紛紛歸主，宗旨與其為掙取精神福利，勿寧為享受身體安樂；價值輕重顛倒，違背救世本旨。

三是信德自由：假設人歸向耶穌，（領洗入教），立刻得到身體不受傷亡的恩典：（不歸向，則身受傷亡的危迫）：這就有些等於強迫人信仰耶穌。信仰失自由，則信德無功勞，或功勞減低價值。（不受傷亡）是「身體不受疾病災殃的傷痛，不受情慾的動蕩，也不受死亡之禍。這是「永罰暫罰完全免除以後」的天主賞報）。

二六、耶穌的死亡，固然足夠補償全人類的罪惡；但人欲得救，各人應尋求各自需要的救恩：人人不同。

耶穌的死亡，可以看作是人類得救的大公原因；如同原祖的罪惡，是人類受罰的大公原因。然而大公原因的效力，應用特殊方式，產生各別效果；否則不生實效。（猶如陽光普照，萬花明媚，各顯異彩）。是故、原罪實效，殃及人人，是由於骨肉遺傳；耶穌死亡的實效，澤及每人，卻是用神靈的復生，（領受聖洗聖事）。藉此，人能在某些方式下，和耶穌結成一體，猶如一身。所以，每人既應尋求神靈的復生，又應採取各人適宜的其他方法，俾能領受基督死以救世的實效。

二七、從此可見：救世鴻恩的流佈，由耶穌傳到眾人，不是本性（身體繁殖）的傳播，而是人人專務改善意志，和耶穌締結神交。每人各得救恩，屬於其本人專有，故不如同原罪遺傳，垂流後代。父母洗除原罪以後，生的子女，仍因遺傳而染原罪：故也需要求領聖事，以得救恩：（罪在原祖遺傳。救在神恩自得。參考章五十一及五十二，疑難第十一及十二諸條。章五十三，缺疑難第二七條）。

這樣，從上述若干方面看來，得以明見：關於降生奧理，公教宣揚的教義，既不傷情，故非不適宜；又不害理，故非不可能。

七件聖事

第五十六章 聖事

既然，按（前章第二六條）已有的說明，基督的死亡，為救贖人類，有大公原因之類的效力。然則、凡是大公原因，都有「能力惟一，實效萬殊」的工作方式：故為產生個別特殊的實效，應將大公原因的能力，溝通到個別事件裡，貼合運用，以生特殊的實效。

本此原理，須有某些方法，用以將耶穌死亡的神效，盡量溝通到眾人，（為在每人以內，針對其各種需要，產生種種不同的殊效）。這些方法或設備，聖教稱之為「聖事」。然而神性的聖事，應用某些視而可見的符號，表示出來，施給眾人領取。這是必須的。理由證明如下：

一因人類的心理條件：為能領略智性和神靈的事物，人的本性需要採用器官知覺的事物，作媒介和問路。是以天主上智給人供應所需，常迎合人心理的條件。足證神性的聖事，需要在覺官可知的符號代表之下，施給眾人接納。

二因工具應適合主動。救人的主動者是降生成人的聖言：就是人類（靈命）得救的大公原因。祂有覺官可知的身體。故應運用覺官可知的工具，藉覺官可知的符號，作出覺官不可知的功效：為將其大公的救世神效，貼合運用到每人。工具和主動，有相稱並相似的特點。

三因形物本善：形體界的萬物，受造於天主，本性實善，不幸由於受人妄用，貪愛世物而失正理，始遺害於人。今為改正人心，救人靈命，理應引用形物，示人以正用之道。戒人勿信形物本性惡劣，也勿信珍愛形物就是犯罪。反之，珍愛形物，不失正理，不但無罪，而且能收聖事的神效。人既因妄用形物而犯罪，理應知正用形物以補過立功；幸以沾享救世神恩。故此普施神恩，應用覺官可知的形物，作媒介和符號。

駁謬：由此得以破除某些異端人的錯誤。他們主張聖教舉行聖事，應廢除一切有形可見的符號或工具等等。他們自以為形界的萬物，本性都是惡劣的，並且都是由惡神造生的。從此可見，無怪乎他們關於聖事也有了那樣的主張。但善神和惡神的二元論，是錯誤的。本書卷二，已有詳論。（參看卷二，章四一，及四四；卷三，章七）。

附誌：用形界的物體，頒賜救世的神恩，也不是不適宜的：因為形體有能力充任天主降生和受難的工具。工具受主動者任何，完成主動者的計劃，不是由於工具本性固有的效能，而是由於主動者運用得法而發揮的效能。同樣、聖事用有形物體作工具，完成救人的神性工作，效能不是來於形物本性固有的才德，而是來於基督的建定。（基督出命，建立聖事，規定適當的形體事物作工具；物質工具乃受任用而助成基督命令要作成的神性效驗：猶如人用物質言語文字或藝術品，傳達精神的思想和情感，並引起眾人精神的同鳴共感）：物質工具，產生精神效用，依靠主動者的精神能力。

第五十七章　新舊聖事

從此進一步，現應考察，降生前後聖事的分別。

基督降生和受難以前，救世的神恩，有其預許，而無其現實；故其聖事的本質，在於兆示，並約許未來的救恩。基督受難以後的聖事，卻應以其本質給眾人發放現實的救恩，不可僅僅是遙指未來的象徵符號。理由就是：聖事的形物由耶穌受難而得其神效，並有些能力表現那個神效，故其本質應副合耶穌業已完成了的救世工作。天主聖言，降生受難，完成了救世工作；所建諸件聖事，本質在於給人發放現有的救恩。

由此得以避免猶太人意見的錯誤。他們誤信《梅瑟律法》規定的聖事，既然是天主建定的，故應永存不廢：因為天主不會翻悔，也不會變更。殊不知，適合不同時代，配置不同設施，上智永定如此，不因而有所翻悔或變更。猶如人間的父親，主持家政，管教兒子，按其年齡長幼異時，則所施教導或命令，也隨時而異。同樣、天主建立聖事，頒發誡命，適合降生前後時代的軒殊，而有不同效能：以前者，預兆未來；以後者，供給現實，並追念往昔。

尚有納匝肋及艾必雍兩派人的錯誤，更不合理。他們主張：新舊兩約所有法定聖事，都應同時保存並行。這樣的主張，既用新約諸件聖事，宣證基督降生及其他一切救事奧蹟，業已完成；同時又用舊約聖事，宣證那些奧蹟尚未到來：自證不免立場衝突。（故謂之不合理，就是不邏輯）。

第五十八章　分類標準

按（前章）已有的說明，聖事用覺官可知的符號，給眾人分施救世神效的藥劑。它們的分類，應以神形生命相似為標準。

觀察形界，可見身體生活，將人分成兩組：一組是長輩，給別人傳播並締造生命。另一組是幼輩，領受長輩傳播締造的生命。

幼輩的身體生命，有四種需要：一是生育：受孕育而誕生，以得到生命。二是發育：長大體量，增強體力，適度發展。三是養育：用物質營養和日需，供應生命的維持和發育。四是醫藥衞生：治療疾病，增進健康。前三種是生命本體常有的需要：一時或缺，則難維持。是以生魂，充任生命的因素，有以上生育，發育，養育三種生力。後第四種是意外偶有的附性需要：身體生活，偶而遇到健康的障礙，因而害病或衰弱，需要就醫療養。

仿照身體，可以領會，神靈生活也有比例相同的需要：一是新生，用「聖洗」；二是神力發育，增強，至於完善，用「堅振」；三是神糧的營養，用「聖體」。四是疾病的治療：治療罪疾，用「告解」，實名「悔悟」；治療罪疾釀成的身體病痛，適當時期內，用「終傅」：（去罪養神以養身或得善終）。

以上五件聖事，是為神靈生命的傳播與保養。

然則，長輩傳播並締造身體生命，有兩項任務當盡：一是父母傳生人類；二是政治負責人，帝王官長，治國安民。神靈生活仿此。一是「神品」，建立神職，傳播並締造神靈生命於人間。二是「婚配」，建立身體和神靈的雙重職責，將男女結成夫婦，生育子女，教導子女敬事天主：生育其身體，保救其神靈。（總計上述，共得七件聖事：一聖洗，二堅振，三聖體，四告解，五終傅，六神品，七婚配。逐件分論，始於下章）。

第五十九章 聖洗

用這個標準和看法，就能看到：每件聖事，各自應用什麼物質工具，以產生其本有的功效。

首先研究聖洗怎樣引起神靈性命的新生。

須知形體界生物的新生，是從無生命而有生命的一個轉變。（謂之「變化生生」）。但按前者（章五十及五十二）已有的說明，一個人在其初生之時，因有原罪，故缺乏神靈的性命；既生以後，加上自犯的任何一些本罪，也都引人喪失神靈的生活。從此可見，聖洗，為引起神靈性命的新生，應有能力除免人的原罪和一切自犯的本罪。（從無神靈生活到有神靈生活的轉變，乃是從有罪惡到無罪惡的革新：謂之「神靈性命的新生」）。

聖事用的物質符號，應適於表現其神效。但在形體界，洗滌污穢，最普通而最容易的辦法是用水洗。仿此，聖洗聖事，用天主聖言祝聖了的水，洗滌人神靈的罪污，也是符號適宜的。（故此，叫作「聖洗」，或「洗禮」）。

形體界，（無生物的變化裡），一物的新生，是另某舊物的敗亡，（例如水化成氣：水滅而氣生）。新生物體，失去舊物原有的性理及它因那性理及有的種種特性，（例如氣生於水，則失去水的性理及特性：（轉「重冷流下」而為「輕熱上騰」）。仿乎此，靈命新生所用的聖洗，也必須不但除免原本諸罪，而且除免罪惡必生的後果：罪惡和罪罰。為此理由，聖洗不但洗除罪惡，而且赦免罪債：削除一切罪罰。是以，新領聖洗的人，不受（付洗者）罰作補贖。（在這一點上，聖洗和告解不相同。見章七十）。

形界物體新生，既得其性理，乃同時也得因性理而有動作，並嚮往適性的處所：（例如燃木生火，火一生出，則發出烘烘燃燒的動作，並向上飛騰，彷彿是追求自己本性應去的處所）。依相同的比例，新已領洗的人，既得新生的神靈生活，仍有神靈動作的能力，例如進領其他聖事，或作其他有神性價值的工作：並且立時有權利上升神靈生活的處所：這裡所謂的「處所」乃是「永遠的真福」。為此理由，新領洗的人，（沒有犯別的罪），立刻死去了，便直升天堂，就是立時得到永遠的真福。是以，（白達，《路加福音》註解，章三），有名言說：「聖洗開天門」。

又須知：一個物體的新生，只生一次。是以，人領聖洗，也是一人一生只領一次。何且，人染原罪，也是一人一生只染了一次；所以，聖洗主要目的既是洗除原罪，也應只洗一次，不可重複洗了又洗。

普通的公律：物被祝聖，既非無效，則只祝聖一次，不應重複，（免行褻瀆）。聖洗是受洗者的祝聖，故此、不應重複。由此即可破除「重洗派」，或道納多派的錯誤。（參考聖奧斯定，《異端論叢》，章六九、記載這些人主張背教的人回頭歸正，則應重受洗禮）。

第六十章 堅振

神力強健的極峰，在於公認信仰基督，不辭任何恥辱，不怕任何危險，不畏懼任何威脅。勇德，（生於聖寵的神力），排除不合正理的畏怯。故有「堅振聖事」，賦給神力的健強，將已領洗的人，建立為基督信仰的衛兵，衛真理的信仰。

戰士從軍，追隨將領，須披戴徽章，和武裝。是以，人領堅振聖事，也披戴基督的聖號，就是十字聖號，作為攻必克，戰則勝的武裝；並在額上，領受十字聖號，象徵不怯於公認自己信仰基督。

在額上畫十字聖號，用基督油。這也不是沒有理由。所謂「基督油」，是厄利瓦油和樹香膠合成的油，（經過了主教的祝聖，供行堅振、神品、聖洗等聖事敷油之用，公教禮儀，稱之為「基督油」）

厄利瓦油，象徵聖神的德能。救世主，受油祝聖，叫作基督。（希臘原文：基利斯督，就是「敷油祝聖了的救世君王」）。信從基督的人，（受了基督油的祝聖），叫作基督忠徒，如同是基督麾下的隊伍。（參考《宗徒大事錄》，章十一，節十六。《路加福音》，章四，節十八）。

樹香膠，用香味，象徵德行聖善的名譽。信徒生活在人間，向公眾宣證基督的信德和教義，好似任教樞密、發向戰場的精兵，必須有品行聖善的名譽。

惟獨主教有權給人行堅振聖事，好比將領統率軍隊，有權召募士卒，還在長官。人領堅振聖事，也就如同是報名從軍，榮被錄取一樣，作基督的神兵。

行堅振時，除敷油畫聖號以外，還行扶手禮：（主教將手撫在人頭上），象徵基督神力降到人身上。（現行堅振儀式，又加「拍面禮」：主教用兩指輕拍面頰，有時拍拍作聲；借用「捶頰嚴責」的拍面軍禮，象徵基督信士受辱忍痛，堅決不屈的義勇。上述堅振三禮：敷油畫聖號，扶手，拍面，是聖事的符號儀式。前一禮是本體，後二禮是陪襯。聖事的效力，象徵在儀式，來源卻在於基督的建立和神恩：聲明於聖事的祝詞裡：「我給你畫十字聖號，用救世的基督油，堅定你，因父及子及聖神之名，亞孟」）。

第六十一章　聖體（神糧）

然則，神靈生活，為保養道德，需要有精神的飲食；猶如身體需要物質的食糧，不但為發育體重，而且為保養身體的性命，勿因消耗不停而潰散，或生力喪失。

又按已有的說明，聖事的神效，借有形的象徵，分施於吾人，所以，精神的營養，也採用人身體公用的飲食作象徵。這就是麵餅和酒。是故，聖體聖事，也就採用了麵餅和酒的外形，分給人領取。（原文直譯應叫「神糧聖事」）。

但須看到：食物養育身體，和父母生育身體，是不相同的兩種關係。分別在於結合方式。父親生兒子，和兒子結合，不在實體，而在於生育能力，並在於父子相似，（同種，並有其他似點）。仿照這樣的分別，可以見得聖體和聖洗的分別。聖洗只含蘊天主聖言降生成人後，給人類再造神靈生活的效能，彷彿是精神道德的生育能力，生發領洗者的新靈命。聖體，卻大家公認，含蘊天主聖言降生成人後的實體，供給人領取，作為精神的食糧。天主降生奧蹟的神恩，（接觸吾人神靈，用各種聖事表現的不同方式。神人結合的方式，也就隨之而異）。聖洗內，神人結合，是用神力。聖體內，神人結合，是用實體。（故謂之聖體）。

聖體聖事是吾主受難的紀念和重現。吾主受難受死，血和肉身分離，完成了救世的工作。為此，吾人領聖體，也是血和肉分開領取；用麵餅形，含蘊肉身，用酒形，含蘊聖血。實現吾主的遺訓：「我的肉真是食糧，我的血真是飲料」。（參考《若望福音》，章六，節五六）。

第六十二章 疑難

《若望福音》(章六,節六一),記載吾主一說了(前章)那兩句話,當時某些門徒,心惑煩惱,評論說:「這話,剛強無理,誰能聽受」?同樣,歷史記載,也有些異端人,反抗教會道理,否認其真實。

他們主張聖體不真含蘊耶穌血肉的實體;僅是其符號或象徵而已。依照他們的解釋,耶穌當時,指著麵餅(和酒),說出的話:「這是我的身體」,(「這是我的血」);實義不過是說:「這是我身體的符號或象徵」,(「這是我血的符號和象徵」);如同大宗徒,《致格林德第一書》,章十,節四「磐石卻是基督」,也是說:「磐石是基督的象徵」。《聖經》裡同類的話,也都指示這樣的寓意,(不指示本字的實義)。

他們認為吾主,為平息眾門徒的驚異,解釋自己的話,足以旁證他們意見正確;吾主說:「我給你們說的那些話是神恩和生命」:儼然是說:那些話,沒有本字的實義,但有象徵的神義。

此外,教會的這端道理,似有必生的許多難題,引人感覺立論剛強悖理,並懷起異議。(列述如下):

一、基督的真實身體,開始生存於祭臺,似有困難:物在某處,先無生存,而後開始有生存,方式有兩種:或由處所的遷移,或由物體的轉變。例如火,或由乙處移到甲處,或在甲處由燃燒某物而生起,遂開始生存於甲處。然而，基督的真實身體，顯然不是常在這個祭臺上，因為教會公認基督帶著自己的身體升天去了。

但是，說某物轉變成基督的身體，似非可能。無物似能變成另某預先存在的一物：因為變成的物體，是由舊物變化而開始成為一新物，（不能程式顛倒）。基利斯督的身體，孕生於童貞母胎，顯然（在祭臺上未成聖體以前）是預先已存在的一個身體。從此看來，那個身體用變化始生的方式，來到祭臺上，開始新生存，是不可能的。

同樣，也不能用處所的遷移。物體，先在乙處，後移到甲處，既到甲處，則不同時又在乙處。假設祭臺上一成聖體，基督的身體，從天上來到祭臺上，則不應同時又在天堂。（這是不可能的。天堂永遠，既得不失）。

加之，處所遷移，不同時一物遷到兩處。然而聖體聖事，顯然能在許多處祭臺上，同時舉行。（基督的身體，就應從天堂降到那許多祭臺上。這是不可能的）。足證：基督身體用地方的遷移方式，來到祭臺上，是不可能的。

二、處所問題，也有另一困難：一物的許多部分，不分離存在於許多不同的處所；必欲分離，則物體喪失其完整。然而，在聖體聖事中，餅酒顯然分在異處。假設餅形包含基督的骨肉，酒形包含祂的血，那麼每成聖事，則血肉異處，實體不能完整，（應是死屍）！

況且，狹小處所，不能收容積量過大的物體。耶穌的真實身體，顯然大於祭臺上供獻的麵餅。故似不能收容。除非，只收容一小部分，乃非完整，身體割裂，仍不適宜：同上。

加之：一體不異處同在。聖事舉行，顯然卻同在多處。足證：聖體不真包含基督身體。除非說將一個身體，分成許多小部分；結果不但是成聖事，等於分裂聖屍；而且縱令分割，數量有限，仍不夠各處分用：每一祭臺，都得一小部分。（部分何其多）？

三、覺識方面也有困難：在這個聖事內，連在聖體既成以後，我們的器官，顯然知覺麵餅和酒的一切附性：即是顏色，滋味，氣味，形狀，體重，重量，等等。關於這些附性，我們不能犯錯誤：因為「器官的知覺，關於本有的對象，是不會錯誤的」。（參考大哲《靈魂論》，卷三，章六；知覺及其對象論，章四）。

然則這些附性的主體，不能是耶穌的身體，也不能是周圍的氣體：因為這些附性的極大多數，是物本性固有的附性，需要有本性固定的主體，和人身或空氣的本性，全不相類。它們也不能自立存在：因為附性的生存是依附，非有主體不可。（參考大哲，《形上學》，另版卷五，章七）。

況且，附性，屬於性理之類，（本身是普徧而大公的），非因依附主體，不能成為個體化的：是以，去掉其主體，則只剩普徧大公的性理。（這是不合事實的。成了聖體後的麵餅和酒，呈現的一切附性，顯然都是個體化的）。足見它們必有主體。但它們的主體，既然不是上述的任何那一個，故此只剩是它們本性固有的主體，就是麵餅和酒的實體。那麼，聖體聖事內，現有餅酒的實體，故沒有基督骨肉的實體：因為兩個物質的實體，同在一塊地方以內，顯似不可能。

四、麵餅和酒的物質作用方面也不是沒有困難：聖體既祝成以後，麵餅酒的物質作用，施動受動等等動作，仍存如故。酒力發熱，多飲則醉。麵餅營養，強壯體格。儲存過久而失慎，則腐化；可被鼠食或火燒：餅而成灰，酒乃成汽。凡此一切，皆非基督身體所宜有：因為公教宣稱：信其身體，（復活升天以後），不再受傷亡。從此可見，這件聖事，似不包含基督血肉的實體。

五、麵餅分裂方面，也似有特別困難：器官覺知的情況明顯，附性不能沒有主體。肯定麵餅分裂，就是基督身體分裂，似是荒謬的。可見那裡只有麵餅和酒的實體，沒有基督的身體。為了上述和其他同樣的一些理由，有些人認為基督和教會，召人聽信的聖體道理，似是剛強武斷的。

第六十三章　疑難一

聖體這件聖事，神效超絕奧秘，非人力所能蠡測；但應證其非不合理，免受不信者誤認為教義荒謬。（回閱前章）。

首先考察，基督的真體，來到聖事內，應用的方式：不能是處所的遷移。一因處所的遷移，必使耶穌真體，每次來到祭臺上，便不仍在天堂。二因聖體不復能同時成於兩處。用處所的遷移，只能來到一處，不能同時來到不同的兩處。三因處所遷移，需要時間，不能一閃就到。聖體的祝成，卻是在祝文朗誦完畢後的那一閃之頃。

足證必須承認基督真體，開始生存於這件聖事內，是由於：麵餅的實體，變成基督肉身的實體；酒的實體也變成基督之血的實體。實體變化，成於一閃之間，不似處所遷移，需要費相當長的時間。

從此可見，或說在這件聖事內，麵餅和基督肉身兩個實體同時併存；或說麵餅的實體化歸無有，或化解為第一原質，（給基督的身體，遺讓處所）：都是錯誤的：因為都是以「處所遷移」為條件。按方才的證明，這個條件是不可能的。

另證：假設兩個實體，同時併存，則當時基督應說：「這個處所裡有我的身體」，不應說：「這（個麵餅）是我的身體」。同樣，麵餅實體化成無有，也不見得可能。一因聖事多處歷代屢行，消滅實體，將不勝其多。救事的聖事，消滅某物實體，也不似適宜。天主全能，何必毀一物以救他物？物質無性理不能存在。可見，麵餅的實體也不化歸第一原質。（第一原質，是全無性理的第一物質，單獨存在是不可能的）。

如用「第一原質」，不指「第一物質」，而指自然界的「物質原素」，例如水火氣土，等等。假設麵餅的實體化成了「物質原素」，這必是覺識可知的：因為形體的物質原素，是器官可以知覺的。況且，這樣的變化，需要同時有處所的遷移，和物體品質方面互相衝突的變化：都不能是一閃之間的。

此外須知：上述的「實體變化」，和自然界一切物質的變化，方式全不相同。自然界的物質變化，是主體由失去某一性理，而新得另某性理：性理的新舊代興，有前後長存的同一主體。假如：附性變化，是一個主體內，不同的附性，新舊代興：白者變黑，或其他。實體變化，例如氣被燒而變成火，（是一個主體失去氣的性理，而得火的性理起而代之）。故此，自然界的物質變化，都叫作「性理的轉變」。

聖體聖事內的「實體變化」，卻是一個主體變成另一個主體，只剩原有的附性，仍存不變。（實乃「主體轉變」：其整體全變，物質與性理合構而成的整個實體，由餅變成耶穌的身體）。至於怎樣附性不變，為什麼，等問題，以後（在章六十五）另作詳究。

現應考察：怎樣一個主體轉變成另一個主體？

自然界的物力，不能作出這樣的轉變：物本性的動作，以物質為先備的基層，並以物質為實體單位化的因素：（既然無力超脫物質而動作），故無力將一個實體變成（現已實有的）另一個實體：例如（物本性能力可以給人生長出十個手指，但絕無能力）將一個手指變成另一個手指。（因為它不能更動天然的物質及其個體化的作用）。

然而，天主的能力，（高於自然界物本性的能力），既能造生物質，故此也有能力轉變物質。所以，也能將這某單位實體，變成另某單位實體：兩個實體預先都已有現實的存在。自然界，物本性的動作能力，只能在基層已有的主體內，變化其實體性理，將此某物整體的種類和性理，完全改變成另某物整體的異種和異性：例如將這一團氣變成這一團火：全體變種變性。依照平行相對的比例，天主的能力，不需要以物質為先備的基層，但祂是物質的造生者，故能將（現有的）這一個物質轉變成那一個物質，並因此而隨之，也能將（現有的）這一個單位實體，轉變成那某單位實體：因為物質是個體成立的因素，如同性理是種類劃分的因素。（自然界，物體本性，不造物質，不能轉變現有的物質個體，但能轉變其性理；天主全能，既造物質，則能將現有的物質個體，由這一個轉變成另一個）。

由此觀之，得以明見：麵餅變成基督的身體，既變成以後，便沒有前後公同的主體作變化過程的基層，常存不去：因為這裡的變化，是基層主體，就是單位實體成立的最基本因素，由一個變成另一個。但仍必需有某因素，常存不去，以連貫變化始終的兩點：為能保全「這是我的身體」這句話的實義。這句話指示這樣的變法，並成全了這樣的變化：（因為耶穌的話有天主造物者的實效）。

既然那個因素，按方有的說明，不是麵餅的實體，又不是任何更深的基層物質；所以必須說：它是麵餅內實體以外的因素。這卻是麵餅的附性。可見，實體轉變以後，麵餅的附性仍存留如故，（為保證轉變前後兩實體間的連貫：真是那塊麵餅的實體，變成了耶穌骨肉的實體，只是沒有骨肉的附性）。

附性間的秩序，也不可不注意及之。比較起來，依附實體最切近的附性，莫過於體積的數量；次則品質，以體積的度量為中間的憑藉而依附實體：例如顏色因面積而附著於某實體：是故，面積分開，顏色也隨著分開（成若干部分）。復次，品質是物質作用、施動和受動的因素；也是物體間某些關係的因素（和基礎）：例如父子，主從，和其他，也有某些關係，直接隨數量而生，例如大小，兩倍，半個，及其他。

如此看來，可知麵餅的實體改變以後，它的附性種種仍存不變，但其中的「數量」，就是「體積的度量」，單獨一個附性，在那裡，照舊存在而無主體。品質之類的附性，卻建立在體積的度量上，以之為主體；其後，施動受動等物質作用，及物體間各種關係，乃依次，附著在那體積的度量上。（體積的度量，代替麵餅的實體，作其各種附性的主體）。

這樣比較起來，聖體聖事內的「主體轉變」，和自然各種物性的變化，前後情況，適得其反。後者的物性變化，存實體以為主體，而改變各種附性。前者的「主體轉變」，卻是存附性，而改實體。這樣的「主體轉變」，不可說是《物理學》所論的「本義的變動」；那樣的變動，缺不得主體。這裡想說的「主體轉變」，是一種「實體生存的繼位代興」：猶如在天主造生萬物時，所有的「生存的實有，繼生存的純無而興起」，詳論見前，（卷二，章十八—十九）。

麵餅的附性存留不去，是必需的，理由如下：

第一個理由，是為教人看到在那「主體轉變」裡，有某常存的因素，作轉變始終兩點的連貫線索。

第二個理由，是為標明處所：假設麵餅，實體變成基督之身體，附性也隨著逝去，結果便不見得基督肉身的實體，是站在麵餅方有的原處：因為和那處所失去了一切關係。但因餅的實體轉變以後，體積的度量尚存，基督肉身的實體，隱藏在餅的體量之下，乃因而佔領麵餅原先也是因體量而佔領的同樣處所。

尚有別的若干理由，簡指如下：

一是為了信德的本領，在於信認肉眼不見的真理。關於這件聖事，基督身體隱藏在麵餅的形像及其各種附性之下，真理越深奧難見，則信仰的功勞越有重大價值。

二是為了便宜領取。假設信眾領聖體，是領取基督肉體本質固有的原形，（骨肉現前，鮮血淋瀝，則（是活吃人肉），食者驚愕，見者深惡欲嘔，儀式既不便行，又有失於雅敬。是以基督（上智）遺囑信眾食其體，飲其血，是借用眾人飲食公用的麵形和酒形。

第六十四章　解難二

看到了關於「主體轉變」的意義，上章所述一切，便在某些限度內，見到解除其他疑難也有了敞開的門路。

前章說了：麵餅實體變成基督身體以後，尚餘存的體積度量，標明成聖事的處所，是基督身體佔領的處所。所謂「主體轉變」的本質，需要基督的身體佔領那個處所，必定根據餅的體積。

現應注意：這件聖事的效果分兩種：一種是「體變」的本效：是其直接達到的終點：就是按成聖體的祝文「這是我的身體」，麵餅的實體變成麵形內隱藏的基督身體；同樣也按成聖血的祝文「這是我的血杯」，酒的實體變成酒形內隱藏的基督之血。

另一種是「自然陪同的效果」。這些效果，不是體變的直接效果，但是和直接效果有自然而然的聯繫，故也隨著發生：例如「體變」的本效，顯然不是麵餅變成天主和靈魂，但在麵形內隱藏著的基督身體有天主性也有靈魂，為了兩者和基督的身體，有其本性自然而必然的結合。（基督的本位和本性，因為是降生成人的天主聖言：自然必有身體、靈魂，和天主性：三者同有於一個生存的本位）。

耶穌死後三天之久，（尚未復活的期間），靈魂離開了身體，血水離開了骨肉，假設當那時成了聖事，則麵形內只有肉軀，沒有靈魂也沒有血，（非無天主性）；酒形內只有血，沒有肉軀，也沒有靈魂。但在（復活以後的時期和）現今，成了聖事，麵酒二形，各藏體和血。麵形藏體，酒形藏血，是「實體轉變」的本效。同時，酒形藏體，麵形藏血，（兩者俱有天主性），卻是「本性自然陪同」的效果。

用同樣的理由，可以解破麵餅體積狹小的疑難。因為：麵餅的實體，直接變成基督肉身的實體。聖體以內有基督肉身體積的度量，由於本性自然的陪同，非由於「實體轉變」的本效；因為麵餅體積的度量，沒有轉變成基督身體的積量。所以這樣審察起來，不得用基督身體本有的積量，去佔領麵形的處所，而與之相比；但可用麵形尚保留的積量去佔領那個處所，當然大小相等。（復活以後，基督身體的積量，有「神輕」的特恩，是天主的秉賦，能佔地方，也能不佔地方。故其體量能陪同其身體隱藏在麵形內）。

從此可見，處所眾多的疑難也就解除了：基督的身體用其本有的積量，只佔一個處所；但用麵酒形的積量，可以陪同實體，佔領成聖事的每個處所：並且不是一處只有其一部分，而是每處有其整體：因為麵酒由祝文祝聖以後，各自的整個實體，變成基督的體和血：也是變成了整個的基督血肉之實體。

第六十五章　解難三

前章解除了處所的疑難，現應審察「附性問題」。（回閱章六十二，第三條）。

覺識（以其本有的能力和條件）不會錯誤，明證麵酒實有其原有的種種附性，不可否認。但這些附性不沾染耶穌的體血：因為沾染是品質等類的變化，耶穌的體血，（在復活以後），不能遭受這樣的變化；故此也不能是它們的主體。依同理，空氣的實體，也不是它們的主體。所以它們的存在，不是依附任何主體；但按（章六三）已說明了的方式：體積的度量，無主體，而自立存在，並充任其他各附性的主體，供其依附。

附性，沒有主體，但仰賴天主能力的支持，自立存在，不是不可能的。（天主的支持，不傷害物體的自立性，反而加強它：因為每物的自立能力，都是天生之德）。據理審斷，可知同一原因，既能造生萬物，便能保存萬物。然則，天主的能力，不用第二原因，就能直接產生第二原因所能產生的效果：例如治療瘧疾，而不用藥品，也不用本性自然的療養作用；又例如命童貞懷孕生子，而不用男人的種籽。理由是因為：天主的能力無限，並且各個第二原因的動作能力，都是得自天主的恩賦。由此可知，天主不用第二原因，也能保存第二原因的效果。這樣，天主也在這件聖事內，保存附性，而去其原先依附的實體。

對於體積度量，尤能如此肯定。柏拉圖派也曾主張：度量能由智力離開實體而受曉悟，故此也能自立存在而不依賴實體，（存在於神界）。天主的動作能力，顯然強於智力的曉悟能力。（參考大哲《形上學》，卷二，另版卷三，章五；《物理學》，卷二，章二）。

在附性當中，度量特性是：自己是自己個體化的根據：因為他的本質定義，包含姿勢：「度量是有姿勢的數量」。姿勢，（是十範疇之一），是物整體內各部分間的秩序。（參考大哲《範疇集》，卷四，章一）。那裡有同種部分眾多分殊之可思，那裡也必有個體成立之可言：因為同種物體，除非建立個體，則不分多。是以，非因主體互殊，白色也無分多之可思。然而度量，例如線條，雖無主體，只就其本身實體去看，能有分多之可曉悟：想見有許多條線的長度，而不思其主體：線條長度的本身實理是可思悟的：因為線條本質的定義，包含方位，方位不同，既有許多，則足以建立線條眾多之理，而被智力思悟以見之。

同種物體，數目分多的第一根原，似是在於度量：一因只有度量由其本質定義，兼含物體同種、數目分多可能性之理；二因實體類中，個體分多，是根據物質的分開。非因物質具有度量可思之理，吾人智力則無以曉悟，物質怎樣能分開許多塊數：因為，去掉數量，凡是實體，都是不可分的：明證於大哲，《物理學》，卷一，章三。（「數量」是範疇之一，內分「單位分立之數」，及「廣厚聚連之量」；量又分「重量」和「度量」。「度量」，分「長寬高」三度。三度俱全者，謂之立體，或體積。長寬無高者，謂之面積。只有長度者，叫做線，三度俱無而站方位者，叫做點。每一點是一個單位。實體，性理，物質，附性，和點之單位，如不思其現有之度量，則都不能在同種之下，分或許多個體：既無度量，則不能分開許多部分）。

其他各類附性，同種以內，劃分許多個體，顯然是根據主體。這樣說來，吾人不可承認在聖體聖事內，尚餘的（麵酒二形的）種種附性不是個體化的：因為他們建立在體積的度量上，以度量為主體；度量是個體成立的根原。聖事內，（麵酒二形的）度量，按吾人的主張，自立存在而無實體作依附的主體。

第六十六章 解難四

看到了這些理由，現應考究「物質作用」的許多問題；有些容易解決，另有一些卻應多費思想。（回閱章六十二，第四條）。

按（章六十五及六十三）已有的說明，在這件聖事內：麵酒二形的附性，全都存留，（不隨實體轉變）。那些附性當中，有許多是器官可以覺知的品質。這樣的品質，乃是物質作用，施動受動等等動作的因素。從此可以明瞭，聖體既成以後，麵酒二形，為什麼仍舊能有其實體未變以前，原有的一切物質作用；並且照舊刺激器官的知覺：都是顯明的事實：例如改變週圍的氣氛：有味，有色，還有其他各種作用。

依同理，麵酒二形，仍有受動作用：例如酒能燒熱，也能清涼，並能變味，都是些受動而起的變化。二形尚有其實體原有的「感受性」：並以度量充任主體，故也以度量為承受變化的主體：不難明瞭。

關於「實體變化」的問題，困難似極重大：

聖體聖事內，有「實體變化」的事件發生。這是考察可見的：一是麵形的消化，有營養作用。人如多領聖體，麵形可以充飢，酒形也能醉人；如大同宗徒，《致格林德第一書》，章十一，節二一記述聖餐的情況，（斥責過度失敬）說：「有的人吃飽了，有的人喝醉了」。足證，麵形和酒形受了實體變化：營養料被取食者消化成自己的實體：是實體變化。舊實體敗亡，由而生出新實體，前後種類不同。

有人說聖體沒有營養作用，只有振作和溫熱的作用，如同酒的氣味，能振作人的精神，（也能溫暖人的血氣）。但這樣說，不是正確的。因為酒氣振作和溫暖之類的作用，不能持久，僅得維持一小時，不能代替飲食長久維持人的生命和氣力。但經驗容易證明，某人只用聖體作食糧，也能長久維持生命。

二是聖體的麵酒能腐化，也能燒成灰燼，則變成異種的實體。這也是器官覺識、明知的事實。足證：某些人為規避聖體能變成人的血肉，竟否認聖體能有營養作用：這樣的想法，是可驚訝的：（是大謬不然的。那裡有實體變化的事件，是不容否認的）。

承認了那個事實，困難就出現了：因為由附性不似能變化出實體來：基督的身體，是不受變化或傷亡的，故也變化不成另一實體。

若有人說：天主既能顯聖蹟將麵餅變成基督的身體，同樣也就能顯聖蹟將麵形的附性，變成另某實體。

這裡的情況和聖蹟（的本質目的）似不相合：一因聖體腐化，或被火燒毀；二因觀察可見：這個聖體能按物性慣有的自然規律發生腐化和被燒毀的現象。聖蹟，（是惟獨天主能作成的奇蹟），不慣有「自然腐化」之類的情形。（聖蹟常是為救亡，不是為促成敗亡，或腐化）。

又有人想出了一個有名的答案，得到了許多人支持。他們主張：聖體或被消化，作人的養料；或被燒毀，變成灰土，不是麵酒形的附性，也不是基督肉身的實體，變化成另一實體；而是天主顯聖蹟，命麵餅原有的實體，回到麵形內，遂由而生出聖體變成的新物：（或養分，或灰土，等等）。

然而這樣的理論，完全不能成立。

一因上面（章六十三）證明瞭：麵餅的實體，變成了基督肉身的實體。然則，任何甲乙兩物，如果往返相變，必須原有兩物甲變成乙，乙變成甲。照此定律，假設甲是麵餅，已經變成了乙；乙是基督身體；再變回去，則應變成麵餅。這是荒謬的。（等於說：基督不是基督了，而變成了一塊麵餅。這是天主顯聖蹟也不作的）。

二因假設麵餅實體回來，必須或回到麵形尚存之時，或回到麵形既毀之後。（這都是不可能的）麵形尚存，則包含基督聖體；麵餅實體回不到那裡，假設回到那裡，便是兩個實體同在那裡。（這就不是往返相變了，而是兩體並存）。同樣。假設麵餅實體回到麵形既毀之後，這也是不可能的：因為麵體無麵形，則不存在；又因為麵形既毀，另某實體已經生出了：麵體回來已失去了原定的目的：回來是無意義的。（原定的目的，麵體回來，為能代替麵形內隱藏著的基督，彷彿是用偷梁換柱的妙法，先來繼位，而後隨麵形的變化，而變成另某實體。麵形未毀，基督不去，麵體無位可繼則回不來；麵形既毀，基督已去，新某實體業已生成，麵體仍是無位可繼，則仍回不來）。

由此可見，似乎更好是說：聖體祝成時，有麵體變成耶穌肉體的聖蹟；同樣，也有附性充任實體的聖蹟；由此隨之而生的結果，當是麵形能有施動、受動，變化等等物質作用，和原先的麵體尚在時能有的作用，完全相同。是故，聖體毀壞時，能被消化而成為養分，如餅能充飢，酒能醉人；受燒或腐化，也能變成灰燼；方式、程式，和規律等等方面，都和麵酒實體尚在時沒有分別：除了附性充任其實體以外，沒有別的新聖蹟。

第六十七章　解難五

尚餘（章六十二）第五條疑難及其有關的理由，現應加以考察。

按前章提出的說明，我們顯然可以主張「體積的度量」，不靠實體，專靠自己，獨立存在，（作麵形各種附性的主體，依同理），也是麵形分裂的主體。但是麵形分裂以後，基督肉身的實體卻不隨著也受分裂：因為（按章六四略已提過的理由），麵形的每塊大小分，各自包含耶穌肉身的全體。

這一點，雖似困難，但用前數章提到的理由，就可釋開疑團。前者（章六十四）說過了：這件聖事，由於聖事的本效，包含耶穌肉身的實體；並由於本性自然的陪同，也包含耶穌肉身體積的度量。這些度量陪同實體的本性蘊藏在麵形裡；這樣存在的方式和自然界、形體存在的方式，正是相反：自然界、形體存在是用本身度量，佔領度量適合的一塊空間。聖事內，耶穌肉體的度量卻隨同實體，隱藏在麵形裡。

實體範疇的某單位，對於所在的主體；和數量範疇的某單位，對於所在的主體；在存在的方式上，互有不相同的關係。數量（廣厚）的整體，佔領其所在的主體，是以整體佔領整體，並以部分佔領部分，但不以整體佔領部分。是以自然界形體佔領空間，也是這樣：以整體佔領適度的整個空間，並以部分佔領部分，但不以整體佔領其空間的一部分：理由就是因為它佔領空間是用度量的適合。

反之，實體類中的單位，佔領其所在的主體，卻是以整體充滿整體，並以整體充滿其每一部分：例如水性本體，充滿池水的全體，也充滿其任何每一部分，又例如靈魂充滿肉身，也是（以全部充滿全部，並）以全部充滿每一部分。

那麼，既然在這件聖事中，麵餅的實體變成了耶穌肉身的實體，只剩麵形體積度量尚存，耶穌的肉身只因實體現前，隱藏在麵形以內，也就以其形體，（不但充滿麵形整體，而且）充滿其每一任何部分；如同麵字種名所指實體、充滿麵形度量的每一任何部分。所以，麵形的分裂，或分開，不涉及耶穌聖體；也就不等於聖體屍裂：卻不過是麵酒形體積度量的分裂：如同其他各種附性也隨體積而分裂一樣。（換言之，受分裂的主體，不是耶穌的身體，而是麵酒形的度量，及其他附性等等）。

第六十八章　解難後的結論

削除了這些疑難，顯然可見：祭臺聖事的傳統教義，不包含任何不可能的道理。天主全能，故無妨成全其事。

吾主當時見眾門徒一聽這端道理不禁駭怪，為安撫他們而說的那句話，和教義的傳統，並不衝突。「我給你們說的那些話是神恩和生命」，（《若望福音》，章六，節六四，記載的）這句話，意思是說：祂將自己真實的血肉，分給信眾取食，不是用其他普通肉食的方式，撕碎本形的血肉吞嚼，而是用神靈的某一方式，不同於人間肉食的習慣吃法，（就是借用麵形隱藏聖體的本形。比如麵片包肉餡餃子而將餡妙藏於無形）。

第六十九章 麥麵餅，葡萄酒

按前者（章六十一）已有的說明，成聖體聖事，應用麵餅和酒，故此必須滿全麵餅和酒本質應具備的一切條件，否則成不得聖體。

非由葡萄汁作出的酒，不可謂之酒。為由小麥麵粉作成的餅，不是本名所說的麵餅。其他質料作成的餅，是麵餅的冒充，缺麥麵時，供人借用充飢。酒以外的釀汁，也是一樣，非葡萄酒；則成不得聖事。麵酒不純，雜質混合過度，本質已失，也不可用成聖事。

麵餅和酒，附性改變，未傷本質，尚能成聖體。例如麵餅用酵與否，無關本質，不失本性，則同樣能成聖體。是以各地教會，習尚不同，有用酵麵餅者，有用所謂「死麵餅」者。例如大聖（教宗）額我略，在信集內說：「羅馬教會用死麵餅，取其無酵，喻指吾主降生成人，無罪惡的攙雜；然而，別處教會，有用活麵餅者，取其有酵，喻指聖父之言，化裝人身而降世，真天主結合真人，猶如酵子結合麵粉」。

但依照大宗徒，《致格林德第一書》，章五，節七—八：「我們的拔涉節禮品，是犧牲品，基利斯督。所以，我們聚餐慶祝，（成聖體聖事），是用真理，精誠的死麵餅」。這件聖事，象徵「妙身純潔」，「妙身」，或叫作「神秘的身體」，是「教會」；用死麵餅更適合象徵的意義。（「拔涉節」，也叫做

「渡涉節」，或「踰越節」；希伯來文譯者，叫做「巴斯卦」，或「拔涉」；紀念「過紅海的故事」。古教祭禮用羔羊。新教用「聖體聖事」）。

駁謬：從此可見，希臘（裂教）人的錯誤。他們主張：死麵餅不能成聖體。這也明明相勸《聖經》的明訓。《瑪竇》、《瑪而谷》、《路加》三部福音，紀載（最後晚餐），吾主和其眾徒，在「死麵節」第一日，舉行「拔涉節餐禮」，都標明吾主用了死麵餅，一同吃了，並建立聖體聖事。《古經》，《出谷紀》，章十二，節十五，證明：「死麵節，齋期」的第一日，猶太古教、教律禁止人在家裡保存酵麵；耶穌在世一生謹守古教、教律。從此顯然可見：耶穌用了死麵餅，（在那天晚餐裡），成了聖體，並分給眾徒領取。（「成聖體」，是對著麵餅，宣佈成聖體的祝文，這是我的身體」：用天主的全能，完成奇蹟：將麵餅的實體，轉變成祂肉身的實體，隱藏在麵形中）。足證：攻許拉丁教會沿用吾主建定聖事遵守的禮制，是愚妄的。

然而，須知某些人說：吾主為了蒙難緊急，提前一日，舉行晚餐，比「死麵齋期」早一天，所以也就用了活麵餅。他們的理由有兩個：

一是《若望福音》，章十三，節一記載：「吾主和眾門徒在『拔涉節』前一天，舉行晚餐，成了自己的聖體」；大宗徒《致格林德第一書》，章十一，節二三，也有同樣的記載。

二是《若望福音》，章十八，節二八，記載：瞻禮六，（禮拜五），耶穌被釘十字架上，「猶太人，為舉行「拔涉節餐禮」，並為免受玷汚，沒有進入比辣多官府」。「拔涉節餐禮」卻是「死麵餅餐禮」。他們由此，乃推出一條結論說：吾主和其眾徒舉行（最後晚餐）是在「死麵節」以前：所以為祝成聖體用了活麵餅。

為答覆上面這個難題，須知：「死麵齋期，一連七日舉行。第一日是開幕日，禮儀特別隆重，被人敬稱為聖日：那是月之第十五日」：這是天主的誡命，載在《古經》，《出谷紀》，章十二。然而，猶太隆重敬禮，都是前夕開始：故此，是在月之十四黃昏，開始舉行「死麵餐禮」，開始以後，連續舉行七天。是以《出谷紀》同章（節十八—十九）又說：「正月十四日黃昏，行死麵餐禮，同月廿一日黃昏齋期結束。在這七天裡，家中不得有活麵」。（活麵是酵麵。死麵是不用酵的麵）。「死麵齋期」的首日，就是月之十四日黃昏，舉行「拔涉節羔羊祭禮」。（參考節六）。

這樣比較計算日期，可知：《瑪竇》、《瑪而谷》、《路加》，三位聖師在所著福音裡，所說的「死麵齋期的首日」是月之十四日：因為「死麵餐禮」和「拔涉節羔羊祭禮」，是在這日的黃昏舉行。這一日也就是《若望福音》所說的「拔涉節前一天」：那一天是月之十五日。是日特別隆重，猶太古禮大事慶祝：但只行「死麵餐禮」，不行「羔羊餐禮」。

由此可見，四部福音，不相衝突：明證耶穌（最後）晚餐，用了死麵餅，祝成了自己的聖體。足證拉丁各地教會用死麵餅舉行聖體這件聖事，顯然是合禮的。

譯者附註：猶太教曆第一月，民曆第七月，相當陽曆三月中旬至四月中旬，就是農曆春分前後十五天那一個月，叫做尼桑月，加囊古曆叫做「阿必博月」：義譯「麥熟月」。《出谷紀》規定尼桑月十四日至二一日為「死麵齋期」。十四日午後，從兩點半至五點，在日路撒淩京聖殿殺羔羊，獻祭禮，剝去羊皮，整羊烤熟，寸骨不折；來殿朝聖的人，十人或二十人一夥，將羔羊帶回家去，待至太陽西落，乃行「羔羊餐禮」，先上酒傳飲，後上「死麵餅」和青菜。第二次傳酒後，分食羔羊、麵餅、和青菜。如此，傳酒用菜四次，其間歌唱《聖詠》。這是尼桑月十四日晚餐：是十五日的開始：依照猶太習慣，計算日期，由前夕日落開始。尼桑十五日，是「死麵齋期」的開典大禮日。大餐卻是在前夕晚餐時。

齋期開典以後，七日間，活麵餅不但禁吃，而且禁存。古禮原義，是慶祝麥熟。後乃與「拔涉節」聯合慶祝。「死麵餅」，是不用酵母的小麥麵餅，用清水合麵，加油，圍成扁圓小餅，在油鍋焙熟：和華北「燒餅」製法相同。不攙倉母，古禮象徵純潔，無腐，富有新生力；在「拔涉節」興起後，象徵「民族逃出埃及的前夕，倉促起行，兼程並進，無時安逸，以享用發酵的麵食」。

耶穌蒙難前的最後晚餐，確在那一天？是不是拔涉節羔羊晚餐？《聖經》研究者，意見分歧，迄今仍無絕對明確的定論。本章，聖多瑪斯的計演算法，較比歷代學者，獨樹異幟，直接簡便，並且似甚合於古代曆書：答案是肯定的：最後晚餐，是尼桑十四日晚餐。

第七十章　聖事不削除人的自由

然而，人領上述（諸件）聖事而得的（天主）聖寵，並不削除人犯罪的可能性，（因為聖寵不削除人的自由）。（理由如下）：

靈魂領受天主白白賞賜的恩寵，如同習慣養成的才能一般，不是常有現時動作。故無妨有人能作出相反的行動。例如文法家說話，有時合文法，有時不合。又例如有道德修養的人，也是一樣，有公義的德習者，能有時作事相反公義。基本的理由是：才能的運動，系於人的意力。人的意力卻有行動相反的自決能力。從此比較看來，顯然可見：領受天主神恩的人仍能辜負恩寵而得罪天主。

另證：人無意力的堅貞不渝，則不能沒有犯罪的可能性。如果沒有把握住最後目的，人的意志則有變動的可能性，不是堅貞不渝的。意願完全滿足，則意力堅定不變：因為不再願望其他：故此，未達到人生最後目的以前，人不能沒有犯罪的可能性。聖事給人帶來的聖寵，不是人生的最後真福，而是一種恩佑，幫助人尋求最後目的，幸能尋獲正路。（但人有自由，故能選擇錯路）。足證：人從聖事領受的聖寵，不削除人犯罪的可能性。

加證：大哲（《道德論》，卷三，章一）說：「作惡者，都是無知者」。《聖經》，《箴言》（章十四，節二）也說：「作惡者，都是知識有欠正確」。所以，凡是罪惡，都是生於某種知識的缺乏。可見：幾時人的智力不保險不犯知識的錯誤或欠缺，幾時人的意力就不保險必不犯罪。顯然，聖事賦給的聖寵，不削除人知識有錯誤或有欠缺的可能性。至上真理，是一切真理確實的根據，人非智力直見至上真理，不會削除知識錯誤或缺乏的可能性。直見至上真理，卻是人生的最後目的。詳證於卷三（章二十五─二十七）。人因聖事賦給的恩寵，（既然不是立刻得到人生最後目的；所以在未得以前），尚不免有犯罪的可能性。（最後目的之實得，是在來世，不是在現世）。

又證：人、品行善惡的變換無常，多由人心情慾變換無常所致。人品德的修成和存養，全賴於理智節制情慾。否則，放縱情慾，人則喪失品德而染惡習。聖事賦給的恩寵，不除免情慾變換無常的可能性。反之，人靈不離肉身，則常受情慾的波動；品行也隨著能受動搖。可見：聖事顯然不取消人犯罪的可能性。

另證：勸戒不能犯罪者勿犯罪，似無意義。福音和宗徒的遺訓，卻勸戒信眾，在既領聖事神恩以後，勉勿犯罪。例如致《希伯來書》，章十二，節十五、「留心慎防，勿失聖寵，勿許苦根萌牙，滋生煩擾」。《致厄弗所書》，章四，節三〇也說：「既印上了聖神的印號，則勿要憂困聖神」。《致格林德第一書》，章十，節十二「自覺直立者，慎勿跌倒」。並且大宗徒自述說：「我尅苦並制服我的肉身，倖免講道勸人時，自受指責」。足證人領聖事不削除犯罪的可能性。

駁謬：由此乃得破除某些異端人的錯誤。他們主張：人領神恩以後，沒有再犯罪的可能。他若犯罪，則自證未嘗實有神恩。（聖神的恩寵，助人脫罪立功）。他們為旁證已見，曾援引《聖經》數處如下：大宗徒《致格林德第一書》，章十三，節十八：「愛德總不失落」。《若望第一書》，章三，節六：

「生存於主者，都不犯罪。犯罪者，都是未嘗見主，也未嘗識主」。下文（節九），更是明顯：「生於天主者，都不犯罪：因為有天主的種籽生存於心內；既是生於天主，也就不能犯罪」。

解難：上述經文，沒有證明的實效。「愛德總不失落」的本義，不是說人有愛德，則永不喪失；而是說聖德全善的至境，（達到了真福之域），聖神的種種恩惠，功成而退，惟有愛德之恩，常存不失。其他神恩，不屬於全善的至境，例如「《先知》的神恩」，（能替天主發言，知人之所未預知）；及其他神恩，「全善達到時，則引退於空虛」；聖保祿，《致格林德第一書》，（章十三，節十），曾有這樣的話。是以若望啟示錄，（章二，節四），稱述（天主責備人）說：「我有三兩事，反對你，因為你喪失了你原初的愛德」。（指示真福未得到以前，犯罪而喪失了聖寵）。

《若望書信》裡的那些話，對方援引過來，也不足以證明對方的主張。那些話的意思是說：人領受聖神諸恩，乃被建立為天主的義子，也可以說如同是重新出生一樣。神恩效力強大，能維持人的聖潔，免人陷於罪惡；人如依賴神恩而生活，也就不能犯罪；否則，卻能陷於罪惡：比例相當於說：「熱物不能發涼」；但能變冷，這樣也就要發涼；又例如說：「義人不作不義的事」；但人如失掉義德，則能作出不義的事。

第七十一章　聖寵能失而復得

從此轉進，得見：人領聖事以得聖寵，陷入罪惡，遂失聖寵以後，仍能（再領解罪的聖事，解除罪惡），恢復聖寵。

理證：按前章的說明，人生斯世，意志易變，品德善惡無常。依同比例，聖寵，（一如美德），能得能失。既能犯罪失寵，則能免罪立功，（重得聖寵），恢復美德。

又證：善惡相較，善力強大，非惡力可比。非因善力，惡事不生實效：詳論於卷三（章八，及章九），人的意志，如能因罪失寵，則更能因寵免罪：改過向善。

加證：人心變志，都是中途變志。人生斯世，追求人生目的，未達到以前，乃是路在中途：故能變志。所以不是不能仰藉天主神恩，回心轉善，痛改前非：不是心死於惡，一成不變的。（既能變志，則能變惡為善）！

添證：聖保祿《致格林德第一書》，章六，節九至十一說：「凡淫汚貞潔者，敬事邪神偶像者，姦淫已婚者，等等，都得不到天國。你們曾一度是這樣的人；可幸、你們卻領受了洗禮；你們又領受了（聖油諸聖事賦與的）聖德；你們還（用解罪的聖事）領受了（罪赦），恢復了義德：都是仰賴吾主耶穌基利斯督的聖名，並且仰賴我們天主的聖神」。

顯然的：諸聖事賦予的聖寵，不減低本性的善良，反而增加本性的善良。無則，本性善良的首要作用，是能改惡遷善：向善的可能性是本性固有的善良。（哲史稱之為良能）。所以，人如既領聖寵不幸重陷罪惡，仍能回心向善，恢復義德的佳境。

還證：假設人在領洗以後犯了罪，不能恢復聖寵，則失掉得救的希望。然則，失望是放縱恣肆的門路。聖保祿《致厄弗所書》，章四，節十九，論到某些人說：「他們失望得救，乃自暴自棄，放縱淫慾，迷戀世福，汚穢不潔，貪財吝嗇，無惡不作」。心靈的處境，如此，則危險至極：將引人淪陷於萬惡浩蕩的潮流。

另證：前（在上章）已證明瞭：領聖事而得的聖寵，不消除人犯罪的可能性。假設人領聖事，得聖寵以後犯了罪，不能得赦，無法恢復義德的佳境；那麼，領聖事就是一件兇險事！這不見得是合宜的。足證不得否認領聖事以後犯了罪的人，仍有恢復義德的門路。

經證，《若望第一書》，章二，節一、「可愛的青年們：我給你們寫這些話，是為勸你們不要犯罪。但是如果有誰犯了罪，勿忘吾人有無罪的救世主耶穌基督，在天主聖父面前，作我們的中保：並且，祂親自為償贖我們的罪惡，獻身作為祭禮的犧牲」。這些話，顯然是向已經領洗的信眾說的。

聖保祿《致格林德第二書》，章二，節六—七，論到某人犯了邪淫，勸導說：「他這樣的人，受了許多人的攻訐，也就夠了；你們反應表出同情，分受他的痛苦，安慰他，（勉勵他改過自新）」；下文章七，節九又說：「我的愉快，不是因為你們憂苦；但是因為你們的憂苦引領你們悔悟了前罪」。

《古經》、《熱肋米亞先知》（章三，節一）也說：「妳和許多男人，犯了邪淫的罪；但妳應回頭歸向天主。這是天主的話」。哀歌，末章，（章五，節二一）又說：「主！求祢引領我們回頭，我們就回頭歸向祢。求祢從頭作起，恢復我們原有的新潔，善度今後的日月」。

綜合上述一切，得以明見：教友失足失寵，仍能回頭改過，得寵得救。

駁謬：由此，得以破除諾哇鮮派的錯誤。（諾哇鮮，羅馬神父，二五〇年前後，著《聖三論》，任要職，名重一時。二五一年，高尼略被羅馬神職和教眾選作新教宗。諾哇鮮反對，乃自立為主教及教宗，開裂教之始，餘緒流傳，垂兩百年始息）。他們主張：人在領洗以後犯罪，不能得赦。（參考聖奧斯定，《異端論叢》，章三八）。

他們認為自己的主張，有聖保祿的一些話作根據：《致希伯來書》，章六，節四—六：「一朝既受（洗禮的）光照，口嚐了天降神恩的滋味，分領了聖神的恩賦，並且嚐享了天主聖言的福善，和來世的德能，竟又墮落；這樣的人再得悔悟自新，是不可能的」。

然而，審察保祿下文，可見其本旨：只是否認「再得領洗、悔悟自新」；不是否認「再得解罪、悔悟自新」。其下文明說：「因為他們再次為自己已釘殺天主聖子，並將祂顯示公眾（以受譏辱）」。人領洗禮，是和耶穌一同赴死：被釘在十字架上。《致羅馬書》，章六，節三說：「吾眾每人，領受洗禮，結合耶穌基督，就是和祂一同領受了祂死亡的洗禮」。耶穌既不可再度被釘，人在領洗以後犯罪，則不可再受洗禮。但能採用悔罪的（告解）聖事，回頭改過，重得（天主的）聖寵。說「人類洗禮既得聖寵以後，犯了罪，不能悔悟自新」，和說「天主聖子不可再次被釘」，有同樣的意義和原因。

是以聖保祿沒有說領洗後犯了罪的人不能回頭悔悟，改過聽順（天主）名叫；但說他們「不能悔悟自新」：就是「不能再領洗禮，將自己改造一新」。「悔悟自新」，按聖保祿說話的習慣，指示「洗禮」的聖事，及其本效：例如《致諦鐸書》，章三，節五：「（耶穌）因其仁慈救活吾人，用聖神的洗禮，賞賜吾人再生和再新的鴻恩」。

第七十二章　悔悟（告解）

由此可見：人領洗後犯罪，不能再用洗禮救治自己的罪惡。

但因天主仁慈豐厚，基督恩寵有效，不忍拋棄罪人，置於不顧；乃另建一件聖事，用作滌罪的救藥。這件聖事就是「悔悟聖事」。心靈悔悟，滌除罪惡；猶如身體療養，醫治疾病。人的身體，生於父母，不幸害病，有傷健全，能受治療，而消除疾病。依同比例，人的心靈，因受洗禮而復生，不再受洗禮以洗除受洗後新犯的罪，但領「悔悟聖事」，用以救治罪疾；悔悟彷彿是心靈的變更。（誠心悔悟，則應自訟自承，明告己罪，以解罪縛，故又叫作「告解聖事」，詳見下文）。

尚須注意：身體療養，有時全由內發；例如只靠本性生力，自然療養。有時卻兼由內外而發：例如服藥治病：是採用外物的藥力，補助身內的生力，剋勝疾病。但總不能只由外發：因為需有內在生力，作為健康復元的原因。（否則，元氣盡失，生力喪亡，只靠服藥，不能生效）。

依同比例，心靈（道德）生活的治療，也不能全由外發：因為心靈（道德）生活的健全，少不得意向的正當。非正心誠意，不能恢復神健。然而也不可專由內發：因為卷三（章一五七）證明瞭：如聖寵助佑，人不能自力脫免罪債。從此可見：人用「悔悟聖事」，恢復心靈的健康，治療手術，也應當是內外兼施：兼由內外而發以奏實效。

進步考察，可知事實是這樣進行，體病完全治療，不能不在於全除疾病的痛苦。是以，悔悟聖事，完全治療罪疾，也必須消除罪惡招致的精神損失。這樣的損失當中，第一個，佔首位的，乃是「心不正」：就是心靈的意向，背正從邪；背棄不易的至善，傾向邪妄的罪惡：這也就是背棄天主。

第二個損失，是結下了罪罰的債務：天主至公至義，罪必當罰。詳證於卷三（章一四〇）。第三個損失，是性善削弱：緣於人既犯罪，心乃向惡，爭於下墜，緩於上進行善。（人之初，性本善。性相近，習相遠。犯罪習惡，則怠於行善：本性天良，遂漸受削弱）。

反過去說：悔悟聖事，也有三種需要：

第一、最首要者，是「正心」：心靈棄邪歸正，歸向天主至善：痛悔所犯罪惡，定志不敢再犯，棄絕一切罪惡。這就是「痛悔」的本質和定義。

然而這個心靈的重整，不能缺少了聖寵：理由在於吾人心靈歸向天主，缺少了愛德，不能滿足必須的條件。然則按卷三（章一五一）已有的證明：人不先得聖寵，則不能有愛德。（愛德是天主賦給的超性恩寵）。從此可見：「痛悔」本名定義所指的「心靈重整」，是由內發的：就是發於意志自由的決擇：同時需要有天主聖寵的助佑。所謂「心靈的重整」就是心靈的棄邪歸正。

「痛悔」的效用，照上文的說明，一是取消干犯天主的罪惡，二是救脫永罰的罪債。永罰非它，惟乃離棄天主而失至善：故與聖寵及愛德，不能共存。人有聖寵與愛德，卻因之而結合於天主。

但為救治罪惡，人不只需要結合於天主，而且需要結合於耶穌：因為按前者（章五五）已有的說明，耶穌基督受苦難救贖人類，功德效用，足以償贖一切罪惡：身作人類和天主之間的中保，須賜赦免眾罪的救恩。人心靈生活的得救，在於心智歸向天主，不能不仰賴吾人靈魂的醫師、耶穌基利斯督。「祂救自己的人民，脫免眾罪」。（參考《瑪竇福音》章一，節二一）。

祂的功勞，是以免除眾罪；按《若望福音》章一，節二九所說：「是祂除免世界的諸罪」。至於眾人，卻不能得全赦，各按結合於基督，密契深淺，而程度相異。

比較兩件聖事，吾人因領洗聖事，交結基督，不靠人內發的動作，但靠基督重生吾人乃得生望；既被新生，故非自生。（參考《伯多祿書信》第一封，章一，節三）。洗禮赦罪，依靠基督權能，全將吾人整整結合於基督，不但消除罪污，而且釋免罪罰：全債清除。人非假冒領洗，都得實效。

悔悟聖事，卻依憑天主助佑吾人自發的行動，恢復吾人心靈的健康。故此不常是眾人平等，全得諸罪之赦：人如回心向主，依靠基督功勞，痛恨往罪，誠心激切，則能全得罪赦，不但洗除罪惡，而且解脫罪罰：諸惡盡除。這卻不常有。可能某人痛悔改過，免罪免罰，永罰雖免，暫罰仍留不免；懲亞惡用刑，申張天主公義。

贖罪受刑，須聽審判。是故，罪人悔悟，託主救治，也應聽候吾主審判，恭領刑罰處治。吾主耶穌基利斯督，審罪處刑，委任神職人員代理：其他諸件聖事，也是一樣：命人行施。判官處裁，須要確知罪情。所以，罪人悔悟則應向基督的神職人員，自訟自承，明告所犯諸罪。可見「告明諸罪」是「悔悟聖事」缺之不可的第二要素。

神職人員，聽人告明己罪，乃應代表基利斯督，行施裁判的職權。（按《宗徒大事錄》，章十，節四二），基督受（天主）建立為判官，審判生死者。裁判權包含兩項要素：一是審識罪惡情況，二是釋免或處罰。這兩項要素，叫作「聖教的兩把鑰匙」：一是案情的究察，二是啟閉的能力。《瑪竇福音》，章十六，節十九，記載吾主將這兩把鑰匙，交付給宗徒長伯多祿說：「我要將天國的數把鑰匙，交付給你」：這些話的意思不但是將那些鑰匙只交給伯多祿自己一人，而且是由伯多祿傳流給別的許多人：否則不能滿足眾人信教得救的需要。（本此需要，可見吾主將審判罪惡的權能交由伯多祿傳給了繼位人及其他受委任的神職）。

這兩把鑰匙的效力，來自基督受的苦難。基督用自己受的苦難給吾人啟開了天國的門。祂的苦難在聖洗內施展效能。人欲得救，不得不受洗禮，或實領，或神領。由於環境阻礙，非由輕慢，不得實領，只有誠心願意，乃和實領無異，叫做神領。（參考聖奧斯定，《聖洗論》，（駁竇納沱），卷三，章二二）。

依同比例，領洗後又犯罪的人，如欲免罪得赦，不得不伏聽「聖教鑰匙」的處裁赦免：或現實告明己罪，聽受聖教神職的裁判，或至少有這樣的願心，得機還願：因為按《宗徒大事錄》章四，節十一十二記載宗徒長聖伯多祿說過的話：「非因吾主耶穌基利斯督的聖名，天主沒有賞人任何其他名義，足以救活吾人」。

駁謬：由此得以破除某些人的錯誤。他們曾說：人不告明也無告明的願心，就能獲得罪赦；或另有些人說：聖教神長能寬免人告明的責任。這都是錯誤的：因為神長權力全在於「聖教鑰匙」；故無力廢棄鑰匙而擅行啟閉；同時，惟獨基督有能力建定聖事，也能不用聖事而直接賞賜救恩；但聖教神長沒有這樣的能力，故不能發命，令人不領聖事而得罪赦。悔悟或其他聖事的禮儀，所有一切實效，都是來自基督救世所受的苦難。一如神長無能力寬免人不領洗禮而得救恩，同樣也無力寬許人不告解而得罪赦，（人先告明己罪，徒得神長赦罪，始能解脫罪債，故此「悔悟聖事」，就其禮儀程式而言，也叫作「告解聖事」，教眾俗語，慣稱之為「辦神功」；神父聽告解，叫作「聽神功」。教外文學界有時譯為「懺悔」）。

轉進比較：聖洗既分「水洗」和「願洗」；願洗本身有赦罪的效力，得機滿願，實受水洗，收效更完全：一在赦罪，二在得寵；並且有時「水洗」實領之際，能赦原先未赦的罪惡。依同比例，「聖教鑰匙」，就是「告解聖事」，也分「願告」和「現告」。人願告解的誠心有赦罪的效力，但「現告」的效力更完全：現實告明己罪，領受寬赦，（聽神長念赦罪經，領受神長行施赦罪的禮儀），則收到赦罪和得寵的效驗，豐厚滿全，甚於「願告而尚未實告之時」；並且，無妨有時在行施解罪禮儀之際，鑰匙的效力，能給現實明告己罪的人，賦給赦罪的神恩：（非人實告以前所能得）。

為此理由，聖教神長，用「鑰匙的效能」，行施解罪的禮儀，既有更豐滿的效力，則顯然也能處理人痛悔以後尚應承受的罪債暫罰：就是釋免一部分；然後，責公悔罪的人，負起贖罪的一些責任，補償其餘的一部分：滿盡這樣的責任，叫做「補贖」：這是「悔悟聖事」的第三要素。

悔罪的人，作了神長命作的補贖，就完全解脫罪惡債務：同時，戒惡習善，本性天良乃轉弱為強；誦經祈禱，神靈歸順天主；受齋限制飲食，用以尅服肉身，使之服從靈魂；行哀矜：施捨財物，救濟隣人。前者犯罪和隣人分離；現肯施助，遂重建愛鄰的團結。（這一切，都是人作補贖的種類和效驗）。

如此看來，可見聖教神長，運用「鑰匙」，是行施裁判的職權。裁判權賦與某官長是為處裁其權力範圍以內的人。從此得以明見：不是任何神長隨便能解除任何人的罪過，但只能是領有神權的神長，審理他神權範圍以內的人：（受上級神長授權時指定的限制）。相反這個定理而提倡異說，都是謊騙。

第七十三章　終傅（神醫）

肉身是靈魂的工具。工具卻宜適合主動者運用：故此必應具備相當的條件。是以肉身為適合於靈魂，也具備適宜的條件。（靈肉配合相稱，是人性的本然）。

由此可見，靈魂犯罪，既是靈魂的病弱，按天主審判，公義分配，有時就波及肉身。肉身的病弱卻有時有益於靈魂的健康：人如謙遜忍耐，承受肉身的疾病，就算作他罪債的補償；但也有時妨礙靈魂的精神健康：許多德行受到肉身病弱的阻礙。

故應採用某一神靈的藥劑，攻尅罪惡，抵制它殃及肉身的影響；既有益於精神康樂，便有時能生救治肉身的效驗。終傅聖事，乃是為達到這樣的目的而設立的。聖雅各伯《宗徒書信》，章五，節十四－十五論終傅聖事說：

「你們當中如有某人害病：他就應延請聖教神長，為他臨榻祈禱，因吾主聖名給他傅油；信德的誦禱就要治好他的疾病」。

病人領了終傅聖事，有時不全治好肉身的疾病，這並不減低聖事的實效：因為妥領聖事而恢復身體健康有時無益於靈魂的長生及康樂。終傅聖事雖然有時不治好身體，病人領這聖事，卻也不是沒有益處：理由如下：

既然這件聖事成立的目的是為抵制罪惡殃及肉身而生的影響，顯然也抵制罪惡的其他影響。其中（最有害者），有兩種：一是傾向作惡，二是難於向善：這樣的不良影響是罪惡直接生出的靈魂病症；肉身的疾病尚是較遠較輕的後果。終傳聖事則更宜首先抵制那兩種靈魂的病症。

固然靈魂這樣的病症，應由「悔悟聖事」來治療：人既悔罪，則實習德行，補贖罪債，藉以清身避惡，傾心向善。但因許多阻礙，人罪眾多，不得完全這樣治療：或因忽略疏漏，或因業務繁忙累身，或因身體病弱，人生短促，或因其他原因，只有「悔悟聖事」，仍是不足：是以天主上智，照顧人類長生的福利，建定了這件「終傳聖事」，補足「悔悟聖事」的餘欠，全治罪惡的遺毒，清除暫罰的債務：助靈魂離開肉身，領受長生的榮福，不受絲毫障礙。是以聖雅各伯又說：「吾主也就要助祐撫慰他」。

還可能有時人沒有理會或沒有記憶起自己所犯過的一切罪過，故不能用悔悟聖事來清洗；還有現生不免的日常諸罪：凡此一切，都需要人在離世之際，用這終傳聖事，洗除淨盡：俾能領受永生的榮福，自身不含任何障礙。是故，雅各伯宗徒又加了一句話說：「他若有些罪過，便得寬赦」。

綜合上述一切，得以明見：這件聖事確是一件終極的聖事；並且在某些限度下，是靈疾療養、全段程式的最後結束：準備人領取常生的榮福。所以叫作「終傳聖事」。（人生從領洗復生，到離世升天，整個階段，是靈疾療養的一個程式：始於領洗，終於終傳）。

從此還可明見：不是給勿論什麼病人，都可付給這件聖事，卻只應付給病重垂危的人。領了終傳，並恢復了健康，以後又害病，勢又危迫，則可又領終傳。付終傳聖事的意義，是為治療，如同藥劑；得病則服藥，病治好了，再得病，再服藥。依同理，終傳聖事，也可一付再付：和領洗、堅振、（神品）等聖事、不相同。

領洗、堅振，和其他聖事，（例如神品），所行的「傅油禮」，其意義和目的，是為「祝聖」，天主祝聖的效能，一施永存，物體不壞，則聖效不失，故不可一聖再聖。重複祝聖，無目的，無意義；妄行之則褻瀆聖事：故不可。終傳聖事的敷油禮，不是為祝聖，而是為治病：故可重複行之。（「祝聖」是將不神聖，變成神聖：或建立人物神聖的品位，例如聖洗敷油，將教外人化成教內人，作耶穌神聖妙身的肢體：分享耶穌神聖的份位：作天主的子女。堅振敷油，將白丁教友，升高一品，作耶穌的勇兵。神品聖事敷油，將無某神品的人，升到那某品級：（例如神父的鐸品，或主教的品位。這些敷油禮，都是人一生只領一次，不可重複）。

人在將死，但身體無病，雖然需要終傳聖事的種種神效，仍不可領終傳聖事：因為終傳聖事只可付給身體害病的人：並且是採用付藥的形相：身體無病，則不服藥。依同理，人無病，雖在將死，仍不宜領終傳聖事：例如受死刑的人，（臨盆的婦女，上陣的軍人，沉船，翻車或飛機失事以前，雖知實有危險，仍不可先領終傳而起行）。理由在於凡是聖事都應保存禮儀初建的本義：無其意義而行之，是妄行，褻瀆聖事，故不可）。

例如洗禮採用水洗身體的儀式。同樣，終傳聖事採用敷藥醫治身體疾病的儀式。故也用油作這件聖事特用的材料，因為油有減輕疼痛，治療疾病的效力；猶如水洗身體，是洗禮的材料；洗禮用以行成聖事，洗淨靈魂。

從此繼續比較觀察，還可明見：如同醫治身體，應治病根；敷油聖事也應用在罪疾的根源上：就是用在犯罪所用的那些肢體及部分上：例如行動用的手腳，慾情激發的腎臟腰部等等：依照習慣，也給腰部敷油。這些器官和肢體都是情慾和覺識的工具：是罪疾的根源。

顯然這件聖事，賦給聖寵，因為它寬赦罪惡，不能不施聖寵。

聖寵光照人的心智，惟獨神父能行聖事，賦人聖寵，因為按狄耀尼的名言：神父的品級是光明照耀的品級。（《聖教品級論》，章五，節六—七）。

為行這件聖事，既不須賜崇高的品位，故不需要主教來主持。別的一些聖事，需要主教來舉行，給領聖事的人，擢升高級品位：（例如堅振和神品）。

但是這件聖事，有全治罪疾的效用，並且需要豐富的聖寵，故應許多神父參加，並應由全堂教友一同誦禱，襄助聖事生效。是以雅各伯宗徒說：「應延請聖教眾位神長；信德（大眾）的誦禱就要治好他的疾病」。假設某處只有一位神父，單獨行終傅聖事，須知他實際上仍是用全聖教會的德能為教會滿盡神職，向領聖事的人作聖教會的代表。人如冒領這件聖事，則終傅失效，和其他諸件聖事一樣。

第七十四章 神品：聖職人員的建立

回觀上述一切，（五十六，五十九，六十，六十一，七十二，七十三諸章），即得明見：已論各件聖事，都是借有形的聖事，賦給無形的神恩。然則動作相稱於作者，是理之自然。故為施行上述的聖事，應任用有形的人員執行聖事的職權。

天神無形，沒有真實的骨肉，故無力施行聖事。是以聖保祿致《希伯來書》，章五，節一說：「凡是橋師（註一），都是由人類中選拔，建立，為替眾人司理敬奉天主的事務」。

況且、這裡的人選條件，另有道理如下：聖事的建立及效能，取源於基督。聖保祿、《致厄弗所書》，章五，節二五至二六，論到這一點，曾說：「基利斯督，親愛聖教會，並捐獻自己，成聖教會，用生命之言、行水的洗禮，洗潔教會」。

偏察事實，也可明見：祂的「體血聖事」，是基督最後晚餐時建立的，並遺囑眾徒屢次舉行。這樣的聖事是首要的。基督訣別教會，身體離開人世以前，為使聖事永留不替，必然就建立其他人員，負責給信眾施行聖事。大宗徒，《致格林德書》第一封章四節一的話足資證明：「這樣，人就敬重吾人，看著我們是基督（救世）的職員，又是天主奧蹟諸聖事的施給者」。

因此，吾主將舉行祂「體血聖事」的職權，委任給眾門徒說：「你們要舉行這件事，為紀念我」；又按《瑪竇福音》吾主將勸導萬民、給人付洗的職權，也交付給眾門徒了；章二十八，節十九記載吾主向他們說：「你們去勸導萬民，因父、及子、及聖神之名，授以洗禮」。又按《若望福音》章二十，節二三，吾主將赦罪的職權也交付給他們了：「你們赦誰的罪，誰就得赦」。（關於終傅聖事，福音無明載，雅各伯宗徒卻有傳述。詳見前章。關於堅振聖事，福音也無特別明載，但《宗徒大事錄》，和《路加福音》，卻有廣泛的暗示；並且「基督徒」，就有「傅油者」的意思。回閱章六十。其他聖事，分見各章專論）。

可見聖事職權，都是吾主親自建立的。然則職員對主任，有工具對主動之比。工具受主動者運用作成某某事物。同樣，職員聽主任調遣，執行某某任務。工具相稱於工匠，也是理之當然。

本此當然之理，基督的職員應相稱於基督，和祂形性兩同。然而基督，用自己的權力和德能，成行救世工作，兼有神人兩性：用人性的實體，受苦受難，補贖世人罪過；用天主的神性，提高其受難的價值，足以救人類都得長生。那麼，基督的職員，也應在神人兩性上，相似基督：既有人性的實體，又沾享基督的神性，掌握祂賦給的神權：因為工具也分享工匠的技能。大宗徒，《致格林德第二書》，章十三，節十，論到這樣的神權，曾說：「吾主授權與我，是為建設，不是為破壞」。

轉進，基督授權，不但授給眾門徒，而且也令眾徒傳授給別人。這是不可否認的。按大宗徒方才說的名言，授權的目的，既是為「建設聖教會」，多少時期聖教會有建設的需要，多少時期就應有神權的傳布。就是從眾徒去世以至於世界末日。是以基督神權，授與眾徒，應由眾徒傳遞別人。吾主向眾徒說的話，也就是向其他眾信友說出的：當時吾主將眾門徒看作是其他眾信友的代表。例如《瑪而谷福音》，章十三，節三七，明載吾主自己向眾徒聲明說：「我現在給你們說的話是向一總人說的」。《瑪竇福音》，章二十八，節二〇也記載吾主曾向眾徒說：「請看，我和你們常常在一齊，至到世界窮盡，（永不分離）」。這一切，足以證明：眾徒應將吾主授給的神權，傳授他人，萬世弗替。

然則，神權傳授給人，應用某些有形的儀式：因為按前面的說明，基督救世的神效，無形，而要用有形的某些符號，傳流於吾人。（回閱章五十六）。是以神權傳授，既應由基督傳流到聖教的神職人員，也就應採用有形的儀式和法定的動作：例如「扶手」、「敷油」、「授書」、「賜爵」，（將盛酒的杯爵，贈給領受神品的人）；或其他類此的，與運用神權有關的事物之傳授儀式。

然則，凡是用有形的符號傳授任何神靈界無形的事物，就都是本名定義所說的聖事。照此看法，神權的傳授行動，顯然是一件聖事：就是所說的「神品聖事」。（有職權，便有品級和分位。神權的傳授，結果乃是品位級序的建立：授神權，便是序品，序位，升級。故其聖事叫作：神品聖事）。

神品聖事，不但序品，而且賦寵。天主仁善寬宏，既命給某人授權任事，自應也賦給他善盡職務所不可缺的一切需要。然則，神權的職務，是經理諸件聖事。為能善盡這樣的聖職，人不得沒有天主聖寵的助祐。從此可證：神品聖事，也和其他各件聖事一樣，（除授權序品以外），還賦給聖寵。（這裡的聖寵，專指各件聖事特賦的聖寵助祐，往往簡稱寵佑：助人實行聖事的禮規和勸誡）。

神權序品、序級，以聖體聖事為首要的標準。每物名分，都是決定於其至善目的。（定理證於大哲《靈魂論》，卷二，章四。聖體聖事，本章詳名「體血聖事」；聖教禮義傳統，一貫叫作）「感恩聖事」，也簡稱「感恩禮」；（俗語也叫它作「彌撒祭禮」，或簡稱「彌撒」）：是一切聖事中，至極尊貴的一件，並按已有的說明，是其他諸件聖事拱托的極峰。（回閱本章前段及第六十一章）。故此，神權品位的釐訂，應以聖體聖事作比較的標準。

由此轉進，可知神品的權力必須推廣範圍，也包括施行聖洗和悔悟兩件聖事的權力；理證如下：一個因素，既有能力將某美善施給某主體，便見得也有能力配備那主體的物質條件，使它適於承受那某美善：並且這兩步工作，是一個能力的功效：例如火的燃燒能力，不但能將火性，傳布於它物；（使乾燥物質燃起火煙）；而且也能配製那某物的物質條件，使它適於承受物的性理：（將它物質的潮濕去掉，並將它燒成乾燥）。這是自然的定理。

然則，神品的權力，本有的權限以內，必有的職務是成聖體，並將聖體分施給信眾，故此也應有能力預備信眾，給他們裝備上適當的條件，使他們能妥領聖體。為此，應清除他們的罪惡：因為領聖體是藉這件事將人的神靈結合於吾主基利斯督：非先去掉罪惡不可。為去掉罪惡，應施行赦罪的聖事。這樣的聖事，按已有的說明，是聖洗和悔悟。從此可見，神品的權力，在其範圍內，不得不包括付洗禮，和聽告解，赦人罪等等權力。

經證：是以按已有的討論，吾主既將成聖體的權力，授給了眾門徒，就也將赦罪的權柄付給他們了。吾主向伯多祿說：「我要將天國的鑰匙，交付給你」。（參考《瑪竇福音》，章十六，節十九）。福音所說的「鑰匙」，指示赦罪的權力。

註一：原來、福音所說「給人閉天門或開天門」的實義，無非是命人背負罪債，或洗淨人的罪惡。「運用天國的鑰匙」，依福音用語，叫作「綑縛或解開」，就是或罰人受其罪惡羈絆的束縛，或解除人罪惡的桎梏。關於這裡所說的鑰匙，前者（章六十二）已有詳論。

第七十五章　神品分級的方法

轉進考察，須知：任務如有主從之分，則職權有正副之別。上級權力支配下級權力，各盡其職，服務上級，以助其完成主要任務。能力系統，以上使下，這是理之自然。可取譬於學術系別，則見得分明：低級技術，配製物質資料，服務高級技術，締造物品性理，完成物品的本體。從此更進一級，服務更高技術，運用成品以達其目的。例如木匠砍木，供給工程師建造船隻；造船術卻服務舵手駛船。舵手更進一步，或服務經濟、運輸行商，或服務軍事，或服務其他需要水路航行的任何某一技術。

本著這樣自然的理去觀察，就可看到神權應分的品級。神權的主要任務是成聖體，將聖體分施給信眾，並為此而洗滌信眾的罪過。為盡這主要任務，必須有一主要的神品，這就是「鐸品」，（詳名「司鐸聖品」，也譯作「主祭品」）；主祭的神品以下，尚有其他若干品級，通稱「輔祭品」：（主祭為主，輔祭為副。它們分別品級，以服務主祭為標準）；略說如下：

按方才已有的討論，主祭神品的權力，主要任務有兩個：一是祝聖吾主聖體，二是赦免信眾罪過，幫助他們妥領聖體。輔祭諸品，服務主祭，便是或在這兩個任務，或只在其中之一、品級越高，任事越多，事務也越貴重。

照此釐訂起來，前三品最低，服務主祭，只限於準備信眾：一是「守門」，攔擋不信者勿進入信眾席間；二是「宣讀」，給嚮教者講習教理，奉委任宣讀《古經》；三是「袪魔」：嚮教者既已學習教理，尚在某些方式下，受魔鬼阻擋，須由專司袪魔的神職人員，來去掉阻擋，為能進領聖事。

後三級較高，不但服務主祭，準備信眾；而且襄禮，輔佐主祭完成聖事：一是「俗器隨員」：專司沒有祝聖的祭器，預備聖事的物質材料，領此級神品時，行「授瓶禮」：酒水瓶代表沒有祝聖的祭器，其他如臘蠋，香爐，聖水罐等等）；二是「聖器侍員」，專司祝聖過的祭品，準備應祝聖的物質材料，（例如聖爵盛酒，為成聖血；聖體盒盛麵餅，為成聖體）；三是「聖物侍員」，專司已祝聖了的物質材料，例如給信眾分領基督的聖血。（主祭給信眾分領聖體。古代禮儀如此。如將「聖物侍員」，簡稱「侍員」，「聖器侍員」則可叫作「副侍員」；「俗器隨員」也就可簡稱「隨員」。總計共有「守門，宣讀，袪魔，隨員，副侍員，侍員，主祭」七級神品，俗譯簡稱為「一品，二品，三品，四品，五品，六品，七品」）。

察其所司，只有後三品，就是「副侍員，侍員，主祭」，叫作「聖品」，（也叫作「大品」）：司理某些祝聖了的祭品和祭物。侍員正、副兩大品，也輔佐主祭，準備民眾。是以，侍員（六品）奉委任給民眾，宣講《新經》的福音部分；副侍員，宣講《新經》的《宗徒文獻》部分。

「隨員」卻供奉兩侍員宣講隆重典禮需用的器物：例如捧蠟蠋，（持香爐），及其他類似的用品。（俗語把隨員喚作「小輔祭者」。和「袪魔，宣讀，守門」加在一齊，共是所謂的「四小品」。三大品，四小品，共七品）。

第七十六章 監護（主教），教宗（羅馬橋師）

治理信教人民的最高權力，屬於「監護的尊位」。（教會神職當中，必須有「監護」一職）：理證如下：

按（章七十四）已有的說明，各級神品的賜給，是用某聖事（的禮儀）舉行。然則教會聖事都應由適當的教會職員行施。故此，教會必須有一高級神職的權力，負責施行神品聖事。這個權力，就是「監護的權力」。（聖依納爵曾說各地教會之有監護，猶如世界之有天主：負監臨護祐之責。希伯來和希臘原字，指示「居高臨下的視察」，我國滿清帝國時代俗語譯為「主教」，根據了西歐封建時代遺俗慣用的辭令，例如Monseigneur，My Lord之類：直譯是「我的主子」）。

監護的職權，在信眾事務的治理方面，高於司鐸（主祭）的職權，但在祝成基督聖體大事方面，卻不高於司鐸。司鐸的權力導源於監護。信教人民的艱鉅問題，專由監護處理；也可由司鐸奉委任，用主教授給的權力，處理之。是故，連在行聖體聖事中，司鐸用的器物，例如聖爵，祭臺，聖爵蓋，也（須）是由監護祝聖過的。

從此可以明見：信教人民的治權，屬於監護。（就是屬於俗語所說的「主教」）。

人民分許多教區和城市。然則教會惟一，是故基督信眾也須合成一個人民團體。各部分人民，個個教會需要有一位元監護，作各該人民整個小團體的首領；同樣，（全世界）基督信眾合成的人民團體，也需要有一位元監護，作（普世）全聖教會的首領。（這就是教宗，舊譯「教皇」）。

又證：維持教會的統一，需要信眾有相同的信仰。然而信仰的道理，易生許多問題：假設不就正於一人，則眾人意見紛歧，教會統一將陷於無法維持。基督傾流已血，鍾愛教會，顯然不肯不給手建的教會配備所需諸物。《先知》依撒意亞，章五，節四，稱述上主論到（古教）經堂，還曾深嘆說：「為了我的葡萄園，凡我額外應作的，有什麼沒有作了呢」？從此可見：全教會，為維持其統一，需要有一位元首領，並且這是耶穌的規定。這是確然無疑的定理。

還證：教會體制及其治理，應是盡善盡美的。這是無人可疑議的：因為它是上主建立的。「君主治國，立法司法，辨別邪正，都是依仰上主」（《箴言》，章八，節十）。治理大眾、最優良的體制，是任用一人負責。可明證於體制的目的：它是維持所屬大眾的統一與和平。大眾統一的原因，是眾人歸宗一人，不是眾人歸宗多人。可見教會體制，依照耶穌計劃，顯然應有一人，統領全個教會。

加證：戰鬥教會體構的來源，是模擬凱宣教會。是以《若望啟示錄》（章二十一，節二）說：「我看見了日路撒淩（京城）從天降來」；並且（天主）也曾囑咐（古聖）梅瑟「遵照山上顯示的規模，設施應作一切」。然則，凱宣教會只有一個主宰，統領教會，並且統領全個世界：這裡所說的主宰，就是天主：按啟示錄，章三一，節三所說：「大眾要作祂的人民。祂也就要和人民共同生存，作他們的天主」。故此，戰抖教會也是只有一個首領，統率一切。

經證：是以《歐瑟亞先知》（章一，節十一）說：「如達和依撒爾的子孫，將來要合成一團，並且要共推一個元首，作自己的統率」。《若望福音》（章十，節十六），也記載吾主預言說：「將來「共成一棧，共有一牧」的計劃就要成為事實」。

設難：如果有人說：方才所說的「一個元首和一個牧長」指示的是耶穌基利斯督：祂是惟一教會的惟一配偶。（聖保祿，《致厄弗所書》，章五，節二三—二九，用人間「一夫一妻的配偶」，象徵「一個基督一個教會的結合」。教會各部分的神長，只要共同信從一個基督，乃能保全信仰的統一、彼此平等分立，互不相屬，不但無害於統一，而且似有利於和平共存，故不應再共推一人在人間作普世教會的元首）。

解難：上述的疑難沒有充足的理由。固然，顯明是耶穌基利斯督，親自成行教會的一切聖事：是祂付洗禮，是祂赦罪，祂是真司祭，在十字架上捐獻了自己作祭品；後世鐸德也是用祂的德能，每天在祭臺上祝成祂的聖體，（作彌撒，重行祂十字架上的大祭）；然而同樣顯明，祂在身體謝世以前，選派了聖職的人員，在祂離世以後，給在世的信眾施行所立的諸件聖事。

所以，為了同樣的理由，祂在離世以前，也必須委任一人代替自己治理全個教會：在世上，作普世教會大公的元首。是以祂在升天以前，囑託聖伯多祿說：「你作我群羊的牧者」，（事載於《若望福音》末章，即是二十一章，節十七）；《路加福音》，（章二十二，節三二）記載祂在受難以前，也託付伯多祿說：「你在回頭以後，應堅定你眾弟兄們（的信心）」；又按《瑪竇福音》章十六，節十九，耶穌只給伯多祿獨自一人，預許說：「我要將天國的鑰匙，交付給你」。回閱前者（章七四）已有的討論。這些《聖經》的記載，也足以證明「鑰匙的權力」應由聖伯多祿，傳流給若干別的人，為保全教會的統一。

設難二、說「聖伯多祿不得將自己獨有的至大權力，傳流給後人」，是不合《聖經》本旨的。顯然，基督建立教會，初旨是願意教會久存，至於世界窮盡：有《依撒意亞先知》作證：他在章九，節七說：「將來，祂要坐在達味（聖王）的寶座上，主治他的國度，用法律和正義，堅定其安全，強大其實力，由現時，到永遠」。足見，耶穌當初，選派門徒，充任聖職，顯然有意將他們的職權，傳流給後代諸人，為謀教會利益，傳到世界終窮：特別因為（瑪竇，末章，節二〇記載）耶穌親自也聲明過：「請看，我和你們常常在一齊，至到世界窮盡」。

駁謬：用這樣的定理，乃得破除某些人妄自尊大的錯誤。他們企圖脫離聖伯多祿的統制，背棄聽命的義務，不承認他的繼位人、「羅馬橋師」，是普世教會的牧長。

附註：暫請用「神甫」作神職人員的通稱。總類公名以下，分別教宗，主教，神父，侍員，副侍員，隨員，祛魔，宣讀員，守門。

教宗，舊譯教皇，原名「橋師」。羅馬上古時代，人民居陸地，鬼神居河沼。為祭祀鬼神，乃在水上，建築廟堂和祭壇；有橋樑和陸地交通。主祭者，彷彿我國古代的大司祭，專司祭典，掌管交通神人的橋樑，獨自有至上權力，走過橋樑，升到祭所，替人民獻祭：尊稱為「羅馬至上橋師」：意指「羅馬至高司祭」。聖教傳到羅馬，沿用古代名辭，也稱呼宗徒長，聖伯多祿，及其歷代繼位人，為「羅馬橋師」。（Summus Pontifex Romanua）主教，原名「監護」，通俗譯稱「主教」。「監護」指「視察，監管，守護」。初受宗徒委派管理各地新立教團；宗徒謝世，乃在各地分別升為宗徒之繼位人。

神父，原名「長老」，許多位長老，合組「長老會」，輔佐主教，治理教會；或奉派主持某地教務，有主祭的神品，行施諸件聖事。如果將「長老」，叫作司鐸，主祭的神品，就可叫作「鐸品」。俗稱七品。

侍員，本可叫作「主侍」，俗稱六品；那麼，五品既是副侍員，就可簡稱「副侍」。其下，隨員，俗稱「四品」，袪魔：三品；宣讀員：二品；守門：一品。

本處數章所論述的情況，和現行的教會法律及習俗，分別不大。

第七十七章 神品與人品

從上述一切，得以明見，教會神職的人員，領受神品之際，領受天主頒賜的一個職權，專司給信眾施行諸件聖事。凡是人，只要有神品，縱使本身是罪人，並是惡人，也能施行聖事。理由如下：

人受祝聖而得的神恩，既得永得，常存不失；是以人或物，只受祝聖一次，不得重複，（回閱章七十三及五十九）。神品的職權，是人受祝聖而得的神恩：既得永存。故不因犯罪而被剝奪。可見，犯罪非或作惡的人，只要有神品，便能行聖事。

又證：凡是行動的主體，非由領得外來的能力，作不到超越己力的事。可明鑑於自然界和市政行動：非受火燒，水不自力發熱；市長或警官，非由領自國王的權能，也不自行管治市民。然則，按（章七十四）已有的說明，聖事的效用，超越人力。所以，非由領得天賜的神權，人不拘本身怎樣聖善，也無力施行聖事。

但是罪惡和聖善是對立的。（根據衝突對立的公律，既知人非因本身聖善而有神權），由此乃可推知：人也不因本身罪惡而失神權。足證：人、神權既得，不因犯罪而受行施的阻礙。他在犯罪以後，仍無妨給人施行聖事。

還證：人品之所謂善惡，定於行為的習染。是故，品德的善惡，屬於習性之類，（是品質範疇內的一類，參考《範疇集》，十範疇詳論）。習性能力和本性能力，卻有以下這點分別：本性天生的能力，能作某事；決定人某某能力（本身絕對的）有無。習性能力，能運用本性的某某能力，或巧，或拙；或行善或作惡：不決定本性能力的有無，但增加其行動的巧拙或良窳。從此可見，人為施行聖事，能力的有無，不決定於人習性的善惡；惟獨運用神權，適宜或不適宜，相稱或不相稱，卻取決於人品行的優劣。（品行不良，身戴罪惡的神職人員，不是沒有行聖事的權能，而是沒有和聖職相稱的品德。不稱職，不是無職權）。

加證：被動而動者，乙，依靠主動者，甲的能力，而施動於丙：在丙方面產生的效果，必定相似甲，而不相似乙。受動者，受動於主動者。例如房屋的建築，肖似工程師的藝術，而不肖似工程師（為作出藝術的規模）所用的許多工具。然則，教會的聖職人員，施行聖事，不是依靠自己的能力，而是依靠基督的能力。《若望福音》，章一，節三三，明說：「是祂給人付洗」。是以，凡是職員，都可說是上級的工具：猶如大哲（《政治學》，卷一，章二）所說的：職員，彷彿是「有靈魂的工具」。（工具的本身品質如何，不妨礙工匠才能的有無，但妨礙其工作的利鈍）。依同理可知，神職人員本身有罪惡而施行聖事，也不妨礙信眾因領聖事而得到基督救世的神恩。

另證：一人不能判斷另一人的善惡。這是天主獨自能作的事：因為只有天主能究察人心的隱密。今如假設，職員的惡劣，能阻礙聖事的效能，人將不能有自己得救的確實保證和信心，並且人的良心也難得卸卻罪惡的重任而真得自由：（放下心去）。況且一人的長生大事，全寄望另一人的善良，也似不合真理。《耶肋米亞先知》章十七，節五，警告說：「依信人的人，禍哉其人」。假設人領聖事為得救恩全質望神職人員的善良，顯似將自己長生的大事，全寄望其人：等於依信其人，而不依信基督：豈不禍哉？故為專心寄望於「人而天主」的基利斯督，人應承認聖事救世的神效來自基督的神力，與施行聖事的職員之善惡，沒有關係。

這個定理還可明證於吾主的遺訓。祂曾教人聽從不良的長上（訓話），但勿效法他們的行為。《瑪竇福音》，章二十三，節二—三記載吾主說：「經師和法利塞諸派的人，把持了梅瑟的講座。所以，他們給你們講了什麼，你們就應遵守，實行；但是你們看到了他們的行為，你們卻不要遵行」。

然則、奉行基督聖職者，比把持梅瑟講座者，更應多受眾人聽從。故此、眾人也應聽從（品行）不良的聖職人員。理由無它，惟因其握有神品的職權：故應受到眾人聽從。依同理，品行雖惡，仍有施行聖事的權能，和義務。

駁謬：由此乃得破除某些人的錯誤。他們說：惟有品行善良者，能盡聖職，行聖事；不良者，無一能之。

第七十八章　婚配（婚姻、婚媾）

信從基督的人民，必須長存，至到世界末日；故此、必需生殖子孫，藉以永久傳流人種的生存。理證如下：

諸件聖事，雖然恢復每人的聖寵，但暫且尚不恢復每人長生不死的特恩。理由見前，（章五十五）。然而凡是有死有壞的物類，非因逐代生殖，無以永久保持本類的生存。信從基督的人民，（和基督結成一體，形成「神性血親」的一個宗族），既然必須永存，至到世界末日；則有生殖子孫，永傳人類生存的需要。

但請注意：人類生殖行為，有許多目的：例如：一是永傳人類；二是永保市政的某某公益；例如維持某某城市或某某國度內人民的永久生存；三是維持教會的永存。教會專指信從基督者，大眾的團結。（希臘字源，「教會」指示「聽從上主召選的人民團體」。拉丁譯音：Ecclesia 漢文舊時代譯音：「厄各肋濟亞」。最近作廢，代以「聖教會」，以示《聖經》術語，特殊意義，與「教會」通名，大有分別；但出版界，以及普通言談，往往混而不分，習而不察。惟有保存字源，始能明見「聖教會」有「神性血親，基督宗族，共成一體，猶如一身」的含義：並見本章問題的深義：譯作「神族」，影射「神冑貴族」，或「神親會」，近似「懇親會」，比較「聖教會」似更合於《聖經》本旨。人類洗入教，實係加入神族，並締結神親。為保持神族生存，推廣神親的蔓延，必應人類生殖子孫）。

然則，任何某一事物，如應追求許多不同的目的，便應受許多不同的主動者，施行指導：因為主動者和目的兩個因素，有彼此相稱的關係。（這也是本體論的一條定律）。本此定律，人的生殖行為，第一個目的，既是維持人類生命的永存，是乃追求人本性的福利，故應受本性傾向的指導；為得滿盡所謂的本性天職。但其第二目的，是追求市民團體的某一公共福利，故應遵守市政民法的規定。同理，它的第三目的，既是追求教會神族的福利，則應服從教會的制度。

然則，教會委任職員給人民施行的一切恩惠，都叫作聖事。故此，婚配也是教會神族的一件聖事：它的本質在於將有志為敬禮天主而生養教育子女的男女，結成夫婦：因此、教會委任職員，也舉行適當的儀禮，祝福結婚的人。（婚配聖事的意義和效驗，專從其為聖事的教會觀點去看，略舉數項如下）：

凡是聖事，都用禮儀的外表，象徵某某精神的事物。本此理由，婚配聖事，也用男女婚媾的行為，象徵基利斯督和教會神族間的結合：案據聖保祿《致厄弗所書》，章五，節三二：「（婚配）這件事是一件大聖事：我說這話，是為指出這件事對於基利斯督和教會神族有重要關係」。

又凡聖事，都按其象徵，產生所喻指的實效。為此、乃應相信：這件聖事給婚配的人，賦與特對基督與教會之結合有關的聖寵，俾能屬於這個（神秘的）結合：這是緊要至極的：務使夫婦二人執行塵界和肉體的任務，意志純正，勿與基督和教會脫節。（從此可以推知婚姻的特點）：

專一而恆久，是婚姻的特點。男女結婚，既是象徵基督與教會之結合；象徵又應符合所喻指的事物：

則知婚姻必應具備專一而恆久的特點：因為基督與教會的結合：是一對一的永久結合：基督唯一，教會也是唯一的，雅歌，章六，節八：「我的鴿子，只有一隻；我的鴿子，美好至極」。（鴿子雌性，象徵教會是基督的唯一配偶）。基督永不和教會分離。《瑪竇福音》，末章（二八章，節二〇）記載吾主親自聲明說：「請看，我和你們常常在一齊，至到世界窮盡，（永不分離）」。又聖保祿，《致德撒勞尼第一書》，章四，節十七，說：「我們要和吾主常在一齊」。

由此可見，依照教會聖事的本質，婚配必須是一個男人和一個女人，結成不可分離的夫婦。（從心理方面看）夫婦交相責成的信誼，也包含專一恆久的特點。（夫婦無恆，有傷信誼，不但違反道德的真誠，而且違反心理的自然）。

綜合計算，婚配，就其為教會聖事的本質而言，共有三福：一是子女，孕生養育，敬事天主；二是信誼：夫婦一男一女，互守婚約；三是聖事：既是基督和教會結合的象徵，一結永結，則不合而又離。（聖事至重，必專必恆。既不可多妻或多夫，也不可離婚）。

關於婚姻，尚有其他數點，不可忽視，前在卷三，（一二三諸章），已有詳論。

終局神學

譯者贅筆

終局神學，由信德的眼光和觀點，用理智的思考，討論宇宙和人生的終局問題。要略說來（根據《聖經》）：

人生終局有四末：一、死亡是今生之末。二、私審判。肉身死後，靈魂私自受天主公義的審判。三、天堂。善人或直升天堂，或經過煉獄洗淨以後升天堂：是謂善終。四、地獄。惡人死不悔改，直下永苦地獄：是謂惡終。

宇宙終局也有四末：一、世界末日，大火滅世。二、眾人肉身復活。三、公審判。耶穌率領眾聖宗徒，公行審判眾人的功罪。四、新天新地。公審判以後天地翻新，供善人享見耶穌救世者的榮福。

終局神學有歷史哲學的深長意義，考究人生目的和歸宿。

第七十九章 肉身復活

前在（章五十及五十四）數處，證明瞭基督救世是救拔吾人脫免原祖犯罪殃及吾人而生的禍患；然則原罪遺害不但是罪惡蔓延，而且是死亡流行：死亡是罪惡的刑罰。大宗徒，《致羅馬書》，章五，節十二，說：「死亡入世，由於罪惡，罪惡入世，由於（原祖）一人」。

為此理由，基督救世，必須救拔吾人脫免兩者：就是不但脫免罪惡，而且脫免死亡。是以，大宗徒，同處（節十七）又說：「如果因為（原祖）一人犯罪，死亡乃因一人而主宰人世；將來世人領受豐富的救恩，義德恢復，神恩洋溢，獲得生命，更要能仰仗耶穌基督一人（受難贖世之功）而共用主宰萬物的盛德」。

所以，吾主以身示範，為給吾人實證以上兩點，願意自己遭受死亡而後復活起來。祂願意了身冒死亡，為能清洗吾人罪惡。是故、大宗徒，《致希伯來書》，章九，節二七，說：「（天主）規定了人都死亡一次。同樣，基督也一次捐獻已身，為能清除眾人罪惡」。

祂又願意了復活起來：為能救拔吾人脫免死亡。因此，大宗徒，《致格林德第一書》，章十五，節二〇—二一說：「基督、從死者之中，復活起來了，開睡臥者甦醒的先例。當初死亡到來，是由於（原祖）一人。故此，將來眾人復活起來，也是由於一人：（耶穌、基利斯督）」。（「復活起來」，拉丁原字，本是「又直立起來」，和「臥倒下去」是相對的：猶如「甦醒起立」和「睏睡臥倒」對立一般）。

前者（五十六及五十七諸章）說明了：聖事的功效，生自基督所受苦難的功德。是以，吾人領受諸件聖事，因獲諸罪之赦，乃是沾受基督死亡救世的實效。但在世界窮盡之時，吾人得救，脫免死亡：眾人仰仗基督之德能復活起來，卻是受到了基督復活救世的效驗。

故此，大宗徒，《致格林德第一書》，章十五，節十二—十四說：「聖教道理，宣證基督已從死中復活。怎麼你們當中竟有些人倡言死者不會復活？假設死者不會復活，基督（既死以後）也就沒有復活。但是假設基督沒有復活，我們的講道宣證，便是妄證；我們的信仰也就是妄信了」。

如此看來，為保全信仰的真實，必須相信死過去的眾人將來都要復活。

但有某些人，誣解《聖經》，不承認將來死者復活是肉身復活，只認為《聖經》所說的「死者復活」，喻指「神靈復活」，此中意義，不過是說：將來有些人，仰賴天主恩寵，從罪惡的死亡中，復活起來。（神靈有罪，失掉了天主的寵愛，就淪陷於罪惡的死地；及至幸得罪赦，重獲聖寵，便是神靈生活的復甦：是之謂「死而復活，恩同再造」。這是某些人的意見。這是錯誤的因為實際不合《聖經》）。

這樣的錯誤，受了大宗徒親口的駁斥。《致第茂德第二書》，章二，節十六—十八，有以下這些警告說：「你務要戒防流俗的妄言。他們的放縱，大有害於誠敬。它們的言論蔓延侵蝕，毒如癌腫。他們當中，有希默乃及費來德二人，背棄了信德的真理，倡言（信眾）已經復活了」。他們所說的「復活」，只能有「神靈復活」的意思。從此可見「主張死者復活只是神靈復活而否認肉身復活」是相反信德的真理。

（反過去說：信德的真理，必須承認《聖經》所說的死者復活，不但指示神靈聖寵生活的恢復，而且主要指示「肉身死後的復活」）。

另證：慎察大宗徒《致格林德第一書》，章十五全文，即得明見方才引據的那些話，指示「肉身復活」。下文不久，乃補充說明（節四四）說：「種植有草木類、生魂的肉身，茁長起有神類靈智的肉身」：這些話所提到的，顯然是肉身的復活。又不久，下文（節五三）申言說：「這個有死有壞的實體，必須穿戴上不死不壞的服裝」：「喻指有死有壞的這個實體，將來要裝備上不死不壞的神恩）。這裡所說「有死有壞的這個實體」，當然是人的肉體。足證：將來要復活的實體、也是肉身。

加證：《若望福音》，章五，節二五，明載吾主預許的復活，是神靈（聖寵）和肉身，兩者都要有的復活。請聽吾主說：「我實實切切給你們說：時節來到了，現今便是；已死者要聽聆天主之子的福音；凡聽到了的，都要生活；（餘音，卻不生活）」。這些話似是指示眾靈、精神的復活，當時就已開始了，無非是說有些人耳聽《福音》，乃心生信仰，歸依了基督：（恢復了天主的友誼和寵愛）。

但是不久，乃在下文（節二八）又說了以下這些話，明指肉身將來的復活：「時節一到，墳墓裡的眾人，就都要聽聆天主之子的福音」。顯然，墳墓裡的眾人，是肉身，不是靈魂。足證吾主這裡預言的是眾人肉身復活。

《古經》，《若伯傳》也明言預報了眾人肉身復活。章十九，節二五、「（古聖若伯說）：我知道我的贖世者，是有生命的（全能者、天主）。他在將來最後一天，就要救我；我就要從墳土裡復活起來，並要重新包裹上身體周圍的皮膚，還要生活在我的肉身裏，親眼看見天主」。

除了上述的《聖經》以外，還有明顯的理由，佐證將來的肉身復活。大前提，根據前者已證明瞭的若干定理：

一證：卷二，（章七十九），證明瞭：人的靈魂長生不死，所以，肉身死後，靈魂脫離肉身，長存不歿。卷二，（章八十三），又討論證明瞭：靈魂和肉身，有本性自然的結合：因為靈魂天生的本質，是作肉體的性理：（就是以性理結合物質的方式、結合肉身，作肉身生存行動的內在因素）。所以，靈魂孤存而無肉身，是違反靈魂本性的。

然而違性者，必不久。（參考大哲《天體論：宇宙學》，卷一，章二，事反物性之自然，都是暫有而稀有，不是多見而常有）。足見：靈魂孤存，必不永久沒有肉身。靈魂既長存不歿，必須重新恢復和肉身的結合，這就是（肉身死後）復活（的本義）。

由此可見：眾人靈魂的長生不死，需要肉身將來復活。

再證：卷三，（第二和第二十五諸章），證明瞭：追求幸福是人本性的願望。人的終極幸福是人的至善。善而不全，則非至善；於是願不全滿，心不得歇，故非極福。然而靈魂離開肉身，決無至善；比如部分離開整體。靈魂的本性是人性整體的一部分。孤立殘存，實非至善。物不完善，則其本性自然冀願補足缺乏，以得完善。從此可見：非使靈魂結合復元的肉身，人則不能得到終極的至福。（人本性自然的生存目的，不能達到，也非理性自然）。特別是因為（卷三，章四八）證明瞭：人在今生不能達到終極的真福。（如說今生和來世都得不到真福，等於說人生沒有目的：這是荒謬的）。

又證：券三（章一四〇）證明瞭：犯罪者受罰，行善者受賞：是天主上智註定的必然債務，（絕不假貸）。然則今生犯罪或行善，是人靈魂肉身結成一體，合犯同行。理應靈魂肉身也是同受賞罰。但是方才說了，按卷三（章四十八）已證定理：終極真福的賞報，非人在今生所能得到。人犯的許多罪惡，也多次不在今生受到相稱的刑罰。反之，一如若伯（章二十一，節七）所說：「現世上，歹人快活，勢力強大，財富山積，極盡了榮華富貴」。

所以，必須主張：靈魂恢復和肉身的結合，為使人靈肉受到賞罰，滿全天主的公義：（實行天命不易之則）。

第八十章 疑難

然則、有些理由，似與復活的信條相反。（列舉如左）：

一、自然界的物體敗亡以後，找不到任何個數自同的某物，原件恢復已失的生存：猶如品質，也不原件失而復得。為此，能敗亡的物類，為能保持本類或本種的生存，需要依照本性的傾向和工化，用生殖的方法，傳生本類。所以，人因喪命乃遭敗亡：人的身體潰散，腐化成物質原素：個數自同的某人，死而復生，似無以見得。

二、又證：不能保全本體內某一「個數自同」的因素，則必非個數自同的某物：因為改換了本體因素，便是改換了物的本體：物因本體全整而有生存，並因此而是（個數自司的）一個物體。完全化歸純無的物體，不能在個數目同的條件下，原物復生：因為與其說原物復生，勿寧說是同樣物的新造。人因喪命，似有許多本體因素、完全化歸純無。顯然肉身消散，體性先失，原素化合而生的性理同時消失。次則生魂覺魂及其營養知覺等官能，也隨著身體器官之敗亡而喪失。繼則，人性也似化歸純無：因為所謂的「人性」，乃是「全人整體的性理」，（實同於「靈肉相合、構成實體而呈現的全體美善」）：靈肉分離以後，自然全不存在了。可是、人既死去，原身復活，保持個數自同的本體，是不可能的。

三、加證：顯然的，人既死亡，則失生存：因為死亡乃是敗亡，是由有生存到無生存的一個變化。然則生存中斷而不持續，不見得是個數自同的某物生存。徧察各種變化的實況，即得明見，不但處所移動和體積大小，而品質、性理，和形狀等等，都是不能原件失而復得。例如人因害病，失掉健康，療養以後，恢復的健康，不是原有的健康，在個數自同的條件下，失而復得，（而是同樣不同數的另一健康，徹底新生）。

從此可見，人的生存也不原端恢復。死而復生的人不是原先死去的舊人：因為既不保存個數自同的生存，則非個數自同的原身本體。

四、添證：假設人的同一身體，原件復生，依同理、凡其身體前生所有一切，也應件件原物恢復。這樣一來，將要出生許多極不雅觀的現象：不但頭髮和指甲，每日削剔者，都應恢復，勢將堆集不堪；而且其他許多部分，體內熱力，暗中不斷熔化排散者，也都應恢復。假設這一切，都件件原物復元，復活的人，將生出極難堪的身體。極不合適。故不見得人死以後怎能復活。

五、另證：有時能有人吃人肉的事，並且只用人肉的養料，保養自己；然後生育的子孫，也是這樣養活了的：（從始孕至老年，不斷用些人肉補養自己）。結果，許多人的身體內，共有一個人肉的養分。然則，這某一個人的肉身，在那許多人的肉身以內，復活起來，是不可能的。同時，如果這某人，不將他肉身的部分，分別歸還給那許多的每一個人，也就不見得那些人，個個的肉身，怎能都復活起來，又怎能個個恢復其完整的身體。足見將來眾人肉身復活是不可能的。

六、又證：類群或種群內、現有一切實體單位所共有的事物，依照大眾的看法，就是那某類或某種，本性自然的事物。然而，人的肉身復活卻不是一件本性自然的事：因為人本性自然的能力，作不到這樣的事。（縱令能有例外，也是極罕見的，仍非本性自然常有的事）。所以是人類公眾，將來都要肉身復活。

七、加證：既然吾人是因基督救世而免罪免死，可見只是某些人，領受基督神奧的救恩，得以免罪，始能將來肉身復活，藉以脫免死亡：因為死亡是罪惡的效果。這樣估計起來，可見將來不是一總的人，都要復活；因為現世不是一總的人，都領受基督的救恩。

第八十一章 解難

為解消上述的這些疑難，須注意前者（章五十二）已有的說明，就是：

初造人類本性之際，天主給人的肉身加賦了一種特恩：即是所謂的「神健」：超越肉身本性應有的能力以上。當初人的肉身，因有神健特恩，乃有和靈魂相稱的健全。（靈魂對肉身，有性理對物質的關係）。依照物質與性理、配合相稱的公律，長生不死的靈魂，有依靠靈魂遂得長生不死的肉身。這樣的肉身因有神健特恩的保祐，不會遭受死傷或腐化。

益言之：這樣的神健特恩，一方面超越肉身本性的能力，故非其本性自然的條件；但另一方面，卻適合肉身本性的目的。（肉身的本性目的是結合靈魂，按靈魂的生存需要，構成永久健全的人生）。從這方面看，神健特恩，卻是肉身本性自然宜有的條件：為能遵守自然界，物質與性理、條件適當的公律。（本此公律），物質以相稱的條件，配合性理，以服務性理為目的：（給性理供獻生存行動的物質寄託）。

所以，「神健」特恩，是一個（「半超性，半本性的」）物質條件，由天主賦與肉身，為使它以相稱的條件，配合靈魂。及至靈魂，越出自己本性自然的秩序，背棄了天主，（犯了罪）；於是神健特恩乃被天主撤銷，（靈魂無力阻止肉身的傷亡），肉身的死亡，乃隨之而來。如此觀察人類本性初被造成時的情況，可以見得：肉身的死亡，（不是失去靈魂，而是失去了神健：是靈魂犯罪招致而來的）；彷彿是一場災禍，（不是人本性的自然，而是）由於人犯罪惡，才偶然降來，襲擊人類：（人自作孽而遭受了這樣的不幸）。

基督救世，卻是用自己受苦難的功勳，以死亡粉碎了死亡：替人類除去了死亡的災禍。（參考聖保祿，《致第茂德第一書》，章一，節十）。從此可知，救世的效果，是用天主給肉身賦與神健時用過的能力，救拔人的肉體，脫免死亡，重得生命，（恢復原初的神健）。

根據上述的原理，（乃可進步，逐條解答前章列舉的疑難）：

答一、物本性的能力：弱於天主的能力：猶如工具的能力，小於工匠的能力：有被動弱於主動的比例。所以，本性功效雖然不能將已敗亡的肉身，脫死回生：天主的能力，卻能作到這樣的事。理由詳說如下：

須知物本性不能起死回生的理由，專在於：物體常是因性理而發動作。物體如有其性理，則有生存。（性理是物體生存的盈極因素）。物體敗亡，則失掉性理，也就是失掉了動作的因素。因此，專靠物本性的動作，既已敗亡了的物體，不能在個數自同的條件下，舊物復元。

然而天主的能力，既曾創造物體，使其自無而有，則其運用物性而發出的動作，也就照樣能產生物性自然的效果，不需要物性自己有任何動作。詳論見前（卷三，章九九、例如治病不用藥；又例如從黃土中造人，不用人父母的種籽）。從此可見，物體敗亡以後，天主的能力仍強大如故，則能恢復舊物原有的全整。

答二、在個數自同的條件下，人原身復活，不是不可能的：因為、人的本體要素，無一因肉身死亡而完全化歸純無。不但人的性理，就是人的靈魂，按前者（卷二，章七九）的證明，在肉身死後，長存不歿；而且人的物質，原先曾是其性理的主體，也仍舊存在，並有其個體為成為單位原有的積量。（積量限定的塊然物質是性理個體化的因素。肉身死亡腐化，但其物質仍保留原有的積量而存在）。那麼，仍在個數自同的條件下，原有而現存的靈魂和物質，散而復聚，離而後合，便是人的原身復元：依理而論，無何不可。

分論其他諸因素，也不是不能得到同樣的結論：

先論「形體性」。須知「形體性」，（是「形體之性理」的簡稱），能有以下兩種指義。一指某某形體內的實體性理；一指形體（在實體性理以外）附有體積的特性：（不屬於實體之範疇，而屬於附性九疇中、數量之範疇：猶言身材，狀貌，及其條理。說見於大哲《範疇集》）。

按其第一指義，「形體性」，既是實體範疇內的性理，不是別的，惟乃某某形體，成為某類某種內的一個實體單位，本性具備的性理：因有此性理，（乃是此某種類的一個實體，並且）應有形界物體須有的（長寬高）三種積量。（在人身以內，則是人理智的靈魂）。

詳言其理：同一物體，不是兼有不同的許多實體性理：既由一個性理而屬於最高類，例如實體範疇；又由另一個性理而屬於切近的物類，例如形體某類，或禽獸某類，或動物某類；再由另某性理而屬於本種，例如人類某種，或馬類某種。（反之，某類某種的某一實體單位，因有其本種的一個實體性理，乃屬於本種本類，並屬於同一範疇內那許多不同等級的每一類。參考《神學大全》，卷三，問題第三五，節五；靈智實體論，問題辯論集，卷二，第三集，第三節。例如馬因其本種的實體性理，乃屬於馬類某種，並屬於動物，生物，形體，及實體各級類界以內）。

因為，假設物體先有的某某第一性理，將那物體構成了某類某種的實體，隨著到來的其他性理，已是附加到性體全備，現實生存，圓滿自立的「這某一個實體」上面；是以，這些後來的性理，不是構成「這某一個實體」，而是依附「這某一個實體」，託靠它作自己的主體：如同附性（各範疇）的性理一般。（比較這些性理，有先來、後來的分別；先入為主，是一定律，先來者是實體性理，後來者，則都是附性）。

如此比較觀察，可見，在人以內作實體性理的那個「形體性」，不是別的，只能是人理智的靈魂。它既是這某形體潛能實現，虧虛充滿的盈極因素，乃在其本身物質內，需要具備（長寬高）三種度量：（換言譯之：就是它在那物質內，充任「形體性」固有的職務：將那物質構成立體：依古代《物理學》和幾何學的看法：物質非立體，不足為形體。所謂的形體，便是形界的物質實體）。

按其第二意義，「形體性」是一種附性，物體因之而屬於數量之範疇。它不外是（長寬高）三種度量；並是「形體本質及定義」構成必備的要素。

那麼，人的肉身死後，這個附性範疇的形體性，退歸於純無，但仍無妨原件恢復：保全個數自同的條件：因為實體範疇的那個形體性，（人的靈魂），沒有退歸於純無，但仍存留如故，（故能仰賴天主特恩助佑，先收復失散的物質，則其原有的身量，也隨著復元）。

次論原素化合物的性理：同樣，也有兩種指義：一指化合而成的形體現有的實體性理：本此意義，它在人身以內，也不是別的，惟乃其理智的靈魂，詳說見前。故此，人死以後，它也不退歸於無。

第二種意義：原素化合物的性理，是一附性，就是單純原素品質，化合起來，程度配合適中，而構成的一種品質：是單純品質的組合。它對於化合物的實體性理，和單純品質對於單純形體的實體性理，有比例相同的關係：（是物質為承受實體性理先應具備的條件。例如木料乾燥，始能承受火燒而燃起烘烘焦灼的火）。從此可見，化合物的性理，雖然當人死後乃化歸無有，仍無害於肉身原體復活：不失其單位自同的統一。（因為原素的物質，散而未亡）。

繼論生魂和覺魂：靈魂固有的營養和知覺兩個部分，（同樣也有兩種指義）：一指兩種能力，是靈魂本性固有的特性：更好說是靈肉合成實體而有的特性：肉身敗亡以後，它們便隨著敗亡：但也不因此而妨礙復活者單位的自同：（前後兩者原是一物）。

二指生魂或覺魂的實體：它們兩者和理智的靈魂，在人身內，共有一個實體：（確切言之，日常如用它們指示實體），便是指示人靈魂的實體。因為，人不是有三個靈魂，卻是只有一個靈魂：（理智的靈魂兼備生覺二魂的優長），詳見卷二，（章五十八）。

末論「人性」：須知（日常慣談的）「人性」，不指物質與性理合構而成的第三性理：彷彿是物質與性理，（即是肉身與靈魂）兩因素以外的另一因素：和兩者竟有實際的分別。這是不可能的：因為果然那樣說：它便應是附性，而非實體性理：因為按大哲《靈魂論》（《心理學》，卷二，章一），物質因得性理而成為現實圓滿的「這某一實體」。

另有些人說：部分的性理，和整體的性理是相同的。（參考亞維羅，《形上學》，卷七，節三四）。

同一性理，就其使物質實現生存潛能而言，叫作部分性理；就其完成種名所指性體與定義而言，叫作整體性理。照此說來，「人性」，（既是部分性理，又是整體性理），實無別於理智的靈魂，是以顯然：肉身敗亡，人性不退歸無有。

然而，（質實而論）：「人性」指示人的性體：（是靈魂肉身之合，就是性理與物質之合；有時叫作「整體性理」，但不可和「部分性理」混而為一、整體的人性，不但只是性理，而且兼指物質）：因為物之性體，是其種名定義之所指。自然界物類種名定義，卻不但指示性理，而且指示性理與物質：故此「人性」必須指示性理與物質、合構而成的某一本體，如同「人」字種名一樣。

但是兩者的指義仍不全相同。「人性」，（是一指性名辭，是所謂的「抽象名辭」），專指物某種名所指的性體（內在的）因素：不但物質方面的，而且性理方面的因素，也被指出，只是扣除了個體因素：人性指示某某是人之所以然：（是眾人同有的公性）。

「人」字種名，卻是（一個指物名辭，也有時叫作「具體名辭」），固然指示人種名所指的性體因素，但不扣除個體化的因素：因為「人」指示「有人性的主體」，不因此而扣除人所能有的其他種種任何因素。如果用「人」字指示抽象的「人性」：專指某某是人之所以然之理，則得明見：某某所以然是人的理由，專在於他具備人種性體的因素，不但由於他也具有個體因素。所以，「人性」，就其抽象指義作用而言，只指示人的性體因素；其稱指作用是部分對於整體的稱指作用。（就是用「有」，不用「是」：例如說：蘇克有人性。不可說：「蘇克是人性」：也如同不可說「蘇克是腳」，但可說「蘇克有腳」）。

這樣比較起來，可見「人」字具體，有稱指全體的賓辭作用，（就是用「是」，不用「有」。例如說「蘇克是希臘人」，不可說「蘇克有希臘人」）。凡是具體的種名，都是現實指明本種的性體因素，同時在潛能的虛懷中，暗指其可能有個體化的諸因素。（為此理由，具體名辭作賓辭時，稱指其主辭所指某物的全體）。

個體私名，例如蘇克，卻將性體及個體兩方面的諸般因素，現實都一並指示出來：和種類公名相對比較，類名在潛能的虛懷中，暗指種名因素；種名卻現實明指之。（在明指、暗指的分別上，個體對於種名，指示個體因素；和種名對於類名，指示種別因素，有相同的比例）。

由上述的分析，得以明見：人將來復活，是在個數自同的條件下，原身復活；人性亦然：它所指的某人性體，也是原個復元：理由和根據，就是因為（肉身敗亡以後），理智的靈魂長存，肉身的物質也保持其自同的單位（積量等等：物質散而不滅，故能重新聚合，和靈魂團圓）。

答三、第三疑難根據（的前提），錯懂了事實。因為固然（大前提）「生存中斷，則前後非一」是一條不錯的原理，但在人性生存的事實上，（復活前後的生存，沒有中斷，故是前後如一，為明瞭這一點），須認清人的靈魂和其他（形界）物類的性理，生存情況上的分別：

顯然，（普通說來），物質和性理，結合而成一個（物體的）生存：因為物質為有現實生存的盈滿，不得不依靠性理。（人類，物類，在這一點上，是相同的）。然而兩類的分別在於：其他物類的生存，惟獨在乎凝結於物質裡：在生存和行動上，都不超越物質。（回閱卷一，章五十一，卷二，章六十八，六十九，及八十六；卷三，一〇九）。

人理智的靈魂，卻顯然在動作上，超越物質：因為它有某些動作，沒有身體器官的參與：例如智力曉悟真理。由此可見它的生存也不單獨在乎凝結於物質。所以，肉身敗亡，（物質原素離散以後），靈肉合體原有的生存，乃留存於靈魂以內：及至復活之時，肉身重修復元，乃重歸於靈魂內常有的那同一生存（的源流）中去：（肉身和靈魂重新團結，共用靈魂保持了的生存）。

答四、第四疑難提出的理由，也不足以證明人的復活不能保全原身單位的同一。人生在世，身體的物質部分，如海水流蕩，流來流去，變換不停，並不因此而妨礙人從生至死，個數單位，本身的自同：人身的部分，物質常換，而只是他那人性的本體始終如一，現世生活期間，既不妨礙人本身個數的同一，足證來世也不妨礙復活者原身個數的同一。

可取火作比例，詳說此點：聚火燒火，舊木燒燼，添加新木；木柴不斷，續燒續添，燒出的火，恆久保持火（種名所指）的本性本體，續燒不熄，則可說是「個數單位自同」的一團火：「例如燈火是一個火，雖然燈中的油和油綯，不停的新舊替換。河水常流，水滴常換，仍是一條河水」。

人的身體以內，情形相同。各部分和器官，一生之久，常保存自己應有的性理和定義，（也保存定義所指的本體）；然而各部分的物質，不停的新陳代謝：陳舊的受人身本性自燃的熱力，消化排散；新鮮的乃因食物營養而孳生。所以，人不因年齡變遷而失去本身個數單位的同一、縱令物質方面，不是一切部分都不隨時改換。

同理，人的復活，為保持原身個數單位的自同，不需要前世一生之久所有一切部分的物質，都全收復；反之，只需要收復其中的一部分，能滿足應有體量之所需，就夠了：並且，依理而論，似乎只應收復那些質量優越，更適合人性美善的若干部分。

如果不幸有人，或因幼年夭折，或因肢體傷殘，身材缺乏應有的體量，肉身復活起來，乃受天主全能，採取外來的物質，補足所缺。這樣添補，也不妨害人身單位的同一、因為自然工化，人身發育，童年之所缺，壯年則添加充足，這樣發育完善的部分，或肢體，或全身，不因物質新加而失去單位的同一、一個人，有童年和成年的互異，但不因此而是個數前後互異的許多人：反之，始終是個數單位相同的一個人。

答五、縱然假設有「人吃人肉」的事，仍無妨於肉身復活的信條。按方才的說明，不需要人身物質的一切部分都復活；並且如有所缺，又有天主全能來補助。所以，被吃了的人肉，復活起來，完好如初，歸還原主的身體。吃人者的肉身，如果在世一生，不是只吃人肉而生活，復活時，則只收復其他食物補養的物質部分：以應有體量為限：故可滿足需要。假設在世一生，只吃人肉而生活，復活時，只收復出生時，從父母領受的物質。其餘一切缺乏，則由天主全能補足。

又假設甲某人的父母只靠吃人肉而生活：甚以至於他們精血的種籽，既是營養料的剩餘，也是生自所吃的人肉。甲某人在世一生也是只靠吃人肉而生活。他的肉身復活時，則只有父母種籽的那點物質，可供收復。因此，肉被吃的那些人受到的這點損失，由天主從別處，採取物質去添補。

肉身復活，收復前生物質的標準如下：假設某一物質部分曾為許多人身所共有，復活時，應歸於缺它則不完善的那某一人。

本此標準，同一物質部分，對甲是其父母生他所用的種籽，對乙是他自己吞食的養料；復活時，則應歸於甲，（不應歸於乙。乙缺之，不失完善。甲缺之，則無以成立其完善。故歸甲，不歸乙）。又假設，那某點物質，在甲、則成全其個體完善，在乙，卻用為成全其本種（公有的）美善，（例如或作其養料，或作其精血的種籽，為傳生其本種）；復活時，則應歸甲，不歸乙。

本此原則，父母種籽的物質，復活時，歸於他所生育的子女，不歸於父母，原祖亞當的肋骨，復活時，歸於它所生育的厄娃，不歸於亞當。但另假設，那某點物質曾在甲乙兩人成全同樣的美善，復活時，應歸於先有它的那個人。（不歸於後有它的這某人。缺它者，另由其他物質來補充。事實上，沒有只靠吃人肉而傳生子孫的人類家族。縱令假設，全人類的無數人，都是亞當一人身體分裂成碎片而生的，生後就立時都死去；復活時，亞當和眾人，仍是各自擁有一點物質：足夠作復活所需的基本資料）。

答六、由上述的理由，可見第六疑難的解除。肉身復活的目的是本性的：因為靈魂的本性是和肉身結合。但肉身復活的動力不是本性的，而只是天主全能造生的：（將這個動力造生出來，賦與人的靈魂和肉身，使之兩相重聚而結合成復活的人）。

答七、眾人，不都依信基督，也不都吸收其救世的奧理，但卻都要復活，這是不應否認的：因為天主聖子降生，採取人性的目的是為修治人性：（恢復其原初固有的美善）。每人因犯罪而遭受的缺失，有人性損失，和本位損失兩種。為完成救世目的，眾人的人性損失，都受基督的補救。（死亡是人性損失）。故此眾人，既受救恩，乃都要起死回生。然而每人本位的損失，為能受到補救，除依從基督以外，別無他途：或自己發出動作，信仰祂；或至少，仰藉「信德的聖事」沾領救恩。（「信德的聖事」，指示「洗禮」：領受洗禮者，雖無自發的信心，例如新生的幼兒，也能得救；餘如「願洗」，「血洗」，也都包含在「信德聖事」的總類中。回閱章五十九，參考章五十）。

第八十二章　復活以後：長生不死

從此可見：眾人將來復活的效果，（有許多，須要逐一略說。其中第一）是：人既復活以後，便不再受死亡。

一證：死亡的必須，是人性因犯罪而生出的弱點。然而基督救世，卻用受苦難的功勞，補救了人性因犯罪而生出的一切弱點。按大宗徒，《致羅馬書》，章五，節十五所說：「恩寵非罪惡可比。如果一人犯罪，致使眾人死亡；天主的恩寵，效力更強大無比：耶穌基督一人的恩寵，足使更多的眾人受到了豐富洋溢的救恩」。

由此可以斷定：基利斯督的功勞，除免死亡的效力，遠大於亞當犯罪，招致死亡的效力。所以，仰藉救主功勞脫免死亡，復活的眾人，不再遭受死亡。

另證：永要延續者，非已挫敗者。設如人類復活又要死去，以使死亡永遠延續下去，基督捨身救世，便全未挫敗死亡（勢力的統治）。實事上，祂卻挫敗了死亡：並且現今剷除了死亡的根由。按吾主、借《歐瑟亞先知》的口，（章十三，節十四）曾預言說：「哦！死亡啊！我要是死亡的死亡」！將來，最後的時刻到來，就要消除死亡的惡果：案據聖保祿，《致格林德書》，章十五，節二六，發表的預言：「將來最後時刻到來，就要摧毀人類的公敵：死亡」。足證復活的眾人不再死亡。持守這條定理，才是符合聖教會的信仰。

加證：效果相似原因。按（章七十九）已有的說明，將來眾人的復活，是基督復活的效果。然則、按聖保祿《致羅馬書》，章六，節九所說：「從死者之中、復活了的基督，已不再會死亡」：既然基督復活後不再死亡，所以眾人也同樣復活後不再死亡。

添證：假設眾人復活以後，又要死亡：將來或又要復活，或永久不再復活。若果永不再復活，靈魂就要和肉體永遠分離，這是不適宜的。按上面方有的說明，為避免這個不適，始有主張人將復活的必要：因為假設復活的人又死去永不再復活，是適宜的；就全無理由主張人初次死後卻應復活。

但如假設，復活的人死去以後，又要復活；第二次復活的人，是否又要死亡。假設不又要死亡，則依同樣理由也應肯定第一次復活的人不再死亡。假設果然又要死亡，則依同理，一個人死而復生，生而復死，生死反復，將無盡頭。這似不適宜：因為天主的意旨，不能沒有固定目的。有目的，則有終止：故有盡頭：所以不能是「生死反復」。這樣的「生死反復」，逐代循環，是一種變化，屬於「變動」的總類：不能是「目的」。變動的本質，依其真確定義，是「嚮往某外在目的之進程」。（天主降生救人，不能不有的目的，絕不會是「一種變動」而已）。

另證：下級物性，動作的宗旨，是以永久生存為目的：因為下級萬物本性的一切動作，都按自然規則，生生不息，以永保本種生存為目的：是故，物類本性追求的終極目的，不是以本種保存這某個單位實體，卻是用這某個單位實體保存本種生存的永續。物類本性有這樣的宗旨，因為物性動作是依天主（賦給）的能力。天主的能力是永久生存的第一根源。

是以，大哲《生滅論》，（卷二，章十）曾主張舊物生新物的目的是使新生的物體分享天主永久的生存。例如無生物：火生火，礦生礦。有生物：豆生豆，馬生馬，人生人等等）。下級物類，本性動作，尚有這樣的目的；何況天主全能的動作呢？豈不是應追求某某永久目的嗎？

然而，復活死者的目的不是為保存人種，因為人種的保存只需世代傳生就夠了；故其目的只剩是保全每個人的永久生存：不只保存其靈魂：因為肉身復活以前，靈魂已有永久性的生存：故是為保全靈肉合成的每個實體。可見：人既復活則永遠生活下去。

還證：比較初生和復生的情況，可以見得靈魂和肉身有生存久暫相反的關係。人之初生，是肉身先生育，靈魂卻隨後造生：落蒂的種籽，用生育的能力，配備適當的物質，接受天主造生而賦與的靈魂。復生，卻是給預先存在的靈魂配製新興的身體。初生，既是以靈魂配合肉身，隨從肉身有死有壞的條件，人乃生而有死亡的必須；復生則以反比例，既是以肉身配合靈魂，故宜隨從靈魂永久生存的條件：人既復生，就應永遠長生。

又證：假設一個人生而死，死而生，反復不停，則呈現循環的本性。然則物類生死的循環，是天下不滅形體，圓軌旋轉而生的效果：因為（按古代天文學和宇宙論），第一旋轉的現象，是發現在（天上星體）方位的運行上。然後生出其他各類變動的支流，都盡可能模擬第一旋轉的完善，以求逼肖。所以，復活者生死不停的循環，也應是天上星體旋轉的效果。這是不可能的：因為肉身的起死回生，超越物類本性自然的動作能力。足證，不應主張復活者的生死循環，隨而也不可主張肉身復活以後又要死去。

加證：同一主體，自身以內、既有事件反復，前後繼起的現象，則有時間長短的限度。凡有時間限度的一切事件，都受天體運行的節制。然而離開了肉身的靈魂，超越有形的自然界全體，故不服從天體運行的節制。故此、靈魂和肉身，離合迭興的循環，也受不到天體運行的節制。所以，假設眾人復活以後又要死亡，隨而必有生死循環，是不會有的事。足證：復活者，不再死。

經證：由此，《依撒意亞先知》，（章十五，節八），說：「上主將來要永遠拋棄死亡」。若望，啟示錄，（章二十一，節四，也說：「死亡之事，不再有了」。

駁謬：由此乃得破除古代異教人的錯誤。他們曾相信：「各時期，及其一切事物，都反復重現：例如：現世的柏拉圖在亞典哲學書院，教授生徒；在已往，遠隔無數年代，和世紀，必在某時，曾有同樣的人地事物發生；還要在將來重現」。（參考聖奧斯定，《神國論》，卷十二，章十三）。有些人還曾稱引《聖經》，訓道篇，（章十一，節九—十）旁證那樣的迷信：「已往有了的，是什麼？將來，還要有。現在發生了的是什麼？將來，還應發生。太陽之下，無新物」。人切莫說：「請看，這是新鮮事」。須知那事，早在遠代以前，古已有之」。

上述《聖經》真義，沒有說個數單位相同的事物，異代反復重現，只是說：同類物，歷代多有。詳見聖奧斯定同書的講解。亞理斯多德，《生滅論》，（卷二，章十一），也曾有同樣的講解：駁斥上述之類的派別。

第八十三章 復活以後：食色問題

從上述的前提，轉可證出另一結論，就是：復活以後，人不取用色慾和食慾的需品。註一

一證：去掉了有死有壞的肉體生活，必須也去掉肉體生活有死有壞的需品。顯然飲食用品，都是肉體、有死有壞期間的日需品；取用飲食的目的是為避免身體實質銷耗而受傷亡。現世人用飲食是為增長體重。復活後，人人都有適當的體量，故無飲食的需要。（回閱章八十一）。

同樣，男女婚媾的目的，是為生殖，藉以將個人無力永保的生存，由人種的傳流而永久保全之：故此也是肉體生活、有死有壞期間的需要。前章既然證明瞭：復活了的人不再死亡；所以也就用不著食色等需品。

加證：人復活以後的生活，必定比今生更沒有目的和規律，因為人度復活後的生活，全賴惟一天主的動力；但為維持現世的生活，卻需要物性動力的合作。然則今生取用飲食，守規律，有目的：飲食的目的是為受到消化而變成身體的養料。假設復活了的人取用飲食，也就必須有這同樣的目的：將食物化成身體。既然身體不會再傷亡，則無任何消耗，凋謝，或排泄：所以凡所取用的飲食，消化以後，都應為增長體重；（不能是為補充消耗）。但按（章八十一）已有的說明，人復活時都具備適當的體量：所以（再吃

東西，增長不已）必致體量過度：因為超過適當的體重，就是體重過度。（過度是不合規律，也不合目的，必非天主所許）。

添證：復活了的人是長生不死的。或常用飲食，或不常用，只是有時取用而已。假設常用飲食，既無消耗，不停增長體量，必致增至無限。這是不可能的：因為量的增長是一物性自然的變動。然則物性自然動力，常有固定目的，得之而後止，永不無限無止：明證於大哲名言：《靈魂論》（《心理學》），卷二，（章四）：「物有恆性，大小增減，都有限止」。

假設復活了的人，不常用飲食，但常生活，故有時不用飲食。依同理，應在最初就不用飲食。所以，復活後不用飲食。

既然不用飲食，則隨之也無色慾：因為色慾的目的在於洩精：（是消耗排泄之類：猶如花草凋謝零落一般）。復活後的肉身不能有洩精的事。洩精是種籽的脫落。人在復活以後，不能再有種籽從實體中脫落出來：因為，離開實體者，失去其本性，等於敗亡而腐化，不能再是那本性任何動作的因素，也就不能是種籽了。詳證於大哲《動物生成論》，（卷一，章十八）。況且人的身體，復活以後，既不再受傷亡，則其實體不能再有任何部分，竟被消耗，排泄，或脫落。加之，按方有的證明，人復活以後，既不飲食，則無營養料之剩餘：故無種籽。（按古代生理學界的公論，種籽是營養料的剩餘）。那麼，（種籽，既不能由實體中脫落出來，又不能從營養料中剩餘出來，所以無從生出），足證：人復活以後，沒有色慾。

又證：色慾的日需，是生殖器的日需，按本性自然的規律，是以生育子女為目的。假設人復活以後，生殖器的運用，不是沒有目的，則也應傳生人類，和今生相同。結果必是人類在復活以後生出許多在復活以前沒有生過的子女：這些子女也領受和父母相同的本性和長生不死的生活。（他們不受死亡的痛苦，也就不由復活而得長生）。那麼，當初死者復活，久待至世界末日，便失去了（聖教傳統公認必須久待的）理由。（等於說：既有許多人得了長生，不是由於死而復生，則無理由責令某某若干人先死去，久待千萬年而後復活以得長生：此亦人也，彼亦人也。彼之不必受，此則何必受？厚此薄彼，待遇不公，邏輯何在？聖教傳統，如不可誣衊，公理也不可輕棄，則宜承認：人類復活以後，不再傳生人類）。

加證：假設人在復活以後又要傳生人類，他的後代子孫或有傷亡的可能，又要死去；或無可能，則長生不死。兩個（矛盾的）假設都有不適：

第一假設他們長生不死，這有許多不適：一是必應肯定他們生來沒有原罪：因為如有原罪，則必應受罰而遭死亡。按聖保祿致《羅馬書》，章五，節十二，說：「罪惡由一人，徧傳於眾人，死亡亦隨之而至」。二是假設有些人生來無罪且不死，則不是眾人都需要被耶穌救贖，耶穌也就不是全人類的首腦了。這是違反大宗徒的名言：《致格林德第一書》，章十五，節二二說：「眾人因亞當而死亡；同樣乃因基督而重得生活」。三是眾人出生，同始而不同終。始則同生於父母的種籽，終卻有必死與長生之互異。（待遇不公）。

但如果第二假設，他們生來，能受傷亡，也要死去：而不再復活；則其靈魂和肉體將要永遠分離。這是不適宜的：因為他們和已復活者的靈魂是同種。（同種者，則不得不有同一下場）。假設他們死後還要復活，別的眾人就應等待他們，為使同種同性的一總人，都一齊同得復活的恩惠：因為按（章八十一）已有的說明，復活的效用是為補救人類的性體：（效用既生，則必使全人類同時都復活起來：誰有人性，誰就復活）。否則，分別彼此，有些人等待和眾人一同復活，另一些人卻不需要等待，條件不公平，不見得有何理由。

加證：假設人類復活以後，又要運用生殖活動，並要生育子女：或常，或不常。如果常生育，則人數將多至無限：生育的目的，將不是（補充死亡的人數）保存人種的持續：因為那時的眾人都是長生不死的。所以，人性生殖的宗旨，應是生生不息，多至無限：這是不可能的。（目的是終止。無限是無目的，物有本性，而無目的，則等於無本性：自相矛盾，故是不可能的）。

但如不常生育，卻只生育到某一限期，則過期以後，不再生育。如果這是有理，則依同理，應在最初就不生育，也就不運用生殖的官能。

證難：有人如說：復活以後，取用飲食，運用生殖官能，不是為保養身體，或增長體重；也不是為維持人種生存，或增多人數；反而只是為享受食色現實的福樂：終極真福的賞報，應當萬福全備：故應一無所缺。

解難：以上這樣的言論，顯有許多不適：

一因方才說了：復活後的生活，更有目的和規律；勝於今生，誰若只為享樂而滿足食色諸慾，既非保養身體，又非生養兒女，則是行為不當，並是不良嗜好的惡習。這是有道理的：因為食色行動的福樂，不是行動的目的；反之行動卻是福樂的目的。物性天然，規定此類行動，有其樂趣；為能激動生物，勿怕勞苦，而放棄性體需要的行動。（換言譯之：行動的目的不是為享樂。樂趣的目的卻是為引起行動。這是物性自然的道理）。如果只為享樂而操作食色諸慾的行動，則是本末顛倒，有失體統。復活後的人生，極守規律，故全無這樣的荒亂情形。

又因復活後的生活，按規律，守秩序，是為保全至善的真福。人的福樂和真福，按卷三（章二十七）已證定理，不在於食色等類的體福。足證：不應主張復活以後的人類生活，竟是為享這樣的慾樂。

還因諸德百行，遵守規律，目的在得真福。假設食色的慾樂也是來世真福的要素，則志士修德，也是立志為將來多享慾樂：居心如此，有傷道德：一傷節德。節德在節制飲食和色慾。如果現世節慾，為能來世多享慾樂：則節慾不是節慾：（而是養慾）：將使貞潔變為荒淫，淡泊變為饕餮。

另如假設，食色慾樂，固然不是真福的要素，但仍讓人來世享受；現世修德，乃可以此存心。這樣的假設也無理由成立：因為：實有的事物，都有目的之所為：或為己，或為它。然則、上述諸類的慾樂，目的不是為它：因為按方有的說明，復活以後，人享這樣的慾樂，不是為完成本性目的之行動。保養身體，（生育子女）。所以，它們的目的只剩是為己：就是為享樂而享樂：以自己為目的。然則、凡是以自己為目的之事物，必應或是真福，或是其要素。不久以前，證明瞭這都是不可能的。所以，來世的人生，全無此類慾樂之可言。

另證：在神樂至高之境，人與眾神，一同享見天主，竟又尋求身體慾樂，甘與禽獸相類，比較品評，似甚可笑。（回閱卷三，四十八諸章），已有詳證。除非有人能說：眾天神的全福不全：缺乏獸慾之樂。這是荒謬萬分的。是以《瑪竇福音》，章二十二，節三〇，稱述吾主耶穌說：「復活以後的男女，不婚不嫁，但生活（超性）如同天主的眾品天神」。（天神真福全善，故無食色諸慾的騷擾）。

駁謬：由此乃得破除猶太古教和撒拉森回教許多人的錯誤：他們主張人在復活以後，享受食色慾樂，如同現今一樣。

信奉吾主耶穌的某些異端人，也隨從了那樣的錯誤：主張未來的基督聖世，是在塵世建國：享祚一千年：當那千年聖世，眾人肉身復活，筵享無度，大吃大喝，不但全無節制，而且極慾窮樂，為教外人之所未聞！荒謬如此，人非肉慾蒙蔽，絕不信服。神靈清醒者，呼之為「基離派」。希臘名辭直譯，可稱之為「千年派」。詳見聖奧斯定，《神國論》，卷二〇，章七。

疑難：然而有些理由，似能佐證上述這樣的意見：

一因亞當未犯罪以前，原是長生不死的，天主卻命他：「生長繁殖」！又吩咐他：「地堂百菓，你都可吃……」。足證他在當時享用食色之樂。

二因吾主耶穌復活以後，也曾取用飲食。路加（章二十四）記載：「祂在眾徒面前，用過了飯，取其剩餘，分給眾徒」。《宗徒大事錄》，章十，記載聖伯多祿說：「天主第三日復活了耶穌，賞賜祂形體顯現，不是顯給人民大眾，而是顯給天主預選的見證人：就是顯現了給我們（這少數人）。祂從死者之中復活起來以後，我們曾和祂一同取用飲食」。

三因《聖經》數處的名言，似是預許眾人身臨福境，享受飲食之樂。例如：

《古經》，（舊約），《依撒意亞先知》，章二十五，節六：「軍旅之大主，將在這座山頭，給一總的民族，設備精髓肥美的盛筵，和糟粕濾清的酒席」。下文（節八）又說：「天主要永遠拋棄死亡，並要除去每人面上的眼淚」：明指眾人復活以後的真福境界。《先知》又說，（章六十五，節十三）：「（上主聲明說）：請看，我的工作者，有飯吃；你們受飢。請看，我的工作者，有水喝，你們耐渴」。下文

（節十七）又說：「請看，我就要另造新天，新地」。明明指示來生的境況。《新經》、（新約），《瑪竇福音》，章二十六，節二九，記載吾主（最後遺囑）說：「從今以後，我就不喝這葡萄酒了；待到那天，我就要和你們，一同共飲我大父國中的新酒」。（「我大父國中」，和「天堂」之類名辭一樣，指示復活以後的真福境界）。《路加福音》，章二十二，節二九，也記載吾主預許說：「如同我父為我　我就也為你們，設置國度，接待你們在我國中，和我同席，聚餐共飲」。

若望（預言未來的）啟示錄，章二三，節二，還說：在真福的國度，大江兩岸，有「生命樹」結「十二菓」……。上文章廿，節四—五說：「我看見了為證明耶穌而被斬首的眾人靈魂。他們都得到了生命，並和基利斯督，治理聖世千年。其他死過的眾人，千年聖世告終以前，沒有得到生命」。

綜合上述一切，似能證實諸家異端。難處在此。

解難：上述一切困難，不難解除。

從亞當方面，舉出的困難，沒有（理證）的實效。亞當是人類的初始，復活是人類的終極。始終軒殊，美善自應互異：職務隨而不同。亞當個人美善，固已全備無缺，但人類性體，尚非萬善全備：因為人類尚待繁殖。是以，亞當本人體構的完善，適足以充任人類的元始。故此、也應生育，為能繁殖人類：因而也應有飲食的消耗。

然而眾人復活以後的美善，卻是人類性體（在每人以內）完全達到了至善的境地；人間精選的名額，全數充足。所以再無生育的需要，故此也不再用飲食。（生育的目的，是為增殖人間的精選：猶言是為生聖生賢。將來，聖人的數目，滿足了人性至善所需的定額，人類便自然不再生育。《參考問題辯論集》，卷二，集三《靈智實體問題》，第六節）。

為此理由，亞當的長生不死，和復活的眾人不相同。復活的人長生不死：不受傷亡，也不消化排泄。亞當長生不死，卻是不犯罪則不死，犯罪則死。他如保存自己長生不死，（固然不受傷亡），但不是沒有消化排泄；然而既有消化排泄，便由食物補養，勿因消耗傷身。

從基督方面說去，祂在復活以後，吃過東西，非為生活需要，卻為證驗自己肉身復活的真實。因此，祂吃的食物，沒有變成祂的肉身，卻消化成了食物原先固有的物質，（排泄到外邊去了？）。普通復活的眾人，沒有吃東西的這個理由。

新古二經的名言，表面似是預許眾人復活後享用飲食，但其實義非指肉體物質的飲食。故另有神靈生活的喻意。

《聖經》用覺識的象徵，給我們提示智力可曉悟的事理：為能教導吾人心靈，下學而上達：由已知，愛好所未知。（參考聖師額我略，《福音勸語》，第十一講）。用這象徵方法，《聖經》習慣用「飲食」的象徵，喻指妙悟上智，領悟真理，神智欣賞的福樂。是以《箴言》，章九，節二－五，論天主的上智說：「祂釀酒設筵，並向無智者說：請你們來，吃我的麵餅，喝我的酒」。《德訓篇》，章十五，節三說：「祂給他吃靈智和生命的餅，並給他喝上智救世的水」。《箴言》，章三，節十八，論上智也說：「為領悟上智者，上智是生命的樹。為保持上智者，上智是真福」。

《新經》，瑪竇記載吾主說的話，也可以另加解釋：指示祂在復活後和眾徒一同吃飯，喝酒，是喝新酒：就是用新方式喝酒：不是為生活需要，而是為證驗復活。又說「在我大父國中」，指示耶穌復活是人類長生的聖世開始。

啟示錄所說的「千年」及「致命者的首次復活」，應解釋如下：「首次復活」是信眾的靈魂，由罪惡中，又直立起來，洗除了罪污：一如聖保祿《致厄弗所書》，章五，節十四說：「你要從死者之中，站立起來；基督就要光照你」。（形容洗禮赦罪的光明）。「千年聖世」喻指聖教歷史的整個時期：從建教以至世末：有眾位致命聖人，並有其他聖人，共用基督的和平：不但在地上的教會裡，而且也在天上的故鄉：信眾和基督共用天主神國的治安。「千年」的「千」字，是「十」字的立方，（自乘兩次）；象徵「完善」。立方根「十」字，也有「完滿，圓全」等等至善的寓意。

如此看來，乃得明見：復活以後，人都不務食色。

附誌：從此還可得出最後一條結論：復活以後，人生的職業勞動，都要停止：因為勞動的目的是為謀求食色日需，並為保持健康免受傷亡；此外，只剩欣賞真福，是眾聖之所專務：在於靜觀，不在於勞動。為此，《路加福音》，章十，節四二，論靜坐欣賞的瑪利說：「她選擇了至善的福分，不可又讓她棄掉」。由是，古聖若伯（章七，節九）說：「降入地府者，不在升出，也不在回家；他的本地也不再認識他」。若伯的這些話，否定人在復活以後，又要回復舊業，例如營造房宅，或操行其他今生的俗務。（「地府」和「天堂」異名同實，不外於指示「真福的長生境界」。有些人，俗心太深，迷信復活後，又要成家立業後置買莊田，掙些榮華富貴。若伯名言，可破其謬）。

第八十四章 原身復活

上述種種，不幸而成了某些人關於復活者體構實況、意見錯誤的機緣。既然原素性質互相衝突的合成體，都有敗亡的必須，某些人有鑒於此，乃進而主張眾人復活後的身體不是原素互相衝突、合構而成的。這些人，又分許多派：

有人說：吾人復活的身體，不再有身體（物質）的本性，卻都變成神類的實體。他們這樣想的動機，是大宗徒《致格林德第一書》，章十五，節四四，說過的那句名言：「種植有草木類生魂的身肉，茁長起有神類靈智的肉身」。（換言簡譯之「種植草木身，茁長神靈身」）。參考奧理真，《因素論》，卷三，章六。

又有些人，由同樣的動機，進而主張：吾人復活了的身體，素質輕清：好似空氣清風一般。因為「神靈」二字，在《聖經》原文，（或希伯來，或希臘），都有「清氣」的意思：所以「神靈身體」就指的是「清氣身體」。（身體既然只是一般清氣所構成，則不含異性相攻的許多原素，故此可以不受敗亡。參考大聖額我略，《修德精義》，另名《若伯傳》註解，卷十四，章五六）。

另有些人卻說：眾人復活之時，靈魂採取的身體，不是塵界的，而是天界的：起緣也是初自大宗徒，

《致格林德第一書》，章十五，節四〇，論復活說過的一句名言：「有天界的形體，也有塵界的形體」。大宗徒同章（節五〇）又說過：「肉軀和血液，得不到天主的神國」：似乎也旁證上述諸派人的意見。如此得見復活者的身體，沒有肉軀和血液；從此可知，也沒有任何（如氣似液的）濕質：（或另名所指的「精氣」。）疾病傷亡，都是由於精氣消耗。身體如無精氣血肉，而有神界或天界的特質，則無疾病傷亡之可言。猶如俗語神話所說：仙天之體，長生不死）。

然而，這樣的意見，顯然都是錯誤的。（先直證，後反證，理由如下）：

直證：吾人復活和基督復活是同形同性的：案聖保祿，《致斐理伯書》，章三，節二所說：祂要重修我們卑陋的身體，和祂光輝的身體，形同性同」。然則基督復活以後，具有的身體，是手摸可觸的，並有肌肉和筋骨：案路加末章（二十四，節三九）記載吾主復活後向眾徒說：「你們來用手觸摸，用眼察看：我有肌肉和筋骨，不是鬼神的幻影」。所以，眾人復活後的身體，也是手摸可觸的，並有（性體真實的）骨肉。

還證：靈肉的結合，是性理和物質的結合。（然而性理和物質的結合，乃是現實盈極和潛能虧虛的結合）；盈虛相稱是兩相配合的條件：是以有什麼樣的性理，便須有相稱的物質，具備固定的條件，為能與之結合。眾人復活以後的靈魂是人性相同的。從此可見，它們結合的身體也有同樣的本性：和復活以前，同性同種。故應具備骨肉及其他部分。

加證：自然界，物類種名的定義，指示種界固定的本體。（本體，就是本性本體：也叫作性體）。這樣的定義都指出物質，標名其本體具有的物質因素。是故，物質改變種界，則所指自然界物體之本性，也必定隨著改變其種界。然則，人的實體，是自然界物類中的）個實體。假設人在復活以後沒有現世同種的骨肉和其他部分，則和現世的人也不屬同種。前後相比，名同實異。（等於說：復活的人，只有「人」的虛名，沒有「人」的實體。用反證法，反回去，足證復活的人和現世的人應有種類實用的骨肉等等）。

又證：異種身體和此某一人的靈魂相差，遠於彼某人之身體相差於此某一人之靈魂。（換言譯之：異種身靈之相差，大於人種異體和人靈之相差）。然而按卷二（章八十三）已有的證明，一個人的靈魂，不能結合另某人的身體而重生。足證：更不能結合另某異種的身體。

另證：每人復活，為能保全個數自同（前生原有）的實體，必須收復種同數同的本體因素：（原身復活）。假設復活前後，身體不是同種，則無以保全「個數單立自同、（原身復活）」的條件：（那麼，也就不真是復活，而是變種託身轉世：和輪廻相似）。

古聖若伯，（章十九，節二六），說過的話，足以破除這些意見的錯誤，極其明顯：「我要重新包裹上身體周圍的皮膚，還要生活在我的肉身裡，親眼看見天主」。

現在分論上述各家異端，特有的不適：（並用反證法證實其錯誤）：

說身體變成神靈的主張，是完全不可能的。物質不相通者，則不得彼此相變。神靈和形體，類界軒殊，物質不相通。按卷二（章五十）已發證定理，神靈之類的實體，完全不含物質，人的身體變成神靈實體，（類界外錯），是不可能的。

又證：假設人體變成神體，或變成靈魂，或變成其他。如果變成靈魂，則復活的人只有靈魂，（沒有肉身），和不復活沒有分別。如果變成其他神體，則有兩個神體，合成本性至一的某個實體：這全是不可能的：因為凡是神體，各自是生存獨立的實體。（彼此不發生物質與性理之結合，所以構不成本性至一的實體）。

同樣，人體變成空氣或清風之類的氣體，也是不可能的。

一證：人體，或任何動物之類的身體，在其整體或任何分子，都必須有固定的（立體）形狀：於是必須本體具有限定的邊界：因為凡是形狀，（都有立體幾何的積量），都受終點或界限的範圍：其終點或界限，是其本體固有的。然而，氣體本身沒有始點終點，也沒四周的界限；但只受外物邊界的限制。所以人復活後的身體不能是空氣或清風之類的氣體：（雲煙霧氣之類：都不能有固定形狀）。

另證：人復活後的身體，應有觸覺：因為（按大哲生物學及動物學的定論），生物而無觸覺，則（不能有任何覺官，故此只是植物，而）不是動物。然則復活者是人，則必須是動物，（因為，按大哲《靈魂論》、《心理學》，人的本體定義是「理性動物」）。但是清氣，不能有觸覺，和其他任何原素單純的物體一樣，都無觸覺：因為按大哲《靈魂論》，卷二（章十一）的證明，觸覺的器官和身體，應有「可觸品質」（冷熱燥濕硬軟）配合適中。（這些「可觸品質」，是物質原素、本體需有的本性實理，也是形體之所必備。固體尤然。本此種種心理和物理方面的理由），可知人復活後的身體不能是氣體。

從此還可看到：人復活後的身體，也不能是天界形體：（例如日月星之類的形體）：

一證：按大哲，《天體宇宙論》，卷一，章三，已有的證明，天上形體，（運行不息，自證無生死變化，故此也沒有塵界品質互相衝突的原素之組合，就是）不能有冷熱燥濕等類的可觸品質。然而方才說明了，人的身體，和任何其他動物一樣，卻應容納這樣的可觸品質。足證人體不能是天體或星體。（日月星等天體，能是塵界物體冷熱燥濕的原因，但自身沒有冷熱燥濕等品質：天界和塵界，互有的因果關係是「同名異指的關係」，不是「同名同指的關係」。古代《物理學》見解如此。回閱卷二，章四十六；卷一，章二十九及三十二）。

加證：按大哲，《天體宇宙論》，卷二（章四）已證的結論：天上諸形體，是不死不壞的，也不能改變本性生存行動的情況。它們本性應有圓球似的形狀，（並且常按規律，依軌道，旋轉運行：古今不變）。所以，它們不能有人性身體的形狀。足證復活以後，眾人的身體也不能有天界形體的本性。（就是不能變成星球）。

第八十五章 原身復活後的新情況

人將來復活後的身體和現今實有的，雖然屬於同種，但互有的情況各異。

第一、復活後的眾人身體，不分善人惡人，都是不受傷亡的。理由有三：

一是由於復活的目的：人不分善惡，都要復活，為能領受永遠的報酬：善人受賞，惡人受罰：善功罪過，是靈魂用肉身生活建樹起來：所以永賞永罰，也是靈魂重與肉身結合同受。最後的賞罰，都是永遠的，詳證於卷三，（六十四及一四四諸章）。足見，善人和惡人的身體復活以後，都有不再傷亡的特質。

二是由於復活的主動原因：天主恢復已敗亡者的身體生活，更能將不再傷亡的特質賦給身體，使其性命永遠保存。可用（達《尼爾先知》，章三所載）三聖童被投火窖、未受燒傷的故事，作實例；為得說明，天主願意，既連現世可受傷亡的身體，也能保祐它們免受傷害，何況對於來世復活了的身體呢？

三是由於復活後人靈魂固有的性理效用：前在（章七十九）已說明了：靈魂重新採取肉身，免與肉身永遠分離。（靈肉結合，猶如性理與物質結合：遵守盈虛相稱、本體論的定律。人之初生，天主造靈魂以配合肉身。人之復活，天主重修肉身以配合靈魂）。既為成全靈魂的至善而修理身體，則應給身體裝備上和靈魂相稱的特質。然而靈魂卻是不受傷亡的。所以復活了的身體，也應是不受傷亡的。

如此看來，可見將來身體不受傷亡，真義是說：現世能受傷亡的這個身體，將來由天主全能，改變成不受傷亡的。這樣，身體就要完全受靈魂的主宰，藉以保全生命，不受任何外物的阻礙。因此，《致格林德第一書》，章十五，節五三，聖保祿說：「這個有死有壞的實體，必須穿戴上不死不壞的服裝」（喻指人復活的肉身要裝備上不再死傷的神恩）。

故其真義，不是說人復活以後採取另一種不受傷亡的身體，而是現今能受傷亡的這個身體，將來要成為不受傷亡的。

這樣解釋起來，就可懂得：聖保祿所說：「肉軀和血液將來得不到天主的神國。可朽也得不到不朽」：這些話的意思是說：眾人復活以後，有血肉的實體，但去掉了血肉的可朽性。不可朽就是不再受傷害及敗亡。合觀上下文，意思則顯明易見。

第八十六章　復活後的五種神恩

然而性體和個體不同。復活之時，眾人公有的性體弱點，全因基督救世的功勞而被消除，善人惡人，互無分別，但是個體功罪軒殊，各得應受的賞罰，善人惡人，自應彼此不同。（本章先論善人，下章討論惡人）。

善人復活，身體受光榮。但就性體而論，人的靈魂結合肉身，將生命充滿肉身，並維持其生存。若從個人行為有功而論，靈魂則受舉揚，享受親見天主的榮福。惡人的靈魂因罪受罰，得不到這個榮福的品級。所以，公論性體，眾人肉身都有和靈魂配合適稱的條件：就是原素相攻的物質組合，不妨礙不受傷亡的性理（靈魂），將不受傷亡的生存，授給（復活了的）肉身：由於人身的物質，仰賴天主能力，完全服從人的靈魂，故不再受傷亡。然而特論個人善功，靈魂既受舉揚，親見天主，身體結合著靈魂，自然要受到靈魂德能和光輝的恩澤：比不受傷亡更加數籌。身體完全服從靈魂，仰賴天主能力的實效，不但永遠生存，而且增高施動、受動、及運動的能力，世且增強身體的種種品質。（分別縷述如下）：

一是神光：如同靈魂享見天主，充滿神光；身體由於靈魂的美善洋溢，也放射天主榮福的光輝：彷彿身穿光輝的蟒袍。是以，《致格林德第一書》，章十五，節四三，大宗徒說：「種植卑賤身」：意思遙指吾人現今暗昧不透光的身體，將來要成為光明的身體：案《瑪竇福音》，章十三，節四三曾說：「在他們大父的國中，義人光明輝煌，如同太陽」。（明示身體照耀出神光：如德之潤身）。

二是神速：靈魂享見天主，達到了最後目的，乃在一切事上經驗到自己意願的滿足。（肉身物質的意願，因滿足而消解。靈魂神智的意願因滿足而強度活躍）。肉身被動於靈意，故完全聽命於精神而活動。所以，復活以後，凡得真福的眾人，身體都有聽命神速，動作靈活的特性。案大宗徒同書所說：「種植於懦弱，茁長於強壯」。吾人發現身體力不隨心，不克聽從靈魂的命令，隨從心靈意願，完成工作和行動；於是乃感到懦弱的經驗；在復活以後，靈魂結合天主而充滿神力，洋溢到身體，乃將其懦弱完全消除。（身體變成強壯、靈活至極。是之謂「神速」）。為此，《智慧篇》，章三，節七曾形容義人神速說：「如同火花在蘆葦上馳騁」。他們這樣活動，不是為了必需，既有天主便不缺所需；但只是為顯示能力。（有能力就要施展出來，暢快靈魂的心意）。

三是神健：靈魂享有天主，意願滿足，不但萬福全備，而且諸禍盡除。至善之處不容纖惡：（靈魂至善，由於結合天主），身體至善，由於結合靈魂，既應相稱於靈魂，乃得禍惡免除清盡。完善的身體，（健全至極），盈虛兼善：盈則至善飽滿：現實完美：無傷無腐，無疾病，無殘缺，無醜陋。虛則虛而能受，受全福，不受苦惱：能受刺激，不能受痛傷。百官知覺，能受刺激，只覺福樂，不受傷損：惟真福適體。聖保祿同書（節四二）所說：「種植於朽腐，茁長於不朽」，明示身體神健，不受傷痛。

四是神聰：靈魂享有天主，和天主團結至善，共用至上美好：竭盡靈魂能容受的全量和式樣：是以，肉身也完全服從靈魂，竭盡可能，分享靈魂各種特性：感官的知覺聰明銳敏，肉身的慾望，端正守理，不妄動，不荒亂：性體美善，應有盡有：物之性體越加優良，則其物質越加順從性理。（性理合物質而成性體。物質含容性理。性理充實物質。性理是形體之條理，又是動力之根源：物則、物力，以性理為基礎）。為此，同書（節四四）聖保祿說：「種植草木身，茁長神靈身」。「神靈身」，不應依照某些人的意見，誤解為「純神實體」，或「氣體」，或「風體」；（回閱章八十四）；惟應懂作「完全服從神靈的身體」，呈現著與神靈生活完全適合的銳敏和靈慧：猶如依反比例，上句所說的「草木身」，也不是說吾人今生的身體就是草木，或是草木類的生魂；惟獨是說：它現有草木之類的情慾及種種特性，並需要物質的養料。（「草木」是類名，泛指「生物」，不專指「植物」，卻泛泛的兼指動物和人類：凡有「生魂」的一切，都是「生物」。植物類的生活情慾，是吸取養料，長大身體，傳生本類。植物類的特性，是呆滯麻木，無知覺，無聰明，不靈活。將吾人身體復活前後相較，乃有現世植物與人物之比而尤過之。「草木身」，複譯為「有草木類生魂的身體」，則經意明顯。有些人徑譯為「動物身」，則不如譯作「生物身」更為切當，人如一生不能遂志，無所成就，往往有自愧「與草木同凋」之感。這裡的「草木」二字正是聖保祿所說的「草木」，喻指「人生目的尚未達到或已失敗者的賤體」，或應直譯為：「有生物之靈魂的身體」〔Psychicum〕……）。

五是神榮：（有形之界，尊高光華者，謂之榮，莫過於昊天）。人的靈魂上升，得天上眾神靈的榮福，親見天主本體，詳證於卷三（章五十七）。同樣，肉身也隨著尊貴提高，得天上眾形體（日月星辰）的許多特性，就是（按古代天文學的公論）：放射光明，不受傷損，運行靈活，無困難，無勞苦：（健行不息）：性理和形狀，都是美善圓滿至極。為此理由，同書（節四〇）大宗徒說：眾人復活後的身體是天上的形體。他的本意不是說人身，將來有天上形體的本性，（變成日月星辰之類的光明球體）；不過是說：它們將來要有和天上日月一般的光榮：是以下文緊接著說：「有些是天上形體，有些是地上形體；有些有天上形體的光榮，有些有地上形體的光榮」。

如同靈魂升高，超越天界神類的本性能力，詳證於卷三，（章五三）；依同比例，眾人復活後的身體光榮，也超越天上諸形體本性的美善：將有更大的光明，更堅強的體骼，不受傷痛疾病災殃；並有更靈活的動力，和本性更優越的尊貴。（天地光華，不如聖人光榮）。

第八十七章　天堂

物體，（各依其本性），有其適稱的處所，（例如火向上，水流下）。本此原理，復活以後，眾聖身體，既有天上形體的種種特性，則其安身的處所，也就應高在天上，或更好是說：在所有諸層高天以上：為在那裡，和基督共用由其德能提拔而領受的榮福。《致厄弗所書》，章四，節十，論基督升天說：「祂升到所有諸層高天以上去了，為完成祂的一切事績」。

設難：人的身體，是塵界物質原素化合而成的，本性佔居最低下的處所，故不能升到清輕之界的原素以上去。

解難：這樣的疑難，理由似甚輕薄。因為，肉身受到靈魂神力的成全，顯然已在今生就不隨從物質原素的傾向。靈魂用自己的能力，在吾人現世一生之中，統制身體，抵制原素因彼此相衝突而解散；並且身體被動於靈魂，也能騰高升高，（跳躍如飛）。來世，復活以後，靈魂能力更是強大，則更能振作肉身高升。當那時，靈魂親見天主而與之結合，它的能力顯然應是強大至極，完善無缺的。從此看來，則不見得靈魂的能力為保全肉身健康，不使受到任何傷損；且為將肉身提高，達到一切形體以上的高處，能有什麼沉重困難？

設難：（按古代《天文學》的公論），天上諸形體，及圓帳似的天幔，都是牢固不可破碎的：（如同金鋼石板）。所以，天主預許人類復活後，升到諸層高天以上去，似是不可能的。（古代天文學認為天界物質不受破碎或腐化）。

解難：（《若望福音》，章二十，節二六，記載），基督的身體，復活後，進到了門關緊鎖的房屋，會見那裡的眾門徒。從這個事例，可以推證：將來眾人復活光榮的身體，仰賴天主賦給的能力，也能（不衝破天幔，就）升到天上，和那裡身體已得長生享光榮的聖人，晤面團聚。（肉身升天的能力，來自靈魂和天主的密切結合，往往叫作「神輕」。肉身復活後，通行各處，不受牆壁或帳幔隔阻，有時叫作「神透」。猶如光明可以透過玻璃而不傷玻璃，光榮的人身，也能透過物質的屏障，而不衝破。復活了的善人升天堂，和耶穌聖母團聚）。

第八十八章 復活後的男女

有些人曾設想，女人復活以後的身體，沒有女人的生殖器官，（都有男人的生殖器官。女人都變成男人）。這是不應當的。

理證：肉身復活，本性一切缺點，都被補充完備。凡本性美善之所應具備，無不應有盡有；決不可肢體殘缺。然則男人和女人的生殖器官也都是人身體本性固有的肢體，和其他五官四肢等部分一樣，是身體完整之所不可缺。足證眾人復活以後，男人有男人的器官，女人有女人的器官。（否則，閹男，閹女，有失身體完整和光榮）。

設難：肢體無用，則不必有。然則按（章三）已有的說明，人復活以後不再生育，故不應有生殖器官。

解難：對方提出的理由，不能成立。假設那個理由不錯，則依同理，凡不用的器官，都應去掉；例如飲食消化等等營養器官，也都應去掉：因為復活了的身體不用飲食。那麼身體將因復活而受到大部分殘缺。（既不完整，又不雅觀）。足見，不用的那些肢體，也不可去掉，既是為恢復本性身體的完整，則非白白的保留。

又設難：女人的生殖器，及女人的本性，軟弱而不堅實。既是缺點和弱點，則非復活者身體完美之所應有。

又解難：女人身體的軟弱，不是人本性美善的減退，而是人性自然的本旨。（人性天生，天意如此：也是自然造化）。人類本性有男女的分別，適足表現人性的完善，和天主造物者的上智：萬物構造佈置，都有道理和秩序。

再設難：《致厄弗所書》，章四，節十三，聖保祿說：「到那時，我們要大眾一齊，趕上前去，結成一體，信仰並認識天主聖子耶穌，共同合成完善的丈夫，有耶穌成年美滿的歲數和體量」。既是合成「丈夫」，必須都是男人。

再解難：審察同書上下文，可知「丈夫」，象徵「整個聖教會，前去迎接耶穌」：喻指整個教會的完善和德能。按《致德撒勞尼書》，（第一封，章四，節十七），聖保祿曾說：到那時前去迎接耶穌，是復活的眾人，一同出發，在天空裡，迎接基利斯督：沒有說每個人都要有男人的身體。「完善的丈夫」是眾人全體的象徵性形容辭，不是每個人性別的指示詞。

關於年齡問題：兒童發育尚未成熟。老年衰退。均非本性的完善。耶穌復活時的年齡，適當壯年，（三十八、九，身心發育方才圓滿）。眾人復活，（既應逼肖耶穌），就應都有（三十以上）少年青壯的身體。

地獄

第八十九章　惡人受罰的身體在地獄受刑

從此緣循著邏輯的思路轉進，乃可考察，受罰的人，復活後的身體，要有什麼樣的情況。

受罰的眾人身體，應適稱於他們的靈魂。這是必然的一條真理：（證自物質相稱於性理的物類公理）。然則，惡人的靈魂，本性受造於天主，固然是善良的；但其意志不合正道，喪失了本有的目的。他們的身體，復活起來，在性體方面，恢復完整，有壯年的完善，沒有殘缺，也沒有疾病災殃的傷害。由此，《致格林德第一書》，章十五，節五二，聖保羅嘗說：「死者復活，不受傷亡」。這裡所說的「死者」，兼指善人和惡人：審察上下文，即可見得。

但在意志方面，他們的靈魂背棄了天主，喪失了本有的終向，為此，他們的身體，不是「神靈的身體」：就是不完全服從神靈，反而墮落於肉身的情慾：勿寧說是「肉情的身體」。（受了肉情的蒙敝，沒有神聰的特性）。

是以，他們的身體也沒有神速：聽從靈魂命令，頗有困難；笨重難堪，阻擾靈魂，違抗天主。他們也能受疼痛，和現世一樣，甚或深於現世。它們不受死亡，但受感官的痛苦；如同他們的靈魂也受痛苦的絞擾，完全喪失了本性願望的真福。

他們的身體，沒有神光；黑暗，不透明：如同他們的靈魂也沒有認識天主的真福之光。《致格林德第一書》，章十五，節三一，聖保祿說：「我們（凡是人）都要復活，但不是都要改變」：就是沒有將黑暗改變成光明。只有善人的身體由無光榮改變成有光榮；惡人的身體復活起來沒有光榮。（惡人身體沒有善人享有的神光和神榮）。

設難：有人能想：惡人的身體受傷痛而不受傷亡，恐是不可能的：因為（大哲，辯證法，另名理庫，卷六，章六，曾說）：物體受動過度，必喪實體。吾人觀察可見：身體久受大燒，終必全被燒毀。疼痛過度，也將靈魂和肉身分開：人乃死亡。

解難：受傷致死的這類事件，是以物質性理變遷，為必要的條件。性理變遷，是一個物質失去舊有的性理而新得另某性理。（這個條件，徧有於現世的物質變化）。然而在復活以後，人的身體不能有性理的變遷：就是不能失去舊有的性理而新得另某性理：善人不能，惡人也不能：因為他們的身體，在本性生存方面，完全受到了靈魂的成全，潛能已完全實現，故已不能失去靈魂，也不能容納另一性理以代替失去的靈魂。天主的全能將肉身完全交於靈魂統制，故靈肉永不再相分離。

由乎此，第一物質領受各種性理的潛能和虧虛的容量，在人「復活後」的身體內，受到了靈魂效力相當堅強的約束，不能再受到另一性理的輸入和充實。為此，不拘怎樣受苦，也總不致於死亡。

但因惡人受罰的身體，在某些條件和情況上，不完全接受靈魂的管轄，故在覺官方面受物質的刺激和痛苦。他們身受火燒的疼痛：火力本性強烈，正是相反覺官本性應有的調和適中的平衡：雖不潰散器官，也不燒死身體，但能燒得疼痛至極。這樣疼痛仍不分開靈魂和肉身，（不是因為程度不夠深，而是）因為

（天主神力安排，復活了的）身體必須負載著一個性理而永久生存。（「性理」指靈魂）。

如同真福者的身體，光榮變新，乃高升於諸天形體以上，同樣，依反比例，最低陋的處所，黑暗，苦刑，是惡人置身受罰的所在。是故，《聖詠》，（章五十四，節十六）也說：「他們身受死亡之禍，降入地獄生活」。啟示錄，章二十，節九—十，聖若望也說：「引誘他們犯罪的魔鬼，被（天主）派到硫磺烈火的池塘，在那裡，猛獸和假先知身受苦刑，晝夜不分，萬世不停」。

第九十章　神靈能受物質的刑罰和煉獄

尚有一個問題，能引人心生疑惑；就是：魔鬼和受罰的亡者眾人靈魂，在人未復活以前；既然都是沒有肉身的神體，怎能受到物質的火刑？

《瑪竇福音》，（章二十五，節四一），記載吾主說：「該受判罰的人們！你們都去受魔鬼和其嘍囉被罰而受的永遠火刑」。這些話指示兩點：一是惡人復活後，肉身下地獄受火燒；二是魔鬼和祂統率的許多低級魔鬼，先已在那裡受火燒的刑罰：永無盡頭。（魔鬼沒有物質的身體。惡人死後肉身未復活以前的靈魂，也沒有物質的身體，按下章的證明，也在地獄裡，受火燒。復活以後，人有肉身，固能受火燒。復活以前，只有靈魂，沒有肉身，既是無形質的神體，怎能受到有形質的火燒!?這是問題）。

為解答這樣的疑問，（首先須知「火燒神體」能是什麼，和不能是什麼；然後再考察有什麼理由）。

照此步驟進行，第一、切莫想：物質火焰，燒燎沒有物質的神體，能是燒毀祂們的性體，（如同燒木成灰，燒毀了木料的性體，就是改變了木料的本性實體）；或想能是用火改變祂們的品質，（如同火將烏黑剛硬的鐵，燒成紅光透明的流質）；或想用火引起神體發生現世吾人容易傷亡的身體、受到火燒、能發生任何種類或樣式的變化，（例如瘡腫殘疾）。

理由是：沒有肉身的實體，沒有形界的物質：故不能受到形界物類的任何變化。祂們的實體不是收容形界物類性理的主體。祂們沒有感覺的器官，故也覺不看形界物性的動作；但有靈智，故能懂曉形界物類的性理。然而形類性理的懂曉，與其說是刑罰，勿寧說是福樂，並是神聖生活的成全。（除非形物動作有羞辱訐責的意義足以傷神）。

第二、也莫說：形體的火，燒痛神體，是由於神與火兩體間動力的某種衝突：如同復活後，罪人身體受火燒的重刑。物質動力的衝突，是感覺器官之所能識別。神類實體，沒有身體，也沒有感覺器官，並且也不用感覺的能力。所以不會因受火燒而感受敵性的衝突。（彷彿水火相攻一般）。

第三、所以只可設想：神體受火燒，是用某種締結的方式。神形締結，能有許多方式：常見的一種是：性理與物質的自然結合，例如人的靈魂和肉身，是用性理與物質結合的方式，合構而成自然的人性：為使肉身得到人性的生命：（靈魂神體在肉身以內充任性理）。

另一種神形締結的方式，不是用神體充任性理，（而是用神界的某種能力，將某某神形兩體，締結成一團；例如諸件聖事，都是形界物質有了天主賦給的神力，故能在領聖事的人靈魂上，產生聖寵的神效；又例如荊榛冒出火焰是天主的神力在那裡發顯給梅瑟《先知》。見於《出谷紀》，章三，節一—十。再例如人身附魔，是魔鬼附著在人以內：也是魔鬼神體和人身締結的一個方式）。例如關亡術（召請亡魂通神的巫術），用魔鬼的神力，將某些神體和物質的畫像，偶像，或其他類比的物體，締結起來，（彷彿是綑綁起來）。

這樣推想，即可見得，天主全能，就更能將受罰的神體和物質有形的火體，締結起來；目的及實效是燒痛祂們的神體，使祂們知道自己締結於低級物體是受罪罰的苦刑。（人的心靈和身體相互能發生的生理影響，例如心神愉快則面容和悅，也可以暗示神形締結，方式不一。一人嚴聲厲色，可惹得另一人精神苦惱：也是用物質的聲色，打擊精神的反應。神形兩界，本體分別嚴明，然而動力影響，不是完全絕緣的。足見用形界的物質能力，刑罰神界的罪惡，不是不可能的）。

依理而論：神靈犯罪，受物質刑罰，也是合宜的。

一證：有理智的實體，既受造生於天主，則其所犯一切罪惡，根底上，都是由於不順從天主的規律，（就是不愛慕天主的至善，反而追尋天主以外的虛幻和低下事物）。然則，刑罰應當適稱於罪惡：意志不正，既因妄愛非理而犯罪，則應得其所惡，感受苦惱，而受相反自己本性的刑罰。（祂們的本性應上愛天主）。足見，祂們犯罪受罰，締結於卑下事物，就是受形界物體縲絏窘擾，不是不刑罪相當的。（神不愛神，則自貶黜而下墜於物，正反相應而適稱。人靈判罰下結於物，是受刑。神體純神，被罰下結於物，是受刑更重）。

又證：犯罪違抗天主，不但應受失苦，而且應受覺苦，詳證於卷三，（章一四五）。「失苦」，（猶如貶謫）罰背棄（天主）永福。「覺苦」，罰妄貪暫樂。有理智的受造物，犯罪是由於妄貪形界事物，（擺弄乾坤，寄懷於榮華富貴，權勢聲色）；人的靈魂尤其如此。故被罰受形界的苦惱，是適當的。（魔鬼犯罪，是天神擺弄乾坤違抗天主。魔鬼受罰，是乾坤奉天主命，撻伐魔鬼）。

另證：罪惡既應受痛苦的刑罰，就是應受所謂的覺苦，則其刑具須有製造痛苦的能力。然而，給某某製造痛苦，無非是違反他的意願。但是，神靈交結神類實體，不是違反理智的本性意願：反之，那是中悅它的喜愛，並能成全它的美善：因為是同類相交，並且是對象與智力的交接；由於神類實體本身是智力可知的對象。

只剩交結形體並受形體壓制，卻是違反神類實體本性的意願：因為祂們本性的品級和分位，不應受形體的壓制，而應是自由的。所以，用形體類的工具刑罰神類實體（的罪惡），是合宜的。

從此尚可見得，按（章八十三）已有的說明，《聖經》論賞善人而標明的飲食等肉身福樂，依象徵法，喻指精神的福樂：有寓意，無實意；然而論罰惡人，提示的某些肉身或物質的苦刑，卻不是象徵精神苦惱，而是實指肉身能知覺的痛苦，有言語的本義，不只有寓言。

理由是，用下級事物賞報上級性體，不如用上級事物賞報下級性體，更為合宜。用下級事物刑罰上級性體，則適得其當，故應存留《聖經》實義。（依理不可存留實義者，則應用寓義解釋之）。無妨《聖經》罰罪提出的某些肉體刑罰也用象徵法喻指精神痛苦，沒有原字的實義，例如《依撒意亞先知》末章（六十六，節二四）說：「咬他們的蛆蟲不會死」。可用「蛆咬」的象徵，喻指惡人良心絞亂不安的精神苦惱，如按原字實義解釋起來，則與理不通：因為肉體的蛆蟲不能咬傷神體：況且甚連惡人的肉身，復活以後，也是不受傷損的，（僅能受到痛苦）。餘如「哀哭」，「咬牙切齒」等類的描寫，對於神類實體，只能有象徵性的寓義；對於惡人受罰的肉身卻無妨仍存實義：但仍應稍加限制和變通：例如「哀哭」不能指示眼中流淚，因為復活以後的身體沒有消化排泄，眼淚是排泄的一種，故不能有；但能指示心中的痛苦，眼睛和頭部的慟悼，及人哀泣時慣有的惆悵等苦況。（如此，不將《聖經》陷於自相矛盾，則是解釋正當的標準）。

第九十一章 靈魂何時應受賞罰

從此更進一步，乃可取得另一結論，就是人死以後，靈魂立刻就各按功罪，受賞，或受罰。為什麼呢？一因按前章的證明，靈魂離開了肉身，不但能受神苦，而且能受體罰。至於善人靈魂能受榮福的賞報，卷三（章十五）已有詳證：因為靈魂離開了肉身，去掉了今世的阻礙，親見天主。是人生終極的真福，也是功德的賞報。（賞報是功德收穫的菓實。參考大哲《道德論》，卷一，章九，《倫理學》）。靈魂既能領受賞罰，無故拖延，便不合理。所以，一離開肉身，靈魂就立刻領受賞罰，承當肉身一生行動應得的收獲。（參考聖保祿，《致格林德第二書》，節十，章五）。

加證：人生此世，能立功，也能犯罪：可比如從軍，也可比如傭工：明見於《若伯傳》，章七，節一的名言：「地上人生是戰爭，度日如傭工」。戰役結束，工役完畢，則論功行賞，或按罪處罰，不稍拖延。是以《肋未紀》，章十九，節十三有句話說：「工資現付，勿待明朝」。岳厄爾克知，（章三，節四），稱述上主說：「我就要急快迅速，將你們報復我的行動，還打在你們頭上」。（另版章四，節四、「你們反攻給我製造的戰禍，我就要急快迅速，用同樣的嚴厲，迎頭還擊」。天主公義，必不拖延）。足證，人死以後，靈魂立刻就受應得的賞罰。

添證：有功得賞，罪必當刑；緩急輕重，上下較量，必應適稱，才合道理。然則，肉身立功或犯罪，不得不全賴靈魂：因為思言行動，好非意志自主而發，無一能有功過之可言。（意力，卻非由靈魂不能有）。是故，賞罰也由靈魂通達肉身，才是合理：反之，為了肉身（美醜），而賞罰靈魂，就不合理了。如此評論，足見承受賞罰，靈魂全無理由等待肉身復活；反之，功德既先賴靈魂而建立，靈魂就先受賞罰，才更合理。

又證：有理智的受造物何時應受什麼賞罰，和自然界無理智的受造物何時有什麼美善或成敗，同受一個天主上智的照管。然則無理智的自然物類中，按天主上智的規律，每個物體，能力一成熟，立刻就領受能得的至善；除非領受者或施給者或發動者，某一方面有了阻礙。（例如水煮則沸）。

那麼，既然靈魂一離開肉身，立刻就有能力領受賞罰，所以也就立刻善者受賞，惡者受罰，不應遲延到肉身復活和靈魂重聚以後。

煉獄——說到這裡，需要理會到一點，就是：善人方面能有某些阻礙，故其靈魂一離開肉身，不能立刻領受終極的賞報，享見天主。理由是：有理智的受造物，如非罪汚完全清除，則無以上升享見天主：因為那個享見完全超越受造物本性的一切能力：（只須全賴天主超性恩愛的提拔，為此不能有任何得罪天主的痕跡）。

是故，《智慧篇》，章七，節二五論人得「上智」說：「物有罪汚，則無以投奔於上智的境界以內」；《依撒意亞先知》，章三五，節八也說：「上智的境界，自汚者無以通行」。然則，靈魂自汚，是由於犯罪，就是和下級事物交結，不合正道。為洗除罪汚，人在此生，應領「悔悟」及其他聖事，詳論見前，（五十六，五十九—六十一，七十，七十二—七十四）。

不幸有時人的罪汚，此生來能盡除，或因事物忙迫，或因粗心大意，有了些疏忽；或因夭折或猝死；故此，尚有一些罪罰當受。但也不應因此全失賞報：因為不是他尚有死罪，大傷愛德，致於永賞喪失。按卷三已有的說明，長生的永福是愛德的賞報。（愛德小傷，不失永福，但應補過養傷）。所以，人在死後，未得最後永賞以前，必需洗除尚餘的罪汚。

但在那個時期，洗除罪汚，是受罰補過，如同現世一樣，全洗罪汚，應作補贖；否則，勤謹與疏惰同賞，未免有失公允。是故，善人靈魂，離開肉身，如有小罪或餘汚，現世未得清除，在未得永賞以前，則應忍受煉獄的刑罰，為能清洗罪汚，全補罪債。

這就是我們（公教信眾）主張煉獄實有的理由。

經證：聖保祿的話足以佐證吾人信有煉獄的道理：《致格林德第一書》，章三，節十五說：「工程失火，則受損失，人卻無恙，如經火煉」。全教會的習慣也旁證此點：為亡者祈禱，是各處教會通行的禮儀。假設人死後不受煉獄的暫苦，為亡者祈禱，便是徒勞無益了！因為教會祈禱，不是為救助已得最後永遠賞罰的人；故得只為救助已免永罰，尚未得到永賞的那些人，為能減輕或縮短其煉苦。（足證煉獄不應不存在）。

《聖經》也有一些名言，足證人一死亡，靈魂如無阻礙，就立刻實得賞罰。古聖若伯（章二一，節十三）論惡人說：「惡人度日享福，瞬間已降入地獄」；路加（福音，章十六，節二二）也說：「富人死去，葬入地獄」。「地獄」指靈魂受罰的處所。

論到善人，也有同樣的證明：按《路加福音》（章二十三，節四三），記載吾主，身懸十字架上，向右盜許諾說：「今天，你就要和我同在天堂」。「天堂」，原文「樂園」，喻指天主預許善人要得到的賞報。案（若望）《啟示錄》，章二，節七稱述吾主說：「我要賞賜勝利者，在我天主的樂園，採食生命之樹的菓品」。（「天堂」或「樂園」，和「伊甸園」，也叫作「天主之園」，按《古經》原字，指示「有圍牆的圓形林園」，園中花草樹木，山水氣候，都美好至極：是造物者所造全宇宙中，最優美的一個角落）。

設難：有人說：「天堂」或「樂園」，不指天上永賞；但指地上的某種賞報。因為「天堂」似乎指示「地上天堂或樂園」：按《創世紀》（章二，節八）：「造物者天主（在地上）種植了慾樂的花園，把祂手塑的男人，安置在園中居住」。

解難：正確審察，則能發現《聖經》的話，實指吾主預許眾聖，死後，立刻離世升天，領受最後的賞報：案《瑪竇福音》，章五，節十二，「你們要歡喜踴躍，因為你們豐厚的賞報，是（天主儲備）在天上的」。《致格林德第二書》，節十七—十八，章四，論到人最後的榮福，曾（比較現世）說：「我們在現今受此苦難，暫短輕微，比較用以掙取的永遠榮福，重大卓越，不成比例。我們瞻望著的，不是可見的（世物），而是不可見的（神恩）：可見者是暫時的，不可見者，卻是永遠」。這些話明明指示天上的最後榮福。下文（章五，節一）為指出何時怎樣得到這永遠的榮福，接著說：「因為如果我們地上現居的房屋頹毀，我們知道我們還有大主賞賜的建築，不是人手工建築的房屋，而是天上的永宅」。這些話的用意，顯然指示，肉身解體以後，靈魂被引上升，永居天鄉；這不是別的，就是如眾品天神一般，在天上享受天主的神性（真福）。

又設難：如有人反對說：聖保祿（在那封書信裡），沒有說肉身一解體，我們就立刻實得天上的永宅；只不過是有希望將來最後得到罷了。

又解難：這顯然違反聖保祿的本意：因為就連我現時生活期間也要依照天主上智的預定，將來得到天上的永居，並且已經有得到的希望，按《致羅馬書》，章八，節二四，「我們因有望德而得了救恩」。所以，贅如「如果我們地上現居的房屋頹毀」，是無用的；只說「我們知道我們還有天主賞賜的建築……」就夠了。

況且閱讀那封信的下文（節六—八），這就更顯明白：「我們知道，在肉身內生存期間，我們距離上主、尚遠的旅行者；我們現世的旅行是靠信德，（仰望）；不是靠面見，（親知）。然而我們有勇敢，並有志向，寧願趕上旅行的前程，離開肉身，面臨吾主臺前」。

若非立刻面臨主前，「寧願離開肉身」等語，便是無意義的。然而，「面臨主前」，莫非「面晤覲見」：因為只靠信德而不靠面見的旅行期間，按同處的聲明，我們是距離吾主尚遠的旅行者。所以，靈魂有聖德，一離開肉，就立刻面見天主：這就是終極的至福。詳見卷三，（章五一）。

聖裴理伯宗徒，書信章一，節二三說：「寧願解散肉體，並和基督同聚」。然而基督現居天上。足證當時宗徒的希望，是肉體解散後，立刻升到天上。

駁謬：由此乃可排除某些希臘（教眾）的錯誤。他們否認有煉獄；並且說在肉身死去尚未復活以前，靈魂既不高升天上，也不沉淪於地獄。（懸在兩間等待）。

第九十二章　身死則心死

從此轉進，得見靈魂一離開肉身，立刻就不會再改變意志：既不改惡遷善，也不棄善向惡：（身死，則心不移。故心死於善，則永善；死於惡，則永惡）。

理證：靈魂的意志，善惡變遷，可能的時期，是在人生戰爭和行軍的境況中，（回閱前章）：必須殷勤抗惡，勿受其挫敗；或努力自救，脫免其束縛。但靈魂一離開肉身，立刻就境況改變，停止行軍或戰爭，並按其戰爭得法與否，領受賞罰。（參考聖保祿，《狄茂德第二書》，章二，節一）：前（章）已證明瞭：（肉身死後）靈魂立刻得賞或受罰。故其意志，不能再有向善或向惡的變遷。

又證：卷三（章六一）證明瞭：享見天主的真福，是永遠的；同卷（章一四四）同樣也證明瞭：大罪死罪，應受的罰，也是永遠的。然而，靈魂意志不正直，不能得真福：因為背棄真福，則意志失正；同時，又背棄真福，又安享真福，是不可能的。是已已得真福的靈魂，意志必定是求遠正直的，不能棄善投惡。（所謂「真福」，乃是人靈意志本性自然的目的和終向，例如火焰向上；在既得自然目的之幸福中，任何物性同時又愛其幸福而又背棄幸福是不可能的）。

加證：有理智的受造物，（人類和神類），本性自然願慕生存的真福：是故不能不願意安享生存的真福。變志背棄真福的救星，非意志狂亂則不可能。固然這樣不幸的偶而發生，是由於沒有認明真福救星的本質，甚或認假為真，將意志淫愛的某某外物，看成了至極真福；例如有人寄懷於肉身的慾樂，認為體福至善足以滿全真福本質的定義及理想。真福的本質定義，就是「至極美善」。

然而已得真福者，認識自己，竭盡真福及終極目的本質定義的圓滿，把握住了真福實際之所在；若是不然，則不心滿意足，也就非可謂已得真福了。故此，凡有真福者，都不能轉折意志，背棄真福之所在。足證他們不能有善惡倒轉的意志。

又證：滿足現實者，別不它求。然則凡有真福者，都滿足真福之現實：否則心意不感滿足。所以，凡有真福者，都不在真福現實，別有它求。然則，除非由於違反真福所在的現實，而別有冀願，則無人能有顛倒善惡的意志。足證有真福者，無一能改志向惡。

另證：意志偶而犯罪，不能不是由於智力缺乏明智：因為按《箴言》，章十四，節二二：「作惡的人，都有錯」；大哲《道德論》（《倫理學》）卷三，章一，也說：「作惡者，都缺乏明智」。足見：人意所願，無非美善，或真善，或偽善，偽善似是而非。然則，實有真福的靈魂缺乏明智，是完全不可能的：因為（既然親見天主，便）在天主以內明見其美善和明智應有的一切要素：特別因為親見天主的知識常有明覺的現實，詳證於卷三，（章六十二）：故全不能有惡意。

加證：關於某些結論，在未溯本追源，解晰其最高原理以前，吾人智力，能犯錯誤；原理解晰通透以後，乃有結論不會錯誤的真知識。然則，原理之於理論，和目的之於意願，有比例相同的關係。（參考大哲《道德論》（《倫理學》）卷七，章八；《物理學》，卷三，章九）。終極目的未得以前，吾人意志有翻轉的可能；目的既得，真福實有以後，則意志不能再有翻轉。享終極目的之真福，是本體可願慕的對象，猶如理論的最高原理，是本體可知（不證自明）的。（關於至明的原理，或用原理證明瞭的定理，理智不會犯錯誤：同樣，關於至善的真福，或與真福有必要關係的各級美善，意志也是不會不願慕的。原理，是不證自明的公理。詳見大哲，《形上學》卷四，商務初版，章四—七；分析學全編，卷下，章二三）。

添證：「可愛之謂善」。善之為善，知者無不愛之。對象被知為至善，則至極可愛。然則，有理智的實體，既得真福，親見天主，乃認識天主至善而持守在握。故對天主極表親愛。但是愛情的本質作用，在使互相親愛者，意志相同。（大哲，《道德論》〔《倫理學》〕卷九，章四）。是故，真福者和天主，意志必極相同。因此，有真福者，便有意志的正直：因為天主的意志，純愛至善本體，是一切意願的第一準則。足證：親見天主者，意志不可能變成敗類。

又證：在某物體生來向外運動期間，它就還沒有達到終極目的。假設已得真福的靈魂，尚能變遷，轉善為惡，也就是還沒有達到終極目的。這是違反真福的本質定義。（所謂「真福」，乃是「終極目的」）。說有真福而無終極目的，是言語自相矛盾。故是不可能的。用反證法，返回去），足證：眾人身體一死，靈魂（有聖德者），立刻就得到真福，意志堅定於天主至善，不會再有變更。

第九十三章　永惡者受永罰

同樣，肉身死後，立刻受罰慘苦的眾人靈魂，也是意志專一，（永定於所愛之惡），不再改變。

理證：卷三，（章一四四）證明瞭：死罪應受永罰。假設靈魂受罰又能改變意志，改惡向善，便不是受永罰了：因為存意善良而受永罰是不公平的。所以，已受永罰的靈魂，沒有能改過向善的意志。

另證：意志的淫邪狂亂，也是一種刑罰，並且至極痛苦：因為，果如意志淫邪狂亂，則厭惡正當事；既已受永罰，就也厭惡天主願意的事：自己先前犯罪的初志是為反抗天主。（犯重罪的恨心，就有永久不變的志願。先前仇恨天主，其後受天主的罰，就更仇恨天主）。所以，淫邪狂妄的意志，永不削除。（這是他們極大的痛苦，因為他們明知）宇宙一切都成行了天主的聖意；（並且自己厭恨至善，永恨不已；正是自投於「永惡者、受永罰」的天網，裡外無處逃躲）。

加證：按卷三（章一五七）說明的理由，非賴天主恩寵，意志不會改過向善。善人靈魂所賞分享天主的美善，依同比例，惡人靈魂受罰，全被削除天主的恩寵，（死愛天主美善的反面：就是死愛意願的至惡）。故其意志不能改惡向善。

另證：善人在世一生，自己凡有一切意願和行動，都將目標，轉向天主；同樣，惡人的目標，背棄天主。然而善人靈魂，一離開肉身，就和天主永結不離。所以，惡人靈魂，一離開肉身，也就永結於自己選擇了的目的：（就是永遠背棄天主至善）。所以，按同樣的比例，到那時，善者的意志，既然不能棄善向惡，惡者的意志也就不能棄惡向善。

煉獄

第九十四章　煉獄裡的靈魂

按（章九十一）已有的說明，有些靈魂，一離開肉身，不立刻得到真福，也沒有判受永罰；尚帶有某些罪痕，應當磨鍊削除。故當證明，這些靈魂，離開肉身以後，也不能有意志的改變。（它們在煉獄受煉淨以後便升天堂）。

理證：意志一死不變，由於死愛（自擇的人生）目的：善者永善，惡者永惡，理由在此。詳見於以前諸章：（九十二－九十五）。然則帶有罪痕當除的那些靈魂在目的方面，和善人靈魂沒有分別：懷抱著愛德，離開了塵世，要去永結於天主，得到自己生活的目的。故此，他們的意志也是既死不變，沒有棄善向惡的可能。（詳見下章）。

第九十五章　意志專恆的理由

眾人靈魂，一離開肉身，都是由目的方面，得到意志的專恆不變。尚可明證如下：

一證：按（章九十二）方有的說明，目的對於意願，猶如原理對於理論：互有比例相同的關係。但在理論方面，原理是本性自然認識的公理：（顯明易知，不證目明），人非因本性敗壞（喪心病狂），關於這樣的原理，不能發生錯誤。是故，原理的領悟，除非人性改變，不能有真假顛倒的變化。結論的錯誤，可以由原理的講明而更正；原理的錯誤，卻沒有更真確的理由可以用來，加以講明，故無法更正。同樣，無人能受更顯明理由的引誘，而違背原理的真知。

所以，關於目的，他有同樣的情況：因為終極目的是每人本性自然願望的。

理智的本性，共公都有「實得真福」的願望，至於某人選擇此某或彼某事物，當作自己的終極目的和真福，都是取決於那人特有的某種主觀條件。是以大哲（《道德論》，另題《倫理學》，卷三，章五），有句名言說：「每人各按其人品之所是，而看中其人生之目的」。（人生目的，各人各見）。故此，如有某人因其固有品性，願愛某某事物，珍如人生終極目的；品性未能改除，則意願無法改變。

這樣的品性，在現世靈肉結合期間，有改變的可能。因為人追求某物、當作終極目的之願心有時生於情慾的迷誘。情慾無常，來去迅速，故其願心容易削除。人能尅己節慾，足資明證。然而有時，極受某物、或善、或惡的願心，是習慣養成的品性，彷彿是第二天性，則不容易削除。故其願心強烈而持久，可明驗於飲食淡泊的人。然而不容易，不是不可能。惟其改變的可能時期，是以此生（靈肉未離）為限。

如此看來，得以明見，品性不改，願心長存：尤其終極目的之願心至為殷切：沒有更可願望的事物，足以誘人改志。然則，（話又說回去），靈魂改志的可能，是在靈肉結合期間；不在靈肉分離以後。理由是因為靈魂的品性受身體變動的連帶，隨著受到改變：肉身服務靈魂，供靈魂役使以完成靈魂固有的動作。天主給靈魂賞賜了一具肉身，依物性自然的效用，使靈魂生存在肉身以內；其宗旨彷彿是因受變動而改惡遷善，達到成全自己的目的：故此離開了肉身，追求目的之變動時期結束，安享既得目的之時期開始。是其意志不能再有變動。

意志的全善或全惡，繫於終極目的。人類愛任何許多善良事物，為得善良目的，則其意志善良，（為得惡劣目的，則其意志惡劣）；同樣、願愛惡劣事物，為得惡劣目的，則其意志也是惡劣。（全善，全惡，既成不變，決定於死時）。所以，人死以後，靈魂離開了肉身，意志不能改變：善者不能變惡，（惡者也不能變善）：雖然在同一終極目的範圍以內，意志還能有動作的改變：就是發了一個動作停止，又發別的另一個動作。

轉進比較，神類賞體，依其天生性體，比人靈更接近最後的至善：因為神類實體不用知覺器官以得知識，也不由原理推證結論；但用天主賦給的智像，一被造生，便立刻妙悟真理：非人靈魂可比。所以，眾品天神，既和目的（以愛情）相交結，或目的正當，而為（善良）天神；或目的不正當而為魔鬼（惡劣天神）；也都是立刻，一結永結，恆久牢固，無再變更的可能。（所謂「天神」，另譯「天使」，音譯「安琪兒」；神學古代術語，稱之謂「絕離實體」：猶言「與物質絕異而分離，只有性理與生存行動的實體」。這些天神，初被造生，有智力和意力，並有自由。先有知識，後動意願，意願正者，仍為天神；意願惡者，變為魔鬼。神類意願之惡，在於妄用天賦能力，擅取天主尊榮，擾亂天主秩序）。

注意：莫要想、肉身復活以後，靈魂和肉身重新結合，乃因而失去意志的不變性。因為，按上面（章八十五）已有的說明，肉身復活後，俱備靈魂需要的條件，不再因物質變動以動搖靈魂的意志。故靈魂意志不變的貞固，結合了新採取的肉身，仍舊保存如故，永不失掉。（善惡永決，一成不變）。

世界末日公審判

第九十六章　私審判，公審判

回閱前數章提出的討論，得以明見：人生公罪的賞罰報應，有兩次：一在靈肉分離之時，靈魂單獨立刻領受賞罰。一在肉身復活之時：善者肉身復活，有光榮，無苦受。惡者肉身復活，有罪受，無體面。

第一次賞罰，每人個別死亡時，各自單獨領受。第二次賞罰，卻是全人類大眾一同復活起來領受。然而論功行賞，或按罪處罰，需要先行審判。故此，應有兩次審判：第一次是私審判，每人靈魂單獨受功罪的審判。第二次是公審判，靈肉聚合，人類大眾也聚合，同受審判。

既然，基利斯督，用自己人性受苦難又從死中復活的功勞，給人類掙取了復活長生的救恩；所以公審判的權柄，理應屬於基利斯督。為此《若望福音》（章五，節二七）說：「天主聖父，將審判的權柄，交給了他，因為他是：人子」。（「人子」，依《古經》數《先知》用語，指示「默西亞」：猶言「被天主敷油祝聖的救世主」；和「基利斯督，耶穌」，意思相同）。復活起來的眾人，受責或受罰，是由基督判決。

審判的形式，應當和受審者相適稱。最後的公審判，既是判決有形肉身的賞罰，故宜採取有形可見的方式。由此，基利斯督也要用真形可見的人性實體，執行公審判：一總的人，善者，惡者，都能看見。但是祂的天主性，只有善人才能看見：因為善人是得真福的人；按卷三（章二十五，五十一，及六十三諸章）的證明：善人的真福是親見基督的天主性；（非惡人所能沾享）。

論到私審判，既是審判無形的靈魂，故在不可見的方式下，舉行之。

陪審——雖然在公審判時，審判的主權屬於基督掌握行施，但有若干別人陪審：他們交結基督，比眾人更為密切。他們就是眾位宗徒，（最初蒙主召選，共有十二位）。《瑪竇福音》，章十九，節二八記載吾主預許眾宗徒說：「你們，因為隨從了我，將來就要坐在寶座上，審判伊撒爾十二氏族的人民」。

以上吾主的許諾，也普及到效法宗徒德跡的許多人。

公審以後的新天新地

第九十七章 建中立極，新天新地

公審判完畢之頃，就是人性登極之時。人類性體完全建定在自己至善的極點上。（止於至善，建中立極）。

按卷三（章八十一）的證明，有形的宇宙萬物都是為奉養人類而生；故應隨時改變生存境況，為適合人類至善的境況。真福境況中，人是不死不壞的，是以全個有形宇宙的萬物也要廢除生死變化的公律。這就是致《羅馬書》，章八，節二一，聖保祿所說的：「連那受造的宇宙萬物，也要解除敗亡的奴役，享受天主子女光榮的自由」。

形類物體的生死變化，是天體運行的效果。為使下界停止生死變化，必須天界星球也停止運行。為此，（若望）啟示錄，章十，節六有句預言說：「時序的流逝，也就更要沒有了」。（天體停止運行，則寒暑四季，晝夜陰晴，氣候節期時辰等等，都要停止）。初莫想天體停止運行是不可能的。理由如下：

天體自然運行和輕重浮沉的自然升降，意義不全相同。物質原素，輕者上浮，重者下沉，是受本性內中某動力因素的推運。天體旋轉運行，卻是基本性素質，能受某一智力的運轉，詳論於卷三（章二十三）。是故，天體運行，是意力推動的。然則意力推動，常有目的。天體運行的目的是什麼呢？

天體運行的目的，不能是運行自身。因為、運行常追求向它，（就是常奔向外面某點）；沒有目的之理。（運行是兩點之間的過程，不是終點）。不能說天體運行的目的，是將天體佔領方位的傾向，由潛能轉引到現實：一因這樣的潛能永不能完全實現；既有在某方位的現實，同時又有去佔另某方位的潛能：如同第一物質對於性理，既有某一性理之現實，又因領受另某一性理的潛能。二因如同物性自然生死變化的目的，不是實現第一物質的潛能；卻是由其潛能之不斷實現而生出另某效果：就是維持物類生存的永久傳流，藉以近似天主的永久生存。同樣，天體運行的目的也不是為實現潛能，而是為得到潛能實現後另生的某一效果，就是效法天主造生萬物的工化。

又按卷三同處的證明，天體運行促成有形萬物的生死變化，都在某些方式下是以成全人類為目的。是故，天體運行的首要目的，是為傳生人類。這樣的功效極度近似天主造物的能力：因為按卷三（章八十七）的說明，胎兒孕生時，人的性理，就是理智的靈魂，直接受天主造生賦畀。

然則，人類傳生的目的不能是將靈魂的數目增至無限。因為「無限」之理和「目的」之理，是互相衝突的。（目的是終向，有終止、極盡之理）。是故，完全無妨肯定，人類繁殖定額滿全以後，天體就要停止運行，（人類和一切生物，就也隨著停止繁殖）。

物質原素，生滅代興的變化，隨天體停運而終止，但其實體常存，由於天主仁善，恆性不易：（《智慧篇》，章一，節十四說），「物受天主造生，為有生存」。是故，物類生存，如有永存的能力，便要長存不滅。逐類分察如下：

天界形體，全體和部分，本性都有永久存在的能力。物質原素，（火、氣、水、土），部分能受敗壞，全體卻長存不滅。人類部分長生不死，就是靈魂不死不滅；全體卻有死有壞，（就是靈肉有時分離）。所以，以上這些物類的實體，各按不同限度永久生存的適宜性，在世界最後的境況中，都要永久存在：仰賴天主全能補足本性能力的虧缺。

至於其他物類，就是：動物，植物，原素化合物，等等，既然全體和部分都是易受完全敗亡的，便無法在最後境況的世界裡，維持生存：（所以就都要形跡消滅）。《致格林德第一書》（章七，節三一），聖保祿說的那句名言，就應有這樣的意義：「這個世界的形影，都去而不留」。意思是說世界現有的榮觀將要消逝，世界的實體卻要常存。

古聖若伯（章十四，節十二）說的那兩句話，也應這樣懂去：「人既睡倒，蒼天不毀，將不復起」。意思是說：天體運行並促成物類變動，現有的條件和佈置，將來廢止以後，人類就要復活。

火煉世界——原素當中，火力最強，能燒毀有死有壞的形界萬物。來世境界中，不應存留的物類，最宜用火燒毀。是以公教信仰也肯定最後時期，世界要受火煉，不但要清除有死有壞的形界萬物，而且要清除各處罪惡的瘡毒。這就是聖伯多祿，第二書信，章三，節七所說的：「現有的上天下地，也由天主聖言儲藏，保留到審判之日，燃火焚燒」。這裡所說的「上天」，依吾人現今能有的理解，不指恆星、行星、或流星鑲嵌的天幔；而指鄰近下地，清氣彌滿的諸層天空。（中世紀宇宙間架，土在中心，土上有水，水上有氣，氣分數層，氣上有天幔，天幔分十層：一是月天，二是水星天，三是金星天，四是太陽天，五是火星天，六是木星天，七是土星天，八是恆星、黃道天，九是水晶天：第一被動天。十是太上天：清靜淨火天：不動天。但丁詩人，歌唱不動天是天主的宮殿：位置在九天以外。介於十九兩層之間，有真福天鄉，即是聖人歡聚的天堂。參考但丁神曲，約於一三〇〇年著：時在聖多瑪斯去世後二十三年。參考書後附載宇宙會意圖表三福）。

新天地——將來有形宇宙最後的構造和設備，具有適合人生新境況的條件。按（章八十六）已有的說明，將來眾人身體，幸得救恩以後，不但脫免死亡和朽腐，而且放射榮福的光明，彷佛全被光輝寵罩。是故，宇宙間的有形萬物，到那時，倖免燒毀者，也各按其分，放映榮福的光華。因此，啟示錄，章二一，節一，若望稱讚說：「我看見了新天和新地」！

《依撒意亞先知》（章六十五，節十七—十八），已曾預報天主宣言說：「我要造設新地和諸層新天。舊恨消除，不再升入心中。你們只要歡樂踴躍，至於永遠。亞孟」。

一九六八年，七月三日

（書後附錄宇宙圖表）

附錄一 天高地厚，人居中央。

天圜地方、圍以四海。

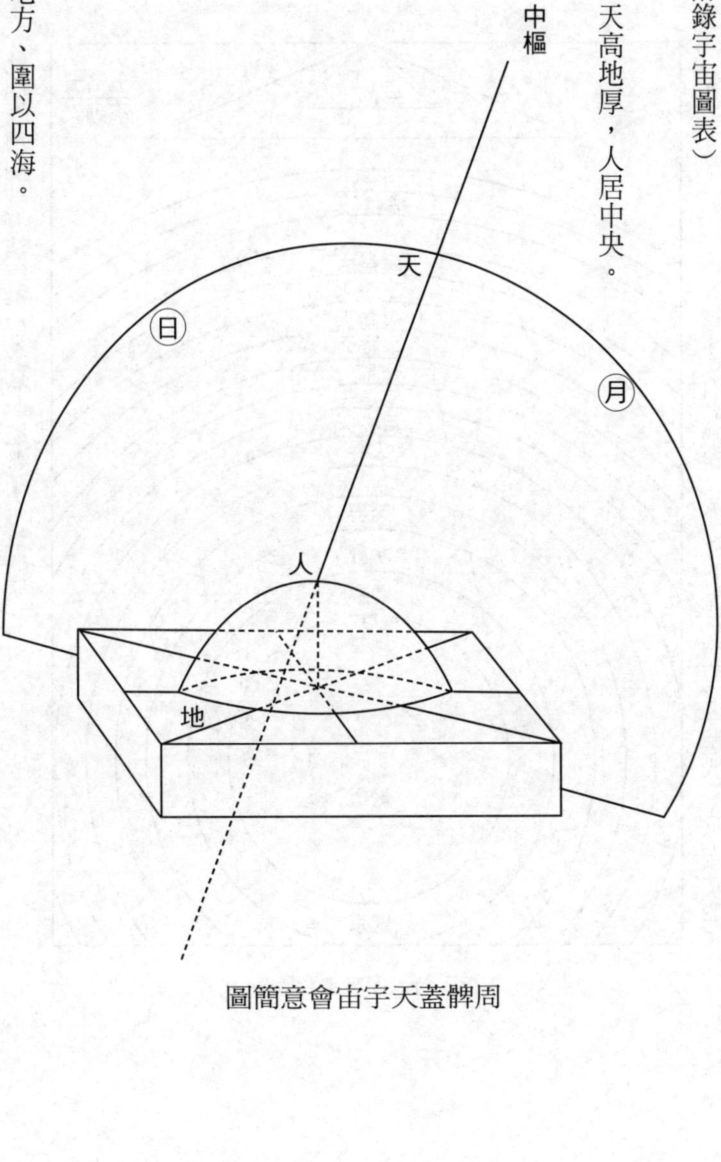

周髀蓋天宇宙會意簡圖

附錄二 此圖為用訓詁方法解釋聖多瑪斯遺著極有幫助

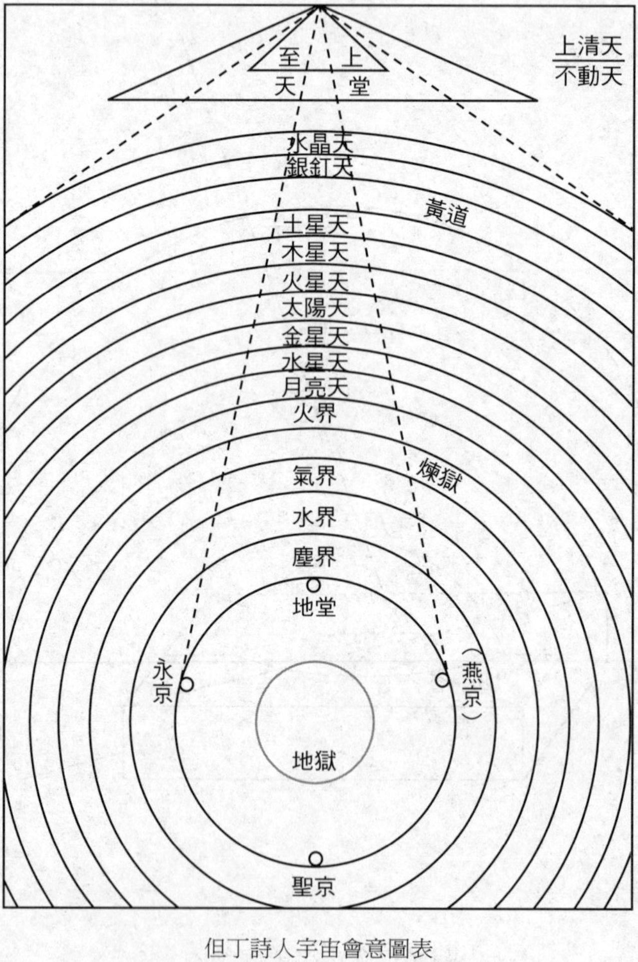

聖京：日路撒淩。永京：羅馬。燕京：元朝大都（北平境內）

但丁詩人宇宙會意圖表

附錄三　《聖經》宇宙會意簡圖天有三層。地有六柱三穴。

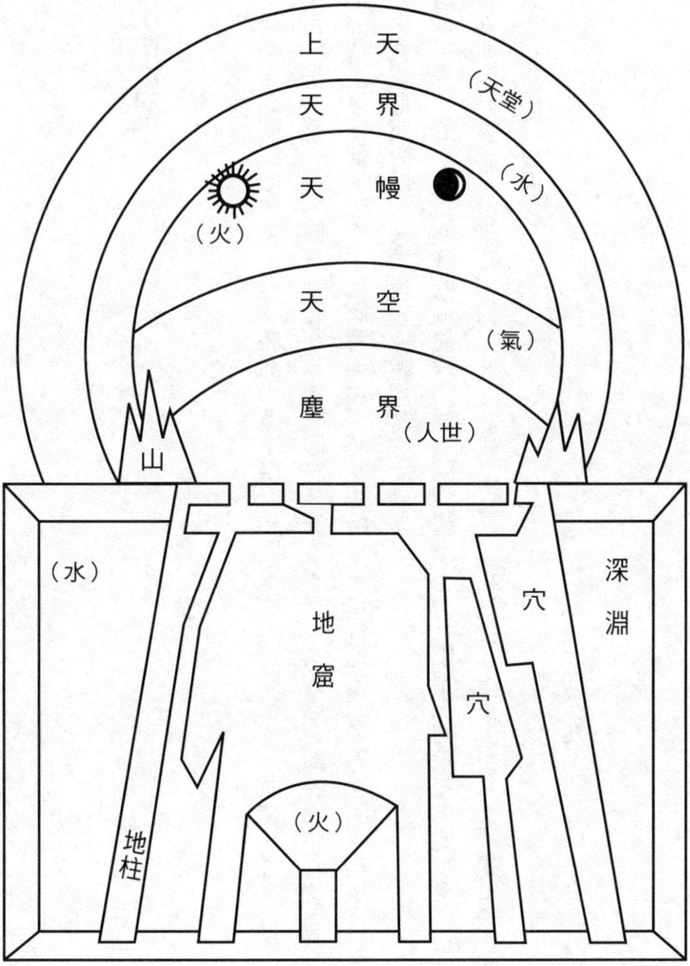

譯後的回想

近三十年矣！訪問了歐、美、亞、諸洲卅多座學府和圖書館，對照了拉丁原文、古今十幾種抄本和印本，比較了英、法、德、義、西班牙，和日本諸國許多譯本，（日文譯本，聞將出版）；埋頭書寫，夜以繼晝，終於完成了這部翻譯工作；給讀者縮短了時空距離，將遠代遠方的智思光明，集中投射到每位讀者心內銀幕上，觀賞邏輯哲理、永遠現實、超越時空的神妙。

隨時異地，譯者受了師長友好的協助或同情。回想起來，十分感激。文化工作的慰樂，是人間文化的進步。聖多瑪斯開卷誓志，願盡「上智任務」，將上智的樂趣，分給天下讀者，津津咀嚼。讀者內心之樂，也是天心神智的降衷同樂。

一九六九年四月二十日　呂穆迪　燈下

聖多瑪斯著　論公教信仰的真理（史稱《駁異大全》）

生存論之大系

卷一　論真原：生存的淵源
卷二　論萬物：生存的川流
卷三　論萬事：生存的目的
卷四　論奧理：生存的深奧

一九六八年七月三日　呂穆迪譯完

論奧理／聖多瑪斯. 阿奎納（St. Thomas Aquinas）
原著；呂穆迪譯述. -- 三版. -- 臺北市：臺
灣商務, 2010.12
面 ； 公分
ISBN 978-957-05-2571-7（平裝）

1. 上帝

242.1 99022661

論奧理

作者◆聖多瑪斯
譯述◆呂穆迪
審校◆高凌霞
主編◆王雲五
重編◆王學哲
發行人◆王學哲
總編輯◆方鵬程

出版發行：臺灣商務印書館股份有限公司
台北市重慶南路一段三十七號
電話：(02)2371-3712
讀者服務專線：0800056196
郵撥：0000165-1
網路書店：www.cptw.com.tw
E-mail：ecptw@cptw.com.tw
網址：www.cptw.com.tw

局版北市業字第 993 號
初版一刷：1972 年 1 月
二版一刷：2009 年 2 月(POD)
三版一刷：2010 年 12 月
定價：新台幣 560 元

ISBN 978-957-05-2571-7

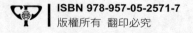